10年真题精解

安全生产法律法规

环球网校注册安全工程师考试研究院　组编

图书在版编目(CIP)数据

安全生产法律法规 / 环球网校注册安全工程师考试研究院组编. —上海：立信会计出版社，2024.1(2024.6重印)
(10年真题精解)
ISBN 978-7-5429-7464-8

Ⅰ.①安… Ⅱ.①环… Ⅲ.①安全生产—安全法规—中国—资格考试—题解 Ⅳ.①D922.54-44

中国国家版本馆CIP数据核字(2023)第250253号

责任编辑　毕芸芸

10年真题精解：安全生产法律法规
Shinian Zhenti Jingjie:Anquan Shengchan Falü Fagui

出版发行	立信会计出版社		
地　　址	上海市中山西路2230号	邮政编码	200235
电　　话	(021)64411389	传　　真	(021)64411325
网　　址	www.lixinaph.com	电子邮箱	lixinaph2019@126.com
网上书店	http://lixin.jd.com		http://lxkjcbs.tmall.com
经　　销	各地新华书店		
印　　刷	三河市中晟雅豪印务有限公司		
开　　本	787毫米×1092毫米　　1/16		
印　　张	17.5		
字　　数	430千字		
版　　次	2024年1月第1版		
印　　次	2024年6月第2次		
书　　号	ISBN 978-7-5429-7464-8/D		
定　　价	56.00元		

如有印订差错，请与本社联系调换

环球君寄语

真题是最好的备考资料。唯有对真题进行细致深入的分析，才能真正把握命题趋势、找准重点难点、击破薄弱点，进而高效率备考，顺利通过考试。

本书之所以选择对近10年真题进行深入分析，是因为10年的跨度足够长。一个成熟的考试，经历10年命题、答题、复盘、检验，会形成一定的规律。这个规律不仅反映了考试情况，也反映了行业特点、发展趋势。

尽管注册安全工程师职业资格考试在2019年进行了改革，由之前的不分专业考试改为分专业考试；同时，由于很多法律、法规、规范等进行了修订，之前的考试题目大多已经不适应应试要求，被重新调整，但是经仔细分析发现，一些重点、难点自始至终没有发生太大变化，这是由于安全行业的一些核心内容没有发生变化。考虑到注册安全工程师职业资格考试的特点，本书在编写过程中主要以近5年真题为主，融合近10年的考查重点，结合最新法律、法规及规范对真题进行精解。

"10年真题精解"中的"精"意味着精雕细刻、精耕细作、精益求精；"精解"意味着本书对真题的分析精细入微。本书不仅对10年真题涉及的考点进行提炼分析、归纳总结，还设置了"举一反三"的精选习题、恰到好处的"环球君点拨"等栏目。

"10年真题精解"的策划、撰稿、审校、测评、发行，不是一蹴而就的，而是经历了3年的磨砺、沉淀，得到环球网校百余位老师、教研员的大力支持。在本书付梓之时，感谢所有参与创作、审校的老师：李征、杨云飞、康小瑜、王颖、程博悦、杨亚男、田立方、袁文嵩等。

特别感谢本书作者杨云飞。杨云飞老师拥有二级注册建造师、注册监理工程师、一级注册消防工程师、中级注册安全工程师等多项职业资格证书；擅长用通俗易懂、条理清晰的语言，讲解晦涩难懂的法律知识；在授课中精心取舍，帮助考生花更少的精力掌握更多的考点。杨老师还善于总结，用表格、图形、口诀等形式讲解重点、难点，帮助考生加深理解和记忆，受到广大考生好评。

环球网校自2003年成立至今，已经陪伴、帮助千万考生通过资格考试。20年来，环球网校始终秉持"以考生为中心"的理念设计产品，不仅制作了大量精良的课程，还推出了备受考生好评的"云私塾Pro"，打造千人千面的AI自适应学习系统。作为产品的重要组成部分，图书也不例外。近些年来，我们的图书品质不断优化，品种逐步丰富。相信这套"10年真题精解"丛书将成为帮助您顺利通过考试的利器。

亲爱的考生，加油！

环球网校注册安全工程师考试研究院

环球君的备考建议

复习备考是一个枯燥乏味但又需要长期坚持的过程，不仅需要努力，更需要科学的方法。有了科学合理的备考方法，复习会变得容易，效率会更高。环球君针对资格考试复习备考总结了一套完整的方法论，在这里分享给大家，以帮助您更好地使用本书，高效备考！

一、学习价值曲线

环球君建议您在复习备考之前，先了解学习逻辑，因为这是指导学习的基础，解决大家不知道怎么学，以及如何更高效学习的问题。对此，环球君也发现了学习逻辑规律——如下图所示的学习价值曲线，其在整个在线培训行业的课程设置上都产生了深远的影响力。

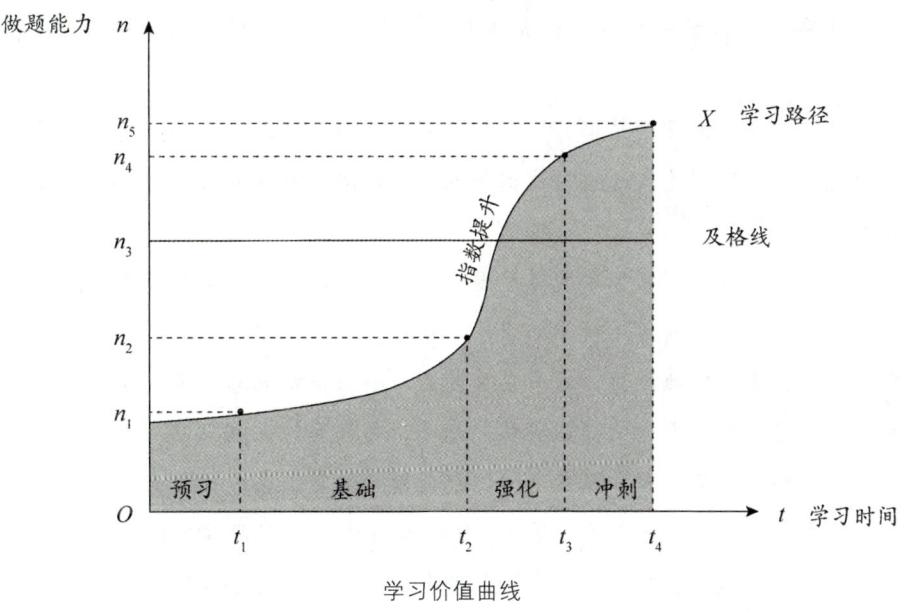

学习价值曲线

对学习价值曲线进行解读如下：

（1）在预习和基础阶段，核心目的是构建知识框架。这个阶段知识量太大，很容易遗忘，要理解知识，不必苛求当下就能掌握。

（2）备考的目的是通过考试，通过考试的关键是提高做题能力。根据学习价值曲线可以看出，强化和冲刺阶段是提升做题能力的关键。强化阶段的重点是以做题的方式对知识进行输出，总结错题、难题，归纳关联知识点；冲刺阶段的重点是查漏补缺，强化高频考点和必考点的学习，进行突击提分。

二、本书使用方法

三分学、七分练，无论采用哪种复习方法，都要把做题放在第一位。做题就要做好题，好题的代表是真题。通过对近10年的考试真题进行剖析、比对、筛选，环球网校注册安全工程师考试研究院精心挑选出典型真题，并对其进行深入分析，对相关考点进行点题和适度拓展，组编了这套"10年真题精解"丛书，以有效帮助您提升做题能力。建议您按照以下方法使用本书，以达到最佳复习效果。

（一）什么时候开始用这套丛书

做真题之前，建议先对自己的基础进行判断。如果认为自己基础还不错，可以直接开始做本书中的题目；如果基础较差，建议先听环球网校基础班课程，快速听一遍之后，就可以开始做本书的题目了。

（二）如何使用这套丛书

第一步：独立做题，标记正确与否。建议用红色笔对错题进行突出标记。

第二步：认真分析答案解析（无论是否正确，都要认真看解析），判断自己对知识是否"真正"掌握。

第三步：逐字逐句阅读真题精解部分。真题精解部分对真题相关考点进行了考情分析，并对其核心内容进行了细致阐述。通过对这部分的学习，您会对该考点的内容、考查方式、重要程度了然于胸。

第四步：做"举一反三"栏目中的典型题。学习要学以致用、融会贯通。做更多优质的题目不仅可以检验自己能否准确运用所学知识点，还可以训练解题思路。

为方便您更好、更高效地学习，本书在重要的、不易理解的考点旁边设有二维码，您扫码即可看到环球网校名师对该考点的详细讲解。此外，您还可以扫描下方"看课扫我""做题扫我"二维码兑换安全工程师课程和题库App，随时随地学习，全方位提升应试水平。

"10年真题精解"是环球网校呕心沥血之作，期待这套丛书能够帮助您熟悉出题"套路"，学会解题"思路"，找到破题"出路"。在注册安全工程师职业资格考试备考之路上，环球网校全体教学教研团队将与您携手同行，助您一路通关！

目 录

第一篇　走进中级注册安全工程师考试

一、考试特点 ………………………………………………………………………… 3
二、考情分析 ………………………………………………………………………… 3
三、备考指导 ………………………………………………………………………… 6
四、答题技巧 ………………………………………………………………………… 8

第二篇　10年真题精解

第一章　安全生产相关国家政策 …………………………………………………… 11
第二章　安全生产法律基础知识 …………………………………………………… 12
第三章　中华人民共和国安全生产法 ……………………………………………… 16
　第一节　基本规定 ………………………………………………………………… 16
　第二节　生产经营单位安全生产保障 …………………………………………… 22
　第三节　从业人员的安全生产权利和义务 ……………………………………… 44
　第四节　安全生产的监督管理 …………………………………………………… 47
　第五节　生产安全事故应急救援与调查处理 …………………………………… 53
　第六节　安全生产法律责任 ……………………………………………………… 59
第四章　安全生产单行法律 ………………………………………………………… 68
　第一节　中华人民共和国矿山安全法 …………………………………………… 68
　第二节　中华人民共和国消防法 ………………………………………………… 72
　第三节　中华人民共和国道路交通安全法 ……………………………………… 80
　第四节　中华人民共和国特种设备安全法 ……………………………………… 87
　第五节　中华人民共和国建筑法 ………………………………………………… 98

第五章 安全生产相关法律 … 103
  第一节 中华人民共和国民法典 … 103
  第二节 中华人民共和国刑法 … 104
  第三节 中华人民共和国行政处罚法 … 113
  第四节 中华人民共和国行政强制法 … 121
  第五节 中华人民共和国劳动法 … 123
  第六节 中华人民共和国劳动合同法 … 125
  第七节 中华人民共和国突发事件应对法 … 132
  第八节 中华人民共和国职业病防治法 … 139

第六章 安全生产行政法规 … 144
  第一节 安全生产许可证条例 … 144
  第二节 煤矿安全生产条例 … 147
  第三节 建设工程安全生产管理条例 … 152
  第四节 危险化学品安全管理条例 … 157
  第五节 烟花爆竹安全管理条例 … 170
  第六节 民用爆炸物品安全管理条例 … 176
  第七节 特种设备安全监察条例 … 182
  第八节 生产安全事故应急条例 … 190
  第九节 生产安全事故报告和调查处理条例 … 199
  第十节 工伤保险条例 … 207
  第十一节 大型群众性活动安全管理条例 … 220
  第十二节 女职工劳动保护特别规定 … 224

第七章 安全生产部门规章 … 227
  第一节 生产经营单位安全培训规定 … 227
  第二节 特种作业人员安全技术培训考核管理规定 … 232
  第三节 安全生产培训管理办法 … 240
  第四节 安全生产事故隐患排查治理暂行规定 … 244
  第五节 生产安全事故应急预案管理办法 … 248
  第六节 建设工程消防设计审查验收管理暂行规定 … 253
  第七节 建设项目安全设施"三同时"监督管理办法 … 256
  第八节 危险化学品输送管道安全管理规定 … 261
  第九节 危险化学品重大危险源监督管理暂行规定 … 265
  第十节 工贸企业有限空间作业安全规定 … 270

第一篇
走进中级注册安全工程师考试

一、考试特点

2019 年中级注册安全工程师职业资格考试进行了改革,其中考试大纲和考试内容均做了很大调整。以此为分水岭,改革之前《安全生产法律法规》科目考试难度较小,主要以考查基础知识点为主,大多是"挖空题";改革之后《安全生产法律法规》科目的考试难度逐年增加,2021 年更是达到了历史之最,2022 年考试难度虽有所下降,但是整体难度依然很大。2023 年考试题目,无论是题干、选项设置,还是知识点考查范围,相对偏简单,但也有一些知识点考查得较偏,得高分也不容易。

《安全生产法律法规》科目的考试重点及难点如下。

(一) 考试重点

通过近 5 年真题考查情况可知,本科目的考试重点主要集中在第三章、第六章和第七章。

第三章分值占比约为 20%。本章内容只涉及《安全生产法》一部法律,但条款多,文字多,记忆难,且涉及大量有关罚款等数字考点,几乎每个条款都可能考查,对重点条款要求做到熟练掌握。

第六章分值占比约为 30%。本章涉及 13 部重要的行政法规,是每年考查的重点范围,涉及危险性较大的各个行业或领域有关的安全生产规定,如建设工程、煤矿安全、特种设备、危险化学品、民用爆炸物品、烟花爆竹、工伤保险、对女职工的劳动保护等,是历年考试分值占比最高的一章。

第七章分值占比约为 25%。本章是知识点内容最多的一章,涉及有关的安全生产部门规章达 30 多部,比较高频考查的有 10 多部。分值在各小节之间分布不均匀,只需重点掌握历年常考的内容即可。

(二) 考试难点

本科目的考试难点主要集中在第六章和第七章。

第六章的难点内容体现在以下两个方面:

(1) 涉及的行业领域多、专业性强。由于考生对很多行业并不熟悉,因此对其规定较难理解,需要反复琢磨方能掌握。例如,有关煤矿安全、危险化学品安全、民用爆炸物品安全、特种设备安全等,只看字面意思远远不够,需要深入理解并运用。

(2) 工作实际经验先入为主,与理论难以融合。多半考生已在本行业工作多年,养成了一定的工作习惯,这些习惯有时与理论不一定完全一致,学习起来不容易接受。

第七章的难点内容体现在以下两个方面:

(1) 内容多。本章共有规章 34 部,除了常考的 10 多部外,还可能考查比较冷门的一些规定,这些规定涉及的范围广、细则多,但是所占分值较低,全面学习得不偿失。

(2) 本章是部门规章,通常是××规定或××办法,对安全生产某一方面的规定非常详细,这就导致其细节多,有大量的时间、期限等数字需要记忆,学习难度较大。

二、考情分析

根据近 5 年考查趋势,《安全生产法律法规》科目考查的内容越来越广,也越来越细,并且常结合小的案例背景进行考查,对考生对知识点的深入理解、运用能力提出了较高的要求。近 5 年考试真题分值统计见下表。

安全生产法律法规

近 5 年考试真题分值统计表　　　　　　　　　　（单位：分）

各章考点名称		考试年份					考频
		2023	2022	2021	2020	2019	
第一章	**安全生产相关国家政策**	1	0	1	0	0	
考点名称	安全生产相关国家政策	1	0	1	0	0	低频
第二章	**安全生产法律基础知识**	1	1	1	1	1	
考点名称	法的效力层级	1	1	1	1	1	高频
第三章	**安全生产法**	21	18	24	16	26	
考点名称	主要负责人的判定	0	0	0	0	1	低频
	安全生产法的适用	2	1	1	0	0	低频
	安全生产监管部门的职责	0	0	0	0	1	低频
	主要负责人、安全管理机构及管理人员的职责	1	1	0	1	2	高频
	安全生产管理机构和安全生产管理人员的配备	1	0	0	0	1	中频
	有关资金保障、保险的规定	0	2	1	0	1	高频
	从业人员教育和培训	1	1	1	1	1	高频
	重大危险源与双控体系	1	1	1	1	0	中频
	作业现场的安全管理	3	3	1	2	1	高频
	出租、发包的安全管理	4	2	1	1	2	高频
	从业人员的安全生产权利和义务	2	0	3	4	2	高频
	监管部门检查时行使的职权	1	1	3	2	2	高频
	安全生产监督检查的要求	1	1	1	0	2	高频
	安全事故应急救援	1	0	2	2	1	高频
	安全事故报告和调查处理	0	2	1	1	3	高频
	中介机构的法律责任	1	0	1	0	1	低频
	生产经营单位及相关负责人的法律责任	0	2	4	2	2	高频
第四章	**安全生产单行法律**	10	12	8	12	17	
考点名称	矿山建设的安全保障	0	0	0	2	1	中频
	矿山开采的安全保障	0	0	0	1	1	低频
	有关单位的消防安全职责	1	1	1	2	4	高频
	消防组织与灭火救援规定	3	2	2	1	2	高频
	道路通行条件	1	0	1	1	1	高频
	道路通行规定	1	1	0	0	3	中频
	特种设备的生产安全	0	2	0	1	2	高频
	特种设备的经营和使用安全	2	3	3	3	0	高频
	特种设备的检验、检测与监督管理	1	0	0	1	1	中频
	特种设备事故的调查处理	0	1	0	1	1	高频
	建筑工程的发包与承包管理	0	0	0	0	1	低频
	建筑施工安全管理	1	2	0	0	0	低频

续表

各章考点名称		考试年份					考频
		2023	2022	2021	2020	2019	
第五章	安全生产相关法律	14	15	12	10	11	
考点名称	建筑物和物件损害责任	0	1	0	0	0	低频
	重大责任事故罪和强令组织他人违章冒险作业罪	0	1	0	1	0	中频
	不报、谎报安全事故罪	0	1	1	2	0	高频
	危险作业罪	0	0	1	0	0	低频
	重大劳动安全事故罪	2	0	0	0	1	低频
	行政处罚的种类	0	0	0	1	0	中频
	行政处罚的管辖和适用	0	0	1	0	2	中频
	行政处罚的执行	1	0	0	2	2	中频
	行政强制措施——查封和扣押	1	1	0	0	0	低频
	女职工和未成年工劳动保护	1	1	1	0	1	高频
	劳动合同的订立和履行	1	1	3	1	1	高频
	劳动合同的解除	1	1	0	1	1	高频
	突发事件预警及预防措施	1	1	1	1	1	高频
	应急处置与救援	2	2	1	1	1	高频
	职业病预防与管理	1	1	1	0	1	高频
	职业病诊断与保障	0	2	0	0	0	低频
第六章	安全生产行政法规	24	28	34	34	19	
考点名称	安全生产许可证的颁发管理	1	1	2	0	1	高频
	煤矿企业的安全生产责任	0	0	0	0	0	新增
	煤矿安全生产监管监察	0	0	0	0	0	新增
	煤矿安全的法律责任						新增
	建设工程各方的安全责任	0	0	2	1	1	高频
	生产安全事故的应急救援和调查处理	0	0	0	1	0	低频
	危险化学品生产、储存安全	0	0	1	1	1	高频
	危险化学品使用、经营安全	2	2	1	1	2	高频
	危险化学品运输安全	0	1	1	0	1	高频
	危险化学品监督管理	0	1	0	0	0	中频
	烟花爆竹生产安全	1	1	1	1	1	高频
	烟花爆竹经营、运输、燃放安全	1	1	2	1	1	高频
	民用爆炸物品生产、销售和购买安全	0	1	1	0	1	中频
	民用爆炸物品运输、使用和储存安全	1	0	1	1	0	中频
	特种设备分类	0	2	0	0	0	低频

续表

各章考点名称		考试年份					考频
		2023	2022	2021	2020	2019	
考点名称	特种设备使用安全	1	1	0	0	1	中频
	特种设备检测	0	0	1	1	0	中频
	特种设备事故的类别	0	1	0	0	0	低频
	事故应急的管辖	0	0	1	1	0	中频
	应急准备	2	3	3	1	0	高频
	应急救援措施	0	1	1	2	0	高频
	生产安全事故分类	2	0	0	0	2	低频
	事故报告和救援	1	2	0	1	1	高频
	事故调查	0	1	1	1	0	中频
	工伤保险基金	0	2	1	3	1	高频
	工伤认定	3	0	1	1	2	高频
	劳动能力鉴定	0	0	1	2	0	高频
	工伤保险待遇	1	1	2	1	1	高频
	大型群众性活动安全管理	1	1	1	0	1	高频
	女职工劳动保护与禁忌从事的劳动范围	3	0	1	0	0	中频
第七章	安全生产部门规章	30	29	20	28	18	
考点名称	安全培训内容和培训学时	1	1	1	1	3	高频
	安全培训组织实施	1	1	0	0	1	中频
	特种作业人员具备的条件	1	1	0	2	0	中频
	特种作业人员证书管理	1	3	1	2	0	高频
	监督管理	0	0	1	1	0	中频
	安全培训与考核发证	1	1	1	2	1	高频
	事故隐患排查治理	2	4	3	1	2	高频
	生产安全事故应急预案管理	2	1	3	2	2	高频
	建设工程消防设计审查验收管理	1	1	1	1	0	中频
	"三同时"监督管理	3	3	3	1	1	高频
	危险化学品管道安全管理	1	1	1	1	2	高频
	重大危险源监督管理	2	1	2	2	2	高频
	工贸企业有限空间作业安全保障	0	0	0	0	0	新增

三、备考指导

本科目需要记忆的知识量大，而大部分考生毕业后长时间不接触书本，刚开始复习难免有些不适应，不知如何学习。下面环球君准备了几条学习建议，以供参考。

（一）制定学习计划

制定计划要符合工作生活的实际，切实可行才能长期坚持下去。建议尽量利用一个连续的时间段集中精力学习，比如晚上，当然白天零散的时间也要充分利用。一般情况下，学习计划可分为以下三个阶段：

（1）基础阶段。基础阶段时长在 4 个月左右，以打基础为主，掌握每一节的零散知识点，该背的背，该记的记，对于模糊点、重要点、口诀等及时记笔记，并配合基础习题练习。建议每天学习 2～3 小时，坚持学习不要间断。

（2）强化阶段。强化阶段时长在 2 个月左右，在有基础的情况下对知识点进行串联，逐渐对所有内容形成体系，建议多总结、归纳，配合综合习题练习，对于掌握不足的知识点要及时查漏补缺。建议每天学习 3 小时以上。

（3）冲刺阶段。冲刺阶段时长在 2 个月左右。本阶段主要对标考试，通过拔高性习题对知识点再次深入理解，同时多做模拟试卷。建议按照考试的要求，不要看书查资料，实际动笔写一写，到时间后停止答题，然后再对照答案，找出错题原因进行查漏补缺。每天学习 3 小时以上，刷题的同时，背诵基础阶段的笔记内容，增加知识点掌握牢固程度。

（二）学习贵在坚持

制定学习计划后，还要坚持不断地学习。我们的目标是通过考试，不能学几天觉得累就轻言放弃，应持之以恒，养成每天学习的习惯，合理安排好工作和学习时间，推掉不必要的应酬，切忌"三天打鱼，两天晒网"。

（三）掌握好的学习方法

适合自己的学习方法才是好的学习方法，好的学习方法往往能够事半功倍，让学习更轻松。以下坏球君给大家推荐几种学习方法。

1. 及时复习

根据艾宾浩斯遗忘曲线，随着时间的延长，人的记忆快速下滑，尤其是最初几个小时，遗忘速度更快，所以学完后应及时复习。最佳的第一次复习时间是在当天，最迟是第二天，以最大限度地发挥人的大脑的记忆特性。

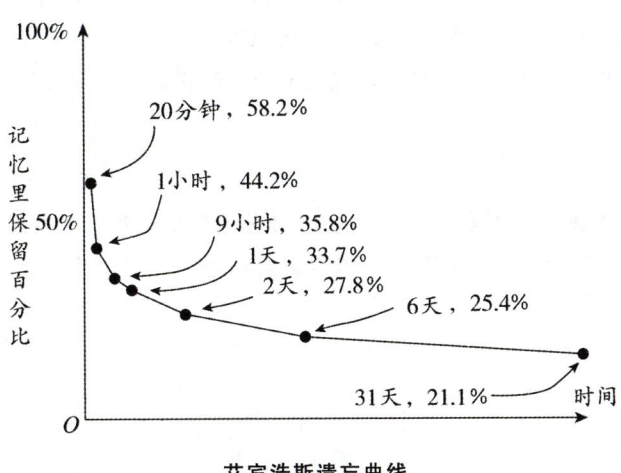

艾宾浩斯遗忘曲线

2. 有所舍弃

本科目考试范围广，条款规定多，对有些不常考的法规可以战略性舍弃，如第七章中比较冷门的规章；对于其他法规中和安全生产关系不大的内容也可以舍弃，如刑法、道路交通安全法中的大部分内容。另外，对于那些难以理解、记忆的内容也可以舍弃，如法规中均有的关于违法责任、罚款的规定等，这样可以大大节约学习时间，集中精力学习常规的重要考点，毕竟我们的目标是通过考试，而不是拿高分。

3. 勤动手、巧记忆

在学习过程中，无论是跟着老师学，还是自学，都应做到多动脑、勤动手，根据所学内容把重要知识点总结成小口诀等写到笔记本上，也可以做成表格、制作成图进行对比记忆等。在动手写的过程中，更容易形成深层记忆，不易遗忘。

4. 充分利用真题

考试真题最能反映考试的方向、趋势、深度和广度，通过研究每道真题来把控考试方向往往能够找到学习的捷径。在考试之前，一定要把近几年的真题，尤其是近三年的真题认真做一遍，弄明白每一道真题涉及的知识点，把每一道真题都吃透，做到知其然且知其所以然，并能够根据真题联系到相关的知识点内容，做到上下联系，灵活运用。这也是本套丛书编写的初衷。

四、答题技巧

本科目考试题型均为选择题，共计85题。其中，单选题70题，多选题15题。选择题的特点是，选项都在卷面上，作答在答题卡上。所以，掌握一定的答题技巧，不但能够节省时间，而且能够提高答案的准确性。下面推荐三种答题技巧，供参考。

（一）对比、排除法

单选题有A、B、C、D四个选项，答案只有1个；多选题有A、B、C、D、E五个选项，答案有2～4个。考试时可以先快速阅读所有选项，一般能够排除1～2个选项，这就把正确答案锁定在了很小的范围内，再结合题干分析，答案自然能轻松选出。

（二）多选题少选

多选题答案有2～4个，每题分值2分。得分规则举例：如果正确答案是ABC，选ABC得2分；选AB或BC或AC得1分；选ABCD或ABD或ABCE等出现任何一个错误选项，得0分。所以，考试时对于不确定的选项不选，尽量不出现四个选项的答案，能少选就少选，即保证题目不丢分，不追求每题得满分。

（三）结合常识

超纲题目在本科目考试中并不多见，每年有1～2分的分值。对于超纲或者时政等陌生的题目，首先排除明显错误的选项，再结合生活或工作常识进行选择，往往最符合常识的选项就是正确选项。

第二篇
10年真题精解

第一章 安全生产相关国家政策

　　本章主要讲述习近平法治思想、国家领导人有关安全生产的讲话，以及有关安全生产的重要文件，偶尔会考查一道题目，且多半不在教材内出题，真题的借鉴意义不大，所以关于本章的考点和题目在此不作详细介绍。

　　注：本书中涉及的《中华人民共和国安全生产法》《中华人民共和国职业病防治法》《中华人民共和国立法法》《中华人民共和国突发事件应对法》《中华人民共和国特种设备安全法》《中华人民共和国消防法》《中华人民共和国矿山安全法》《中华人民共和国道路交通安全法》《中华人民共和国建筑法》《中华人民共和国民法典》《中华人民共和国刑法》《中华人民共和国行政处罚法》《中华人民共和国行政强制法》《中华人民共和国劳动法》《中华人民共和国劳动合同法》，分别简称《安全生产法》《职业病防治法》《立法法》《突发事件应对法》《特种设备安全法》《消防法》《矿山安全法》《道路交通安全法》《建筑法》《民法典》《刑法》《行政处罚法》《行政强制法》《劳动法》《劳动合同法》。

第二章 安全生产法律基础知识

考点 法的效力层级 [2023、2022、2021、2020、2019]

真题链接

[2023·单选] 根据法的不同层级和效力位阶，安全生产法律体系包括法律、法规和规章。下列法律规范中，属于安全生产行政法规的是（　　）。

A．《消防救援衔条例》　　　　　　B．《女职工劳动保护特别规定》
C．《北京市安全生产条例》　　　　D．《建筑起重机械安全监督管理规定》

[解析] 《消防救援衔条例》是由全国人民代表大会常务委员会制定的法律，不属于安全生产行政法规。《女职工劳动保护特别规定》是由国务院制定的行政法规，属于安全生产行政法规。《北京市安全生产条例》是由北京市人民代表大会常务委员会制定的地方性法规，不属于安全生产行政法规。《建筑起重机械安全监督管理规定》是由住房城乡建设部制定的部门规章，不属于安全生产行政法规。

[答案] B

[2022·单选] 法律的制定主体不同，其法律地位和法律效力也不同。下列关于法律地位和效力的说法，正确的是（　　）。

A．北京市人民政府制定的《北京市生产经营单位安全生产主体责任规定》的法律地位等同于应急管理部制定的《生产安全事故应急预案管理办法》
B．《河南省安全生产条例》的法律效力高于北京市人民政府制定的《北京市生产经营单位安全生产主体责任规定》
C．《河南省安全生产条例》的法律地位高于《危险化学品安全管理条例》
D．《危险化学品安全管理条例》的法律效力高于应急管理部制定的《生产安全事故应急预案管理办法》

[解析] 选项A错误，地方政府规章效力层级和部门规章相同，"地位等同"的说法不准确。选项B错误，地方性法规效力高于本级或下级政府规章。选项C错误，地方性法规效力低于行政法规。

[答案] D

[2021·单选] 具有中国特色的安全生产法律体系正在不断发展和完善，各层级的法律规范相互依存、相互联系、辩证统一，不同层级的法律法规效力不同。下列关于我国安全生产法律法规效力的说法，正确的是（　　）。

A．《安全生产法》的效力高于《职业病防治法》
B．《安全生产许可证条例》的效力高于《煤矿安全监察条例》
C．《女职工劳动保护特别规定》与《生产安全事故应急条例》的效力相同
D．《北京市安全生产条例》的效力高于《沈阳市安全生产条例》

[解析] 选项A错误，《安全生产法》《职业病防治法》均为法律，效力相同。选项B错误，《安全生产许可证条例》《煤矿安全监察条例》均为行政法规，效力相同。选项D错误，《北京市安全生产条例》《沈阳市安全生产条例》均为地方性法规，效力相同。

[答案] C

[2020·单选] 法的效力层级是指规范性法律文件之间的效力等级关系。根据《立法法》，关于我国安全生产法律法规和规章效力层级的说法，正确的是（　　）。

A.《安全生产法》的效力高于《突发事件应对法》
B. 国务院安全生产行政法规的效力高于某省安全生产地方性法规
C. 应急管理部安全生产规章的效力高于某省政府安全生产规章
D. 民族自治区安全生产地方性法规的效力低于民族自治区政府安全生产规章

[解析] 选项A错误，《安全生产法》和《突发事件应对法》效力层级相同。选项C错误，部门规章的效力和地方政府规章的效力层级相同。选项D错误，民族自治区安全生产地方性法规的效力高于本级政府安全生产规章。

[答案] B

[2019·单选] 根据法的不同效力层级，下列安全生产法律法规和规章中，属于最低层级的安全生产立法的是（　　）。

A. 国务院通过的《安全生产许可证条例》
B. 某直辖市人大常委会通过的《××市安全生产条例》
C. 某省人民政府通过的《××省煤矿安全生产监督管理规定》
D. 全国人大常委会通过的《特种设备安全法》

[解析]《安全生产许可证条例》属于行政法规，《××市安全生产条例》属于地方性法规，《××省煤矿安全生产监督管理规定》属于地方政府规章，《特种设备安全法》属于法律。地方政府规章是最低层级的安全生产立法，因此选项C正确。

[答案] C

真题精解

点题：此系列真题考查安全生产法律体系的效力层级，历年考查形式基本相同，属于高频考点，基本每年会考查1题。

分析：对于本考点，核心是掌握各法律法规之间的层级关系，可以按法律、行政法规、地方性法规、地方政府规章的顺序来记忆，同时要掌握例外情况。

根据《立法法》，法的效力层级相关规定如下。

1. 上位法的效力高于下位法

（1）宪法具有最高的法律效力，一切法律、行政法规、地方性法规、自治条例和单行条例、规章都不得同宪法相抵触。

（2）法律的效力高于行政法规、地方性法规、规章。行政法规的效力高于地方性法规、规章。

（3）地方性法规的效力高于本级和下级地方政府规章。省、自治区的人民政府制定的规章的效力高于本行政区域内的设区的市、自治州的人民政府制定的规章。

（4）自治条例和单行条例依法对法律、行政法规、地方性法规作变通规定的，在本自治地方适用自治条例和单行条例的规定。

(5) 部门规章之间、部门规章与地方政府规章之间具有同等效力，在各自的权限范围内施行。

2. 特殊情况

在同一效力层级之间，特别规定优于一般规定，新的规定优于旧的规定。

拓展：该考点还可能从法律法规制定角度，结合效力层级进行考查。因此，需要掌握不同的法律法规的制定主体，具体见表2-1。

表 2-1　不同法律法规的制定主体

形式	制定主体	特征
宪法	全国人民代表大会	根本法（《中华人民共和国宪法》）
法律	全国人民代表大会及其常务委员会	××法（《安全生产法》《消防法》）
行政法规	国务院	××条例（《安全生产许可条例》《危险化学品安全管理条例》）
地方性法规	地方人民代表大会及其常务委员会	××地××条例（《北京市生活垃圾管理条例》《河北省安全生产条例》）
部门规章	国务院各部委	××规定、办法、细则（《注册安全工程师分类管理办法》）
地方政府规章	地方人民政府	××地××规定、办法、细则（《重庆市建设工程造价管理规定》）

举一反三

1. 下列关于法的效力层级的说法，正确的是（　　）。

A. 《安全生产法》的效力高于《特种设备安全法》

B. 《特种设备安全法》与《特种设备安全监察条例》的效力相同

C. 《煤矿安全监察条例》的效力高于《煤矿建设项目安全设施监察规定》

D. 《生产经营单位安全培训规定》与《女职工劳动保护特别规定》具有同等效力

[解析] 选项A错误，《安全生产法》与《特种设备安全法》均属于法律，效力相同。选项B错误，《特种设备安全法》属于法律，《特种设备安全监察条例》属于行政法规，法律的效力高于行政法规。选项D错误，《生产经营单位安全培训规定》属于部门规章，《女职工劳动保护特别规定》属于行政法规，行政法规的效力高于部门规章。

[答案] C

2. 下列关于我国法的制定主体和层级的说法，正确的是（　　）。

A. 法律只能由全国人民代表大会制定

B. 规章可分为国务院规章、部门规章和地方政府规章

C. 有立法权的地方人大可以制定地方性法规

D. 部门规章的效力高于地方政府规章

[解析] 选项A错误，法律只能由全国人民代表大会及其常委会制定。选项B错误，规章可分为国务院部门规章和地方政府规章。选项D错误，部门规章和地方政府规章之间具有同等效力。

[答案] C

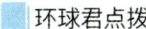环球君点拨

此考点为高频考点，内容比较简单。考试中解答此类题时，可以先从法律法规名称的前缀或后缀判断其制定主体，再判定其效力层级。

第三章 中华人民共和国安全生产法

第一节 基本规定

考点 1 主要负责人的判定 [2019、2018]

真题链接

[2019·单选] 刘某、赵某、黄某、张某四人合伙成立一家金属冶炼公司,该公司董事长由最大的股东刘某担任,但刘某因生病长期休养,并不直接参与公司生产经营活动;公司总经理由赵某担任,全面负责生产经营活动;黄某担任冶炼车间主任,负责车间日常生产管理;张某担任公司工会主席。根据《安全生产法》,由( )负责督促、检查公司安全生产工作,及时消除安全生产事故隐患。

A. 刘某 B. 赵某 C. 张某 D. 黄某

[解析] 根据《安全生产法》,由生产经营单位的主要负责人组织建立并落实安全风险分级管控和隐患排查治理双重预防工作机制,督促、检查本单位的安全生产工作,及时消除生产安全事故隐患。主要负责人是指真正全面组织、领导企业生产经营活动的实际负责人,题干中符合要求的是赵某。

[答案] B

[2018·单选] 化工公司为某跨国集团公司的子公司,集团公司董事长李某为集团公司和化工公司的法定代表人。李某长期在海外总部工作,不负责化工公司的日常工作,化工公司总经理张某自 2014 年 12 月起一直因病在医院接受治疗,张某生病期间由副总经理王某全面主持化工公司的工作,副总经理赵某具体负责安全生产管理工作。2016 年 5 月,该化工公司发生爆炸,造成 5 人死亡、12 人受伤。根据《安全生产法》,针对该起事故,应当以化工公司主要负责人身份被追究法律责任的是( )。

A. 李某 B. 张某 C. 王某 D. 赵某

[解析] 生产经营单位的主要负责人对本单位的安全生产工作全面负责。当董事长或者总经理长期缺位(因生病、学习等情况不能主持全面领导工作)时,由其授权或者委托的副职或者其他人主持生产经营单位的全面工作。在这种情况下发生安全生产违法行为或者生产安全事故需要追究责任时,将长期缺位的董事长或者总经理作为责任人既不合情理又难以执行,只能追究其授权或者委托主持全面工作的实际负责人的法律责任。

[答案] C

真题精解

点题: 此系列真题考查主要负责人的职责及主要负责人的判断。根据题干,先要判断出"负责督促、检查公司安全生产工作,及时消除安全生产事故隐患"是主要负责人的职责,然后再根据描述判定谁是生产经营单位的主要负责人。

分析:《安全生产法》第五条规定,生产经营单位的主要负责人是本单位安全生产第一责任人,

对本单位的安全生产工作全面负责,其他负责人对职责范围内的安全生产工作负责。主要负责人的判定,可以从以下两个方面入手:

(1) 一般情况下,生产经营单位的主要负责人就是其法定代表人,是本单位生产经营活动主要决策人和指挥者,在生产经营工作中有决策权;即是生产经营单位的最高领导者和管理者。

(2) 生产经营单位主要负责人必须是实际领导、指挥生产经营单位日常生产活动的决策人,如公司制企业的董事长、执行董事或者经理,非公司制企业的厂长、经理等。对于合伙企业、个人独资企业、个体工商户等,其投资人或者负责执行生产经营业务活动的人就是主要负责人。

拓展: 实践中存在法定代表人和实际经营决策人相分离的情况,如集团公司下属企业的法定代表人常驻总部,并不具体负责企业的日常生产经营,或者生产经营单位的法定代表人因生病或学习等原因长期缺位,委托其他领导或副职主持全面工作。在这种情况下,那些具有指挥、决策权力,管理企业生产经营活动的实际负责人就是生产经营单位的主要负责人。

举一反三

[典型例题·单选] 某股份公司董事长张某同时担任其分公司的总经理,长期在总部工作。该分公司由常务副总经理赵某负责日常工作,分管生产的副总经理李某协助其工作,刘某为安全总监。根据《安全生产法》,对该公司安全生产工作全面负责的主要负责人是（　　）。

A. 董事长张某 　　　　　　　　　　B. 常务副总经理赵某
C. 副总经理李某 　　　　　　　　　D. 安全总监刘某

[解析] 判断谁是生产经营单位的主要负责人,要看他是否为单位实际的决策者、管理者。本题中,张某虽职位较高,但他不负责分公司的日常管理工作,而是由常务副总经理赵某负责日常管理工作,因此赵某为单位的实际主要负责人,刘某为安全管理人。

[答案] B

环球君点拨

近年来,"谁是生产经营单位的主要负责人"这种单一知识点的考查较少,更多的是结合主要负责人职责、安全管理人职责等知识点出题,有一定难度,因此考生要牢固掌握生产经营单位相关人员的职责。在考试中应注意,题干中往往会描述若干人的职务,其中常有负责安全的总监、负责安全生产的总经理等,他们均是负责某一方面的管理人员,而只有负责全面工作的管理者才是主要负责人。

考点 2　安全生产法的适用 [2023、2022、2021]

真题链接

[2023·多选] 根据《安全生产法》,关于该法适用范围的说法,正确的有（　　）。

A. 个人独资企业适用《安全生产法》
B. 中国在国外投资设立的企业适用《安全生产法》
C. 核电企业适用《安全生产法》
D. 不具有法人资格的单位不适用《安全生产法》
E. 水上交通运输企业不适用《安全生产法》

[解析] 根据《安全生产法》第二条,在中华人民共和国领域内从事生产经营活动的单位（以下统称生产经营单位）的安全生产,适用本法,选项 B、D 错误。有关法律、行政法规对消防安全

和道路交通安全、铁路交通安全、水上交通安全、民用航空安全以及核与辐射安全、特种设备安全另有规定的，适用其规定。也就是说，如果有关法律、行政法规没有另行规定的，仍然适用《安全生产法》，故选项 E 错误。

[答案] AC

[2022·单选]《安全生产法》是对生产经营单位普遍适用的法律。关于《安全生产法》适用范围的说法，正确的是（　　）。

A.《安全生产法》适用于香港特别行政区和澳门特别行政区
B. 水上交通安全法律和行政法规对有关安全生产没有规定的，应当依照《安全生产法》执行
C. 部门规章对民用航空安全另有规定的，不适用《安全生产法》
D. 中资企业在境内和境外的生产经营活动都适用《安全生产法》

[解析]《安全生产法》暂不适用于香港特别行政区和澳门特别行政区，选项 A 错误。有关法律、行政法规对消防安全和道路交通安全、铁路交通安全、水上交通安全、民用航空安全以及核与辐射安全、特种设备安全另有规定的，适用其规定；其中不包括部门规章，选项 C 错误。在中华人民共和国领域内从事生产经营活动都适用《安全生产法》，选项 D 错误。

[答案] B

[2021·单选] 根据《安全生产法》，下列关于安全生产条件的说法，正确的是（　　）。

A. 个体工商户从事生产经营活动应具备安全生产条件
B. 事业单位不适用《安全生产法》关于安全生产条件的规定
C. 各类生产经营单位应具备相同的安全生产条件
D. 生产经营单位应具备有关安全生产的法律、法规、规章和标准规定的条件

[解析] 根据《安全生产法》第二十条，生产经营单位应当具备本法和有关法律、行政法规和国家标准或者行业标准规定的安全生产条件；不具备安全生产条件的，不得从事生产经营活动。

[答案] A

真题精解

点题：此系列真题考查安全生产法的适用，题目看似比较简单，也比较容易排除其中的一两个选项，但如果对知识点的理解不够深入，容易误选。

分析：关于安全生产法的适用，《安全生产法》第二条规定，在中华人民共和国领域内从事生产经营活动的单位（以下统称生产经营单位）的安全生产，适用本法；有关法律、行政法规对消防安全和道路交通安全、铁路交通安全、水上交通安全、民用航空安全以及核与辐射安全、特种设备安全另有规定的，适用其规定。

虽然这里规定了"在中华人民共和国领域内从事生产经营活动的单位的安全生产，适用本法"，但由于我国实行"一国两制"的特殊性，《安全生产法》暂不适用港澳台地区。

此外，还要掌握的是，《安全生产法》中对列举的特殊行业，只有在法律、行政法规作出规定时，才适用其规定，不包括部门规章及地方性法规等。

举一反三

[典型例题 1·单选]《安全生产法》明确了排除适用的特殊规定，下列关于《安全生产法》适用范围的说法，正确的是（　　）。

A. 有关法律、行政法规对铁路交通安全没有规定的，适用《安全生产法》

B. 有关法律、行政法规对非煤矿山安全没有规定的，不适用《安全生产法》

C. 有关法律、行政法规对消防安全另有规定的，适用《安全生产法》

D. 有关法律、行政法规对危险化学品安全另有规定的，不适用《安全生产法》

[解析] 有关法律、行政法规对非煤矿山安全没有规定的，适用《安全生产法》的规定，选项B错误。有关法律、行政法规对消防安全另有规定的，不适用《安全生产法》，选项C错误。《安全生产法》没有对危险化学品安全作出除外规定，选项D错误。

[答案] A

[典型例题2·单选] 下列关于《安全生产法》的适用范围的说法，正确的是（　　）。

A. 有关法律、行政法规、部门规章对消防安全另有规定的，适用其规定

B. 涉及水上交通安全的不适用《安全生产法》

C. 法规对民用航空安全另有规定的适用法规的规定

D. 外资独资企业的安全生产不适用《安全生产法》

[解析] 有关法律、行政法规对消防安全另有规定的，适用其规定，不包括部门规章，选项A错误。有关法律、行政法规对涉及水上交通安全、民用航空安全另有规定的，适用其规定，如果没有作出具体规定的，仍然适用《安全生产法》，选项B错误，选项C正确。外资独资企业的安全生产适用《安全生产法》，没有除外的规定，选项D错误。

[答案] C

环球君点拨

对于该知识点，可以用口诀来记忆，如"四路交通+特核消"不适用《安全生产法》。同时还要掌握以下几点：①《安全生产法》暂不适用港澳台地区；②个人从事经营活动的，同样适用《安全生产法》；③外资企业同样适用《安全生产法》；④《安全生产法》不适用在外国的中资企业。

考点3　安全生产监督管理部门的职责 [2021、2019]

真题链接

[2021·单选] 甲、乙、丙、丁四个乡隶属于某县。根据《安全生产法》，下列关于四个乡人民政府履行安全生产管理职责的做法，正确的是（　　）。

A. 甲乡人民政府协助县应急管理部门开展安全生产监督检查，对轻微违法行为进行处罚

B. 乙乡人民政府协助县应急管理部门开展生产安全事故应急救援，调查处理轻伤事故

C. 丙乡人民政府监督检查辖区内生产经营单位的安全生产情况，发现重大违法行为，根据县人民政府的授权予以处罚

D. 丁乡人民政府监督检查辖区内生产经营单位的安全生产情况，督促事故隐患整改工作

[解析] 根据《安全生产法》，选项A中"对轻微违法行为进行处罚"的说法不正确。选项B错误，对事故的调查处理是县以上人民政府的职责。选项C中"根据县人民政府的授权"表述错误，县政府不能授权。

[答案] D

真题精解

点题： 此真题考查各级人民政府及相关部门的职责，这是难点，非常容易混淆。对此，重点是

根据规定掌握各级别部门和其职责的对应关系。

分析： 关于安全生产监督管理部门的职责，《安全生产法》规定如下。

(1) 国务院和县级以上地方各级人民政府应当根据国民经济和社会发展规划制定安全生产规划，并组织实施。安全生产规划应当与国土空间规划等相关规划相衔接。

各级人民政府应当加强安全生产基础设施建设和安全生产监管能力建设，所需经费列入本级预算。

县级以上地方各级人民政府应当组织有关部门建立完善安全风险评估与论证机制，按照安全风险管控要求，进行产业规划和空间布局，并对位置相邻、行业相近、业态相似的生产经营单位实施重大安全风险联防联控。

(2) 国务院和县级以上地方各级人民政府应当加强对安全生产工作的领导，建立健全安全生产工作协调机制，支持、督促各有关部门依法履行安全生产监督管理职责，及时协调、解决安全生产监督管理中存在的重大问题。

乡镇人民政府和街道办事处，以及开发区、工业园区、港区、风景区等应当明确负责安全生产监督管理的有关工作机构及其职责，加强安全生产监管力量建设，按照职责对本行政区域或者管理区域内生产经营单位安全生产状况进行监督检查，协助人民政府有关部门或者按照授权依法履行安全生产监督管理职责。

(3) 国务院应急管理部门依照本法，对全国安全生产工作实施综合监督管理；县级以上地方各级人民政府应急管理部门依照本法，对本行政区域内安全生产工作实施综合监督管理。

国务院交通运输、住房和城乡建设、水利、民航等有关部门依照本法和其他有关法律、行政法规的规定，在各自的职责范围内对有关行业、领域的安全生产工作实施监督管理；县级以上地方各级人民政府有关部门依照本法和其他有关法律、法规的规定，在各自的职责范围内对有关行业、领域的安全生产工作实施监督管理。对新兴行业、领域的安全生产监督管理职责不明确的，由县级以上地方各级人民政府按照业务相近的原则确定监督管理部门。

应急管理部门和对有关行业、领域的安全生产工作实施监督管理的部门，统称负有安全生产监督管理职责的部门。负有安全生产监督管理职责的部门应当相互配合、齐抓共管、信息共享、资源共用，依法加强安全生产监督管理工作。

拓展： 各级人民政府及相关部门的职责见表3-1。

表3-1 各级人民政府及相关部门的职责

级别	职责
县级以上	(1) 县级以上地方各级人民政府应当组织有关部门建立完善安全风险评估与论证机制 (2) 国务院和县级以上地方各级人民政府应当加强对安全生产工作的领导，建立健全安全生产工作协调机制，支持、督促各有关部门依法履行安全生产监督管理职责，及时协调、解决安全生产监督管理中存在的重大问题 (3) 县级以上各级人民政府应当组织负有安全生产监督管理职责的部门依法编制安全生产权力和责任清单，公开并接受社会监督 (4) 对新兴行业、领域的安全生产监督管理职责不明确的，由县级以上地方各级人民政府按照业务相近的原则确定监督管理部门 (5) 涉及人员死亡的举报事项，应当由县级以上人民政府组织核查处理

续表

级别	职责
人民政府派出机关，乡镇人民政府和街道办事处，以及开发区、工业园区、港区、风景区	应当明确负责安全生产监督管理的有关工作机构及其职责，加强安全生产监管力量建设，按照职责对本行政区域或者管理区域内生产经营单位安全生产状况进行监督检查，协助人民政府有关部门或者按照授权依法履行安全生产监督管理职责

举一反三

[典型例题 1·单选] 根据《安全生产法》，下列关于人民政府及相关部门履行安全生产管理职责的说法，正确的是（　　）。

A. 县级以上人民政府协助应急管理部门对本辖区生产经营单位开展安全生产监督检查

B. 各级人民政府对本行政区域内行业、领域的安全生产工作实施综合监督管理

C. 乡人民政府接到举报称某企业发生一起生产安全事故，造成 1 人死亡，立即组织核查处理

D. 对新兴行业的安全生产监督管理职责不明确的，县级以上人民政府按照业务相近的原则确定监督管理部门

[解析] 选项 A 错误，应该由乡镇人民政府协助人民政府有关部门或者按照授权依法履行安全生产监督管理职责。选项 B 错误，实施综合监督管理的应该是应急管理部门。选项 C 错误，涉及人员死亡的举报事项，应当由县级以上人民政府组织核查处理。

[答案] D

[典型例题 2·单选] 依据《安全生产法》的规定，下列关于各级人民政府安全生产职责的说法，错误的是（　　）。

A. 县级以上地方各级人民政府应急管理部门依法对本行政区域内安全生产工作实施综合监督管理

B. 县级以上各级人民政府应根据国民经济和社会发展规划制定安全生产规划，并组织实施

C. 乡镇人民政府应当建立健全安全生产工作协调机制，及时协调、解决安全生产监督管理中存在的重大问题

D. 负有安全生产监督管理职责的部门应当相互配合、齐抓共管、信息共享、资源共用，依法加强安全生产监督管理工作

[解析] 选项 C 错误，应该由国务院和县级以上地方各级人民政府及时协调、解决安全生产监督管理中存在的重大问题。

[答案] C

环球君点拨

《安全生产法》对各级政府职责的规定中，用词是不一样的，有的用"国务院和县级以上地方各级人民政府"，有的用"县级以上地方各级人民政府"，其范围不同，县级以上地方各级人民政府不包括国务院，在做题时要注意选项的用词是否与规定一致。

第二节 生产经营单位安全生产保障

考点 1 主要负责人、安全生产管理机构及管理人员的职责 [2023、2022、2020、2019]

[真题链接]

[2023·单选] 王某是某建设工程公司专职安全生产管理人员。根据《安全生产法》，下列安全生产职责中，属于王某职责范围的是（　　）。

A. 督促落实重大危险源安全管理措施，保证本公司安全生产投入的有效实施
B. 建立并落实本公司全员安全生产责任制，加强安全生产标准化建设
C. 组织制定并实施本公司安全生产规章制度和操作规程
D. 检查本公司的安全生产工作，提出改进安全生产管理的建议

[解析] 根据《安全生产法》，选项 A 中，"督促落实重大危险源安全管理措施"是安全生产管理人员的职责，"保证本公司安全生产投入的有效实施"是主要负责人的职责。选项 B、C 是主要负责人的职责，选项 D 是安全生产管理人员的职责。

[答案] D

[2022·单选] 根据《安全生产法》，下列职责中，属于生产经营单位安全生产管理机构及安全生产管理人员职责的是（　　）。

A. 组织制定本单位安全风险分级管控制度
B. 组织实施本单位安全生产教育和培训计划
C. 组织实施本单位的生产安全事故应急救援预案
D. 督促落实本单位重大危险源的安全管理措施

[解析] 根据《安全生产法》，组织开展危险源辨识和评估，督促落实本单位重大危险源的安全管理措施，是生产经营单位安全生产管理机构及安全生产管理人员应履行的职责。选项 A、B、C 均是生产经营单位主要负责人的职责。

[答案] D

[2020·单选] 张某是某化工工厂的厂长，李某是该厂安全生产管理人员，根据《安全生产法》，关于张某和李某安全生产职责的说法，正确的是（　　）。

A. 张某负责拟定安全生产规章制度、操作规程和生产安全事故应急救援预案
B. 李某负责组织或者参与安全生产教育和培训，如实记录安全生产教育和培训情况
C. 张某负责检查安全生产状况，及时排查生产安全事故隐患，提出改进安全生产管理的建议
D. 李某负责实施安全事故应急救援预案，参与应急救援演练

[解析] 根据题意可知，张某是该厂主要负责人，李某是该厂安全生产管理人员。选项 A 错误，"拟定安全生产规章制度、操作规程和生产安全事故应急救援预案"应是安全生产管理人员（李某）的职责。选项 C 错误，"检查安全生产状况，及时排查生产安全事故隐患，提出改进安全生产管理的建议"是安全生产管理人员（李某）的职责。选项 D 错误，"实施安全事故应急救援预案"是主要负责人（张某）的职责，"参与应急救援演练"是安全管理人员（李某）的职责。

[答案] B

[2019·多选] 王某为某煤矿企业矿长，李某为该矿安全管理科科长，根据《安全生产法》，关于此二人安全生产职责的说法，正确的有（　　）。

A. 王某负责保证该矿安全生产投入的有效实施
B. 王某负责组织制定该矿安全生产规章制度和操作规程
C. 王某负责督促落实该矿安全生产整改措施，及时、如实报告生产安全事故
D. 李某负责组织制定并实施该矿生产安全事故应急救援预案
E. 李某负责检查该矿安全生产状况，及时排查生产安全事故隐患，提出改进安全生产管理的建议

[解析] 根据题意可知，王某是该煤矿的主要负责人，李某是该煤矿的安全生产管理人员。选项C错误，"督促落实该矿安全生产整改措施"是安全管理人员（李某）的职责，"及时、如实报告生产安全事故"是主要负责人（王某）的职责。选项D错误，"组织制定并实施该矿生产安全事故应急救援预案"是主要负责人（王某）的职责。

[答案] ABE

真题精解

点题：此系列真题考查主要负责人的安全生产职责、安全生产管理机构及安全生产管理人员的职责，考查方式一般是将二者职责相混淆，要求考生能够正确区分。

分析：对于此考点，要求牢固掌握生产经营单位主要负责人的安全生产职责、安全生产管理机构及安全生产管理人员的职责。

1. 主要负责人的安全生产职责

根据《安全生产法》，生产经营单位的主要负责人对本单位安全生产工作负有下列职责：

（1）建立健全并落实本单位全员安全生产责任制，加强安全生产标准化建设。
（2）组织制定并实施本单位安全生产规章制度和操作规程。
（3）组织制定并实施本单位安全生产教育和培训计划。
（4）保证本单位安全生产投入的有效实施。
（5）组织建立并落实安全风险分级管控和隐患排查治理双重预防工作机制，督促、检查本单位的安全生产工作，及时消除生产安全事故隐患。
（6）组织制定并实施本单位的生产安全事故应急救援预案。
（7）及时、如实报告生产安全事故。

2. 安全生产管理机构及管理人员的职责

根据《安全生产法》，生产经营单位的安全生产管理机构及安全生产管理人员应履行下列职责：

（1）组织或者参与拟订本单位安全生产规章制度、操作规程和生产安全事故应急救援预案。
（2）组织或者参与本单位安全生产教育和培训，如实记录安全生产教育和培训情况。
（3）组织开展危险源辨识和评估，督促落实本单位重大危险源的安全管理措施。
（4）组织或者参与本单位应急救援演练。
（5）检查本单位的安全生产状况，及时排查生产安全事故隐患，提出改进安全生产管理的建议。
（6）制止和纠正违章指挥、强令冒险作业、违反操作规程的行为。
（7）督促落实本单位安全生产整改措施。

易混提示

生产经营单位的主要负责人、安全生产管理机构及安全生产管理人员的职责各有7条，容易混淆，可以采取对比法记忆，建议重点记忆主要负责人的职责。

拓展： 上述规定的是基本安全生产职责，《安全生产法》中还涉及以下安全管理职责的规定以及违反规定应承担的法律责任。

《安全生产法》第五十条规定，生产经营单位发生生产安全事故时，单位的主要负责人应当立即组织抢救，并不得在事故调查处理期间擅离职守。

第九十四条规定，生产经营单位的主要负责人未履行本法规定的安全生产管理职责的，责令限期改正，处2万元以上5万元以下的罚款；逾期未改正的，处5万元以上10万元以下的罚款，责令生产经营单位停产停业整顿。

在考试中，有的题目涉及面较广，可能会进行综合考查，但有关二者（主要负责人、安全生产管理机构及管理人员）的职责是基础，可以将《安全生产法》中涉及的二者职责进行拓展，自行组合到一起进行综合记忆。

举一反三

[典型例题1·多选] 下列各项中，属于生产经营单位的主要负责人安全生产工作职责的有（　　）。

A. 组织制定并实施本单位安全生产规章制度和操作规程
B. 组织制定并实施本单位安全生产教育和培训计划
C. 组织制定并实施本单位的生产安全事故应急救援预案
D. 组织开展危险源辨识和评估，督促落实本单位重大危险源的安全管理措施
E. 制止和纠正违章指挥、强令冒险作业、违反操作规程的行为

[解析] 根据《安全生产法》，选项A、B、C为主要负责人的安全生产职责；选项D、E为安全生产管理人员的安全生产职责。

[答案] ABC

[典型例题2·单选] 某企业主要负责人为李某，张某是本企业开展安全生产管理工作的具体执行者，在单位安全生产工作中发挥着不可或缺的重要作用。根据《安全生产法》，下列关于李某和张某职责的说法，正确的是（　　）。

A. 李某负责组织开展危险源辨识和评估
B. 张某负责制止和纠正违章指挥、强令冒险作业、违反操作规程的行为，加强安全生产标准化建设
C. 李某负责督促落实本企业安全生产整改措施
D. 张某负责检查本企业的安全生产状况，及时排查生产安全事故隐患

[解析] 根据题意可知，企业主要负责人为李某，安全生产管理人员为张某。选项A错误，"组织开展危险源辨识和评估"是安全生产管理人员（张某）的职责。选项B错误，"制止和纠正违章指挥、强令冒险作业、违反操作规程的行为"是安全生产管理人员（张某）的职责，"加强安全生产标准化建设"是主要负责人（李某）的职责。选项C错误，"督促落实本企业安全生产整改措施"是安全生产管理人员（张某）的职责。

[答案] D

[**典型例题3·单选**] 某贸易公司、煤业公司、当地投资公司以4∶3∶3的比例共同成立一家化工公司。该化工公司的董事长由常驻海外的贸易公司张某担任；总经理由贸易公司王某担任，全面负责生产经营活动；副总经理由煤业公司孙某担任，负责日常生产管理；安全总监由投资公司赵某担任，负责安全管理。依据《安全生产法》的规定，下列关于张某、王某、孙某、赵某安全生产管理职责的说法，正确的是（　　）。

A. 张某负责建立健全并落实本单位全员安全生产责任制，加强安全生产标准化建设
B. 王某负责督促、检查本单位的安全生产工作，及时消除生产安全事故隐患
C. 孙某负责组织拟订本单位安全生产规章制度、操作规程和生产安全事故应急救援预案
D. 赵某负责组织制定本单位安全生产教育和培训计划，如实记录安全生产教育和培训情况

[**解析**] 根据题干描述，化工公司的主要负责人为王某，安全生产管理人员为赵某，董事长张某不负责该公司的管理工作，孙某为公司的日常生产管理人员。选项A错误，"建立健全并落实本单位全员安全生产责任制，加强安全生产标准化建设"为主要负责人（王某）的职责。选项C错误，孙某为企业的日常生产管理人员，对其安全管理职责没有具体规定。选项D错误，"组织制定本单位安全生产教育和培训计划"是主要负责人（王某）的职责，"如实记录安全生产教育和培训情况"是安全生产管理人员（赵某）的职责。

[**答案**] B

环球君点拨

近年来，关于此知识点的考查愈趋灵活，在考试中有时会把一条职责分为两部分，或者把两条不同的职责合并为一条，具有较大的迷惑性，在选择时一定要仔细区分，务必把选项读完，避免将前半句正确而后半句错误的选项作为正确答案。

▶ 考点2 安全生产管理机构和安全生产管理人员的配备 [2023、2021、2019、2017、2015]

真题链接

[**2023·单选**] 甲危险化学品经营企业有员工20人，乙机械加工企业有员工105人，丙建筑企业有员工99人，丁金融服务企业有员工150人。根据《安全生产法》，关于安全生产管理机构和安全生产管理人员的说法，正确的是（　　）。

A. 甲企业可以不设置安全生产管理机构，但应当配备专职安全生产管理人员
B. 乙企业应当设置安全生产管理机构并配备专职安全生产管理人员
C. 丙企业可以不设置安全生产管理机构，但应当配备专职或者兼职安全生产管理人员
D. 丁企业属于危险性较小的企业，可以不配备安全生产管理人员

[**解析**] 根据《安全生产法》第二十四条，矿山、金属冶炼、建筑施工、运输单位和危险物品的生产、经营、储存、装卸单位，应当设置安全生产管理机构或者配备专职安全生产管理人员。上述规定以外的其他生产经营单位，从业人员超过100人的，应当设置安全生产管理机构或者配备专职安全生产管理人员；从业人员在100人以下的，应当配备专职或者兼职的安全生产管理人员。

[**答案**] A

[**2021·单选**] 某道路运输公司有从业人员120人，受肺炎疫情影响，该公司削减经营规模，

裁员30人。根据《安全生产法》，下列关于该公司安全生产管理机构设置和安全生产管理人员配备的说法，正确的是（　　）。

　　A. 应当设置安全生产管理机构或者配备专职安全生产管理人员
　　B. 可以不设置安全生产管理机构，但必须委托具有相应资质的机构提供管理服务
　　C. 应当配备专职安全生产管理人员或者兼职安全生产管理人员
　　D. 可以配备兼职安全生产管理人员，但必须配备至少1名注册安全工程师

　　[解析] 选项A正确，根据题干可知，此公司为道路运输公司，属于高危企业，根据《安全生产法》的规定，不考虑人员的多少，高危企业均应设置安全生产管理机构或者配备专职安全生产管理人员。选项B错误，对于高危企业，如果不设置安全生产管理机构，则必须配备专职安全生产管理人员，没有"必须委托具有相应资质的机构提供管理服务"的规定。选项C错误，对于高危企业，可以同时配备专职和兼职安全生产管理人员，但不能只配备兼职安全生产管理人员。选项D错误，对于道路运输企业，《安全生产法》没有对其配备注册安全工程师作出规定。

[答案] A

[2019·单选] 某客运公司经营城际客运业务，共有职工65人、中型客车20辆。根据《安全生产法》，关于安全生产管理机构设置和安全生产管理人员配备的说法，正确的是（　　）。

　　A. 该公司应当设置安全生产管理机构或者配备兼职安全生产管理人员
　　B. 该公司应当设置安全生产管理机构或配备注册安全工程师
　　C. 该公司应当设置安全生产管理机构或配备专职安全生产管理人员
　　D. 该公司不需设置安全生产管理机构，但应当配备兼职安全生产管理人员

　　[解析] 根据《安全生产法》的规定，高危企业应当设置安全生产管理机构或者配备专职安全生产管理人员。依题干描述，此公司为道路客运公司，属于高危企业，应设置安全生产管理机构或者配备专职安全生产管理人员，与其职工及客车的数量没有关系。在此基础上，可以配备兼职安全管理人员，对配备注册安全工程师则没有要求，故选项C正确。

[答案] C

[2019·多选] 根据《安全生产法》，关于企业安全生产管理机构和安全生产管理人员配备的说法，正确的有（　　）。

　　A. 某食品加工厂共有职工115人，配备了3名专职安全生产管理人员
　　B. 某露天采石场共有职工85人，设置了安全生产管理机构，并配备6名专职安全生产管理人员
　　C. 某大型酒店共有职工130人，配备了8名兼职安全生产管理人员
　　D. 某贸易公司共有职工45人，未配备专、兼职安全生产管理人员
　　E. 某仓储企业共有职工105人，配备了5名专职安全生产管理人员

　　[解析]《安全生产法》对高危企业或其他超过100人的企业安全生产管理机构的设置和安全生产管理人员的配备作出了规定，但并没有规定具体人数。选项C错误，大型酒店为非高危企业，但职工人数超过了100人，所以应当设置安全生产管理机构或配备专职安全生产管理人员。选项D错误，贸易公司为非高危企业，有职工45人，至少应配备兼职安全生产管理人员。

[答案] ABE

[2017·多选] 依据《安全生产法》的规定，下列企业安全生产管理机构设置和安全生产管理

人员配备符合规定的有（　　）。

A. 某大型商场有 120 名员工，未设置安全生产管理机构，配备 1 名专职安全管理人员
B. 某旅游公司有 105 名员工，未设置安全生产管理机构，配备 2 名兼职安全管理人员
C. 某客运公司有 95 名员工，未设置安全生产管理机构，配备 2 名兼职安全管理人员
D. 某仓储企业有 150 名员工，设置安全生产管理机构，配备 4 名专职安全管理人员
E. 某煤矿企业有 450 名员工，设置安全生产管理机构，配备 10 名专职安全管理人员

[解析] 依据《安全生产法》，旅游公司超过了 100 人，只配备 2 名兼职安全管理人员，不符合要求，应当设置安全生产管理机构或者配备专职安全生产管理人员，选项 B 错误。客运公司属于道路运输单位，不需要考虑人员数量，应当设置安全生产管理机构或者配备专职安全生产管理人员，选项 C 错误。

[答案] ADE

[2015·单选] 某危险物品储存单位有从业人员 25 人。依据《安全生产法》的规定，下列关于该单位设置安全生产管理机构和配备安全生产管理人员的说法，正确的是（　　）。

A. 应当配备专职或者兼职安全生产管理人员
B. 可以不配备专职安全生产管理人员，但必须配备兼职安全生产管理人员
C. 可以不设置安全生产管理机构，但必须配备专职安全生产管理人员
D. 不需要设置安全生产管理机构或配备专职安全生产管理人员，可委托具有相关安全资质的服务机构提供安全生产管理服务

[解析] 危险物品储存单位属于高危企业，应当设置安全生产管理机构或者配备专职安全生产管理人员，与从业人数无关。

[答案] C

真题精解

点题：此系列真题考查生产经营单位安全生产管理机构的设置和专职、兼职安全生产管理人员的配备，为历年高频考点，考查形式通常比较简单，题型也十分类似，尤其是 2019 年，同一考点考查了单选、多选两道题，因此对该知识点要牢固掌握、灵活运用。

分析：关于安全生产管理机构的设置和安全生产管理人员的配备，《安全生产法》第二十四条规定，矿山、金属冶炼、建筑施工、运输单位和危险物品的生产、经营、储存、装卸单位，应当设置安全生产管理机构或者配备专职安全生产管理人员。

前款规定以外的其他生产经营单位，从业人员超过 100 人的，应当设置安全生产管理机构或者配备专职安全生产管理人员；从业人员在 100 人以下的，应当配备专职或者兼职的安全生产管理人员。（"超过 100 人"包含本数，"100 人以下"则不包含本数）

首先，要记住五类高危企业（矿山、金属冶炼、建筑施工、运输单位和危险物品的生产、经营、储存、装卸单位），此类高危企业不考虑从业人数；其次，对其他非高危企业按人数分类，大于 100 人的按高危企业对待，小于 100 人的，按一般企业对待。需要注意的是，即使是小于 100 人的非高危企业，也要求至少配备兼职安全管理人员。

拓展：《安全生产法》第二十四条中所说的矿山企业包括煤矿及非煤矿山企业，运输企业包括道路运输、铁路运输、水上运输和航天运输企业，并且不分客运和货运，没有人数的限制，均为高危企业。

需要注意，汽车制造不属于运输企业，金属机械制造加工不属于金属冶炼企业。

《安全生产法》对生产经营单位安全管理机构设置和安全生产管理人员配备的规定，只是最低要求，单位实际的做法可以高于法律的规定。例如，对高危企业，可以同时配备专职和兼职安全生产管理人员；对非高危企业，可以不配备兼职安全生产管理人员，而是设置安全管理机构或配备专职安全生产管理人员。反之，生产经营单位的做法不能低于法律的规定，不配备任何安全生产管理人员。

举一反三

[典型例题 1·单选] 根据《安全生产法》，下列生产经营单位可以不设置安全生产管理机构或者配备专职安全生产管理人员的是（　　）。

A. 从业人员 80 人的建筑施工单位
B. 从业人员 75 人的危险化学品运输单位
C. 从业人员 68 人的非金属矿山开采企业
D. 从业人员 90 人的民用爆炸物品使用单位

[解析] 建筑施工单位、危险化学品运输单位和非金属矿山开采企业均是高危企业，应当设置安全生产管理机构或者配备专职安全生产管理人员，故选项 A、B、C 不符合题意。民用爆炸物品使用单位不属于《安全生产法》中规定的高危企业，且从业人员少于 100 人，可不设置安全生产管理机构或者配备专职安全生产管理人员，因此选项 D 符合题意。

[答案] D

[典型例题 2·单选] 现有 4 家公司，甲公司为纺织企业，有从业人员 200 多人；乙公司为危险化学品生产企业，有从业人员 95 人；丙公司为食品生产企业，有从业人员 85 人；丁公司为建筑施工企业，有从业人员 150 人。根据《安全生产法》的规定，应当配备专职或者兼职安全生产管理人员的是（　　）。

A. 甲公司　　　　B. 乙公司　　　　C. 丁公司　　　　D. 丙公司

[解析] 需要特别注意此题的问法，"应当配备专职或者兼职安全生产管理人员"，是指既可以只配备专职安全生产管理人员，也可以只配备兼职安全生产管理人员，因此应该选择从业人员少于 100 人的非高危企业。依据题干，符合要求的只有丙公司。

[答案] D

[典型例题 3·多选] 根据《安全生产法》的规定，下列关于 4 家企业设置安全生产管理机构和配备安全生产管理人员的做法，正确的有（　　）。

A. 某铁矿未设置安全生产管理机构和配备专职安全生产管理人员，但配备了兼职安全生产管理人员
B. 某冶炼厂有从业人员 86 人，未设置安全生产管理机构，但配备了专职安全生产管理人员
C. 某服装厂有员工 97 人，未设置安全生产管理机构和配备专职安全生产管理人员，但配备了 7 名兼职安全生产管理人员
D. 某机械加工厂有员工 112 人，未设置安全生产管理机构，但配备了专职、兼职安全生产管理人员
E. 某木料公司有员工 52 人，未设置安全生产管理机构或配备专职、兼职安全生产管理人员，但委托了具有相关资格的专业人员提供安全生产管理服务

[解析] 选项A错误，铁矿属于高危企业，应当设置安全生产管理机构或配备专职安全生产管理人员，不能只配备兼职安全生产管理人员。选项E错误，木料公司为非高危企业，且从业人员少于100人，可以不设置安全生产管理机构或配备专职安全生产管理人员，但要配备兼职安全生产管理人员。

[答案] BCD

环球君点拨

对于五类高危企业，可以用口诀进行记忆，如"危运建金矿"。在答题时应注意，2021年《安全生产法》进行了修订，将"道路运输单位"改为了"运输单位"，新增加了"危险物品的装卸单位"，扩大了高危企业的范围，并且高危企业中无"危险物品的使用单位"。

考点3 有关资金投入保障、保险的规定 [2022、2021、2019]

真题链接

[2022·单选] 安全生产责任保险是保险机构对投保的生产经营单位发生生产安全事故伤亡和有关经济损失等予以赔偿的保险。根据《安全生产法》及相关规定，下列关于安全生产责任保险的说法，正确的是（ ）。

A. 承保机构应当为生产经营单位提供生产安全事故预防技术服务

B. 生产经营单位应当投保安全生产责任保险

C. 安全生产责任保险属于生产经营单位投保的社会保险

D. 安全生产责任保险的被保险人是生产经营单位的从业人员

[解析] 选项A正确，承保机构应当为生产经营单位提供生产安全事故预防技术服务，其是安全生产责任保险的两大职责之一。选项B错误，属于规定的高危行业、领域的生产经营单位，应当投保安全生产责任保险。选项C错误，安全生产责任保险属于商业险，不是社会保险。选项D错误，安全生产责任保险的被保险人是生产经营单位，不是从业人员。

[答案] A

[2022·单选] 生产经营单位安全生产资金投入不足是导致安全设施设备老化失效、事故多发的重要原因。根据《安全生产法》，关于生产经营单位安全生产资金投入的说法，正确的是（ ）。

A. 机械制造企业的安全总监应当保证事故隐患排查治理费用

B. 矿山企业的安全副总经理应当保证安全投入的有效实施

C. 木材加工企业应当按照国家规定比例提取安全生产费用

D. 日用品销售企业的总经理应当保障本企业安全生产所必需的资金收入

[解析] 选项A、B、D错误，根据《安全生产法》，生产经营单位安全生产资金投入应由主要负责人保证，安全总监、安全副总经理、销售企业的总经理均不是生产经营单位主要负责人。选项C虽没有说明具体提取办法，但它表达的意思是按国家规定提取，这是普适表达方法，因而选项C正确。

[答案] C

[2019·单选] 某矿山企业为改善矿井安全生产条件，制定了安全生产费用提取和使用管理制

度。根据《安全生产法》，关于该企业安全生产费用提取和使用的说法，正确的是（ ）。

A. 该企业应当根据经营情况提取和使用安全生产费用

B. 该企业可使用安全生产费用提高安全生产管理人员待遇

C. 该企业应当在成本中据实列支安全生产费用

D. 该企业在发生亏损时可以停止提取安全生产费用

[解析] 选项 A、D 错误，安全生产费用是为保障安全生产，法律规定必须提取的，与企业经营情况无关。选项 B 错误，安全生产费用只能用于改善安全生产条件等安全生产相关方面，不能用于提高安全生产管理人员待遇。

[答案] C

真题精解

点题：此系列真题考查生产经营单位资金投入保障及保险的规定，考查频率较高，且 2022 年考查了两道题目，在今后考试中仍有可能会出现，需要给予重视。

分析：安全投入是保障安全生产的必要条件之一，生产经营单位要保证充足的资金投入，对此，《安全生产法》作出了相应的规定。

1. 有关资金投入保障的规定

《安全生产法》第二十三条规定，生产经营单位应当具备的安全生产条件所必需的资金投入，由生产经营单位的决策机构、主要负责人或者个人经营的投资人予以保证，并对由于安全生产所必需的资金投入不足导致的后果承担责任。

有关生产经营单位应当按照规定提取和使用安全生产费用，专门用于改善安全生产条件。安全生产费用在成本中据实列支。安全生产费用提取、使用和监督管理的具体办法由国务院财政部门会同国务院应急管理部门征求国务院有关部门意见后制定。

注：以上所说的生产经营单位的决策机构、主要负责人或者个人经营的投资人，是针对不同的企业类型而言。决策机构是针对股份制企业来说的，一般是指董事会；主要负责人或投资人则是针对其他企业来说的，负责保障单位的生产资金投入。

2. 有关保险的规定

《安全生产法》第五十一条规定，生产经营单位必须依法参加工伤保险，为从业人员缴纳保险费。国家鼓励生产经营单位投保安全生产责任保险；属于国家规定的高危行业、领域的生产经营单位，应当投保安全生产责任保险。

拓展：安全生产责任保险，是指保险机构对投保的生产经营单位发生的生产安全事故造成的人员伤亡和有关经济损失等予以赔偿，并且为投保的生产经营单位提供事故预防服务的商业保险。

《安全生产法》中并未对哪些高危企业应当投保安全生产责任保险作出具体规定，根据《中共中央 国务院关于推进安全生产领域改革发展的意见》，高危行业、领域主要包括八大类，即矿山、危险化学品、烟花爆竹、交通运输、建筑施工、民用爆炸物品、金属冶炼和渔业生产。

举一反三

[典型例题 1·单选] 我国北方某市新成立了一家大型股份制机械加工企业，根据《安全生产法》，关于该企业的安全生产责任的说法，正确的是（ ）。

A. 生产经营单位作出涉及安全生产的经营决策，应当听取企业工会的意见

B. 生产经营单位应当建立相应的机制，加强安全标准化建设

C. 由该企业的董事长负责保障安全生产条件所必需的资金投入
D. 生产经营单位安全生产资金只能用于安全生产，不能用于安全培训和宣传

[解析] 选项 A 错误，生产经营单位作出涉及安全生产的经营决策，应当听取安全生产管理机构以及安全生产管理人员的意见，而非工会的意见。选项 C 错误，该企业是股份制企业，安全生产条件所必需的资金投入由生产经营单位的决策机构董事会保障，而非董事长。选项 D 错误，生产经营单位的安全生产资金可用于安全生产，也可以用于安全培训和宣传。

[答案] B

[典型例题 2·单选] 根据《安全生产法》的规定，属于国家规定的高危行业、领域的生产经营单位应当投保，则国家鼓励生产经营单位投保的险种是（　　）。

A. 工伤保险　　　　　　　　　　B. 意外伤害险
C. 安全生产责任保险　　　　　　D. 医疗保险

[解析] 根据《安全生产法》第五十一条的规定，属于国家规定的高危行业、领域的生产经营单位应当投保安全生产责任保险，故选项 C 正确。

[答案] C

环球君点拨

在考试中应注意，工伤保险是强制险，是所有生产经营单位都应投保的，并且由单位缴纳费用，职工个人不缴纳；而对于《安全生产法》规定的高危行业，安全生产责任保险也是强制险，企业必须投保，对于其他险种，如意外伤害险，《安全生产法》没有作出具体规定。

▶ 考点 4　从业人员教育和培训 [2023、2022、2021、2020、2019]

真题链接

[2023·单选] 从业人员的安全素质直接关系到生产经营单位的安全生产水平，加强安全生产教育培训是保障安全生产的重要举措。根据《安全生产法》，关于安全生产教育培训的说法，正确的是（　　）。

A. 从业人员应当通过教育培训掌握本岗位安全操作技能
B. 从业人员有权放弃生产经营单位组织的安全生产教育培训
C. 从业人员经过安全生产教育培训后即可上岗作业
D. 被派遣劳动者可以不参加用工单位的安全生产教育培训

[解析] 根据《安全生产法》，从业人员应当接受安全生产教育和培训，掌握本职工作所需的安全生产知识，提高安全生产技能，增强事故预防和应急处理能力，选项 B 错误。生产经营单位应当对从业人员进行安全生产教育和培训，保证从业人员具备必要的安全生产知识，熟悉有关的安全生产规章制度和安全操作规程，掌握本岗位的安全操作技能，了解事故应急处理措施，知悉自身在安全生产方面的权利和义务；未经安全生产教育和培训合格的从业人员，不得上岗作业，选项 C 错误。生产经营单位使用被派遣劳动者的，应当将被派遣劳动者纳入本单位从业人员统一管理，对被派遣劳动者进行岗位安全操作规程和安全操作技能的教育和培训，选项 D 错误。

[答案] A

[2022·单选] 甲是某煤业公司采煤机操作人员，工龄超过 20 年。乙、丙是该公司新招录人

员，从事井下作业，其中丙毕业于煤炭职业院校。某日，因甲操作不当造成事故致 1 人死亡。调查发现，该煤业公司员工安全生产教育和培训工作不到位。根据《安全生产法》《安全生产培训管理办法》，关于安全生产教育和培训的说法，正确的是（　　）。

A. 该煤业公司主要负责人应当重新参加安全培训
B. 甲根据工作经历可以不重新参加安全培训
C. 乙在完成规定的安全培训后可以独立上岗作业
D. 丙可以免予参加初次培训及实际操作培训

[解析] 根据《安全生产培训管理办法》，特种作业人员对造成人员死亡的生产安全事故负有直接责任的，应当按照《特种作业人员安全技术培训考核管理规定》重新参加安全培训，选项 B 错误。矿山新招的井下作业人员和危险物品生产经营单位新招的危险工艺操作岗位人员，除按照规定进行安全培训外，还应当在有经验的职工带领下实习满 2 个月后，方可独立上岗作业，选项 C 错误。职业院校毕业生从事与所学专业相关的作业，可以免予参加初次培训，实际操作培训除外，选项 D 错误。

[答案] A

[2021·单选] 某玩具生产企业因业务高速增长，通过多种渠道扩大员工规模，包括面向高校招收应届毕业生、面向社会招聘技术人员、使用被派遣劳动者、接收实习生等。根据《安全生产法》，下列关于有关人员安全生产教育培训的说法，正确的是（　　）。

A. 该企业接收的实习生由学校负责进行相应的安全生产教育培训，企业应当协助学校按规定开展教育培训
B. 该企业对被派遣劳动者与本企业从业人员统一实施安全教育培训，并保证相同岗位的考核标准一致
C. 该企业面向社会招聘的技术人员，具有同类工作经验的，上岗前可不要求进行安全教育培训
D. 该企业对新入厂的各类人员，必须按照统一的时间、内容和考核标准，经过安全生产教育培训后，方可上岗

[解析] 选项 A 错误，企业接收的实习生由企业负责进行相应的安全生产教育培训，学校应当协助企业按规定开展教育培训。选项 C 错误，生产经营单位应当对从业人员进行安全生产教育和培训，未经安全生产教育和培训合格的从业人员，不得上岗作业。选项 D 错误，企业新入厂的人员，其入厂时间、岗位各不相同，因此不可能按照统一的时间、内容进行培训。

[答案] B

[2020·单选] 某企业开会讨论员工安全培训工作。张某认为，安全培训走走形式就行，别耽误生产；李某认为，培训的重点是安全规章制度和操作规程，不需要培训员工的安全权利；赵某称，他没有经过培训照样上岗也没出事，培训无所谓；王某认为，培训内容应该与工作相关，培训考核不合格不能工作。根据《安全生产法》，下列员工说法正确的是（　　）。

A. 张某 B. 李某
C. 王某 D. 赵某

[解析] 根据《安全生产法》，生产经营单位应当对从业人员进行安全生产教育和培训，未经安全生产教育和培训合格的从业人员，不得上岗作业，张某、赵某的说法错误。企业对职工进行培

训，应使职工知悉自身在安全生产方面的权利和义务，李某的说法错误，故选项C正确。

[答案] C

真题精解

点题：此系列真题主要考查生产经营单位从业人员教育和培训，是历年高频考点。2023年和2021年真题考查的比较典型，基本涉及了单位内部几种不同类型人员的培训要求，但整体难度不大。

分析：从业人员的安全素质是保证安全生产的关键。从业人员的范围比较广，既包括单位内部人员，也包括使用的被派遣人员、接收的院校实习学生等，对这些人员均要进行相应的教育和培训，以保障从业人员的安全。

根据《安全生产法》，生产经营单位从业人员教育和培训的相关规定如下。

（1）一般从业人员。生产经营单位应当对从业人员进行安全生产教育和培训，保证从业人员具备必要的安全生产知识，熟悉有关的安全生产规章制度和安全操作规程，掌握本岗位的安全操作技能，了解事故应急处理措施，知悉自身在安全生产方面的权利和义务。未经安全生产教育和培训合格的从业人员，不得上岗作业。

（2）劳务派遣人员。生产经营单位使用被派遣劳动者的，应当将被派遣劳动者纳入本单位从业人员统一管理，对被派遣劳动者进行岗位安全操作规程和安全操作技能的教育和培训。劳务派遣单位应当对被派遣劳动者进行必要的安全生产教育和培训。

（3）实习人员。生产经营单位接收中等职业学校、高等学校学生实习的，应当对实习学生进行相应的安全生产教育和培训，提供必要的劳动防护用品。学校应当协助生产经营单位对实习学生进行安全生产教育和培训。

生产经营单位应当建立安全生产教育和培训档案，如实记录安全生产教育和培训的时间、内容、参加人员以及考核结果等情况。

（4）特种作业人员。生产经营单位的特种作业人员必须按照国家有关规定经专门的安全作业培训，取得相应资格，方可上岗作业。

此外，《安全生产法》还规定，生产经营单位采用新工艺、新技术、新材料或者使用新设备，必须了解、掌握其安全技术特性，采取有效的安全防护措施，并对从业人员进行专门的安全生产教育和培训。

拓展：除《安全生产法》外，其他法规也对从业人员的教育和培训进行了规定，如《生产经营单位安全培训规定》，不仅规定了哪些人员应当参加教育和培训，还规定了不同作业人员教育培训的主要内容和时长，考试时要根据相应的法规规定来作答。

举一反三

[典型例题1·单选] 某建筑施工单位承接了一大型住宅小区的施工任务，在施工过程中需要大量绑钢筋工人，于是和当地一家劳务派遣公司签订了协议，由劳务派遣公司委派50名钢筋工，同时还与当地一高校达成协议，吸纳20名大学生到工地实习。根据《安全生产法》的规定，下列关于该部分人员的安全教育和培训的做法，正确的是（　　）。

A. 了解到被派遣人员已在派遣公司进行过培训，认为其已具备安全生产知识，讲解工作内容后即上岗

B. 施工单位将被派遣人员工资拨给派遣公司，要求其为被派遣人员配备劳动防护用品

C. 施工单位给实习人员安排统一培训，学校认为都是学生，因此拒绝了单位的要求

D. 生产经营单位接收高校学生实习的，即使是本专业的，也对实习学生进行相应的安全生产教育和培训

[解析] 选项A错误，根据《安全生产法》，施工单位应对被派遣人员进行安全培训。选项B错误，应该由施工单位为被派遣人员配备劳动防护用品。选项C错误，学校应当协助生产经营单位对实习学生进行安全生产教育和培训。

[答案] D

[典型例题2·多选] 生产经营单位应当对从业人员进行安全生产教育和培训，未经安全生产教育和培训合格的从业人员，不得上岗作业。根据《安全生产法》的规定，下列有关安全生产教育和培训的说法，正确的有（　　）。

A. 使从业人员掌握本岗位的安全操作技能

B. 知悉自身在安全生产方面的权利和义务

C. 生产经营单位建立安全生产教育和培训档案

D. 采用新的生产工艺，对从业人员进行专门的安全生产教育和培训，取得相应资格证书，方可上岗作业

E. 对特种作业人员必须按照规定经专门的安全作业培训，经生产经营单位考核合格方可上岗作业

[解析] 选项D错误，生产经营单位采用"四新"（新工艺、新技术、新材料、新设备）的，应当对从业人员进行培训教育，考核合格即可上岗，没有取得资格证书的规定。选项E错误，特种作业危险性较高，特种作业人员必须持证上岗。

[答案] ABC

环球君点拨

生产经营单位从业人员的教育和培训，要求是所有从业人员参加，而不只是生产性人员。在考试中要特别注意对被派遣人员的培训，劳务派遣公司只能做一般性的、通用性的培训，而用人单位根据安排的具体岗位不同再做专门的岗位培训，并且提供相应的劳动防护用品。

▶ 考点5 重大危险源与双控体系 [2023、2022、2021]

真题链接

[2023·单选] 隐患是导致事故发生的根源。根据《安全生产法》，关于隐患排查治理工作的说法，正确的是（　　）。

A. 生产经营单位安全生产管理机构是本单位隐患排查治理的责任主体

B. 生产经营单位应当建立从主要负责人到员工的事故隐患排查治理责任制

C. 事故隐患排查治理情况应当向主要负责人报告，但不需要向员工通报

D. 重大事故隐患应当向生产经营单位安全生产管理机构和职工大会进行"双报告"

[解析] 选项A错误，生产经营单位应当建立安全风险分级管控制度，按照安全风险分级采取相应的管控措施。选项C错误，生产经营单位应当建立健全并落实生产安全事故隐患排查治理制度，采取技术、管理措施，及时发现并消除事故隐患。事故隐患排查治理情况应当如实记录，并通

过职工大会或者职工代表大会、信息公示栏等方式向从业人员通报。选项 D 错误，重大事故隐患排查治理情况应当及时向负有安全生产监督管理职责的部门和职工大会或者职工代表大会报告。

[答案] B

[2022·单选] 企业应当建立安全风险分级管控制度，按照安全风险分级采取相应的管控措施。根据《安全生产法》，关于安全风险分级管控的说法，正确的是（　　）。

A. 安全风险分级管控的措施应当向职工代表大会报告
B. 相同行业企业安全风险分级标准和管控措施应一致
C. 设置作业点岗位风险告知卡属于安全风险管控措施
D. 安全风险等级发生变化时应当及时向主管部门报告

[解析] 选项 A 错误，事故隐患排查治理情况应当如实记录，并通过职工大会或者职工代表大会、信息公示栏等方式向从业人员通报。选项 B 错误，生产经营单位的危险源情况各不相同，应当根据自身特点建立安全风险分级管控制度，按照安全风险分级采取相应的管控措施。选项 D 错误，企业开展安全风险辨识，有较大以上安全风险等级发生变化的，应当在确定或者调整安全风险等级后 15 日内进行变更报告。

[答案] C

真题精解

点题： 重大危险源及事故隐患的排查治理，是近几年考试比较容易考查的内容，而且还可以和其他法规，如《危险化学品安全管理条例》或《危险化学品重大危险源监督管理暂行规定》结合考查，应重点掌握。

分析： 生产经营单位对安全风险实行分级管控制度，对重大危险源实行分级管理，其具体的分级方法不在本科目的考试范围内。

1. 重大危险源的管理

《安全生产法》第四十条规定，生产经营单位对重大危险源应当登记建档，进行定期检测、评估、监控，并制定应急预案，告知从业人员和相关人员在紧急情况下应当采取的应急措施。

生产经营单位应当按照国家有关规定将本单位重大危险源及有关安全措施、应急措施报有关地方人民政府应急管理部门和有关部门备案。有关地方人民政府应急管理部门和有关部门应当通过相关信息系统实现信息共享。

2. 风险分级管控和事故隐患排查治理

《安全生产法》第四十一条规定，生产经营单位应当建立安全风险分级管控制度，按照安全风险分级采取相应的管控措施。

生产经营单位应当建立健全并落实生产安全事故隐患排查治理制度，采取技术、管理措施，及时发现并消除事故隐患。事故隐患排查治理情况应当如实记录，并通过职工大会或者职工代表大会、信息公示栏等方式向从业人员通报。其中，重大事故隐患排查治理情况应当及时向负有安全生产监督管理职责的部门和职工大会或者职工代表大会报告。

县级以上地方各级人民政府负有安全生产监督管理职责的部门应当将重大事故隐患纳入相关信息系统，建立健全重大事故隐患治理督办制度，督促生产经营单位消除重大事故隐患。

拓展： 此知识点还涉及双控体系的建设和双报告制度的规定。

双控体系是指风险分级管控和隐患排查治理双重预防体系。《安全生产法》第四条规定，生产

安全生产法律法规

经营单位必须遵守本法和其他有关安全生产的法律、法规，加强安全生产管理，建立健全全员安全生产责任制和安全生产规章制度，加大对安全生产资金、物资、技术、人员的投入保障力度，改善安全生产条件，加强安全生产标准化、信息化建设，构建安全风险分级管控和隐患排查治理双重预防机制，健全风险防范化解机制，提高安全生产水平，确保安全生产。

双报告制度是指重大事故隐患排查治理情况应当及时向负有安全生产监督管理职责的部门和职工大会或者职工代表大会报告的制度。

举一反三

[**典型例题·多选**] 生产经营单位必须遵守有关安全生产的法律、法规，加强安全生产管理，建立健全全员安全生产责任制和安全生产规章制度。根据《安全生产法》的规定，下列关于重大危险源管理的说法，正确的有（　　）。

A. 应急管理部门对辖区内重大危险源应当登记建档，进行定期检测、评估、监控
B. 生产经营单位针对重大危险源制定应急预案，告知从业人员和相关人员在紧急情况下应当采取的应急措施
C. 双控体系是指生产经营单位应当构建安全风险分级管控和安全生产教育培训体系
D. 生产经营单位应当建立健全并落实生产安全事故隐患排查治理制度，及时发现并消除事故隐患
E. 双报告制度是指重大事故隐患排查治理情况应当及时向负有安全生产监督管理职责的部门和职工工会报告

[解析] 选项 A 错误，生产经营单位对重大危险源应当登记建档，进行定期检测、评估、监控。选项 C 错误，双控体系是指风险分级管控和隐患排查治理双重预防体系。选项 E 错误，重大事故隐患排查治理情况应当及时向负有安全生产监督管理职责的部门和职工大会或者职工代表大会报告。

[答案] BD

环球君点拨

对重大危险源采取相应的管理措施，建立双控体系，是生产经营单位主要负责人的职责之一。此知识点在安全生产主要负责人的职责中有规定，可以结合前面的知识点进行学习，加强记忆。

▶ 考点 6　作业现场的安全管理　[2023、2022、2021、2020、2019、2014]

真题链接

[**2023·单选**] 生产经营单位开展作业活动应当落实安全措施，确保遵守操作规程。根据《安全生产法》，下列作业中，生产经营单位应当安排专门人员进行现场安全管理的是（　　）。

A. 动火、爆破、高温、地下挖掘　　　　B. 吊装、高温、交叉、有限空间
C. 拆除、动土、搬运、临高压线　　　　D. 爆破、吊装、动火、临时用电

[解析] 根据《安全生产法》第四十三条，生产经营单位进行爆破、吊装、动火、临时用电以及国务院应急管理部门会同国务院有关部门规定的其他危险作业，应当安排专门人员进行现场安全管理，确保操作规程的遵守和安全措施的落实。

[答案] D

[**2022·单选**] 某技改项目的设备安装需要在同一作业区域进行吊装和现场动火作业，为此，项目部专门制定了安全管理措施。根据《安全生产法》，关于该现场安全管理措施的说法，正确的

是（　　）。

  A. 吊装作业和动火作业应当分别安排专人进行现场安全管理
  B. 吊装作业和动火作业不得同时进行，必要时须经主要负责人批准
  C. 吊装作业和动火作业应当报所在地应急管理部门备案
  D. 项目负责人可以作为专门人员同时对吊装作业和动火作业进行现场安全管理

  [解析] 选项A正确，根据《安全生产法》，生产经营单位进行爆破、吊装、动火、临时用电以及国务院应急管理部门会同国务院有关部门规定的其他危险作业，应当安排专门人员进行现场安全管理，确保操作规程的遵守和安全措施的落实。选项B错误，吊装作业和动火作业均应履行作业审批制度，报有关负责人审批。选项C错误，不用备案。选项D错误，项目负责人是项目的管理者，应指定专门人员在现场进行安全管理。

[答案] A

[2021·单选] 甲单位投资建设高层住宅，通过公开招标确定乙公司为总承包单位，乙公司将基坑开挖分包给丙公司，丙公司李工长带领10名工人在9米深基坑进行清理作业。由于护坡混凝土刚喷锚完成，未达到养护强度，大型载重汽车在基坑边沿通道上通行时可能导致边坡坍塌。根据《安全生产法》，下列关于李工长采取安全措施的说法，正确的是（　　）。

  A. 安排专人观察情况，其余人员继续施工，发现危险立即撤离
  B. 自己去找乙公司现场安全员沟通，建议禁止大型运土车通过基坑边道行驶
  C. 安排所有坑底施工人员暂时停止作业，撤离现场并马上报告丙公司现场经理
  D. 要求工地所有人员立即撤离现场，停止工地施工作业

  [解析] 根据《安全生产法》的规定，李工长作为施工现场负责人，发现安全隐患后应当立即处理，不能处理的，应当及时报告本单位有关负责人，不应继续施工且不采取任何措施，故选项A错误。李工长是丙公司人员，去找乙公司不能解决问题，故选项B错误。工长没有权力要求工地所有人员立即撤离现场，停止工地施工作业也没有必要，故选项D错误。总之，李工长作为施工现场的基层管理人员，发现问题后，尤其是问题涉及其他单位的，自行处理和不处理都是不正确的。

[答案] C

[2020·多选] 甲煤矿在A区进行开采活动，乙采石场在B区进行采石活动，A、B两区相邻，甲煤矿的开采活动可能危及乙采石场安全生产。根据《安全生产法》，关于甲、乙安全管理的说法，正确的有（　　）。

  A. 甲、乙可以不签订协议，但必须明确各自的安全生产管理职责
  B. 甲、乙可以通过口头约定，明确各自的管理范围
  C. 甲、乙协商由甲设立安全生产管理机构，同时负责甲、乙的安全管理
  D. 甲、乙应当签订安全生产管理协议
  E. 甲、乙应当协商指定专职安全生产管理人员进行安全检查与协调

  [解析] 甲煤矿和乙采石场虽然在A、B两区进行开采活动，但是A、B两区相邻，甲煤矿的开采活动可能危及乙采石场安全生产。依据《安全生产法》的规定，甲煤矿和乙采石场应当签订安全生产管理协议，明确各自的安全生产管理职责和应当采取的安全措施，并指定专职安全生产管理人员进行安全检查与协调。选项A错误，甲、乙双方应签订安全生产管理协议。选项B错误，安全生产管理协议应采用书面形式。选项C错误，安全生产管理机构应由甲、乙双方共同设立，否则管

理工作无法正常开展。

[答案] DE

[2019·单选] 甲建筑公司和乙装饰装修公司在同一作业区域内进行作业活动，可能危及对方生产安全。根据《安全生产法》，关于在同一作业区域内安全管理的说法，正确的是（　　）。

A. 甲、乙公司应当签订合作经营协议，各指定一名人员负责各自的安全管理

B. 所在地安全监管部门应当派专人负责甲、乙公司交叉作业的安全管理

C. 所在地建设主管部门应当派专人负责甲、乙公司交叉作业的安全管理

D. 甲、乙公司应当签订安全生产管理协议，指定专职安全生产管理人员进行安全检查与协调

[解析] 题干中已经说明，甲建筑公司和乙装饰装修公司在同一作业区域内进行作业活动，可能危及对方生产安全。根据《安全生产法》的规定，甲、乙公司应当签订安全生产管理协议，指定专职安全管理人员，而非由监管部门委派管理人员，因此选项A、B、C错误。

[答案] D

[2014·单选] 某企业旧厂房和旧设备拆除中，需要进行吊装作业和定向爆破作业。依据《安全生产法》的规定，下列关于该吊装作业和定向爆破作业安全管理的说法，正确的是（　　）。

A. 爆破作业前，应报告安全监管部门并实施现场监控

B. 爆破作业时，应安排公安人员进行现场警戒

C. 吊装作业前，应将吊装方案报安全监管部门备案

D. 吊装作业时，应安排专门人员进行现场安全管理

[解析] 生产经营单位进行爆破、吊装等危险作业，应当安排专门人员进行现场安全管理。

[答案] D

真题精解

点题： 施工作业现场的安全管理几乎每年必考，需要重点关注。有关施工作业现场安全管理的内容较多，且与实际工作结合较紧密，对备考过建造师考试或有工作经验的人来说很容易拿分。

分析：《安全生产法》第四十八条规定，两个以上生产经营单位在同一作业区域内进行生产经营活动，可能危及对方生产安全的，应当签订安全生产管理协议，明确各自的安全生产管理职责和应当采取的安全措施，并指定专职安全生产管理人员进行安全检查与协调。

施工现场条件多种多样，关于作业现场的安全管理，《安全生产法》还有如下规定。

（1）生产、经营、储存、使用危险物品的车间、商店、仓库不得与员工宿舍在同一座建筑物内，并应当与员工宿舍保持安全距离。

生产经营场所和员工宿舍应当设有符合紧急疏散要求、标志明显、保持畅通的出口、疏散通道。禁止占用、锁闭、封堵生产经营场所或者员工宿舍的出口、疏散通道。

（2）生产经营单位进行爆破、吊装、动火、临时用电以及国务院应急管理部门会同国务院有关部门规定的其他危险作业，应当安排专门人员进行现场安全管理。

（3）生产经营单位的安全生产管理人员应当根据本单位的生产经营特点，对安全生产状况进行经常性检查；对检查中发现的安全问题，应当立即处理；不能处理的，应当及时报告本单位有关负责人，有关负责人应当及时处理。

拓展： 施工作业现场的安全管理最常考的是现场交叉作业和危险作业（如动火、吊装、爆破、临时用电）的安全管理，但也常与其他工作现场的安全要求结合考查，尤其是与出租、发包结合考

查。需要注意，有时题目中只说有多家单位在同一区域内施工，且不明确说明会影响到对方安全，但根据工作经验应默认会影响对方安全，按交叉作业的规定进行选择。

举一反三

[**典型例题 1·单选**] 某商业集团拟新建一幢商业楼，将电气工程和给排水工程分别发包给甲公司和乙公司，把监理工作发包给了丙公司。各公司施工队伍在同一作业区域内工作，下列关于施工现场安全管理的说法，正确的是（　　）。

A. 甲公司应当分别与乙公司和丙公司签订安全生产管理协议

B. 乙公司与丙公司共同指定同一个专职安全生产管理人员进行安全检查与协调

C. 丙公司应对施工安全生产工作统一协调管理，定期进行安全检查

D. 乙公司进行吊装作业应当由乙公司安排专门人员进行现场安全管理

[**解析**] 选项 A、B 错误，某商业集团为发包单位，甲公司和乙公司为施工单位，在同一作业区域内工作可能会危及对方生产安全，因此甲、乙公司应签订安全生产管理协议，并指定专职安全管理人员。选项 C 错误，由商业集团对安全生产工作统一协调管理。选项 D 正确，吊装作业是现场高危作业，乙公司应当安排专门人员进行现场安全管理，确保操作规程的遵守和安全措施的落实。

[**答案**] D

[**典型例题 2·单选**] 某公司是一家生产危险化学品的企业，2022 年 7 月监管部门对公司生产进行安全检查。该公司的下列做法，符合《安全生产法》规定的是（　　）。

A. 临时将成品存放在员工宿舍中无人居住的房间内

B. 该公司将员工宿舍一楼改建为生产车间，与宿舍间用防火墙隔开

C. 某车间内设置了多个安全出口，并且出口上方安装了应急照明

D. 公司宿舍区的疏散通道一侧放置了员工的个人物品，但不影响通行

[**解析**] 选项 A、B 错误，根据《安全生产法》，生产、经营、储存、使用危险物品的车间、商店、仓库不得与员工宿舍在同一座建筑物内，这个要求是强制性的，在同一建筑物内用防火墙分隔也不可以。选项 D 错误，禁止占用、锁闭、封堵生产经营场所或者员工宿舍的出口、疏散通道；疏散通道不仅用于平时通行，还承担着紧急情况下疏散人员的功能，因此不得占用。

[**答案**] C

[**典型例题 3·多选**] 某化工企业把大型压力罐的检测维修工作发包给甲公司，同时，在同一作业区域内有乙公司人员在进行管道铺装作业，两种作业可能危及对方生产安全。根据《安全生产法》，下列对上述活动进行相应安全管理的做法，正确的是（　　）。

A. 化工公司规定甲、乙双方的安全生产管理职责，书面通知甲、乙双方

B. 乙公司主要在地面活动，因此要求甲公司承担全部安全生产管理职责

C. 甲、乙两公司应指定专职安全生产管理人员进行安全检查与协调

D. 甲、乙两公司应约定各自应当采取的安全措施

E. 甲公司在进行动火作业时，乙公司应派专人在现场进行安全管理工作

[**解析**] 选项 A 错误，根据《安全生产法》，甲、乙双方在同一区域内作业，可能会危及对方生产安全的，应由甲、乙双方签订安全管理协议，明确各自的安全生产职责，而不能由化工企业自己来规定。选项 B 错误，乙公司虽主要在地面活动，但也可能涉及动火、吊装、临时用电等高危作业，因此要求对方承担全部安全管理责任不合理。选项 E 错误，甲公司自己进行动火作业，应自己按规定

履行审批程序，自己安排专人进行现场安全管理，乙公司没有职责和义务对甲公司进行管理。

[答案] CD

> **环球君点拨**
>
> 对于现场作业，《安全生产法》仅规定了四种高危作业需要单位安排专门的人员进行现场安全管理，对于其他危险性较高的作业则没有作出强制性规定，但是其他法规如果作出具体要求的，也要按规定执行。

考点7 出租、发包的安全管理 [2023、2022、2021、2020、2019]

真题链接

[2023·多选] 某百货公司有地下两层和地上四层经营场所，将第四层出租给甲个体工商户经营娱乐项目，将地面一层和地下一层出租给乙企业，其余各层由百货公司使用。根据《安全生产法》，关于百货公司对生产经营场所出租安全管理的说法，正确的有（　　）。

A. 可以约定由甲个体工商户独自承担第四层的安全责任
B. 应当与甲个体工商户签订安全生产管理协议
C. 应当对甲个体工商户和乙企业的安全生产工作统一协调、管理
D. 应当对乙企业定期进行安全检查，发现问题，督促整改
E. 可以与乙企业在承包合同中约定各自安全生产管理职责

[解析] 选项A错误，生产经营单位对承包单位、承租单位的安全生产工作统一协调、管理，定期进行安全检查，发现安全问题的，应当及时督促整改。选项B错误，生产经营项目、场所发包或者出租给其他单位的，生产经营单位应当与承包单位、承租单位签订专门的安全生产管理协议，或者在承包合同、租赁合同中约定各自的安全生产管理职责。

[答案] CDE

[2022·多选] 甲公司发包管道改造项目，由乙公司承担土方开挖工程，丙公司承担管道吊装工程，丁公司负责施工监理，乙公司和丙公司需要同时在同一区域内施工。根据《安全生产法》，关于作业安全管理的做法，正确的有（　　）。

A. 甲公司分别与乙公司、丙公司签订安全生产管理协议
B. 乙公司与丙公司签订安全生产管理协议
C. 甲公司与乙、丙公司共同签订安全生产管理协议
D. 乙公司与丙公司指定专职安全生产管理人员进行安全检查与协调
E. 甲公司与丁公司签订协议，约定丁公司负责该项目安全生产的统一协调管理

[解析] 根据题意，乙公司和丙公司均为施工承包单位，且乙公司和丙公司需要同时在同一区域内施工，可能会危及对方生产安全，因此根据《安全生产法》的规定，应当签订安全生产管理协议，并指定专职安全生产管理人员进行安全检查与协调，故选项A、B、D正确。选项C错误，甲公司是发包单位，其只需分别与乙公司、丙公司签订安全生产管理协议。选项E错误，丁公司是监理单位，其只能承担监理责任，对建设项目安全生产的统一协调管理工作应由发包单位（甲公司）来负责。

[答案] ABD

[2021·多选] 某机械公司准备将闲置的厂房出租，其中300m² 拟出租给甲公司用作食品加工

经营，1 000m² 拟出租给乙快递公司用作仓库。根据《安全生产法》，下列关于机械公司厂房出租安全管理的说法，正确的有（   ）。

A. 将厂房出租给甲公司和乙公司的行为合法
B. 应当与甲公司、乙公司签订安全生产管理协议
C. 应当对甲公司、乙公司的安全生产工作进行统一协调和管理
D. 应当对甲公司、乙公司的安全生产情况定期进行安全检查
E. 应当对乙公司运行中存在的事故隐患负整改责任

[解析] 选项 B 错误，机械公司为出租单位，根据《安全生产法》的规定，机械公司可以与甲公司、乙公司签订安全生产管理协议，也可以在出租合同中约定各自的安全生产管理责任。选项 E 错误，乙公司运行中存在的事故隐患，应由乙公司自行整改，机械公司只负监督检查责任，不负责具体实施整改。

[答案] ACD

[2020·单选] 生产经营项目、场所、设备发包或出租必须符合法律规定。根据《安全生产法》，关于生产经营项目、场所、设备发包或者出租的做法，正确的是（   ）。

A. 丙仓储企业为盘活固定资产，将位于市郊的 300m² 的仓库租赁给附近某加工厂作为库房，双方签订了安全生产管理协议，丙企业定期组织安全检查
B. 甲建筑企业将某楼盘附属设施拆除工程发包给个体老板张某，张某借用有建筑施工资质企业的名义与甲企业签订了承包合同
C. 乙煤矿企业将某采区副井施工工程承包给某建筑企业，并签订了安全生产管理协议，规定由该建筑企业在施工期间承担全部安全生产管理职责
D. 丁公路运输企业具有运输危险化学品专业资质，因运输业务不足，将部分闲置车辆租赁给个人从事危险化学品运输

[解析] 选项 B 错误，生产经营单位不得将生产经营项目、场所、设备发包或者出租给不具备安全生产条件或相应资质的单位或者个人。选项 C 错误，生产经营项目、场所发包或者出租给其他单位的，生产经营单位应当与承包单位、承租单位签订专门的安全生产管理协议，或者在承包合同、租赁合同中约定各自的安全生产管理职责；生产经营单位对承包单位、承租单位的安全生产工作统一协调、管理，定期进行安全检查，发现安全问题的，应当及时督促整改。选项 D 错误，生产经营单位不得将生产经营项目、场所、设备发包或者出租给不具备安全生产条件或相应资质的单位或者个人。

[答案] A

[2019·单选] 甲装备公司（简称甲公司）在乙化工公司（简称乙公司）生产车间拆除尾气炉，用气割断开与尾气炉相连接的管道，因炉体锈蚀严重发生倾倒，导致甲公司一名工人从炉体顶部坠落死亡。在分析事故时，有四种主要观点：①甲、乙公司应当签订专门的安全生产管理协议，或者在设备拆除施工合同中约定各自的安全生产管理职责；②甲公司应当对乙公司的施工安全生产工作统一协调、管理；③甲公司对该施工进行安全检查时发现的问题，应当及时进行整改；④甲公司的拆除作业资质正在审核中，在此期间甲公司是可以进行作业的。根据《安全生产法》，以上四种主要观点正确的是（   ）。

A. ①③ B. ①②

C. ②③　　　　　　　　　　　　D. ③④

[解析] 根据《安全生产法》相关规定，②错误，乙公司是施工单位，应当负责施工现场安全生产协调管理工作；④错误，甲公司的拆除作业资质正在审核中，此时尚无资质，在此期间甲公司不可以进行作业。

[答案] A

真题精解

点题：近几年真题非常注重考查出租、发包的安全管理，并且常将出租、发包的安全管理与交叉作业的安全管理联系在一起，考查形式非常灵活，如 2019 年真题要求判断 4 人的说法，虽然是单选题，但其难度相当于多选题。

分析：出租是指场地、设备的出租，发包是指工程项目的发包，其管理规定是相同的，经常会结合考查。

关于出租、发包的安全管理，《安全生产法》第四十九条规定，生产经营单位不得将生产经营项目、场所、设备发包或者出租给不具备安全生产条件或者相应资质的单位或者个人。

生产经营项目、场所发包或者出租给其他单位的，生产经营单位应当与承包单位、承租单位签订专门的安全生产管理协议，或者在承包合同、租赁合同中约定各自的安全生产管理职责；生产经营单位对承包单位、承租单位的安全生产工作统一协调、管理，定期进行安全检查，发现安全问题的，应当及时督促整改。

矿山、金属冶炼建设项目和用于生产、储存、装卸危险物品的建设项目施工单位应当加强对施工项目的安全管理，不得倒卖、出租、出借、挂靠或者以其他形式非法转让施工资质，不得将其承包的全部建设工程转包给第三人或者将其承包的全部建设工程肢解以后以分包的名义分别转包给第三人，不得将工程分包给不具备相应资质条件的单位。

注：此处只针对矿山、金属冶炼等建设项目不得转包作了规定，是起强调作用，其他建设项目也是不可以转包的。

拓展：有关项目发包、分包的内容有专门的法规作出规定。需要发包的建设项目应当发包给具备相应资质的施工单位，并且履行法定的程序。承包单位可以将其承包的部分工作内容进行分包，但要在签订合同时明确哪些内容需要分包，或者事先征得甲方同意，同时项目的主体工作需要自己完成，不能分包。分包单位也要具备相应资质，分包的工程项目不能再分包。

所谓转包，是指承包单位承包工程后不履行合同约定，将全部工程转给第三方，自己从中赚取差价。这与分包有本质区别，是一种违法行为。而将工程肢解后全部进行分包，其本质上还是转包的一种变形，因此也是禁止的。

易混提示

要注意出租、发包的安全管理与交叉作业安全管理的区分。由于交叉作业的多家单位之间并没有合同关系，因此对其要求是签订安全管理协议，没有在合同中约定安全责任的说法。

举一反三

[典型例题 1·单选] 根据《安全生产法》的规定，下列关于生产经营单位的项目、场所、设备发包或者出租的经营活动的说法，正确的是（　　）。

A. 生产经营单位的生产经营项目需要发包的，应当发包给具备安全生产条件或者相应资质的

单位或者个人

B. 生产经营项目、场所发包或者出租给其他单位的，生产经营单位必须与承包单位、承租单位签订专门的安全生产管理协议

C. 生产经营单位对承租单位的安全生产工作统一协调、管理

D. 矿山、金属冶炼建设项目施工单位不得将其承包的建设工程以分包的名义包给第三人

[解析] 选项 A 错误，依据《安全生产法》第四十九条，生产经营单位的建设项目需要发包的，应当发包给具备相应资质的单位，不得发包给个人。选项 B 中，"生产经营单位必须与承包单位、承租单位签订专门的安全生产管理协议"的说法错误，也可以在合同中对安全生产管理责任进行约定。选项 D 错误，承包建设项目的施工单位是可以进行分包的，只是不能将其承包的全部建设项目分包，否则即为转包。

[答案] C

[典型例题 2·单选] 根据《安全生产法》，下列关于生产经营项目、场所、设备发包或者出租的做法，正确的是（　　）。

A. 甲仓储企业有闲置库房，将仓库租赁给附近 A 加工厂作为库房，双方签订了安全生产管理协议，甲企业定期进行安全检查

B. 乙建筑企业将某楼盘附属设施拆除工程发包给个体老板李四，李四借用有建筑施工资质企业的名义与乙企业签订了承包合同

C. 丙机械公司将闲置的厂房出租给 B 公司用作食品加工经营，丙公司发现安全问题后对 B 公司运行中存在的事故隐患负责整改

D. 丁公路运输企业具有运输危险化学品专业资质，受疫情的影响，将部分闲置车辆租赁给个人从事危险化学品运输

[解析] 选项 B、D 错误，根据《安全生产法》第四十九条，生产经营单位不得将生产经营项目、场所、设备发包或者出租给不具备安全生产条件或者相应资质的单位或者个人。选项 C 错误，生产经营单位对承包单位、承租单位的安全生产工作统一协调管理，定期进行安全检查，发现安全问题的，应当及时督促整改。

[答案] A

[典型例题 3·多选] 某化工厂主要生产发烟硫酸，2021 年由于市场变化，该化工厂调整产能，将其中部分硫酸生产任务外包给其他单位。依据《安全生产法》，该化工厂的下列做法中符合规定的有（　　）。

A. 外包的同时，在合同中规定由外包单位全权负责安全生产工作

B. 承包企业未取得相应资质，但具备相应的安全生产条件

C. 与承包方签订协议，化工厂对外包工作统一协调、管理

D. 该化工厂安排专人对承包单位进行现场安全管理，无需签订专门的安全管理协议

E. 两公司可约定对配套产品的生产进行分包

[解析] 选项 A 错误，化工厂应对发包的项目进行统一的协调、管理，定期进行安全检查，因此发包方要负协调管理责任。选项 B 错误，化工厂应将项目发包给有相应资质的企业。选项 D 错误，化工厂应与承包单位签订安全生产管理协议，但无需安排专人进行现场的安全管理。

[答案] CE

环球君点拨

生产经营单位进行项目发包或场所出租时，可以采取以下两种措施：①与承包单位、承租单位签订专门的安全生产管理协议；②在承包合同、租赁合同中约定各自的安全生产管理职责。因此，若题目选项中出现"应当……（其中一种措施）"的说法，尽量不选。

第三节 从业人员的安全生产权利和义务

考点 从业人员的安全生产权利和义务 [2023、2021、2020、2019]

真题链接

[2023·单选] 某企业进行地铁深基坑工程施工，张某为该工程测量管理人员，在基坑日常监测过程中，发现地面存在裂缝，基坑变形监测数据超过方案设置的红线，存在基坑坍塌的重大风险。根据《安全生产法》，关于张某安全生产义务的说法，正确的是（　　）。

A. 张某应当立即撤离施工现场

B. 张某应当立即向建设行政主管部门报告

C. 张某应当立即向应急管理部门报告

D. 张某应当立即报告本企业负责人

[解析] 根据《安全生产法》，从业人员发现事故隐患或者其他不安全因素，应当立即向现场安全生产管理人员或者本单位负责人报告；接到报告的人员应当及时予以处理。

[答案] D

[2021·单选] 某化工企业机械操作工张某在作业过程中发现供电线路绝缘破损、铜丝裸露。根据《安全生产法》，下列关于张某安全生产权利、义务和责任的说法，正确的是（　　）。

A. 张某有权立即撤离现场

B. 张某应当排除事故隐患

C. 张某未及时报告事故隐患，应当给予其罚款处罚

D. 张某对事故隐患应当立即向有关负责人报告

[解析] 根据《安全生产法》的规定，从业人员发现直接危及人身安全的紧急情况时，有权停止作业或者在采取可能的应急措施后撤离作业场所。根据题干，该隐患并没有达到"紧急情况"的程度，即使撤离也应该采取必要的应急措施，故选项A错误。张某是操作工而非电工，所以不应去排除隐患，选项B错误。张某发现事故隐患或者其他不安全因素，应当立即向现场安全生产管理人员或者本单位负责人报告；即使没有报告，《安全生产法》也没有规定要进行处罚，故选项C错误、选项D正确。

[答案] D

[2020·单选] 某企业发生火灾事故，从业人员张三看到火势较大快速撤离现场时背部被灼伤，经鉴定达到了四级伤残。根据《安全生产法》，关于张三安全生产权利和义务的说法，正确的是（　　）。

A. 张三应当立即协助救火，保障企业财产安全，不得擅自撤离现场

B. 张三撤离现场前未请示当班领导，该企业有权降低其当班工资

C. 张三现场工作时未佩戴合格的劳动防护用品，无权享受工伤保险
D. 张三有权依照有关民事法律向该企业提出赔偿要求

[解析] 选项 A 错误，根据《安全生产法》，从业人员有权停止作业或者在采取可能的应急措施后撤离作业场所。选项 B 错误，生产经营单位不得因从业人员在紧急情况下停止作业或者采取紧急撤离措施而降低其工资、福利等待遇。选项 C 错误，张某受的伤属于工伤，有权享受工伤保险。

[答案] D

[2020·单选] 根据《安全生产法》，关于生产经营单位从业人员安全生产权利和义务的说法，错误的是（　　）。
A. 从业人员拒绝违章指挥造成损失的，应承担一定的责任
B. 从业人员有权了解其作业场所和工作岗位存在的危险因素、防范措施及事故应急措施
C. 从业人员有权对本单位安全生产工作中存在的问题提出批评、检举、控告
D. 从业人员发现直接危及人身安全的紧急情况时有权停止作业

[解析] 根据《安全生产法》，从业人员有权拒绝违章指挥和强令冒险作业。这是从业人员的权利，从业人员行使权利，生产经营单位不能因此降低其工资、福利等待遇或者解除与其订立的劳动合同。

[答案] A

[2019·单选] 张某由劳务派遣公司派遣到某生产经营单位工作，根据《安全生产法》，关于张某安全生产权利和义务的说法，错误的是（　　）。
A. 张某有权了解其作业场所和工作岗位存在的危险因素
B. 张某只需要接受劳务派遣公司的安全生产教育和培训
C. 张某应当遵守该生产经营单位的安全生产规章制度和操作规程
D. 张某发现事故隐患应当及时报告

[解析] 生产经营单位使用被派遣劳动者的，应当将被派遣劳动者纳入本单位从业人员统一管理，对被派遣劳动者进行岗位安全操作规程和安全操作技能的教育和培训。劳务派遣单位应当对被派遣劳动者进行必要的安全生产教育和培训。

[答案] B

真题精解

点题：从业人员的安全生产权利和义务在 2021、2020 年均考查了两道题，可见此知识点的重要性。2022 年没有对此知识点进行考查，2023 年又进行了考查，因此应予以重点掌握。

分析：《安全生产法》规定，生产经营单位的从业人员有依法获得安全生产保障的权利，并应当依法履行安全生产方面的义务。

1. 从业人员的权利

（1）生产经营单位的从业人员有权了解其作业场所和工作岗位存在的危险因素、防范措施及事故应急措施，有权对本单位的安全生产工作提出建议。

（2）从业人员有权对本单位安全生产工作中存在的问题提出批评、检举、控告；有权拒绝违章指挥和强令冒险作业。

生产经营单位不得因从业人员对本单位安全生产工作提出批评、检举、控告或者拒绝违章指挥、强令冒险作业而降低其工资、福利等待遇或者解除与其订立的劳动合同。

（3）从业人员发现直接危及人身安全的紧急情况时，有权停止作业或者在采取可能的应急措施

后撤离作业场所。

生产经营单位不得因从业人员在上述紧急情况下停止作业或者采取紧急撤离措施而降低其工资、福利等待遇或者解除与其订立的劳动合同。

（4）因生产安全事故受到损害的从业人员，除依法享有工伤保险外，依照有关民事法律尚有获得赔偿的权利的，有权提出赔偿要求。

2. 从业人员的义务

（1）从业人员在作业过程中，应当严格落实岗位安全责任，遵守本单位的安全生产规章制度和操作规程，服从管理，正确佩戴和使用劳动防护用品。

（2）从业人员应当接受安全生产教育和培训，掌握本职工作所需的安全生产知识，提高安全生产技能，增强事故预防和应急处理能力。

（3）从业人员发现事故隐患或者其他不安全因素，应当立即向现场安全生产管理人员或者本单位负责人报告；接到报告的人员应当及时予以处理。

（4）生产经营单位使用被派遣劳动者的，被派遣劳动者享有《安全生产法》规定的从业人员的权利，并应当履行《安全生产法》规定的从业人员的义务。

拓展： 就权利义务来说，《安全生产法》中规定从业人员可以做的，可以认为是权利，如发生事故越级报告，但是受到一定限制；规定应当做的，也可以认为是义务。需要知道，权利是可以放弃的，而义务是必须履行的。例如，要求获得劳动防护用品是权利，而正确佩戴和使用劳动防护用品就是义务。

举一反三

[典型例题1·单选] 根据《安全生产法》，下列属于从业人员的安全生产义务的是（　　）。

A. 发现事故隐患，立即向安全管理人员报告
B. 了解其作业场所和工作岗位存在的危险因素、防范措施及事故应急措施
C. 依法参加事故调查，向有关部门提出处理意见
D. 对本单位安全生产工作中存在的问题提出批评、检举、控告

[解析] 从业人员发现事故隐患或者其他不安全因素，应当立即向现场安全生产管理人员或者本单位负责人报告，这是从业人员的义务，故选项A正确。选项B、D是从业人员的权利，选项C是工会的权利。

[答案] A

[典型例题2·单选] 根据《安全生产法》，下列关于生产经营单位从业人员的安全生产权利和义务的说法，正确的是（　　）。

A. 从业人员有义务了解其作业场所和工作岗位存在的危险因素、防范措施及事故应急措施
B. 从业人员有义务对本单位的安全生产工作提出建议
C. 从业人员发现安全生产隐患时，有权停止作业
D. 从业人员有权利对本单位安全生产工作中存在的问题提出批评、检举、控告

[解析] 了解作业场所和工作岗位存在的危险因素、防范措施及事故应急措施，对本单位的安全生产工作提出建议，均是从业人员的权利，故选项A、B错误。从业人员只有在发现直接危及人身安全的紧急情况时，才有权停止作业，而非发现隐患就停止作业，故选项C错误。

[答案] D

环球君点拨

在考试中,如果遇到从业人员的权利和义务不能区分时,可以结合工作实际,看选项中给定的情形从业人员是否可以放弃或不做,如果是,则为权利;如果不是,则为义务。另外,工会是维护劳动者权利的组织,所以只规定了工会的权利,而没有规定其义务。

第四节 安全生产的监督管理

考点1 监管部门检查时行使的职权 [2023、2022、2021、2020、2019]

真题链接

[2023·单选] 应急管理部门对某危险化学品生产企业进行执法检查。根据《安全生产法》,关于执法检查人员行使职权的说法,错误的是( )。

A. 可以向该企业了解情况,并调阅有关资料
B. 对发现的事故隐患,应当责令立即排除
C. 发现违法行为,应当立即责令停产整顿
D. 对不符合行业标准的设施予以查封或扣押

[解析] 根据《安全生产法》,应急管理部门和其他负有安全生产监督管理职责的部门依法开展安全生产行政执法工作,对生产经营单位执行有关安全生产的法律、法规和国家标准或者行业标准的情况进行监督检查;对检查中发现的安全生产违法行为,当场予以纠正或者要求限期改正;对依法应当给予行政处罚的行为,依照本法和其他有关法律、行政法规的规定作出行政处罚决定。选项C错误。

[答案] C

[2022·单选] 负有安全生产监督管理职责的部门依照有关法律、法规的规定,对涉及安全生产的事项需要审查批准或者验收的,必须严格依照有关法律、法规、国家标准或行业标准规定的安全生产条件和程序进行。根据《安全生产法》的规定,关于负有安全生产监督管理职责的部门行使行政许可审批职权的说法,正确的是( )。

A. 对涉及安全生产的事项进行审查、验收时,应当公示收费标准
B. 为保障安全,有权要求接受审查、验收的单位使用指定的品牌的安全设施
C. 对已依法取得批准但不再具备安全生产条件的单位,应当撤销原批准
D. 对未依法取得批准的单位,应当立即予以取消并处以罚款

[解析] 根据《安全生产法》,负有安全生产监督管理职责的部门对涉及安全生产的事项进行审查、验收,不得收取费用,故选项A错误。负有安全生产监督管理职责的部门不得要求接受审查、验收的单位购买其指定品牌或者指定生产、销售单位的安全设备、器材或其他产品,选项B错误。未依法取得批准或者验收合格、擅自从事有关活动的单位必须取缔,并依法予以处理,"取消并罚款"的表述不准确,故选项D错误。

[答案] C

[2021·单选] 2020年3月底,甲企业复工复产,并按照政府新冠肺炎防疫要求对返岗员工进行14天的集中隔离观察。由于现有宿舍不能满足要求,企业决定将危险化学品库存量较少的某一

层库房腾出作为临时集中观察宿舍，某区应急管理局在复工复产检查时发现此问题。根据《安全生产法》，下列关于某区应急管理局采取执法措施的说法，正确的是（　　）。

A. 责令企业立即将集中观察宿舍搬离　　B. 要求企业加强管理，保证人员安全
C. 责令企业停产停业整顿　　　　　　　D. 移交司法机关追究刑事责任

[解析] 选项 B 错误，生产、经营、储存、使用危险物品的车间、商店、仓库不得与员工宿舍在同一座建筑物内，故应急管理部门只是要求企业加强管理，不采取措施是不正确的。选项 C、D 错误，应急管理部门要求企业对此安全隐患进行整改即可，未达到停产停业、追究刑事责任的程度。

[答案] A

[2021·多选] 某应急管理局两名执法人员前往辖区某危险化学品生产企业进行安全检查。根据《安全生产法》，下列关于检查执行人员行使职权的说法，正确的有（　　）。

A. 检查发现特种作业岗位操作人员无证上岗，当场作出罚款 1 万元的处罚
B. 没收检查发现的不符合安全生产国家标准或行业标准的器材
C. 主动出示执法证件，进入生产车间进行检查，调阅监控台账和工人培训记录
D. 检查发现一处设备存在明显泄漏隐患，危及岗位工人安全，责令立即停止设备运行
E. 查封检查发现的未经批准违法存储危险化学品的临时仓库

[解析] 依据《安全生产法》，生产经营单位特种作业人员未按照规定经专门的安全作业培训并取得相应资格上岗作业的，责令限期改正，处 10 万元以下的罚款；依据《行政处罚法》，违法事实确凿并有法定依据，对公民处以 200 元以下、对法人或者其他组织处以 3 000 元以下罚款或者警告的行政处罚的，可以当场作出行政处罚决定。选项 A，当场作出罚款 1 万元的处罚错误。应急管理部门进行监督检查时，有权对不符合保障安全生产的国家标准或者行业标准的设施、设备、器材等予以查封或者扣押，但无"没收"的规定，故选项 B 错误。

[答案] CDE

[2020·多选] 应急管理部门在对某机械铸造企业进行安全生产监督检查时，发现熔炼炉存在重大事故隐患。根据《安全生产法》《安全生产事故隐患排查治理暂行规定》，关于该部门处理该重大事故隐患的说法，正确的有（　　）。

A. 必要时可作出关闭该企业的决定
B. 应当下达整改指令书并建立信息管理台账
C. 有权作出该企业停止使用熔炼炉的决定
D. 经负责人批准可以对该企业作出停电的决定
E. 应当采用书面的方式通知相关部门对该企业作出停电的决定

[解析] 选项 A 错误，负有安全生产监督管理职责的部门有权依法对存在重大事故隐患的生产经营单位作出停产停业、停止施工、停止使用相关设施或者设备的决定，但其没有关闭企业的权力。

[答案] BCDE

[2019·单选] 安全监管部门对某生产经营单位进行安全生产监督检查。根据《安全生产法》，关于对该单位安全监督检查的说法，错误的是（　　）。

A. 监督检查人员有权进入现场，调阅相关资料，向现场个人了解相关情况

B. 检查发现存在违法行为的，当场予以纠正或者要求限期改正

C. 检查发现安全设备使用不符合国家标准的，应当采取停止供电措施

D. 检查发现事故隐患的，应当责令立即排除

[解析] 选项 C 错误，检查发现安全设备使用不符合国家标准的，应当采取"查封或者扣押"的措施。

[答案] C

[2019·单选] 根据《安全生产法》，关于安全生产监督管理的说法，正确的是（　　）。

A. 负有安全监管职责的部门对涉及安全生产的事项进行审查、验收，可以收取一定费用

B. 负有安全监管职责的部门在监督检查中，应当相互配合实行联合检查

C. 负有安全监管职责的部门可以要求接受审查、验收的单位购买指定品牌设备

D. 负有安全监管职责的部门可以要求被检查单位停止生产经营活动

[解析] 选项 A 错误，负有安全生产监督管理职责的部门对涉及安全生产的事项进行审查、验收，不得收取费用。选项 C 错误，负有安全生产监督管理职责的部门不得要求接受审查、验收的单位购买其指定品牌或者指定生产、销售单位的安全设备、器材或者其他产品。选项 D 错误，监督检查不得影响被检查单位的正常生产经营活动。

[答案] B

真题精解

点题：此系列真题考查监管部门检查时行使的职权。2019 年以来的真题均对该知识点进行了考查，并且 2019 年和 2021 年均考查了两道题，考查形式也比较类似，即不管题干背景怎么变化，问题最终都归于"执法部门在检查中可行使的职权"，因此考生一定要掌握相关规定。

分析：关于监管部门检查时行使的职权，《安全生产法》第六十五条规定，应急管理部门和其他负有安全生产监督管理职责的部门依法开展安全生产行政执法工作，对生产经营单位执行有关安全生产的法律、法规和国家标准或者行业标准的情况进行监督检查，行使以下职权：

(1) 进入生产经营单位进行检查，调阅有关资料，向有关单位和人员了解情况。

(2) 对检查中发现的安全生产违法行为，当场予以纠正或者要求限期改正；对依法应当给予行政处罚的行为，依照本法和其他有关法律、行政法规的规定作出行政处罚决定。

(3) 对检查中发现的事故隐患，应当责令立即排除；重大事故隐患排除前或者排除过程中无法保证安全的，应当责令从危险区域内撤出作业人员，责令暂时停产停业或者停止使用相关设施、设备；重大事故隐患排除后，经审查同意，方可恢复生产经营和使用。

(4) 对有根据认为不符合保障安全生产的国家标准或者行业标准的设施、设备、器材以及违法生产、储存、使用、经营、运输的危险物品予以查封或者扣押，对违法生产、储存、使用、经营危险物品的作业场所予以查封，并依法作出处理决定。

监督检查不得影响被检查单位的正常生产经营活动。

拓展：查封或者扣押，一般针对危险、违法场所。对于不可移动设备，采取贴封条的查封方式，而对于可移动设备、器材等则采取扣押方式，即防止被查企业继续使用这些设备、器材，将之转移进行扣押。

近年来，法规科目考试逐渐趋于综合考查，《安全生产法》中有关规定常与其他法规的规定相结合，例如，2021 年真题的选项 A，其知识点来源于《行政处罚法》，相关内容为：除本法第五十

安全生产法律法规

一条规定的可以当场作出的行政处罚外，行政机关发现公民、法人或者其他组织有依法应当给予行政处罚的行为的，必须全面、客观、公正地调查，收集有关证据后，才能作出行政处罚。2020年真题将《安全生产法》和《安全生产事故隐患排查治理暂行规定》中有关重大事故隐患的规定结合在一起，选项B涉及内容为：对检查过程中发现的重大事故隐患，应当下达整改指令书，并建立信息管理台账。

对这种综合性知识点，要求能形成知识体系，将不同法规中相似内容串联起来，这样才能在考试中应对自如。

■ 举一反三

[典型例题1·单选] 根据《安全生产法》，应急管理部门或其他负有安全生产监督管理职责的部门对生产经营单位依法进行监督管理的说法，正确的是（　　）。

　　A. 安全生产监督管理部门应当组织有关部门按照职责分工，对本行政区域内容易发生重大生产安全事故的生产经营单位进行严格检查

　　B. 不符合有关法律、法规和国家标准或者行业标准规定的安全生产条件的，不得批准或者验收通过

　　C. 执法人员在检查中发现未依法取得批准或者验收合格的单位擅自从事有关活动的，应当立即予以取缔，并依法予以处理

　　D. 对已经依法取得批准的单位，安全生产监督管理部门发现其不再具备安全生产条件的，应当予以关闭

[解析] 选项A错误，县级以上地方各级人民政府应当根据本行政区域内的安全生产状况，组织有关部门按照职责分工，对本行政区域内容易发生重大生产安全事故的生产经营单位进行严格检查。选项C错误，应该由负责行政审批的部门予以取缔，并依法予以处理，而非执法人员。选项D错误，对已经依法取得批准的单位，负责行政审批的部门发现其不再具备安全生产条件的，应当撤销原批准，而不是予以关闭。

[答案] B

[典型例题2·单选] 应急管理部门和其他负有安全生产监督管理职责的部门依法开展安全生产行政执法工作，对生产经营单位执行有关安全生产的法律、法规和国家标准或者行业标准的情况进行监督检查，可以行使的职权不包括（　　）。

　　A. 进入生产经营单位进行检查，调阅有关资料，向有关单位和人员了解情况

　　B. 对不符合保障安全生产的国家标准或者行业标准的设施、设备、器材予以没收

　　C. 重大事故隐患排除前或者排除过程中无法保证安全的，应当责令从危险区域内撤出作业人员，责令暂时停产停业或者停止使用相关设施、设备

　　D. 安全生产监督检查人员应当将检查情况作出书面记录，并由检查人员和被检查单位的负责人签字

[解析] 选项B错误，对不符合安全标准的设施、设备、器材应予以查封或者扣押，而不是直接没收。

[答案] B

■ 环球君点拨

应急管理部门和其他负有安全生产监督管理职责的部门在执法过程中行使的职权是法律赋予

的，不能超出法律规定的范畴，因此在考试中如果出现没学过的执法内容，如"没收""关闭"，甚至"关押人员"等，均不应选。

考点2 安全生产监督检查的要求 [2023、2022、2021、2019]

真题链接

[2022·单选] 某县应急管理部门对某机械制造企业进行检查时，发现该企业存在重大事故隐患，于是依法责令停产停业，但该企业拒不执行，县应急管理部门遂决定对其采取停止供电措施。根据《安全生产法》，应急管理部门采取停止供电措施应当提前通知该企业的时间是（　　）小时。

A. 6　　　　　　　　　　　　　　　B. 24
C. 12　　　　　　　　　　　　　　　D. 48

[解析] 负有安全生产监督管理职责的部门依法对企业采取停止供电措施，除有危及生产安全的紧急情形外，应当提前24小时通知生产经营单位。

[答案] B

[2021·单选] 某县应急管理局对某企业进行安全生产监督检查时，发现正在作业的起重机属于国家明令淘汰的产品，存在重大事故隐患，于是作出责令该企业立即停止使用的决定。该企业以疫情期间设备更换困难、可以通过加强监控避免事故为由拒不执行，县应急管理局决定通知供电公司停止电力供应。根据《安全生产法》，县应急管理局采取该强制措施应提前（　　）小时以书面形式通知该企业。

A. 12　　　　　　　　　　　　　　　B. 24
C. 36　　　　　　　　　　　　　　　D. 48

[解析] 负有安全生产监督管理职责的部门依法对企业采取停止供电措施，除有危及生产安全的紧急情形外，应当提前24小时通知生产经营单位。

[答案] B

[2019·单选] 某化肥生产企业存在重大事故隐患，安全监管部门对该企业作出停产决定，但该企业仍然继续生产，随时有发生生产安全事故的现实危险，于是安全监管部门决定对该企业采取停止供电措施。根据《安全生产法》，除有危及生产安全的紧急情形外，应当提前（　　）小时通知对该企业采取停止供电措施。

A. 8　　　　　　　　　　　　　　　B. 24
C. 12　　　　　　　　　　　　　　　D. 36

[解析] 负有安全生产监督管理职责的部门依法对企业采取停止供电措施，除有危及生产安全的紧急情形外，应当提前24小时通知生产经营单位。

[答案] B

真题精解

点题：近几年真题考查的知识点非常集中，不仅题目相似，答案也一致，属于"送分题"。其实，对于执法部门行使职权的规定还有其他要求，在备考中应重点关注。

分析：应急管理部门和其他负有安全生产监督管理职责的部门在监督检查过程中可以行使相应的职权，这些职权具有一定的强制性，因此对这些职权要作出必要的限制。《安全生产法》对安全

安全生产法律法规

生产监督检查要求的规定如下：

（1）负有安全生产监督管理职责的部门对涉及安全生产的事项进行审查、验收，不得收取费用；不得要求接受审查、验收的单位购买其指定品牌或者指定生产、销售单位的安全设备、器材或者其他产品。

（2）安全生产监督检查人员应当忠于职守，坚持原则，秉公执法。

安全生产监督检查人员执行监督检查任务时，必须出示有效的行政执法证件；对涉及被检查单位的技术秘密和业务秘密，应当为其保密。

（3）安全生产监督检查人员应当将检查的时间、地点、内容、发现的问题及其处理情况，作出书面记录，并由检查人员和被检查单位的负责人签字；被检查单位的负责人拒绝签字的，检查人员应当将情况记录在案，并向负有安全生产监督管理职责的部门报告。

（4）负有安全生产监督管理职责的部门在监督检查中，应当互相配合，实行联合检查；确需分别进行检查的，应当互通情况，发现存在的安全问题应当由其他有关部门进行处理的，应当及时移送其他有关部门并形成记录备查，接受移送的部门应当及时进行处理。

（5）负有安全生产监督管理职责的部门依法对存在重大事故隐患的生产经营单位作出停产停业、停止施工、停止使用相关设施或者设备的决定，生产经营单位应当依法执行，及时消除事故隐患。生产经营单位拒不执行，有发生生产安全事故的现实危险的，在保证安全的前提下，经本部门主要负责人批准，负有安全生产监督管理职责的部门可以采取通知有关单位停止供电、停止供应民用爆炸物品等措施，强制生产经营单位履行决定。通知应当采用书面形式，有关单位应当予以配合。

负有安全生产监督管理职责的部门依照上述规定采取停止供电措施，除有危及生产安全的紧急情形外，应当提前24小时通知生产经营单位。生产经营单位依法履行行政决定、采取相应措施消除事故隐患的，负有安全生产监督管理职责的部门应当及时解除上述规定的措施。

拓展：负有安全生产监督管理职责的部门可以采取通知有关单位停止供电、停止供应民用爆炸物品等措施，带有强制的性质，但在执法过程中也不是"一棍子打死"，而是给企业一个缓冲时间，即提前24小时；若企业在24小时内仍不执行决定，才对企业采取停电措施，强制企业停产。当然，若是有危及生产安全的紧急情形，如危及到人员生命安全，可以通知有关部门立即停电，而不必等待24小时。

供电企业、民用爆炸物品供应单位一般均与使用单位签有供应合同，因履行监管部门的决定而不能供电、供应民用爆炸物品的，不承担违约责任。

另外，为对监管部门的执法进行监督，《安全生产法》也作了相关规定：监察机关依照监察法的规定，对负有安全生产监督管理职责的部门及其工作人员履行安全生产监督管理职责实施监察。

举一反三

[**典型例题1·单选**] 安全监管部门依法对某矿山企业进行安全检查，根据《安全生产法》的规定，关于检查中发现的问题，下列做法正确的是（　　）。

A. 检查人员发现现场存在严重安全隐患，立即通知供电部门停电
B. 检查人员发现现场有人未戴安全帽，要求限期改正
C. 检查人员查阅的资料涉及企业的商业机密，但仍然要求企业提供
D. 检查人员发现现场缺少灭火器，推荐了某信誉良好品牌的产品

[解析] 选项A错误，负有安全生产监督管理职责的部门依照规定停止供电措施，应当提前24小时通知生产经营单位。选项B错误，对检查中发现的安全生产违法行为，应当场予以纠正或者要求限期改正，而对于"未戴安全帽"的行为应当要求立即改正。选项C正确，对涉及被检查单位的技术秘密和业务秘密，可以要求企业提供，但应当为其保密。选项D错误，检查人员不得要求接受审查、验收的单位购买其指定品牌或者指定生产、销售单位的安全设备、器材或者其他产品。

[答案] C

[典型例题2·多选] 根据《安全生产法》，下列对生产经营单位依法进行监督管理的说法，错误的有（　　）。

A. 安全生产监督管理部门在检查中发现某矿山企业存在安全隐患，应当提前24小时通知有关部门停止供电
B. 要求企业购买使用符合国家标准或者行业标准规定的安全生产设备
C. 对生产经营单位采取停止供电措施时，应当经本部门主要负责人批准
D. 对某些企业，可采用停止供应民用爆炸物品的措施，强制企业履行决定
E. 在检查中严格执行部门的收费标准，并开具部门统一制定的收据

[解析] 选项A错误，并不是发现存在隐患就采取停电措施，只有重大隐患且企业拒不整改的才按照程序采取强制停电措施。选项E错误，执法人员在检查过程中不得收取费用。

[答案] AE

环球君点拨

监管部门在检查中行使的职权和行使职权的要求常结合考查，这几年集中考查"提前24小时"这个知识点，之后继续考查的可能性较小，建议对其他几条要求进行强化记忆。

第五节　生产安全事故应急救援与调查处理

考点1　安全事故应急救援 [2023、2021、2020、2019]

真题链接

[2023·单选] 某危险化学品生产企业有800名员工，根据《安全生产法》，关于该企业应急管理准备措施的说法，正确的是（　　）。

A. 可以不建立应急救援组织，但应当指定专职的应急救援人员
B. 应当建立应急救援组织，且专职应急救援人员必须经过严格训练
C. 应当建立应急救援组织，且兼职应急救援人员数量不得少于8人
D. 可以不建立应急救援组织，但应当委托邻近的应急救援队伍提供服务

[解析] 根据《安全生产法》第八十二条，危险物品的生产、经营、储存单位以及矿山、金属冶炼、城市轨道交通运营、建筑施工单位应当建立应急救援组织；生产经营规模较小的，可以不建立应急救援组织，但应当指定兼职的应急救援人员，没有规定具体的人数。根据《生产安全事故应急条例》第十一条，应急救援队伍应当配备必要的应急救援装备和物资，并定期组织训练。

[答案] B

[2020·多选] 发生事故后，生产经营单位应该开展事故应急救援工作。根据《安全生产法》，

关于企业应急管理的做法，正确的有（　　）。

A. 某金属冶炼企业制定生产安全事故应急救援预案后，建立了应急救援组织，配备了专职应急救援人员

B. 某危险化学品经营企业制定生产安全事故应急救援预案，多年未发生事故，未定期组织应急演练

C. 某矿山企业因生产经营规模较小，未建立应急救援组织，但指定了若干名兼职的应急救援人员

D. 某城市轨道交通运营企业独立制定生产安全事故应急救援预案，未与所在地政府生产安全事故应急救援预案相衔接

E. 某建筑施工企业根据生产安全事故应急救援预案规定，配备了应急救援器材、设备和物资，并进行经常性维护、保养

[解析] 选项B错误，企业制定的生产安全事故应急救援预案，即使未发生事故，也应当定期组织应急演练。选项D错误，企业制定的生产安全事故应急救援预案，应与所在地政府生产安全事故应急救援预案相衔接。

[答案] ACE

[2019·单选] 某大型建筑施工企业有职工1 500人，其中管理人员160人。根据《安全生产法》，关于该企业应急救援的说法，正确的是（　　）。

A. 可以不建立应急救援组织，但必须配备必要的应急救援器材、设备

B. 应当指定兼职的应急救援人员，并配备必要的应急救援器材、设备

C. 可以不建立应急救援组织，但应当委托外部应急救援机构开展应急管理工作

D. 应当建立应急救援组织，并配备必要的应急救援器材、设备

[解析] 大型建筑施工企业属于高危行业。根据《安全生产法》的规定，规模较大的高危企业应当建立应急救援组织，并且配备必要的应急救援器材、设备和物资。这与企业的职工人数、管理人员数量没有关系。

[答案] D

真题精解

点题：应急救援相关知识点在2023年、2021年、2020年、2019年均有考查，也是一个比较高频的考点。而且，此部分内容常结合相关的其他法规进行考查，难度加大。

分析：关于生产安全事故应急救援，《安全生产法》规定如下。

(1) 国家加强生产安全事故应急能力建设，在重点行业、领域建立应急救援基地和应急救援队伍，并由国家安全生产应急救援机构统一协调指挥；鼓励生产经营单位和其他社会力量建立应急救援队伍，配备相应的应急救援装备和物资，提高应急救援的专业化水平。

国务院应急管理部门牵头建立全国统一的生产安全事故应急救援信息系统，国务院交通运输、住房和城乡建设、水利、民航等有关部门和县级以上地方人民政府建立健全相关行业、领域、地区的生产安全事故应急救援信息系统，实现互联互通、信息共享，通过推行网上安全信息采集、安全监管和监测预警，提升监管的精准化、智能化水平。

(2) 生产经营单位应当制定本单位生产安全事故应急救援预案，与所在地县级以上地方人民政府组织制定的生产安全事故应急救援预案相衔接，并定期组织演练。

(3) 危险物品的生产、经营、储存单位以及矿山、金属冶炼、城市轨道交通运营、建筑施工单

位应当建立应急救援组织；生产经营规模较小的，可以不建立应急救援组织，但应当指定兼职的应急救援人员。

危险物品的生产、经营、储存、运输单位以及矿山、金属冶炼、城市轨道交通运营、建筑施工单位应当配备必要的应急救援器材、设备和物资，并进行经常性维护、保养，保证正常运转。

拓展：关于应急救援组织的建立，《生产安全事故应急条例》第十条作了详细的规定：易燃易爆物品、危险化学品等危险物品的生产、经营、储存、运输单位，矿山、金属冶炼、城市轨道交通运营、建筑施工单位，以及宾馆、商场、娱乐场所、旅游景区等人员密集场所经营单位，应当建立应急救援队伍。其中，小型企业或者微型企业等规模较小的生产经营单位，可以不建立应急救援队伍，但应当指定兼职的应急救援人员，并且可以与邻近的应急救援队伍签订应急救援协议。

在考试中，有时会将《安全生产法》和《生产安全事故应急条例》结合考查，做题时要看清题干给出的是哪部法规，然后据此来作答。

■ 易混提示

应急救援组织的建立与安全管理机构的设置容易混淆。关于应急救援组织的建立，《安全生产法》第八十二条仅规定了规模较大的高危企业应当建立应急救援组织，而对企业规模大小的判定没有具体规定。安全管理机构的设置和管理人员的配备针对的是高危和非高危企业，没有企业规模大小的区分，但是对于非高危企业又按从业人数作了进一步划分，这点和建立应急救援组织的规定是不同的。

■ 举一反三

[典型例题1·单选] 依据《安全生产法》的规定，下列关于生产经营单位应急救援工作的说法，错误的是（　　）。

A. 生产经营单位应当制定本单位生产安全事故应急救援预案，并与政府的生产安全事故应急救援预案相衔接

B. 危险物品的生产经营单位应当配备必要的应急救援器材、设备和物资，并进行经常性的维护保养，保证正常运转

C. 乡镇人民政府和街道办事处应当制定相应的生产安全事故应急救援预案，协助生产经营单位履行生产安全事故应急救援工作职责

D. 生产经营单位发生生产安全事故后，应当迅速采取有效措施，组织抢救，防止事故扩大

[解析] 选项C错误，乡镇人民政府和街道办事处应当制定相应的生产安全事故应急救援预案，协助人民政府有关部门或者按照授权依法履行生产安全事故应急救援工作职责。

[答案] C

[典型例题2·单选] 根据《安全生产法》的规定，下列有关应急救援的说法，正确的是（　　）。

A. 国家加强生产安全事故应急能力建设，在所有行业、领域建立应急救援基地和应急救援队伍

B. 国务院牵头建立全国统一的生产安全事故应急救援信息系统

C. 县级以上地方各级人民政府建立健全相关行业、领域的生产安全事故应急救援信息系统

D. 生产经营单位应当制定本单位生产安全事故应急救援预案，并定期组织演练

[解析] 选项A错误，国家加强生产安全事故应急能力建设，在重点行业、领域建立应急救援

基地和应急救援队伍。选项B错误，国务院应急管理部门牵头建立全国统一的生产安全事故应急救援信息系统。选项C错误，建立健全相关行业、领域的生产安全事故应急救援信息系统的是国务院有关行业主管部门，而非各级政府。

[答案] D

环球君点拨

在考试中应注意，容易考且较难作答的考查方式是把国务院到各级政府部门的应急救援职责进行调换，混淆概念。对此，可以按"国家→国务院应急管理部门→各行业主管部门→各级地方政府→生产经营单位"的顺序，将各自的应急救援职责对应记忆，以免被考题迷惑。

考点2 安全事故报告和调查处理 [2022、2021、2020、2019]

真题链接

[2022·多选] 某企业发生生产安全事故，市人民政府委托市应急管理部门组织事故调查。2022年5月，市人民政府对该起事故调查报告依法进行了批复。根据《安全生产法》，关于该事故调查报告落实情况评估的说法，正确的有（   ）。

A. 市应急管理部应当组织事故调查报告落实情况的评估
B. 事故调查发生落实情况评估应当在2023年5月底之前完成
C. 市人民政府应当委托第三方机构对事故调查报告落实情况进行评估
D. 评估的内容应当包括事故整改和防范措施的落实情况
E. 评估结果应当委托有关机构进行论证并及时向社会公开

[解析] 负责事故调查处理的国务院有关部门和地方人民政府应当在批复事故调查报告后1年内，组织有关部门对事故整改和防范措施落实情况进行评估，并及时向社会公开评估结果。这里说的是对事故的整改和防范措施落实情况进行评估，而不是发生情况，而且没有规定应当委托其他机构进行评估，因此选项B、C、E错误。

[答案] AD

[2021·单选] 某化工企业发生爆燃事故，政府有关部门和相关单位赶赴现场组织开展应急救援工作。根据《安全生产法》，下列关于事故应急救援的说法，错误的是（   ）。

A. 参与事故抢救的部门应当根据事故救援的需要采取警戒、疏散等措施
B. 参与事故抢救的不同单位和部门应当服从统一指挥，并加强协同联动
C. 为支持、配合事故救援，任何单位和个人都应当无条件地提供一切便利
D. 单位负责人接到事故报告后，应当立即采取有效措施保护事故现场

[解析] 选项D错误，单位负责人接到事故报告后，应当立即采取有效措施进行应急救援，抢救人员、保护财产安全。保护事故现场虽然也是应当做的，但不是放在第一位的最紧急任务。选项C具有迷惑性，看似有些绝对，但根据"事故抢救过程中应当采取必要措施，避免或者减少对环境造成的危害。任何单位和个人都应当支持、配合事故抢救，并提供一切便利条件"的规定，其是正确的。

[答案] D

[2020·单选] 某化工企业生产车间发生火灾事故，造成1人死亡、2人受伤。根据《安全生产

法》，关于该企业事故报告和抢救的说法，正确的是（　　）。

A. 接到事故报告后，立即向当地有关部门报告并等待抢救
B. 立即采取措施组织抢救，防止事故扩大
C. 向当地有关部门报告死亡1人，未报2人受伤
D. 立即清理事故现场，防止产生负面影响

[解析] 根据《安全生产法》，选项A错误，接到事故报告后，应该立即展开抢救，而不是等待抢救。选项C错误，应如实向有关部门汇报，不得隐瞒不报、谎报或者迟报。选项D错误，不得故意破坏事故现场、毁灭有关证据。

[答案] B

[2019·多选] 某危险化学品生产企业发生火灾事故。根据《安全生产法》等法律法规，关于该企业事故报告和应急救援的说法，正确的有（　　）。

A. 事故现场有关人员应当立即报告本单位负责人
B. 该企业负责人接到报告后，应当于12小时内向事故发生地县级以上人民政府安全监管部门和负有安全监管职责的有关部门报告
C. 该企业负责人接到事故报告后，应当迅速采取有效措施，组织抢救，防止事故扩大，减少人员伤亡和财产损失
D. 该企业主要负责人应当按照本企业危险化学品应急预案组织救援，并向当地安全监管部门和环境保护、公安、卫生行政主管部门报告
E. 该企业主要负责人不得瞒报、谎报或者迟报，不得故意破坏事故现场、毁灭有关证据

[解析] 选项A正确，事故发生后，事故现场有关人员应当立即向本单位负责人报告。选项B错误，单位负责人接到报告后，应当于1小时内向事故发生地县级以上人民政府安全生产监督管理部门和负有安全生产监督管理职责的有关部门报告。选项C正确，事故发生单位负责人接到事故报告后，应当立即启动事故应急预案，或者采取有效措施，组织抢救，防止事故扩大，减少人员伤亡和财产损失。选项D正确，发生危险化学品事故，单位主要负责人应当按照本单位危险化学品应急预案组织救援，并向当地安全生产监督管理部门和环境保护、公安、卫生主管部门报告。选项E正确，单位负责人不得隐瞒不报、谎报或者迟报，不得故意破坏事故现场、毁灭有关证据。

[答案] ACDE

真题精解

点题：此系列真题考查的是安全事故报告和调查处理，是非常高频的考点。2022年真题考查的比较偏，考了对事故的整改和防范措施落实情况进行评估，其他年份考查的重点均倾向于生产经营单位发生事故后的上报和应急救援，因此应牢固掌握这部分内容。

分析：关于安全生产事故的报告和调查处理，《安全生产法》进行了如下规定。

（1）生产经营单位发生生产安全事故后，事故现场有关人员应当立即报告本单位负责人。

单位负责人接到事故报告后，应当迅速采取有效措施，组织抢救，防止事故扩大，减少人员伤亡和财产损失，并按照国家有关规定立即如实报告当地负有安全生产监督管理职责的部门，不得隐瞒不报、谎报或者迟报，不得故意破坏事故现场、毁灭有关证据。

（2）负有安全生产监督管理职责的部门接到事故报告后，应当立即按照国家有关规定上报事故情况。负有安全生产监督管理职责的部门和有关地方人民政府对事故情况不得隐瞒不报、谎报或者迟报。

(3) 有关地方人民政府和负有安全生产监督管理职责的部门的负责人接到生产安全事故报告后，应当按照生产安全事故应急救援预案的要求立即赶到事故现场，组织事故抢救。

参与事故抢救的部门和单位应当服从统一指挥，加强协同联动，采取有效的应急救援措施，并根据事故救援的需要采取警戒、疏散等措施，防止事故扩大和次生灾害的发生，减少人员伤亡和财产损失。

事故抢救过程中应当采取必要措施，避免或者减少对环境造成的危害。任何单位和个人都应当支持、配合事故抢救，并提供一切便利条件。

拓展：事故调查处理的目的：查清事故原因，查明事故性质和责任，评估应急处置工作，总结事故教训，提出整改措施，并对事故责任单位和人员提出处理建议。

事故发生单位应当及时全面落实整改措施，负有安全生产监督管理职责的部门应当加强监督检查。

负责事故调查处理的国务院有关部门和地方人民政府应当在批复事故调查报告后1年内，组织有关部门对事故整改和防范措施落实情况进行评估，并及时向社会公开评估结果。

举一反三

[**典型例题 1·单选**] 根据《安全生产法》的规定，生产经营单位发生生产安全事故后，有关人员及单位做法不正确的是（　　）。

A. 生产经营单位发生生产安全事故后，事故现场有关人员应当立即报告本单位负责人

B. 单位负责人接到事故报告后，立即如实报告当地负有安全生产监督管理职责的部门，不得隐瞒不报、谎报或者迟报

C. 单位负责人接到事故报告后，应当迅速采取有效措施，组织抢救，防止事故扩大，减少人员伤亡和财产损失

D. 单位负责人接到事故报告后，为营救遇险人员，可以随意破坏事故现场

[**解析**] 单位负责人接到事故报告后，应当迅速采取有效措施，组织抢救，防止事故扩大，减少人员伤亡和财产损失，并按照国家有关规定立即如实报告当地负有安全生产监督管理职责的部门，不得隐瞒不报、谎报或者迟报，不得故意破坏事故现场、毁灭有关证据。选项D错误，即使是因为救援的需要，也不能随意破坏现场，而应根据现场情况进行必要的移动，以便为后续的事故调查提供更多的信息。

[**答案**] D

[**典型例题 2·多选**] 根据《安全生产法》，生产经营单位发生生产安全事故后的事故调查目的有（　　）。

A. 查清事故原因

B. 查明事故性质和责任

C. 评估应急处置工作，提出整改措施

D. 对事故责任单位和人员提出处理建议

E. 查清事故造成的直接和间接损失

[**解析**] 事故调查处理的目的：及时、准确地查清事故原因，查明事故性质和责任，评估应急处置工作，总结事故教训，提出整改措施，并对事故责任单位和人员提出处理建议。

[**答案**] ABCD

[典型例题 3·单选] 根据《安全生产法》的规定，关于生产经营单位发生生产安全事故后事故报告和处理的做法，正确的是（　　）。

　　A. 现场人员发现事故后立即向单位负责人报告事故发生情况
　　B. 单位负责人接到事故报告后立即展开救援，并按规定向当地人民政府报告
　　C. 监管部门接到事故报告后，为节约时间未赶到现场，通过电话组织救援
　　D. 事故发生地应急管理部门应总结事故经验，会同事故发生单位进行整改

[解析] 选项 B 错误，单位负责人接到事故报告后，应按规定向当地安全监管部门报告。选项 C 错误，监管部门接到事故报告后，负责人应立即赶到现场，组织展开应急救援工作。选项 D 错误，事故发生单位应该进行整改工作，安全监管部门进行监督。

[答案] A

环球君点拨

《安全生产法》仅规定了企业发生事故后，现场人员应立即报告给单位负责人，单位负责人按规定报告给安全监管部门，安全监管部门按规定向上级报告事故情况，对报告的时限没有作出具体规定。但《生产安全事故报告和调查处理条例》规定，单位负责人上报事故的时限为"1 小时内"，监管部门逐级上报事故的，每级上报的时间"不得超过 2 小时"。在考试中，要将相关联的知识点进行融会贯通。

第六节　安全生产法律责任

考点 1　中介机构的法律责任 [2023、2021、2019]

真题链接

[2023·单选] 某安全评价服务中心为一家生产剧毒磷化物的企业进行安全评价，收取 8 万元服务费，并在使用 2 万元必要支出后，出具了虚假安全评价报告。根据《安全生产法》，应急管理部门对上述违法行为行政处罚的做法，正确的是（　　）。

　　A. 没收该评价机构违法所得 8 万元，并处罚款 12 万元
　　B. 没收该评价机构违法所得 8 万元，并处罚款 24 万元
　　C. 没收该评价机构违法所得 6 万元，并处罚款 12 万元
　　D. 没收该评价机构违法所得 6 万元，并处罚款 24 万元

[解析] 根据《安全生产法》第九十二条，承担安全评价、认证、检测、检验职责的机构租借资质、挂靠、出具虚假报告的，没收违法所得；违法所得在 10 万元以上的，并处违法所得 2 倍以上 5 倍以下的罚款；没有违法所得或者违法所得不足 10 万元的，单处或者并处 10 万元以上 20 万元以下的罚款。

[答案] A

[2021·单选] 某铁矿开采企业发生一起工业中毒事故，造成 5 人死亡。调查发现，某安全评价机构在验收评价时出具虚假评价报告并收取 15 万元的评价费用。根据《安全生产法》，应急管理部门有权没收 15 万元，并对该安全评价机构作出（　　）万元的罚款。

　　A. 15　　　　　　　　　　　　B. 75

C. 90   D. 150

[解析] 根据《安全生产法》，中介机构出具虚假评价报告，违法所得在10万元以上的，给予违法所得2～5倍的罚款，因而罚款数额在30万～75万元之间，选项B正确。

[答案] B

[**2019·单选**] 某石化集团欲投资建设生产硫化物的工厂，委托某安全评价机构对项目进行评价。安全评价机构在评价过程中发现了若干不符合安全条件的问题，在石化集团将服务费提高至30万元后，便直接出具了建设项目符合要求的安全评价报告。根据《安全生产法》，关于安全监管部门对该机构实施处罚的做法，正确的是（   ）。

A. 没收违法所得，并处120万元的罚款　　B. 没收违法所得，并处30万元的罚款
C. 没收违法所得，并处50万元的罚款　　　D. 没收违法所得，并处200万元的罚款

[解析] 根据《安全生产法》，中介机构违法所得在10万元以上的，并处违法所得2～5倍的罚款。本题中，违法所得为30万元，所以应并处60万～150万元的罚款，选项A正确。

[答案] A

真题精解

点题：对中介机构违法责任的考查比较简单，2023年、2021年、2019年真题均考查了中介机构出具虚假报告的处罚规定，对出具失实报告和其他违法情况，如租借、挂靠资质等没有考查过，在学习过程中应引起重视。

分析：《安全生产法》第九十二条规定，承担安全评价、认证、检测、检验职责的机构出具失实报告的，责令停业整顿，并处3万元以上10万元以下的罚款；给他人造成损害的，依法承担赔偿责任。

承担安全评价、认证、检测、检验职责的机构租借资质、挂靠、出具虚假报告的，没收违法所得；违法所得在10万元以上的，并处违法所得2倍以上5倍以下的罚款；没有违法所得或者违法所得不足10万元的，单处或者并处10万元以上20万元以下的罚款；对其直接负责的主管人员和其他直接责任人员处5万元以上10万元以下的罚款；给他人造成损害的，与生产经营单位承担连带赔偿责任；构成犯罪的，依照刑法有关规定追究刑事责任。

对有前款违法行为的机构及其直接责任人员，吊销其相应资质和资格，5年内不得从事安全评价、认证、检测、检验等工作，情节严重的，实行终身行业和职业禁入。

拓展：对于中介机构出具虚假报告的，以10万元为界，按规定进行罚款。对于出具失实报告的，处3万～10万元的罚款。根据《检验检测机构监督管理办法》，虚假报告和失实报告可以按以下规定进行划分。

1. 虚假报告

报告存在下列情形之一的，属于虚假检验检测报告：

（1）未经检验检测的。
（2）伪造、变造原始数据、记录，或者未按照标准等规定采用原始数据、记录的。
（3）减少、遗漏或者变更标准等规定的应当检验检测的项目，或者改变关键检验检测条件的。
（4）调换检验检测样品或者改变其原有状态进行检验检测的。
（5）伪造检验检测机构公章或者检验检测专用章，或者伪造授权签字人签名或者签发时间的。

2. 失实报告

有下列情形之一，并且数据、结果存在错误或者无法复核的，属于不实检验检测报告：

（1）样品的采集、标识、分发、流转、制备、保存、处置不符合标准等规定，存在样品污染、混淆、损毁、性状异常改变等情形的。

（2）使用未经检定或者校准的仪器、设备、设施的。

（3）违反国家有关强制性规定的检验检测规程或者方法的。

（4）未按照标准等规定传输、保存原始数据和报告的。

📖 举一反三

[典型例题1·单选] 承担安全评价、认证、检测、检验职责的机构出具失实报告的，责令停业整顿，并处（　　）的罚款；给他人造成损害的，依法承担赔偿责任。

　　A. 10万元以上20万元以下　　　　B. 2万元以上5万元以下
　　C. 3万元以上10万元以下　　　　D. 5万元以上10万元以下

[解析] 根据题干可知，该机构出具的是失实报告。根据《安全生产法》，承担安全评价、认证、检测、检验职责的机构出具失实报告的，应该责令停业整顿，并处3万元以上10万元以下的罚款，故选项C正确。

[答案] C

[典型例题2·单选] 某承担安全评价、认证、检测、检验职责的机构的检测设备未经检定即给某企业进行检测，结果为合格，获得佣金5万元。根据《安全生产法》，监管部门对该机构进行的处罚正确的是（　　）。

　　A. 处以9万元罚款　　　　　　　　B. 处以12万元罚款
　　C. 其直接负责的主管人员处5万元的罚款　　D. 吊销其相应资质

[解析] 中介机构的检测设备未经检定，出具的报告为失实报告。根据《安全生产法》，承担安全评价、认证、检测、检验职责的机构出具失实报告的，应责令停止整顿，并处3万元以上10万元以下的罚款，故选项A正确。

[答案] A

[典型例题3·单选] 某承担安全评价、认证、检测、检验职责的机构为了获得15万元的佣金，对某企业委托检验的设备没有按规定要求的项目全部检验完成，即出具了合格的检测报告，监管部门对该检测机构做出的处罚符合《安全生产法》规定的是（　　）。

　　A. 处以15万元罚款　　　　　　　B. 没收违法所得
　　C. 主要负责人给予撤职处分　　　D. 责令停业整顿

[解析] 检测机构没有按规定要求的项目全部检验完成，出具的报告为虚假报告。根据《安全生产法》，检测机构出具虚假报告的，没收违法所得；违法所得在10万元以上的，应并处2～5倍罚款（30万～75万元）。对有违法行为的机构及其直接责任人员，吊销其相应资质和资格，5年内不得从事安全评价、认证、检测、检验等工作，情节严重的，实行终身行业和职业禁入。符合规定的是选项B。

[答案] B

[典型例题4·单选] 某检验机构受某企业委托检验机械设备，该企业承诺，若检验合格将付20万元佣金，于是该机构将本来不合格的两项数据做了改动，出具了检验合格的报告。根据《安

全生产法》，监管部门可对该检测机构及其人员做出（　　）的处罚。

  A. 对该检测机构罚款 120 万元　　　　B. 对直接责任人员罚款 15 万元

  C. 吊销直接责任人员的资质　　　　　　D. 追究检测人员的刑事责任

  [解析] 检测机构将不合格的数据做了改动，出具的报告为虚假报告。根据《安全生产法》的规定，承担安全评价、认证、检测、检验职责的机构租借资质、挂靠、出具虚假报告的，没收违法所得；违法所得在 10 万元以上的，并处违法所得 2 倍以上 5 倍以下的罚款；没有违法所得或者违法所得不足 10 万元的，单处或者并处 10 万元以上 20 万元以下的罚款；对其直接负责的主管人员和其他直接人员处 5 万元以上 10 万元以下的罚款；给他人造成损害的，与生产经营单位承担连带赔偿责任；构成犯罪的，依照刑法有关规定追究刑事责任。对有以上违法行为的机构及其直接责任人员，吊销其相应资质和资格，5 年内不得从事安全评价、认证、检测、检验等工作，情节严重的，实行终身行业和职业禁入。

                              [答案] C

环球君点拨

  在以往考试中，如果有考查中介机构违法责任的，一般会在题干中写明是虚假报告还是失实报告，不过近年来题目有加大难度的趋势，因此应重点关注一下虚假报告的情形，其他情形可用排除法判断。

▶ 考点 2　生产经营单位及相关负责人的法律责任 [2022、2021、2020、2019]

真题链接

  [2022·单选] 2022 年某饮料生产企业发生一起重大生产安全事故。经调查，该企业未履行安全生产管理职责，其 2020 年和 2021 年的年收入分别为 60 万元和 70 万元。根据《安全生产法》，应急管理部门应当对该主要负责人处以罚款（　　）万元。

  A. 36　　　　　　　　　　　　　　　　B. 48

  C. 52　　　　　　　　　　　　　　　　D. 56

  [解析] 题目中已说明，该企业发生的是重大生产安全事故，根据《安全生产法》的规定，生产经营单位的主要负责人未履行安全生产管理职责，导致发生重大生产安全事故的，由应急管理部门处上一年年收入 80% 的罚款；该企业于 2022 年发生事故，其上一年（2021 年）年收入是 70 万元，故应急管理部门应当对该主要负责人处以罚款 56 万元，选项 D 正确。

                              [答案] D

  [2022·单选] 某企业安全生产管理人员张某在检查中发现石蜡储罐的塑料管老化，企业生产副总李某认为该塑料管仍能继续使用，拒绝更换，后因该塑料管泄漏导致 9 人死亡、1 人重伤。经调查，该起事故被认定为责任事故，根据《安全生产法》，对李某的事故罚款数额应当是上一年年收入的（　　）。

  A. 10%～20%　　　　　　　　　　　　B. 20%～50%

  C. 60%　　　　　　　　　　　　　　　D. 80%

  [解析] 企业生产副总李某作为企业的管理人员，负有相应的安全管理责任。李某未履行安全生产管理职责，导致发生生产安全事故，依据《安全生产法》的规定，应暂停或者吊销其与安全生

产有关的资格,并处上一年年收入 20%～50% 的罚款,故选项 B 正确。

[答案] B

[2021·单选] 某公司法定代表人是周某,该公司发生爆炸事故,共造成 10 人死亡、15 人重伤、直接经济损失 6 000 多万元。事故调查报告显示,该公司安全设备管理存在重大缺陷,需要时无法启动以致造成本次事故的发生。法定代表人周某被依法追究刑事责任。根据《安全生产法》,下列关于该起事故责任追究的说法,正确的是(　　)。

A. 应当对周某处上一年年收入 60% 的罚款

B. 应当对该公司处 1 000 万元以上 2 000 万元以下的罚款

C. 可以对周某和该公司同时给予罚款

D. 周某终身不得担任任何行业生产经营单位的主要负责人

[解析] 造成 10 人死亡、15 人重伤、直接经济损失 6 000 多万元的事故可以判定为重大事故。根据《安全生产法》的规定,发生重大事故的,应急管理部门应对主要负责人处上一年年收入 80% 的罚款(选项 A 错误)。对负有责任的生产经营单位处 200 万元以上 1 000 万元以下的罚款(选项 B 错误)。综上,应急管理部门可对生产经营单位和主要负责人同时给予罚款,故选项 C 正确。选项 D 错误,对重大、特别重大生产安全事故负有责任的,终身不得担任本行业生产经营单位的主要负责人。

[答案] C

[2021·单选] 某国有公司厂房发生火灾事故造成 1 人死亡、财产损失约 500 万元,公司总经理赵某按规定向县应急管理部门进行了报告。在事故调查期间,赵某因工作原因未经批准擅自离开。根据《安全生产法》,下列关于赵某擅自离开的法律责任的做法,正确的是(　　)。

A. 通报批评并扣发全年奖金

B. 处上一年年收入 50% 的罚款

C. 处 15 日以下拘留

D. 降级处分并处上一年年收入 60% 的罚款

[解析] 公司总经理赵某为主要负责人,事故调查期间,其擅自离开属于擅离职守。根据《安全生产法》的规定,应给予降级、撤职的处分,并处上一年年收入 60%～100% 的罚款,故选项 D 正确。

[答案] D

[2021·单选] 甲投资设立一家个人独资企业,聘请乙为总经理。2021 年 9 月 5 日,该企业在生产过程中发生一起爆炸事故,造成 2 人死亡、1 人重伤、直接经济损失 1 000 万元。调查发现,企业近年来效益不佳,安全投入不足,紧急停车系统发生故障并已带病运行超过 1 年。根据《安全生产法》,下列关于安全投入责任及事故处罚的做法,正确的是(　　)。

A. 对乙处上一年年收入 30% 的罚款,对该企业处 50 万元的罚款

B. 对甲处上一年年收入 40% 的罚款,对该企业处 100 万元的罚款

C. 对甲处 2 万元以上 20 万元以下的罚款,对该企业处 100 万元的罚款

D. 对乙处上一年年收入 30% 的罚款,对该企业处 100 万元的罚款

[解析] 根据题意,该企业是甲投资设立的一家个人独资企业,根据《安全生产法》的规定,个人经营的投资人不依照规定保证安全生产所必需的资金投入,导致发生生产安全事故的,对个人

经营的投资人处 2 万元以上 20 万元以下的罚款；该事故为较大事故，应急管理部门应对负有责任的生产经营单位处 100 万元以上 200 万元以下的罚款。

[答案] C

[2020·单选] 某企业发生一起危险化学品爆炸事故，事故发生后，该企业主要负责人擅离职守，未立即组织抢救。根据《安全生产法》，应急管理部门对该企业主要负责人可处上一年年收入（　　）的罚款。

A. 70％
B. 10％
C. 30％
D. 50％

[解析] 根据《安全生产法》，生产经营单位的主要负责人在本单位发生生产安全事故时擅离职守，不立即组织抢救的，给予降级、撤职的处分，并处上一年年收入 60％～100％ 的罚款，故选项 A 正确。

[答案] A

[2020·单选] 某矿业公司一台安全设备已经超过使用期限，但考虑到更换成本过高，该公司法定代表人张某未同意更换意见，结果该设备发生故障导致一起生产安全事故，造成 3 人死亡。根据《安全生产法》，关于张某职责及事故责任的说法，错误的是（　　）。

A. 张某未履行保证本单位必要的安全生产投入的职责
B. 张某未履行及时消除生产安全事故隐患的职责
C. 张某应当受到负有安全生产监督管理职责部门的行政处罚
D. 张某终身不得担任任何生产经营单位的主要负责人

[解析] 该起事故为较大事故，根据《安全生产法》，生产经营单位的主要负责人未履行安全生产管理职责受刑事处罚或者撤职处分的，自刑罚执行完毕或者受处分之日起，5 年内不得担任任何生产经营单位的主要负责人；对重大、特别重大生产安全事故负有责任的，终身不得担任本行业生产经营单位的主要负责人。

[答案] D

真题精解

点题：此知识点是非常高频的考点，连续多年考查，且每年均考查多个题目。综合近几年真题考查情况可知，考查方向主要集中在生产经营单位违法责任和主要负责人违法责任，但 2022 年真题考查范围更广，还考查了其他管理人员的责任。

分析：关于生产经营单位及相关负责人的法律责任，《安全生产法》中有相应的规定。

1. 生产经营单位的法律责任

《安全生产法》第一百一十四条规定，发生生产安全事故，对负有责任的生产经营单位除要求其依法承担相应的赔偿等责任外，由应急管理部门依照下列规定处以罚款：

（1）发生一般事故的，处 30 万元以上 100 万元以下的罚款。
（2）发生较大事故的，处 100 万元以上 200 万元以下的罚款。
（3）发生重大事故的，处 200 万元以上 1 000 万元以下的罚款。
（4）发生特别重大事故的，处 1 000 万元以上 2 000 万元以下的罚款。

发生生产安全事故，情节特别严重、影响特别恶劣的，应急管理部门可以按照前款罚款数额的 2 倍以上 5 倍以下对负有责任的生产经营单位处以罚款。

2. 主要负责人的法律责任

《安全生产法》第九十四条规定，生产经营单位的主要负责人未履行本法规定的安全生产管理职责的，责令限期改正，处2万元以上5万元以下的罚款；逾期未改正的，处5万元以上10万元以下的罚款，责令生产经营单位停产停业整顿。

生产经营单位的主要负责人有前款违法行为，导致发生生产安全事故的，给予撤职处分；构成犯罪的，依照刑法有关规定追究刑事责任。

生产经营单位的主要负责人依照前款规定受刑事处罚或者撤职处分的，自刑罚执行完毕或者受处分之日起，5年内不得担任任何生产经营单位的主要负责人；对重大、特别重大生产安全事故负有责任的，终身不得担任本行业生产经营单位的主要负责人。

《安全生产法》第九十五条规定，生产经营单位的主要负责人未履行本法规定的安全生产管理职责，导致发生生产安全事故的，由应急管理部门依照下列规定处以罚款：

（1）发生一般事故的，处上一年年收入40%的罚款。
（2）发生较大事故的，处上一年年收入60%的罚款。
（3）发生重大事故的，处上一年年收入80%的罚款。
（4）发生特别重大事故的，处上一年年收入100%的罚款。

《安全生产法》第一百一十条规定，生产经营单位的主要负责人在本单位发生生产安全事故时，不立即组织抢救或者在事故调查处理期间擅离职守或者逃匿的，给予降级、撤职的处分，并由应急管理部门处上一年年收入60%～100%的罚款；对逃匿的处15日以下拘留；构成犯罪的，依照刑法有关规定追究刑事责任。

生产经营单位的主要负责人对生产安全事故隐瞒不报、谎报或者迟报的，依照前款规定处罚。

3. 其他负责人的法律责任

生产经营单位相关责任人除单位主要负责人外，还包括安全生产管理人员及其他管理人员。

《安全生产法》第二十一条规定，生产经营单位建立健全并落实本单位全员安全生产责任制。因此生产经营单位的管理人员也有相应的安全职责，同时也要承担相应的安全责任。

《安全生产法》第九十六条规定，生产经营单位的其他负责人和安全生产管理人员未履行本法规定的安全生产管理职责的，责令限期改正，处1万元以上3万元以下的罚款；导致发生生产安全事故的，暂停或者吊销其与安全生产有关的资格，并处上一年年收入20%以上50%以下的罚款；构成犯罪的，依照刑法有关规定追究刑事责任。

拓展： 降级、撤职是行政处分，不是行政处罚。行政处分共有六种：警告、记过、记大过、降级、撤职、开除。行政处分一般由与被处分人有从属关系的行政机关作出，行政处分针对行政机关工作人员的违法违纪及失职行为。

举一反三

[**典型例题 1 · 单选**] 根据《安全生产法》，生产经营单位的主要负责人未履行规定的安全生产管理职责的，责令限期改正，对主要负责人的处罚正确的是（　　）。

A. 处3万元以上5万元以下的罚款
B. 逾期未改正的，处5万元以上10万元以下的罚款
C. 责令生产经营单位停产停业整顿

D. 5年内不得担任任何生产经营单位的主要负责人

[解析] 生产经营单位的主要负责人未履行规定的安全生产管理职责，即使没有发生安全事故，也要进行处罚。根据《安全生产法》的相关规定，应当责令限期改正，处2万元以上5万元以下的罚款；逾期未改正的，处5万元以上10万元以下的罚款，责令生产经营单位停产停业整顿（选项A、C错误）。选项D错误，此题只阐明了主要负责人未履行规定的安全生产管理职责，未说明发生安全事故及主要负责人受到的处罚，根据《安全生产法》，生产经营单位的主要负责人依照规定受刑事处罚或撤职处分的，自刑罚执业完毕或者受处分之日起，5年内不得担任任何生产经营单位的主要负责人。

[答案] B

[典型例题2·单选] 根据《安全生产法》，生产经营单位的主要负责人未履行规定的安全生产管理职责，导致发生生产安全事故的，对主要负责人的处罚正确的是（   ）。

A. 发生较大事故的，处上一年年收入80%的罚款
B. 撤职处分
C. 5年内不得担任本行业生产经营单位的主要负责人
D. 发生重大事故的，依法给予行政拘留

[解析] 选项A、D错误，选项B正确，生产经营单位的主要负责人未履行规定的安全生产管理职责，导致发生生产安全事故的，应给予撤职处分；对发生较大事故的，处上一年年收入60%的罚款，对发生重大事故的，处上一年年收入80%的罚款。选项C错误，生产经营单位的主要负责人依照规定受刑事处罚或者撤职处分的，自刑罚执行完毕或者受处分之日起，5年内不得担任任何生产经营单位的主要负责人；对重大、特别重大生产安全事故负有责任的，终身不得担任本行业生产经营单位的主要负责人。

[答案] B

[典型例题3·单选] 根据《安全生产法》，生产经营单位的其他负责人和安全生产管理人员未履行规定的安全生产管理职责的，对其处罚正确的是（   ）。

A. 责令限期改正，处2万元以上5万元以下的罚款
B. 吊销其安全生产资格
C. 导致发生生产安全事故的，并处上一年年收入40%的罚款
D. 发生重大事故的，处上一年年收入80%的罚款

[解析] 选项A、D是对主要负责人的处罚，故错误。选项B错误，导致发生生产安全事故的，才能暂停或者吊销其与安全生产有关的资格。

[答案] C

[典型例题4·单选] 根据《安全生产法》，生产经营单位的主要负责人在本单位发生生产安全事故时，不立即组织抢救或者在事故调查处理期间擅离职守或者逃匿的，可以给予的行政处罚不包括（   ）。

A. 追究其刑事责任
B. 由应急管理部门处上一年年收入60%的罚款
C. 由应急管理部门处上一年年收入100%的罚款
D. 对逃匿的处10日拘留

[解析] 发生事故后主要负责人不立即组织抢救,或者在事故调查处理期间擅离职守或者逃匿的,可以给予降级、撤职的处分,并由应急管理部门处上一年年收入 60%～100%的罚款;对逃匿的处 15 日以下拘留;构成犯罪的,依照刑法有关规定追究刑事责任。

[答案] A

[典型例题 5·单选] 生产经营单位发生生产安全事故,对负有责任的生产经营单位和主要负责人的处罚,说法正确的是(   )。

A. 发生一般事故的,对主要负责人处上一年年收入 40%的罚款,对单位处 50 万元以上 100 万元以下的罚款

B. 发生重大事故的,对主要负责人处上一年年收入 80%的罚款,对单位处 200 万元以上 500 万元以下的罚款

C. 主要负责人逃匿的,处 15 日以上拘留

D. 给予拘留的行政处罚由公安机关依照治安管理处罚的规定决定

[解析] 选项 A 错误,发生一般事故的,对主要负责人处上一年年收入 40%的罚款,对单位处 30 万元以上 100 万元以下的罚款。选项 B 错误,发生重大事故的,对主要负责人处上一年年收入 80%的罚款,对单位处 200 万元以上 1 000 万元以下的罚款。选项 C 错误,主要负责人逃匿的,处 15 日以下拘留。

[答案] D

环球君点拨

与生产经营单位有关的违法责任还有很多其他规定,偶尔也会考查,这些规定涉及数字较多,也没有规律,学起来太费精力,建议重点掌握单位主要负责人的违法责任,学有余力者可以记忆其他罚款规定。

第四章 安全生产单行法律

第一节 中华人民共和国矿山安全法

考点1 矿山建设的安全保障 [2020、2019、2018]

真题链接

[2020·多选] 矿山开采危险性较大，安全设施是矿山开采的重要组成部分。根据《矿山安全法》，关于矿山建设工程设计、施工和验收的说法，正确的有（　　）。

A. 矿山建设工程的安全设施必须与主体工程同时设计、同时施工、同时投入生产和使用

B. 矿山建设工程的设计文件必须符合矿山安全规程和行业技术规范

C. 每个矿井必须有两个以上的出口，出口之间的距离必须符合矿山安全规程和行业技术规范

D. 矿山建设工程安全设施竣工后，由施工单位负责组织对安全设施进行验收

E. 矿山必须有与外界相通的、符合安全要求的运输和通信设施

[解析] 选项C表述不准确，应为"出口之间的直线水平距离必须符合矿山安全规程和行业技术规范"。对于多选题，类似语意模糊的选项建议不选。选项D错误，矿山建设工程安全设施竣工后，由管理矿山企业的主管部门验收。

[答案] ABE

[2018·单选] 根据《矿山安全法》，下列关于矿山建设安全保障要求的说法，错误的是（　　）。

A. 每个矿井必须有3个以上能行人的安全出口，出口之间的直线水平距离必须符合矿山安全规程

B. 矿井的提升、运输系统必须符合矿山安全规程

C. 矿山建设工程必须按照矿山企业的主管部门批准的设计文件施工

D. 矿山必须有与外界相通的、符合安全要求的运输和通信设施

[解析] 选项A错误，根据《矿山安全法》的规定，每个矿井必须有两个以上能行人的安全出口。

[答案] A

真题精解

点题：此系列真题侧重于考查矿山建设有关安全设施的内容，《矿山安全法》出台较早，其中有些条款已不符合现状，故近几年考查较少。

分析：矿山建设相关规定很多，考试中一般只涉及和安全有关的规定。关于矿山建设的安全保障，《矿山安全法》有如下规定。

(1) 矿山建设工程的安全设施必须与主体工程同时设计、同时施工、同时投入生产和使用。

(2) 矿山建设工程的设计文件，必须符合矿山安全规程和行业技术规范，并按照国家规定经管

理矿山企业的主管部门批准；不符合矿山安全规程和行业技术规范的，不得批准。矿山建设工程安全设施的设计必须有安全监督管理部门参加审查。

（3）矿山设计下列项目必须符合矿山安全规程和行业技术规范：

①矿井的通风系统和供风量、风质、风速。

②露天矿的边坡角和台阶的宽度、高度。

③供电系统。

④提升、运输系统。

⑤防水、排水系统和防火、灭火系统。

⑥防瓦斯系统和防尘系统。

⑦有关矿山安全的其他项目。

（4）每个矿井必须有两个以上能行人的安全出口，出口之间的直线水平距离必须符合矿山安全规程和行业技术规范。

（5）矿山必须有与外界相通的、符合安全要求的运输和通信设施。

（6）矿山建设工程必须按照管理矿山企业的主管部门批准的设计文件施工。矿山建设工程安全设施竣工后，由管理矿山企业的主管部门验收，并须有安全监督管理部门参加；不符合矿山安全规程和行业技术规范的，不得验收，不得投入生产。

拓展：《矿山安全法》中，矿山的监管由国家矿山安全监察部门实施，但该法还没有修订，在真题中考查的可能性不大，了解即可。

举一反三

[典型例题1·单选] 为了保障矿山生产安全，防止矿山事故，保护矿山职工人身安全，矿山建设工程的设计文件必须符合有关的规定和要求。下列关于矿山建设工程设计文件的说法，正确的是（　　）。

A. 矿山建设工程主体设计完成后，必须对安全设施进行单独的专项设计，以保证设施安全

B. 矿山建设工程的设计文件必须经设计单位的主管部门批准

C. 露天矿的边坡角和台阶的宽度、高度设计必须符合矿山安全规程和行业技术规范

D. 矿山建设工程安全设施竣工后，由监理单位的总监理工程师组织验收

[解析] 选项A错误，矿山建设工程的安全设施必须与主体工程同时设计，不能先设计主体工程，再设计安全设施。选项B错误，矿山建设工程的设计文件，必须符合矿山安全规程和行业技术规范，并按照国家规定经管理矿山企业的主管部门批准。选项D错误，矿山建设工程安全设施竣工后，由管理矿山企业的主管部门验收。

[答案] C

[典型例题2·单选] 根据《矿山安全法》，矿山建设工程安全设施竣工后，要由（　　）组织竣工验收。

A. 矿山建设单位　　　　　　　　　B. 有资质的安全评价机构

C. 管理矿山企业的主管部门　　　　D. 本地应急管理部门

[解析] 矿山建设工程必须按照管理矿山的主管部门批准的设计文件施工。矿山建设工程安全设施竣工后，由管理矿山企业的主管部门组织验收，并须有安全监督管理部门参加。

[答案] C

[典型例题 3·多选] 根据《矿山安全法》，矿山设计的项目必须符合矿山安全规程和行业技术规范的有（　　）。

A. 矿井的通风系统　　　　　　　　B. 露天矿的边坡角

C. 防水、排水系统　　　　　　　　D. 视频监控系统

E. 避难系统

[解析] 根据《矿山安全法》，矿山设计中，矿井的通风系统，露天矿的边坡角，防水、排水系统等项目必须符合矿山安全规程和行业技术规范的要求。

[答案] ABC

环球君点拨

此知识点难度不大，考试中也没有太多挖坑的题目。需要注意的是，规定中涉及的专业词汇较多，建议选几个好记的进行记忆，不好记的可以战略性放弃。

▶ 考点 2　矿山开采的安全保障　[2020、2019、2015]

真题链接

[2019·单选] 根据《矿山安全法》，关于矿山企业开采安全保障的说法，正确的是（　　）。

A. 矿山设计规定保留的矿柱、岩柱，经论证在保证安全的前提下可以开采

B. 矿山闭坑后，对可能引起的危害，矿山企业应当采取预防措施

C. 矿山企业必要时可以对井下空气含氧量进行检测，保证符合作业要求

D. 矿山企业使用的有特殊安全要求的设备、器材、安全检测仪器，可以由非专业厂家生产

[解析] 选项 A 错误，矿山设计规定保留的矿柱、岩柱，在规定的期限内，应当予以保护，不得开采或者毁坏。选项 C 错误，矿山企业必须对作业场所中的有毒有害物质和井下空气含氧量进行检测，保证符合安全要求，而不是必要时才检测。选项 D 错误，矿山企业使用的有特殊安全要求的设备、器材、防护用品和安全检测仪器，必须符合国家安全标准或者行业安全标准，应该由专业厂家生产。

[答案] B

[2015·单选] 矿山开采风险高、生产复杂，需要满足相关的安全标准和条件。依据《矿山安全法》的规定，下列关于矿山安全保障的说法，正确的是（　　）。

A. 矿山设计保留的矿柱、岩柱，经风险评估后可进行适度开采

B. 矿山企业必须对井下温度和湿度进行检测

C. 矿山企业使用的有特殊安全要求的设备、器材和个人防护用品，必须符合国内外安全标准

D. 矿山企业必须对机电设备及其防护装置、安全检测仪器，定期检查、维修，保证使用安全

[解析] 选项 A 错误，矿山设计规定保留的矿柱、岩柱，在规定的期限内，应当予以保护，不得开采或者毁坏。选项 B 错误，矿山企业必须对作业场所中的有毒有害物质和井下空气含氧量进行检测，保证符合安全要求。选项 C 错误，矿山企业使用的有特殊安全要求的设备、器材、防护用品和安全检测仪器，必须符合国家安全标准或者行业安全标准；不符合国家安全标准或行业安全标准的，不得使用。

[答案] D

真题精解

点题：矿山开采的安全保障在2019年考查的比较全面，《矿山安全法》中有关开采安全的规定并不多，都是宏观上的要求，因此题目难度不大。

分析：关于矿山开采的安全保障，《矿山安全法》有如下规定。

（1）矿山设计规定保留的矿柱、岩柱，在规定的期限内，应当予以保护，不得开采或者毁坏。

（2）矿山企业使用的有特殊安全要求的设备、器材、防护用品和安全检测仪器，必须符合国家安全标准或者行业安全标准；不符合国家安全标准或者行业安全标准的，不得使用。

（3）矿山企业必须对机电设备及其防护装置、安全检测仪器，定期检查、维修，保证使用安全。

（4）矿山企业必须对作业场所中的有毒有害物质和井下空气含氧量进行检测，保证符合安全要求。

（5）矿山企业必须对下列危害安全的事故隐患采取预防措施：

①冒顶、片帮、边坡滑落和地表塌陷。

②瓦斯爆炸、煤尘爆炸。

③冲击地压、瓦斯突出、井喷。

④地面和井下的火灾、水害。

⑤爆破器材和爆破作业发生的危害。

⑥粉尘、有毒有害气体、放射性物质和其他有害物质引起的危害。

（6）矿山企业对使用机械、电气设备，排土场、矸石山、尾矿库和矿山闭坑后可能引起的危害，应当采取预防措施。

拓展：矿山设计规定保留的矿柱、岩柱主要起到额外的支撑作用，以保障矿山的安全，在规定的期限内，应当予以保护，不得开采或者毁坏。这里"规定的期限"指多长时间，并没有具体规定，因此在做题时，无论有没有这句话，都可以认为矿柱、岩柱是不能开采或毁坏的。

举一反三

[典型例题1·单选] 矿山开采必须具备保障安全生产的条件，执行矿山安全规程和行业技术规范。根据《矿山安全法》，下列有关矿山开采安全保障的说法，正确的是（   ）。

A. 开采矿山设计规定保留的矿柱、岩柱，需经原设计单位的同意

B. 矿山使用的有特殊安全要求的设备、器材、防护用品和安全检测仪器，必须符合国家安全标准，不符合国家安全标准的，不得使用

C. 矿山企业必须对井下空气二氧化碳含量进行检测，保证符合安全要求

D. 矿山企业对使用机械、电气设备等可能引起的危害，应当采取预防措施

[解析] 选项A错误，矿山设计规定保留的矿柱、岩柱不得开采，没有前提条件。选项B错误，此类仪器、设备必须符合国家安全标准或者行业安全标准，也就是说，如果没有国家标准的，符合行业标准的也可以使用。选项C错误，矿山企业必须对井下空气的氧气含量进行检测，而非二氧化碳含量。

[答案] D

[典型例题2·单选] 根据《矿山安全法》，下列关于矿山开采安全保障的说法，正确的

是（　　）。

A. 矿山设计规定保留的矿柱，经安全论证后才可以开采

B. 安监部门必须对作业场所中的有毒有害物质和井下空气含氧量进行检测，保证符合安全要求

C. 矿山企业只能使用专业厂家生产的有特殊安全要求的设备、器材

D. 矿山闭坑后，对可能引起的危害，由应急管理部门采取预防措施

[解析] 选项 A 错误，矿山设计规定保留的矿柱、岩柱，在规定的期限内，应当予以保护，不得开采或者毁坏。选项 B 错误，对作业场所中的有毒有害物质和井下空气含氧量进行检测的工作应由矿山企业完成。选项 D 错误，矿山企业对使用机械、电气设备，排土场、矸石山、尾矿库和矿山闭坑后可能引起的危害，应当采取预防措施。

[答案] C

环球君点拨

有关矿山开采安全保障的内容比较简单，其规定在考试中常重复出现。需要注意的是，对于矿柱，无论在什么前提下，都不能开采。

第二节　中华人民共和国消防法

考点1　有关单位的消防安全职责 [2023、2022、2021、2020、2019、2018、2015]

真题链接

[2023·单选] 某企业新建大型综合商场，根据《消防法》，在商场营业前，该企业应当向商场所在地消防救援机构申请（　　）。

A. 消防设施审查　　　　　　　　　B. 消防设施验收

C. 消防安全检查　　　　　　　　　D. 消防安全备案

[解析] 根据《消防法》第十五条，公众聚集场所在投入使用、营业前，建设单位或者使用单位应当向场所所在地的县级以上地方人民政府消防救援机构申请消防安全检查，作出场所符合消防技术标准和管理规定的承诺，提交规定的材料，并对其承诺和材料的真实性负责。

[答案] C

[2022·单选] 甲公司承建乙公司位于某市的展览馆工程，施工完成后，乙公司决定在 1 个月后投入使用。根据《消防法》，关于该建设工程消防检查和验收的说法，正确的是（　　）。

A. 甲公司应当向市应急管理部门申请建设工程竣工消防验收

B. 甲公司应当向市住房和城乡建设部门申请建设工程竣工消防安全检查

C. 乙公司采用告知承诺方式办理的，市消防救援机构应当自受理申请之日起 10 个工作日内予以许可

D. 乙公司不采用告知承诺方式办理的，市消防救援机构应当自受理申请之日起 10 个工作日内对该场所进行检查

[解析] 根据题意，甲公司为施工单位，乙公司为建设单位。《消防法》规定，应由建设单位（乙公司）向住房和城乡建设主管部门申请消防验收，故选项 A、B 错误。采用告知承诺方式办理

的，消防救援机构对申请人提交的材料进行审查，符合相关要求的，予以许可，没有"自受理申请之日起 10 个工作日内予以许可"的规定，故选项 C 错误。

[答案] D

[2019·多选] 根据《消防法》，关于某公司预防火灾的做法，正确的有（　　）。

A. 对建筑消防设施每两年全面检测一次，确保完好有效，将完整准确的检测记录存档备查

B. 组织进行有针对性的消防演练

C. 组织防火检查，及时消除火灾隐患

D. 保障疏散通道、安全出口、消防车通道畅通

E. 按规定设置消防安全标志，并定期组织检验和维修，确保完好有效

[解析] 题干中没有说明该公司是否为消防安全重点单位，因此只要履行一般单位的消防安全职责即可。选项 A 错误，对建筑消防设施应每年至少进行一次全面检测。

[答案] BCDE

[2018·多选] 根据《消防法》，下列属于生产经营单位消防安全职责的有（　　）。

A. 组织进行针对性的消防演练

B. 对建筑消防设施每年至少进行一次全面检测，确保完好有效，检测记录应完整准确，存档备查

C. 按照国家标准或行业标准配置消防设施、器材，设置消防安全标志，并定期组织检验、维修，确保完好有效

D. 指导、支持和帮助当地村民委员会、居民委员会开展群众性消防工作

E. 保障疏散通道、安全出口、消防车通道畅通，保证防火防烟分区、防火间距符合消防技术标准

[解析] 选项 A、B、C、E 均为生产经营单位应当履行的消防安全职责。乡镇人民政府、城市街道办事处应当指导、支持和帮助村民委员会、居民委员会开展群众性的消防工作，故选项 D 不属于生产经营单位消防安全职责。

[答案] ABCE

[2015·多选] 依据《消防法》的规定，下列关于消防安全重点单位的消防安全职责的说法，正确的有（　　）。

A. 确定消防安全管理人，组织实施本单位的消防安全管理工作

B. 建立消防档案，确定消防安全重点部位

C. 设置防火标志，实行严格管理

D. 实行每周防火巡查，并建立巡查记录

E. 对职工进行岗前消防安全培训，定期组织消防安全培训和消防演练

[解析] 选项 D 错误，应实行每日防火巡查，并建立巡查记录。

[答案] ABCE

📘 **真题精解**

点题： 几乎每年都有生产经营单位发生火灾事故，因此对生产经营单位消防安全责任提出了更高的要求。考试中，生产经营单位的火灾预防工作是高频高点，2019 年和 2018 年考查的题目比较相似，今后还可能会出现类似情况，因此建议牢固掌握此知识点。

分析：此考点和工作实际结合紧密，生产经营单位也非常重视消防安全工作，很多规定已成为工作常识，因此相对简单。根据《消防法》，有关单位的消防安全规定包括以下几个方面。

1. 建设工程的消防安全规定

国务院住房和城乡建设主管部门规定的特殊建设工程，建设单位应当将消防设计文件报送住房和城乡建设主管部门审查，住房和城乡建设主管部门依法对审查的结果负责。

国务院住房和城乡建设主管部门规定应当申请消防验收的建设工程竣工，建设单位应当向住房和城乡建设主管部门申请消防验收。

2. 公众聚集场所的消防安全规定

公众聚集场所投入使用、营业前消防安全检查实行告知承诺管理。公众聚集场所在投入使用、营业前，建设单位或者使用单位应当向场所所在地的县级以上地方人民政府消防救援机构申请消防安全检查，作出场所符合消防技术标准和管理规定的承诺，提交规定的材料，并对其承诺和材料的真实性负责。

消防救援机构对申请人提交的材料进行审查；申请材料齐全、符合法定形式的，应当予以许可。消防救援机构应当根据消防技术标准和管理规定，及时对作出承诺的公众聚集场所进行核查。

申请人选择不采用告知承诺方式办理的，消防救援机构应当自受理申请之日起 10 个工作日内，根据消防技术标准和管理规定，对该场所进行检查。经检查符合消防安全要求的，应当予以许可。

3. 一般单位的消防安全职责

机关、团体、企业、事业等单位应当履行下列消防安全职责：

（1）落实消防安全责任制，制定本单位的消防安全制度、消防安全操作规程，制定灭火和应急疏散预案。

（2）按照国家标准、行业标准配置消防设施、器材，设置消防安全标志，并定期组织检验、维修，确保完好有效。

（3）对建筑消防设施每年至少进行一次全面检测，确保完好有效，检测记录应当完整准确，存档备查。

（4）保障疏散通道、安全出口、消防车通道畅通，保证防火防烟分区、防火间距符合消防技术标准。

（5）组织防火检查，及时消除火灾隐患。

（6）组织进行有针对性的消防演练。

（7）法律、法规规定的其他消防安全职责。

单位的主要负责人是本单位的消防安全责任人。

4. 重点单位的消防安全职责

消防安全重点单位除应当履行一般单位的消防安全职责外，还应当履行下列消防安全职责：

（1）确定消防安全管理人，组织实施本单位的消防安全管理工作。

（2）建立消防档案，确定消防安全重点部位，设置防火标志，实行严格管理。

（3）实行每日防火巡查，并建立巡查记录。

（4）对职工进行岗前消防安全培训，定期组织消防安全培训和消防演练。

拓展：对于消防安全重点单位，有时在考试中不明确给出，这就要求考生自己作出判断。根据相关规定，消防安全重点单位是指发生火灾可能性较大，以及发生火灾可能造成重大的人身伤亡或者财产损失的单位。具体包括：

（1）商场（市场）、宾馆（饭店）、体育场（馆）、会堂、公共娱乐场所等公众聚集场所。

（2）医院、养老院和寄宿制的学校、托儿所、幼儿园。

（3）重要的国家机关。

（4）广播电台、电视台和邮政、通信枢纽。

（5）客运车站、码头、民用机场。

（6）公共图书馆、展览馆、博物馆、档案馆以及具有火灾危险性的文物保护单位。

（7）发电厂（站）和电网经营企业。

（8）易燃易爆化学物品的生产、充装、储存、供应、销售单位。

（9）服装、制鞋等劳动密集型生产、加工企业。

（10）生产车间员工在 100 人以上的服装、鞋帽、玩具等劳动密集型企业。

（11）重要的科研单位。

（12）界定标准由省级消防机构根据实际情况确定。

（13）高层公共建筑、地下铁道、地下观光隧道，粮、棉、木材、百货等物资仓库和堆场，重点工程的施工现场。

注意，此考点还可能从其他角度进行考查，例如：《消防法》第十九条规定，生产、储存、经营易燃易爆危险品的场所不得与居住场所设置在同一建筑物内，并应当与居住场所保持安全距离。生产、储存、经营其他物品的场所与居住场所设置在同一建筑物内的，应当符合国家工程建设消防技术标准。第二十四条规定，消防产品必须符合国家标准；没有国家标准的，必须符合行业标准。第二十八条规定，任何单位、个人不得损坏、挪用或者擅自拆除、停用消防设施、器材，不得埋压、圈占、遮挡消火栓或者占用防火间距，不得占用、堵塞、封闭疏散通道、安全出口、消防车通道。人员密集场所的门窗不得设置影响逃生和灭火救援的障碍物。

■ 举一反二

[典型例题1·单选] 某市新建一座影城，已通过了竣工验收。根据《消防法》的规定，影城在使用前应经过消防安全检查，则负责对影城进行消防检查的是（　　）。

　　A. 当地应急管理部门　　　　　　　　B. 消防救援机构

　　C. 住房和城乡建设主管部门　　　　　D. 当地文化主管部门

[解析] 影城属于公众聚集场所。根据《消防法》的规定，公众聚集场所投入使用前消防安全检查实行告知承诺管理。应当由使用单位向所在地的县级以上地方人民政府消防救援机构申请消防安全检查。

[答案] B

[典型例题2·多选] 某县有一座大型化工企业，依据《消防法》的规定，针对该化工企业火灾预防的做法，正确的有（　　）。

　　A. 建立消防档案，确定消防安全重点部位

　　B. 实行每周防火巡查，并建立巡查记录

　　C. 制定本单位的消防安全制度，落实消防安全责任制

　　D. 对建筑消防设施每两年全面检测一次，确保完好有效

　　E. 保持安全出口畅通

[解析] 大型化工企业属于消防安全重点单位。根据《消防法》的规定，消防安全重点单位除履行一般单位的消防职责外，还应当履行重点单位的消防安全职责，故选项A、C、E正确。选项B错误，应实行每日防火巡查。选项D错误，应对建筑消防设施每年全面检测一次。

[答案] ACE

[典型例题3·单选] 根据《消防法》的规定，公众聚集场所投入使用、营业前应进行消防安全检查。下列关于消防安全检查的说法，不正确的是（   ）。

A. 申请人可以向检查机关提交规定的材料，作出符合相关标准的承诺
B. 对作出承诺的，检查机关只审查材料，只要材料齐全、符合法定形式的，就予以许可
C. 申请人可以选择不采用告知承诺方式办理，检查机关对现场进行核查
D. 检查机关应当自受理申请之日起10个工作日内对现场进行核查，作出许可的决定

[解析] 根据《消防法》的规定，申请人选择不采用告知承诺方式办理的，消防救援机构应当自受理申请之日起10个工作日内，对该场所进行检查。经检查符合消防安全要求的，应当予以许可，对不符合要求的，不予许可。

[答案] D

[典型例题4·多选] 依据《消防法》的规定，企业、事业单位应当履行的消防安全职责的说法，正确的有（   ）。

A. 制定本单位的消防安全制度、消防安全操作规程，制定灭火和应急疏散预案
B. 对建筑消防设施每年至少进行一次全面检测，确保完好有效
C. 确定消防安全管理人，组织实施本单位的消防安全管理工作
D. 对职工进行岗前消防安全培训，定期组织消防安全培训和消防演练
E. 保证防火防烟分区、防火间距符合消防技术标准

[解析] 题干中没有说明该企业、事业单位是否为消防安全重点单位，所以按一般单位对待，选项A、B、E符合题意，选项C、D是消防安全重点单位的职责。

[答案] ABE

▍环球君点拨

此知识点有两个需要注意的地方，一是向"住房和城乡建设主管部门"申请消防设计审查，而公众聚集场所在使用前应向"消防救援机构"申请消防安全审查，这两个部门是不同的；二是消防安全重点单位有更高要求的消防安全职责，但其必须同时满足一般单位的消防安全职责。在考试中，对这两个问题应引起重视，以免错选。

考点2 消防组织与灭火救援规定 [2023、2022、2021、2020、2019]

▍真题链接

[2023·多选] 专职消防队按照国家规定承担重大灾害事故和其他以抢救人员生命为主的应急救援工作。根据《消防法》，下列单位中，应当建立专职消防队的有（   ）。

A. 主要港口运营单位
B. 生产易燃危险品的大型企业
C. 小型发电厂
D. 军用机场运营单位
E. 大型体育场运营单位

[解析] 根据《消防法》第三十九条，下列单位应当建立单位专职消防队，承担本单位的火灾扑救工作：①大型核设施单位、大型发电厂、民用机场、主要港口；②生产、储存易燃易爆危险品的大型企业；③储备可燃的重要物资的大型仓库、基地；④第①项、第②项、第③项规定以外的火灾危险性较大、距离国家综合性消防救援队较远的其他大型企业；⑤距离国家综合性消防救援队较远、被列为全国重点文物保护单位的古建筑群的管理单位。

[答案] AB

[2022·多选] 根据《消防法》，关于灭火救援的说法，正确的有（　　）。

A. 火灾现场救援人员有权决定截断电力、可燃气体和可燃液体的输送
B. 任何单位发生火灾，必须立即组织力量扑救，邻近单位视情况给予支援
C. 消防车执行火灾扑救任务，在安全前提下，不受行驶速度限制，但不得逆行
D. 人员密集场所发生火灾，该场所的现场工作人员应当立即组织、引导在场人员疏散
E. 志愿消防队参加扑救外单位火灾所损耗的燃料应由火灾发生地的人民政府给予补偿

[解析] 选项 A 错误，火灾现场总指挥根据扑救火灾的需要，有权决定一些事项，如使用各种水源、截断电力、可燃气体和可燃液体的输送，限制用火用电等。选项 B 错误，单位发生火灾后，邻近单位应当给予支援。选项 C 错误，消防车执行火灾扑救任务，在确保安全的前提下，不受行驶速度、行驶路线、行驶方向和指挥信号的限制，也可以逆行。

[答案] DE

[2021·多选] 志愿消防队是专职消防队的补充力量，在灭火救援中发挥重要作用。根据《消防法》，关于志愿消防队的说法，正确的有（　　）。

A. 志愿消防队参加扑救火灾所损耗的燃料、灭火剂和器材装备，由火灾发生单位给予补偿
B. 乡镇人民政府可建立志愿消防队，承担火灾扑救工作
C. 居民委员会可建立志愿消防队，开展群众性的消防自救工作
D. 设立志愿消防队的单位，可不再建立专职消防队
E. 消防救援机构应当对志愿消防队进行业务指导

[解析] 选项 A 错误，单位专职消防队、志愿消防队参加扑救外单位火灾所损耗的燃料、灭火剂和器材、装备等，由火灾发生地的人民政府给予补偿。选项 D 错误，《消防法》规定的大型企业或火灾高危企业应设置专职消防队，其他企业单位可根据需要建立志愿消防队，志愿消防队是专职消防队的补充力量，二者并不矛盾。

[答案] BCE

[2020·单选] 灭火救援工作应当符合法律的规定。根据《消防法》，关于灭火救援的说法，正确的是（　　）。

A. 专职消防队参加火灾以外的其他重大灾害事故的应急救援工作，由设区的市级以上人民政府统一领导
B. 国家综合性消防救援队扑救火灾的，可以向火灾发生单位收取燃料等耗材的成本费用
C. 单位专职消防队参加扑救外单位火灾所损耗的燃料、灭火剂，由火灾发生单位给予补偿
D. 消防救援机构的火灾现场总指挥根据扑救火灾的需要，有权截断电力、可燃气体和可燃液体的输送

[解析] 选项 A 错误，专职消防队参加火灾以外的其他重大灾害事故的应急救援工作，由县级

以上人民政府统一领导。选项 B 错误，国家综合性消防救援队、专职消防队扑救火灾、应急救援，不得收取任何费用。选项 C 错误，单位专职消防队参加扑救外单位火灾所损耗的燃料、灭火剂，由火灾发生地的人民政府给予补偿。

[答案] D

[2019·多选] 有关单位建立专职消防队，应当符合国家有关规定，并报当地消防救援机构验收。根据《消防法》，下列单位中，必须建立专职消防队的有（　　）。

A. 大中型危化品仓储企业　　B. 大型玻璃制造厂

C. 大型钢材仓库　　D. 小型民用飞机场

E. 大型核能发电厂

[解析] 根据《消防法》的规定，大型核设施单位、大型发电厂、民用机场、主要港口，生产、储存易燃易爆危险品的大型企业以及储备可燃的重要物资的大型仓库、基地等单位，应当建立专职消防队。

[答案] DE

真题精解

点题：此系列真题考查消防救援组织的建立及灭火救援的有关规定，为历年高频考点。关于专职消防队的建立，每隔两三年就会考查一次，而近几年考查重点为各部门、机构及生产经营单位的灭火救援规定。

分析：根据《消防法》，消防组织的建立和灭火救援的具体规定如下。

1. 建立消防组织的规定

（1）下列单位应当建立单位专职消防队，承担本单位的火灾扑救工作：

①大型核设施单位、大型发电厂、民用机场、主要港口。

②生产、储存易燃易爆危险品的大型企业。

③储备可燃的重要物资的大型仓库、基地。

④上述规定以外的火灾危险性较大、距离国家综合性消防救援队较远的其他大型企业。

⑤距离国家综合性消防救援队较远、被列为全国重点文物保护单位的古建筑群的管理单位。

（2）机关、团体、企业、事业等单位以及村民委员会、居民委员会根据需要，建立志愿消防队等多种形式的消防组织，开展群众性自防自救工作。

2. 灭火救援的规定

（1）任何人发现火灾都应当立即报警。任何单位、个人都应当无偿为报警提供便利，不得阻拦报警。严禁谎报火警。

人员密集场所发生火灾，该场所的现场工作人员应当立即组织、引导在场人员疏散。

任何单位发生火灾，必须立即组织力量扑救。邻近单位应当给予支援。

消防队接到火警，必须立即赶赴火灾现场，救助遇险人员，排除险情，扑灭火灾。

（2）消防救援机构统一组织和指挥火灾现场扑救，应当优先保障遇险人员的生命安全。

3. 其他规定

（1）消防车、消防艇前往执行火灾扑救或者应急救援任务，在确保安全的前提下，不受行驶速度、行驶路线、行驶方向和指挥信号的限制，其他车辆、船舶以及行人应当让行，不得穿插超越；收费公路、桥梁免收车辆通行费。

(2) 国家综合性消防救援队、专职消防队扑救火灾、应急救援，不得收取任何费用。

单位专职消防队、志愿消防队参加扑救外单位火灾所损耗的燃料、灭火剂和器材、装备等，由火灾发生地的人民政府给予补偿。

拓展： 在火灾救援现场，为了统一协调管理及调配人力物力，均应设有现场总指挥，同时赋予其一定的权力。火灾现场总指挥根据扑救火灾的需要，有权决定下列事项：

(1) 使用各种水源。

(2) 截断电力、可燃气体和可燃液体的输送，限制用火用电。

(3) 划定警戒区，实行局部交通管制。

(4) 利用临近建筑物和有关设施。

(5) 为了抢救人员和重要物资，防止火势蔓延，拆除或者破损毗邻火灾现场的建筑物、构筑物或者设施等。

(6) 调动供水、供电、供气、通信、医疗救护、交通运输、环境保护等有关单位协助灭火救援。

易混提示

灭火救援中，有关灭火救援所消耗的费用问题，容易与《生产安全事故应急条例》中有关规定混淆，应注意区分。《生产安全事故应急条例》第十九条规定，应急救援队伍根据救援命令参加生产安全事故应急救援所耗费用，由事故责任单位承担；事故责任单位无力承担的，由有关人民政府协调解决。

举一反三

[典型例题1·多选] 根据《消防法》的规定，下列单位中，应当建立单位专职消防队承担本单位火灾扑救工作的有（　　）。

A. 某大型购物中心

B. 某小型民用机场

C. 某大型石油仓库

D. 某省级重点文物保护单位

E. 某大型化工企业，附近无综合性消防救援队

[解析] 下列单位应当建立单位专职消防队，承担本单位的火灾扑救工作：①大型核设施单位、大型发电厂、民用机场、主要港口；②生产、储存易燃易爆危险品的大型企业；③储备可燃的重要物资的大型仓库、基地；④上述规定以外的火灾危险性较大、距离国家综合性消防救援队较远的其他大型企业；⑤距离国家综合性消防救援队较远、被列为全国重点文物保护单位的古建筑群的管理单位。

[答案] BCE

[典型例题2·单选] 2021年6月15日，某大型商场在营业期间突发火灾，下列关于该商场灭火救援的做法，正确的是（　　）。

A. 商场员工立即组织周围人员灭火

B. 商场员工立即通过安全出口疏散

C. 商场员工立即组织现场人员撤离

D. 消防队接到电话后立即赶赴现场，抢救国家财产

[解析] 选项A、B错误，选项C正确，根据《消防法》，人员密集场所发生火灾后，现场工作人员应当立即组织、引导在场人员疏散。选项D错误，消防队接到电话后立即赶赴现场，应当优先保障遇险人员的生命安全，而不是抢救国家财产。

[答案] C

[**典型例题 3·单选**] 根据《消防法》，下列关于各单位及个人职责的说法，正确的是（　　）。

A. 任何单位和个人都有参加有组织的灭火工作的义务

B. 教育、人力资源行政主管部门应当协助人民政府、应急管理等部门，加强消防宣传教育

C. 企业、事业等单位，应当加强对本单位所在地区人员的消防宣传教育

D. 任何单位、个人都应当无偿为报警提供便利，不得阻拦报警

[解析] 选项A错误，任何单位和成年人都有参加有组织的灭火工作的义务。选项B错误，村民委员会、居民委员会应当协助人民政府以及公安机关、应急管理等部门，加强消防宣传教育。选项C错误，企业、事业等单位，应当加强对本单位从业人员的消防宣传教育。

[答案] D

[**典型例题 4·单选**] 根据《消防法》，关于灭火救援的说法，正确的是（　　）。

A. 专职消防队参加火灾以外的其他重大灾害事故的应急救援工作，由县级以上应急管理部门统一领导

B. 县级以上消防救援机构应当组织有关部门针对本行政区域内的火灾特点制定应急预案

C. 消防车前往执行应急救援任务时，不受行驶速度、行驶路线和方向的限制，但应遵守指挥信号的限制

D. 火灾现场总指挥根据扑救火灾的需要，可以截断电力、可燃气体和可燃液体的输送

[解析] 选项A错误，国家综合性消防救援队、专职消防队参加火灾以外的其他重大灾害事故的应急救援工作，由县级以上人民政府统一领导。选项B错误，县级以上地方人民政府应当组织有关部门针对本行政区域内的火灾特点制定应急预案。选项C错误，消防车前往执行火灾扑救或者应急救援任务，在确保安全的前提下，不受行驶速度、行驶路线、行驶方向和指挥信号的限制。

[答案] D

▎环球君点拨

国家对消防安全工作非常重视，考试中对灭火救援的规定非常容易出多选题，在答题时可结合工作中实际情况进行选择。尤其要注意的是，单位专职消防队、志愿消防队参加扑救外单位火灾所损耗的燃料、灭火剂和器材、装备等，由火灾发生地的人民政府给予补偿。

第三节　中华人民共和国道路交通安全法

考点 1　道路通行条件 [2023、2021、2020、2019、2015]

▎真题链接

[**2023·单选**] 某企业轨道交通项目涉及跨越道路的架设设施施工，影响道路交通安全。根据《道路交通安全法》，该项目施工应当事先征得同意的部门是（　　）。

A. 道路主管部门和公安机关交通管理部门

B. 道路主管部门和市政管理部门

C. 市政管理部门和公安机关交通管理部门

D. 市政管理部门和城市管理部门

[解析] 根据《道路交通安全法》第三十二条，因工程建设需要占用、挖掘道路，或者跨越、穿越道路架设、增设管线设施，应当事先征得道路主管部门的同意；影响交通安全的，还应当征得公安机关交通管理部门的同意。

[答案] A

[2021·单选] 某房屋中介公司新开业，为提升公司知名度开展宣传、咨询等活动，其中一些活动与道路通行安全有关。根据《道路交通安全法》，下列关于该公司影响道路通行条件的说法，正确的是（　　）。

A. 公司临时使用公共停车场所组织开业活动

B. 在公司门前人行道上临时摆放办公桌椅接待咨询人员

C. 在道路隔离带上邻近红绿灯设置发光红色广告牌

D. 征得有关主管部门同意后开挖门前道路，设置广告牌

[解析] 选项 A、B 错误，根据《道路交通安全法》的规定，任何单位和个人不得占用道路从事非交通活动。选项 C 错误，在道路隔离带上邻近红绿灯设置发光红色广告牌，会影响驾驶人观察交通信号灯，妨碍安全视距。

[答案] D

[2020·单选] 道路通行条件有明确的法律规定和要求，根据《道路交通安全法》，关于道路通行条件的说法，正确的是（　　）。

A. 施工作业单位施工作业完毕，必须经道路主管部门和公安机关交通管理部门验收合格，方可恢复通行

B. 铁路与道路平面交叉的道口，应当设置警示灯、警示标志或者安全防护设施，并配备专人看守

C. 穿越道路架设、增设通信线路，必须同时征得道路主管部门和公安机关交通管理部门的同意

D. 在城市道路范围内，在不影响行人、车辆通行的情况下，有关企事业单位可施划停车泊位

[解析] 选项 B 错误，铁路与道路平面交叉的道口，应当设置警示灯、警示标志或者安全防护设施。选项 C 错误，穿越道路架设、增设通信线路，应当事先征得道路主管部门的同意；影响交通安全的，还应当征得公安机关交通管理部门的同意。选项 D 错误，在城市道路范围内，在不影响行人、车辆通行的情况下，政府有关部门可以施划停车泊位。

[答案] A

[2015·多选] 依据《道路交通安全法》的规定，下列有关道路通行条件的说法，正确的有（　　）。

A. 交通信号灯中的黄灯表示停止

B. 未经许可，任何单位和个人不得占用道路从事非交通活动

C. 挖掘道路施工作业完毕，应当迅速清除道路上的障碍物，消除安全隐患后，立即恢复通行

D. 学校、幼儿园、医院、养老院门前的道路没有行人过街设施的，应当施划人行横道线，设置提示标志

E. 城市主要道路的人行道，应当按照规划设置盲道

[解析] 选项 A 错误，交通信号灯中的黄灯表示警示。选项 C 错误，施工作业完毕，应当迅速清除道路上的障碍物，消除安全隐患，经道路主管部门和公安机关交通管理部门验收合格，符合通行要求后，方可恢复通行。

[答案] BDE

■ 真题精解

点题：此系列真题考查道路的通行条件，集中在交通设施设置、占用道路以及道路施工等可能会影响通行安全的方面，较为简单。

分析：此考点和日常工作生活较为接近，多为常识性内容，《道路交通安全法》对此有如下规定。

（1）任何单位和个人不得擅自设置、移动、占用、损毁交通信号灯、交通标志、交通标线等。道路两侧及隔离带上种植的树木或者其他植物，设置的广告牌、管线等，应当与交通设施保持必要的距离，不得遮挡路灯、交通信号灯、交通标志，不得妨碍安全视距，不得影响通行。

（2）道路出现坍塌、坑漕、水毁、隆起等损毁或者交通信号灯、交通标志、交通标线等交通设施损毁、灭失的，道路、交通设施的养护部门或者管理部门应当设置警示标志并及时修复。

公安机关交通管理部门发现上述情形，危及交通安全，尚未设置警示标志的，应当及时采取安全措施，疏导交通，并通知道路、交通设施的养护部门或者管理部门。

（3）未经许可，任何单位和个人不得占用道路从事非交通活动。

（4）因工程建设需要占用、挖掘道路，或者跨越、穿越道路架设、增设管线设施，应当事先征得道路主管部门的同意；影响交通安全的，还应当征得公安机关交通管理部门的同意。

施工作业单位应当在经批准的路段和时间内施工作业，并在距离施工作业地点来车方向安全距离处设置明显的安全警示标志，采取防护措施；施工作业完毕，应当迅速清除道路上的障碍物，消除安全隐患，经道路主管部门和公安机关交通管理部门验收合格，符合通行要求后，方可恢复通行。

（5）在城市道路范围内，在不影响行人、车辆通行的情况下，政府有关部门可以施划停车泊位。

（6）学校、幼儿园、医院、养老院门前的道路没有行人过街设施的，应当施划人行横道线，设置提示标志。

城市主要道路的人行道，应当按照规划设置盲道。盲道的设置应当符合国家标准。

拓展：此考点除考查道路通行条件因素外，还可能考查交通安全方面的一些规定。具体内容如下：

（1）交通信号包括交通信号灯、交通标志、交通标线和交通警察的指挥。

（2）交通信号灯由红灯、绿灯、黄灯组成。红灯表示禁止通行，绿灯表示准许通行，黄灯表示警示。

（3）铁路与道路平面交叉的道口，应当设置警示灯、警示标志或者安全防护设施。无人看守的铁路道口，应当在距道口一定距离处设置警示标志。

■ 举一反三

[典型例题 1·单选] 根据《道路交通安全法》的规定，下列关于道路通行条件的说法，正确的

是（　　）。

A. 交通警察的指挥是交通信号，而地面上的交通标线则不是交通信号

B. 任何单位和个人不得设置、移动、占用、损毁交通信号灯、交通标志、交通标线

C. 公安机关交通管理部门发现道路出现坍塌、坑槽、水毁、隆起等损毁等情况时应当设置警示标志并及时修复

D. 交通信号灯、交通标志、交通标线等交通设施损毁、灭失的，道路、交通设施的养护部门或者管理部门应当设置警示标志并及时修复

[解析] 选项A错误，交通警察的指挥和地面上的交通标线都是交通信号。选项B错误，任何单位和个人不得擅自设置、移动、占用、损毁交通信号灯、交通标志、交通标线，交管部门可以依法设置标志、标线。选项C错误，道路出现坍塌、坑槽、水毁、隆起等损毁，道路、交通设施的养护部门或者管理部门应当设置警示标志并及时修复。

[答案] D

[典型例题2·单选] 根据《道路交通安全法》的规定，下列说法正确的是（　　）。

A. 工程建设需要挖掘道路施工，施工单位作业完毕后恢复路面开放通行

B. 任何单位和个人不得在道路上施划停车泊位

C. 医院门前无行人过街设施的道路应当施划人行横道线并设置提示标志

D. 道路出现坍塌，公安交通管理部门应当及时修复

[解析] 选项A错误，施工单位作业完毕后，直接恢复路面开放通行不正确，应当清除障碍物，消除安全隐患，经道路主管部门和公安机关交通管理部门验收合格，符合通行要求后，方可恢复通行。选项B错误，在城市道路范围内，在不影响行人、车辆通行的情况下，政府有关部门可以施划停车泊位。选项D错误，道路出现坍塌，道路、交通设施的养护部门或者管理部门应当设置警示标志并及时修复。

[答案] C

[典型例题3·单选] 某市一大型商场开业，为增加客流，采取了一系列措施。根据《道路交通安全法》的规定，下列做法正确的是（　　）。

A. 商场将路中间的隔离栏杆移开，增划人行横道线

B. 临时占用非机动车道路进行开业宣传活动

C. 在商场附近道路路边施划停车泊位

D. 商场要穿越道路增设管线设施，事先征得道路主管部门的同意

[解析] 选项A错误，商场不得擅自设置、移动交通标志、交通标线。选项B错误，商场不得占用道路从事非交通活动。选项C错误，没有经过许可，商场不能随意施划停车泊位。

[答案] D

环球君点拨

此考点比较简单，在考试中需要注意，占用道路影响施工时，应当事先征得道路主管部门的同意，影响交通安全的，还应当征得公安机关交通管理部门的同意。施工完毕验收时，要经道路主管部门和公安机关交通管理部门验收合格，符合通行要求后，方可恢复通行。

考点2 道路通行规定 [2023、2022、2019]

真题链接

[2023·单选] 根据《道路交通安全法》，关于高速公路车辆通行的说法，正确的是（ ）。
A. 公安机关的人民警察依法执行紧急公务时，有权在高速路上拦截检查行驶的车辆
B. 张某驾驶的私家车在高速路上行驶赶往医院，时速可以超过120km
C. 某公司运货的全挂拖斗车在高速公路上行驶，时速不得低于70km
D. 人民法院的法警依法执行紧急公务时，在保证安全的前提下有权在高速路上拦截检查行驶的车辆

[解析]《道路交通安全法》第六十九条规定，任何单位、个人不得在高速公路上拦截检查行驶的车辆，公安机关的人民警察依法执行紧急公务除外，选项A正确，选项D错误。第六十七条规定，行人、非机动车、拖拉机、轮式专用机械车、铰接式客车、全挂拖斗车以及其他设计最高时速低于70km的机动车，不得进入高速公路。高速公路限速标志标明的最高时速不得超过120km，选项B、C错误。

[答案] A

[2022·单选] 根据《道路交通安全法》，关于在道路上驾车行驶的做法，错误的是（ ）。
A. 张某在非机动车道内骑行电动自行车，时速达到20km
B. 某制药公司司机驾驶货车遇行人正在通过人行横道，主动停车让行
C. 某运输公司司机驾驶设计最高时速75km的机动车在高速公路上行驶
D. 赵某驾驶非机动车在没有机动车道的道路上，靠车行道的右侧行驶

[解析] 选项A错误，残疾人机动轮椅车、电动自行车在非机动车道内行驶时，最高时速不得超过15km。

[答案] A

[2019·单选] 根据《道路交通安全法》，关于高速公路车辆通行的说法，正确的是（ ）。
A. 韩某驾驶的私家车在高速上行驶赶往医院，时速可以超过130km
B. 某公司运货的全挂拖斗车在高速公路上行驶，时速不得低于70km
C. 人民法院的执法人员依法执行紧急公务时，有权在高速公路上拦截检查行驶的车辆
D. 公安机关的人民警察依法执行紧急公务时，可以在高速公路上拦截检查行驶的车辆

[解析] 选项A错误，高速公路限速标志标明的最高时速不得超过120km。选项B错误，全挂拖斗车不得驶入高速公路。选项C错误、选项D正确，任何单位、个人不得在高速公路上拦截检查行驶的车辆，公安机关的人民警察依法执行紧急公务除外。

[答案] D

[2019·多选] 根据《道路交通安全法》，关于道路通行的做法，正确的有（ ）。
A. 适逢临近春节，某货运机动车顺路搭载了5名急于回老家的客人
B. 在允许拖拉机通行的道路上，张某驾驶拖拉机拒绝别人搭载
C. 某残疾人驾驶机动轮椅车在非机动车道内行驶时，最高时速达14km
D. 为装修新房，孙某将装修用的木材塞满自家的客运机动车，上路行驶
E. 某客运机动车核定载客人数为18人，实际载客21人，其中3人为儿童

[解析]选项 A 错误,禁止货运机动车载客。选项 B 正确,在允许拖拉机通行的道路上,拖拉机可以从事货运,但是不得用于载人。选项 C 正确,残疾人机动轮椅车、电动自行车在非机动车道内行驶时,最高时速不得超过 15km。选项 D、E 错误,机动车载人不得超过核定的人数,客运机动车不得违反规定载货。

[答案]BC

真题精解

点题:此考点主要考查机动车行驶的有关规定,常常涉及行驶速度的记忆,难度不大,每年考查分值约 1 分。

分析:有关道路通行的规定有很多,此考点与现实工作、生活结合紧密,比较容易掌握。根据《道路交通安全法》,具体规定如下。

(1) 道路划设专用车道的,在专用车道内,只准许规定的车辆通行,其他车辆不得进入专用车道内行驶。

(2) 机动车通过铁路道口时,应当按照交通信号或者管理人员的指挥通行;没有交通信号或者管理人员的,应当减速或者停车,在确认安全后通过。

(3) 机动车载人不得超过核定的人数,客运机动车不得违反规定载货。

(4) 禁止货运机动车载客。货运机动车需要附载作业人员的,应当设置保护作业人员的安全措施。

(5) 警车、消防车、救护车、工程救险车执行紧急任务时,可以使用警报器、标志灯具;在确保安全的前提下,不受行驶路线、行驶方向、行驶速度和信号灯的限制,其他车辆和行人应当让行。

(6) 道路养护车辆、工程作业车进行作业时,在不影响过往车辆通行的前提下,其行驶路线和方向不受交通标志、标线限制,过往车辆和人员应当注意避让。

洒水车、清扫车等机动车应当按照安全作业标准作业;在不影响其他车辆通行的情况下,可以不受车辆分道行驶的限制,但是不得逆向行驶。

(7) 残疾人机动轮椅车、电动自行车在非机动车道内行驶时,最高时速不得超过 15km。

(8) 行人、非机动车、拖拉机、轮式专用机械车、铰接式客车、全挂拖斗车以及其他设计最高时速低于 70km 的机动车,不得进入高速公路。高速公路限速标志标明的最高时速不得超过 120km。

拓展:此考点还可能从违反道路通行规定角度进行考查,主要是酒后驾车的规定,具体内容如下:

(1) 饮酒后驾驶机动车的,处暂扣 6 个月机动车驾驶证,并处 1 000 元以上 2 000 元以下罚款。因饮酒后驾驶机动车被处罚,再次饮酒后驾驶机动车的,处 10 日以下拘留,并处 1 000 元以上 2 000 元以下罚款,吊销机动车驾驶证。

(2) 醉酒驾驶机动车的,由公安机关交通管理部门约束至酒醒,吊销机动车驾驶证,依法追究刑事责任;5 年内不得重新取得机动车驾驶证。

(3) 饮酒后驾驶营运机动车的,处 15 日拘留,并处 5 000 元罚款,吊销机动车驾驶证,5 年内不得重新取得机动车驾驶证。

(4) 醉酒驾驶营运机动车的,由公安机关交通管理部门约束至酒醒,吊销机动车驾驶证,依法追究刑事责任；10年内不得重新取得机动车驾驶证，重新取得机动车驾驶证后，不得驾驶营运机动车。

举一反三

[典型例题1·多选] 根据《道路交通安全法》，下列机动车不得进入高速公路的有（　　）。

A. 设计最高时速 90km 的铰接式客车　　　B. 设计最高时速 120km 的全挂拖斗车

C. 摩托车　　　　　　　　　　　　　　　D. 运土车

E. 运输危险化学品的车

[解析] 根据《道路交通安全法》，行人、非机动车、拖拉机、轮式专用机械车、铰接式客车、全挂拖斗车以及其他设计最高时速低于 70km 的机动车，不得进入高速公路；对于铰接式客车和全挂拖斗车，其设计速度即使超过 70km 也不能进入高速。

[答案] AB

[典型例题2·单选] 根据《道路交通安全法》，下列关于道路通行限速的说法，正确的是（　　）。

A. 拖拉机时速高于 70km 方可上高速公路行驶

B. 高速公路限速标志标明的最高时速不得低于 120km

C. 残疾人轮椅车在非机动车道行驶时，最高时速不得超过 15km

D. 电动自行车在机动车道行驶时，最高时速可以超过 25km

[解析] 选项 A 错误，拖拉机不得进入高速公路。选项 B 错误，高速公路限速标志标明的最高时速不得超过 120km。选项 D 错误，电动自行车不能在机动车道内行驶，在非机动车道内行驶时，最高时速不得超过 15km。

[答案] C

[典型例题3·单选] 根据《道路交通安全法》，下列关于特殊车辆限制的说法，正确的是（　　）。

A. 工程救险车在路上行驶时，不受行驶路线、行驶方向、行驶速度和信号灯的限制

B. 工程作业车进行作业时，在不影响过往车辆通行的前提下，其行驶路线和方向不受交通标志、标线限制

C. 清扫车在不影响其他车辆通行的情况下，可以不受车辆分道行驶和方向的限制

D. 救护车执行紧急任务时，不受行驶路线、行驶速度和信号灯的限制，但是不得逆向行驶

[解析] 选项 A 错误，工程救险车执行紧急任务时，不受行驶路线、行驶方向、行驶速度和信号灯的限制，但是在正常行驶、非执行紧急任务时，不享有规定的道路优先通行权。选项 C 错误，清扫车作业时在不影响其他车辆通行的情况下，可以不受车辆分道行驶的限制，但是不得逆向行驶。选项 D 错误，救护车执行紧急任务时，不受行驶路线、行驶方向、行驶速度和信号灯的限制，也可以逆行。

[答案] B

环球君点拨

此考点内容较多、较杂，但相对比较简单。需要注意的是，电动自行车在有的地方性法规中有专门的规定，其行驶速度的限制要大于《道路交通安全法》的规定，在考试中要按《道路交通安全法》的规定来判断。

第四节 中华人民共和国特种设备安全法

考点 1 特种设备的生产安全 [2022、2020、2019]

真题链接

[2020·单选] 根据《特种设备安全法》,关于电梯安装的说法,正确的是( )。
A. 电梯安装必须由电梯制造单位实施,禁止委托其他单位实施安装
B. 电梯安装单位对电梯安全性能负责,其他单位不承担任何安全责任
C. 电梯安装前,应书面告知直辖市或者设区的市级人民政府负责特种设备安全监督管理的部门
D. 停工后,电梯安装施工单位应当在验收后 60 日内将相关技术资料和文件移交给电梯使用单位

[解析] 选项 A 错误,可以委托具有相应资质的安装单位实施安装。选项 B 错误,电梯的制造单位对电梯的安全性能负责。选项 D 错误,安装施工单位应当在验收后 30 日内将相关技术资料和文件移交特种设备使用单位。

[答案] C

[2019·多选] 根据《特种设备安全法》,下列设备的制造,其设计文件需要经过特种设备安全监管部门核准的检验机构鉴定后方可实施的有( )。
A. 锅炉
B. 电梯
C. 气瓶
D. 客运索道
E. 大型游乐设施

[解析] 根据《特种设备安全法》,锅炉、气瓶、氧舱、客运索道、大型游乐设施的设计文件,应当经负责特种设备安全监督管理的部门核准的检验机构鉴定,方可用于制造。

[答案] ACDE

真题精解

点题:此系列真题考查有关特种设备的生产安全,主要是从设计文件的审查角度来考查,偶尔也会涉及安全生产条件及特种设备的安装、改造、修理等。

分析:特种设备的生产包括设计、制造、安装、改造、修理等环节。《特种设备安全法》所称特种设备,是指对人身和财产安全有较大危险性的锅炉、压力容器(含气瓶)、压力管道、电梯、起重机械、客运索道、大型游乐设施、场(厂)内专用机动车辆等。其中,对电梯的规定较严格。关于特种设备的生产安全,具体规定如下。

1. 生产许可

(1) 国家按照分类监督管理的原则对特种设备生产实行许可制度。特种设备生产单位应当具备下列条件,并经负责特种设备安全监督管理的部门许可,方可从事生产活动:
①有与生产相适应的专业技术人员。
②有与生产相适应的设备、设施和工作场所。
③有健全的质量保证、安全管理和岗位责任等制度。

(2) 锅炉、气瓶、氧舱、客运索道、大型游乐设施的设计文件，应当经负责特种设备安全监督管理的部门核准的检验机构鉴定，方可用于制造。

(3) 特种设备出厂时，应当随附安全技术规范要求的设计文件、产品质量合格证明、安装及使用维护保养说明、监督检验证明等相关技术资料和文件，并在特种设备显著位置设置产品铭牌、安全警示标志及其说明。

2. 安装、改造、修理

(1) 电梯的安装、改造、修理，必须由电梯制造单位或者其委托的依照规定取得相应许可的单位进行。电梯制造单位委托其他单位进行电梯安装、改造、修理的，应当对其安装、改造、修理进行安全指导和监控，并按照安全技术规范的要求进行校验和调试。电梯制造单位对电梯安全性能负责。

(2) 特种设备安装、改造、修理的施工单位应当在施工前将拟进行的特种设备安装、改造、修理情况书面告知直辖市或者设区的市级人民政府负责特种设备安全监督管理的部门。

(3) 特种设备安装、改造、修理竣工后，安装、改造、修理的施工单位应当在验收后30日内将相关技术资料和文件移交特种设备使用单位。特种设备使用单位应当将其存入该特种设备的安全技术档案。

(4) 锅炉、压力容器、压力管道元件等特种设备的制造过程和锅炉、压力容器、压力管道、电梯、起重机械、客运索道、大型游乐设施的安装、改造、重大修理过程，应当经特种设备检验机构按照安全技术规范的要求进行监督检验；未经监督检验或者监督检验不合格的，不得出厂或者交付使用。

拓展： 特种设备的生产安全方面可出题的内容较少，有时可能对单位的有关规定进行考查。

《特种设备安全法》第十三条规定，特种设备生产、经营、使用单位应当按照国家有关规定配备特种设备安全管理人员、检测人员和作业人员，并对其进行必要的安全教育和技能培训。

第十四条规定，特种设备安全管理人员、检测人员和作业人员应当按照国家有关规定取得相应资格，方可从事相关工作。

第十五条规定，特种设备生产、经营、使用单位对其生产、经营、使用的特种设备应当进行自行检测和维护保养，对国家规定实行检验的特种设备应当及时申报并接受检验。

举一反三

[典型例题1·单选] 下列特种设备的设计文件，应当经负责特种设备安全监督管理的部门核准的检验机构鉴定方可用于制造的是（　　）。

A. 压力容器　　　　　　　　B. 锅炉

C. 电梯　　　　　　　　　　D. 电力检测设备

[解析] 根据《特种设备安全法》，锅炉、气瓶、氧舱、客运索道、大型游乐设施的设计文件，应当经检验机构鉴定后方可用于制造。

[答案] B

[典型例题2·多选] 某三家民营企业准备共同出资新成立一家特种设备生产企业，根据《特种设备安全法》，下列属于特种设备生产单位从事生产活动应当具备的前提条件的有（　　）。

A. 有足够数量的专职从业人员

B. 有与生产相适应的设备、设施和工作场所

C. 有健全的质量保证、安全管理和岗位责任等制度

D. 取得特种设备安全监督管理部门的许可

E. 主要负责人经考核合格

[解析] 根据《特种设备安全法》，国家按照分类监督管理的原则对特种设备生产实行许可制度。特种设备生产单位应当具备下列条件，并经负责特种设备安全监督管理的部门许可，方可从事生产活动：①有与生产相适应的专业技术人员；②有与生产相适应的设备、设施和工作场所；③有健全的质量保证、安全管理和岗位责任等制度。

[答案] BCD

环球君点拨

上述特种设备生产单位应当具备的几个条件应同时满足。另外，特种设备设计文件的鉴定由经过核准的检验机构负责，核准部门是特种设备安全监督管理部门，而不是监管部门直接鉴定设计文件。

考点 2 特种设备的经营和使用安全 [2023、2022、2021、2020、2015]

真题链接

[2023·单选] 某公司是一家大型化工企业，有一台锅炉已经超过了设计使用年限，但并未达到报废条件，该公司拟继续使用该锅炉。根据《特种设备安全法》，关于该锅炉安全管理措施的说法，正确的是（　　）。

A. 按照负责特种设备安全监督管理部门的要求，通过安全评估后即可使用

B. 按照安全技术规范的要求，通过检验后即可使用

C. 按照负责特种设备安全监督管理部门的要求，通过安全验收后即可使用

D. 按照安全技术规范的要求，通过检验或者安全评估，并办理使用登记证书变更，方可使用

[解析] 根据《特种设备安全法》第四十八条，特种设备存在严重事故隐患，无改造、修理价值，或者达到安全技术规范规定的其他报废条件的，特种设备使用单位应当依法履行报废义务，采取必要措施消除该特种设备的使用功能，并向原登记的负责特种设备安全监督管理的部门办理使用登记证书注销手续。上述规定报废条件以外的特种设备，达到设计使用年限可以继续使用的，应当按照安全技术规范的要求，通过检验或者安全评估，并办理使用登记证书变更，方可继续使用。允许继续使用的，应当采取加强检验、检测和维护保养等措施，确保使用安全。

[答案] D

[2022·多选] 甲公司将其制造的电梯销售给乙公司使用。根据《特种设备安全法》及相关规定，关于电梯经营和使用的说法，正确的有（　　）。

A. 乙公司应当至少每 30 日对电梯进行一次清洁、润滑和检查

B. 甲公司应当建立电梯检查验收和销售记录制度

C. 乙公司应当在电梯投入使用后 60 日内向有关部门办理使用登记

D. 乙公司应当在检验合格有效期届满前 60 日向特种设备检验机构提出定期检验要求

E. 甲公司应当对该电梯的安全运行情况进行跟踪调查和了解

[解析] 选项 A 错误，电梯应当至少每 15 日进行一次清洁、润滑、调整和检查。选项 C 错误，乙公司为使用单位，特种设备使用单位可在特种设备投入使用前或投入使用后 30 日内，向有关部门办理使用登记，取得使用登记证书。选项 D 错误，乙公司为使用单位，特种设备使用单位应当在

检验合格有效期届满前一个月向特种设备检验机构提出定期检验要求。

[答案] BE

[2021·单选] 某文旅公司在其运营的景区设有客运索道，根据《特种设备安全法》，下列关于该公司对客运索道安全管理的说法，正确的是（　　）。

  A. 应当设置专职或者兼职客运索道安全管理人员

  B. 应当将该客运索道的安全警示标志置于易于被乘客注意的显著位置

  C. 应当每周对该客运索道进行试运行和例行安全检查

  D. 无需为该客运索道设置安全使用说明

[解析] 选项A错误，客运索道的运营单位应当设置特种设备安全管理机构或者配备专职的特种设备安全管理人员。选项C错误，客运索道、大型游乐设施在每日投入使用前，其运营使用单位应当进行试运行和例行安全检查。选项B正确、选项D错误，电梯、客运索道的安全使用说明、安全注意事项和警示标志应置于易于被乘客注意的显著位置。

[答案] B

[2021·多选] 某汽车生产制造企业厂区内新建有办公楼、组装车间、锅炉房和库房等。其中特种设备情况为办公楼设置有1部直梯，组装车间设置有2台天车，锅炉房配备有1台蒸汽锅炉。根据《特种设备安全法》，关于该企业特种设备安全管理的说法，正确的有（　　）。

  A. 应当制定特种设备岗位责任书、隐患治理和应急救援等制度

  B. 应当在特种设备投入使用前或者投入使用后30日内申请使用登记

  C. 应当为每台特种设备配备兼职安全管理人员1名

  D. 应当将登记标志存放于特种设备安全技术档案中

  E. 必须与电梯制造单位签订电梯维修委托合同

[解析] 选项C错误，特种设备使用单位应当根据情况设置特种设备安全管理机构或者配备专职、兼职的特种设备安全管理人员，没有"应当为每台特种设备配备兼职安全管理人员"的规定。选项D错误，特种设备登记标志应当置于特种设备明显之处，特种设备登记证书存放于特种设备安全技术档案中。选项E错误，电梯的维修由电梯制造单位或者其委托的依法取得相应许可的单位进行。

[答案] AB

[2015·单选] 依据《特种设备安全法》的规定，下列关于特种设备的生产、经营、使用的说法，正确的是（　　）。

  A. 电梯安装验收合格、交付使用后，使用单位应当对电梯的安全性能负责

  B. 锅炉改造完成后，施工单位应当及时将改造方案等相关资料归档保存

  C. 进口大型起重机，应当向进口地的安全监管部门履行提前告知义务

  D. 压力容器的使用单位应当向特种设备安全监管部门办理使用登记

[解析] 选项A错误，电梯安装、改造、维修后，电梯制造单位对电梯质量以及安全运行涉及的质量问题负责。选项B错误，特种设备改造、维修竣工后，安装、改造、维修的施工单位应当在验收后30日内将有关技术资料移交使用单位，使用单位应当将其存入特种设备的安全技术档案。选项C错误，进口特种设备应当向进口地负责特种设备安全监督管理的部门履行提前告知义务。

[答案] D

真题精解

点题：此系列真题考查特种设备的经营和使用安全，加之使用安全与工作实际联系密切，是历年高频考点。特种设备的经营安全主要是对设备出租的安全管理，考查频次相对较低，重点掌握特种设备的使用安全即可。

分析：根据《特种设备安全法》，特种设备的经营和使用安全相关规定如下。

1. 经营安全

（1）特种设备在出租期间的使用管理和维护保养义务由特种设备出租单位承担，法律另有规定或者当事人另有约定的除外。

（2）进口的特种设备应当符合我国安全技术规范的要求，并经检验合格；需要取得我国特种设备生产许可的，应当取得许可。

（3）进口特种设备，应当向进口地负责特种设备安全监督管理的部门履行提前告知义务。

2. 使用安全

（1）特种设备使用单位应当在特种设备投入使用前或者投入使用后30日内，向负责特种设备安全监督管理的部门办理使用登记，取得使用登记证书。登记标志应当置于该特种设备的显著位置。

（2）电梯、客运索道、大型游乐设施等为公众提供服务的特种设备的运营使用单位，应当对特种设备的使用安全负责，设置特种设备安全管理机构或者配备专职的特种设备安全管理人员；其他特种设备使用单位，应当根据情况设置特种设备安全管理机构或者配备专职、兼职的特种设备安全管理人员。

（3）特种设备使用单位应当对其使用的特种设备进行经常性维护保养和定期自行检查，并作出记录。

特种设备使用单位应当对其使用的特种设备的安全附件、安全保护装置进行定期校验、检修，并作出记录。

（4）特种设备使用单位应当按照安全技术规范的要求，在检验合格有效期届满前一个月向特种设备检验机构提出定期检验要求。

特种设备检验机构接到定期检验要求后，应当按照安全技术规范的要求及时进行安全性能检验。特种设备使用单位应当将定期检验标志置于该特种设备的显著位置。

（5）客运索道、大型游乐设施在每日投入使用前，其运营使用单位应当进行试运行和例行安全检查，并对安全附件和安全保护装置进行检查确认。

电梯、客运索道、大型游乐设施的运营使用单位应当将电梯、客运索道、大型游乐设施的安全使用说明、安全注意事项和警示标志置于易为乘客注意的显著位置。

（6）电梯的维护保养应当由电梯制造单位或者依照《特种设备安全法》取得许可的安装、改造、修理单位进行。

电梯的维护保养单位应当对其维护保养的电梯的安全性能负责；接到故障通知后，应当立即赶赴现场，并采取必要的应急救援措施。

拓展：关于特种设备的使用安全，还可能对特种设备的报废进行考查，特种设备达到设计使用年限后，符合一定条件还可以继续使用。对此，《特种设备安全法》第四十八条规定，特种设备存在严重事故隐患，无改造、修理价值，或者达到安全技术规范规定的其他报废条件的，特种设备使用单位应当依法履行报废义务，采取必要措施消除该特种设备的使用功能，并向原登记的负责特种设备安全监督管理的部门办理使用登记证书注销手续。

前款规定报废条件以外的特种设备，达到设计使用年限可以继续使用的，应当按照安全技术规范的要求通过检验或者安全评估，并办理使用登记证书变更，方可继续使用。允许继续使用的，应当采取加强检验、检测和维护保养等措施，确保使用安全。

举一反三

[典型例题1·单选] 根据《特种设备安全法》，下列关于特种设备使用安全管理的说法，正确的是（　　）。

A. 特种设备制造单位应在设备出厂后30日内，将相关技术资料和文件移交特种设备使用单位

B. 使用单位应当在特种设备投入使用前或者投入使用后30日内，向负责特种设备检验机构办理使用登记

C. 特种设备安装、改造、修理，必须由制造单位或者其委托的取得相应许可的单位进行

D. 电梯制造单位可以委托其他单位进行安装、改造、修理，但应进行安全指导和监控

[解析] 选项A错误，特种设备出厂时，应当随附安全技术规范要求的技术资料和文件，没有30日移交的说法。选项B错误，特种设备使用单位向负责特种设备安全监督管理的部门办理使用登记，不是特种设备检验机构。选项C错误，电梯的安装、改造、修理，必须由电梯制造单位或者其委托的依法取得相应许可的单位进行，对其他特种设备没有这样的要求。

[答案] D

[典型例题2·多选] 根据《特种设备安全法》，下列关于特种设备使用安全的说法，正确的有（　　）。

A. 特种设备生产单位可以在单位投入生产后30日内，向负责特种设备安全监管的部门办理生产许可，取得许可证书

B. 特种设备使用单位在办理使用登记后，应将登记标志放入特种设备技术档案中备查

C. 达到设计使用年限的特种设备，在符合一定条件的情况下，还可以继续使用

D. 电梯的维护保养应该由其制造单位或取得制造单位许可的安装、改造、修理单位负责

E. 特种设备出厂时，应当随附安全技术要求的设计文件等相关技术资料和文件

[解析] 选项A错误，特种设备生产单位应当具备相应的安全生产条件，取得特种设备安全监督管理的部门许可，才可从事生产活动；使用单位可以在特种设备投入使用后30日内，办理使用登记，取得使用登记证书。选项B错误，使用登记标志应当置于该特种设备的显著位置。选项D错误，电梯的维护保养应该由其制造单位或依照《特种设备安全法》取得许可的安装、改造、修理单位负责。

[答案] CE

[典型例题3·单选] 根据《特种设备安全法》，下列关于特种设备使用和经营的说法，正确的是（　　）。

A. 特种设备在出租期间的维护保养义务如果有约定，可以由承租单位承担

B. 特种设备的维护保养义务应由有资质的检验检测机构承担

C. 特种设备出现故障或者发生异常情况，使用单位在采取应急措施后方可继续使用

D. 特种设备使用单位应当配备专职特种设备安全管理人员

[解析] 选项A正确，一般情况下，特种设备在出租期间的使用管理和维护保养义务由特种设

备出租单位承担，如果当事人有约定，则按约定执行。选项 B 错误，特种设备使用单位应当对其使用的特种设备进行经常性维护保养和定期自行检查。选项 C 错误，特种设备出现故障或者发生异常情况，应当立即处理；情况紧急时，可以决定停止使用特种设备。选项 D 错误，电梯、客运索道、大型游乐设施运营使用单位，应当配备专职的特种设备安全管理人员，其他特种设备使用单位根据情况，可以配备兼职的特种设备安全管理人员。

[答案] A

[典型例题 4·单选] 特种设备在使用过程中应进行经常性维护管理。根据《特种设备安全法》，下列安全管理人员和作业人员的安全活动中，做法不正确的是（   ）。

A. 特种设备安全管理人员应当对特种设备使用状况进行经常性检查，发现问题立即处理
B. 情况紧急时，特种设备作业人员可以决定停止使用特种设备并及时报告本单位有关负责人
C. 特种设备作业人员在作业过程中发现事故隐患或者其他不安全因素，应当立即向特种设备安全管理人员和单位有关负责人报告
D. 特种设备运行不正常时，特种设备作业人员应当按照操作规程采取有效措施保证安全

[解析] 发生紧急情况时，特种设备安全管理人员可以决定停止使用特种设备并及时报告本单位有关负责人。

[答案] B

环球君点拨

关于特种设备使用安全的规定较多，其中涉及数字的考点，考查频率高，非常容易答错，需要反复记忆。在考试时，务必注意"前、后、市级、县级、30 天、一个月"等字眼，以防出题人偷换概念导致失分。

考点 3 特种设备的检验、检测与监督管理 [2023、2020、2019、2018]

真题链接

[2023·单选] 根据《特种设备安全法》，关于特种设备检验、检测及法律责任的说法，正确的是（   ）。

A. 特种设备检验、检测人员可以同时在两个检验、检测机构中执业
B. 特种设备检验、检测人员开展的检验、检测，以单位名义出具报告，个人无须承担责任
C. 负责特种设备安全监督管理的部门对检验、检测结果和鉴定结论进行监督抽查，不合格的应当向社会公布
D. 特种设备检验、检测人员发现特种设备存在严重事故隐患的，应当立即向负责特种设备安全监督管理的部门报告

[解析] 选项 A 错误，特种设备检验、检测机构的检验、检测人员不得同时在两个以上检验、检测机构中执业；变更执业机构的，应当依法办理变更手续。选项 B 错误，特种设备检验、检测机构及其检验、检测人员应当客观、公正、及时地出具检验、检测报告，并对检验、检测结果和鉴定结论负责。选项 C 错误，负责特种设备安全监督管理的部门应当组织对特种设备检验、检测机构的检验、检测结果和鉴定结论进行监督抽查，但应当防止重复抽查；监督抽查结果应当向社会公布。

[答案] D

[2019・单选] 根据《特种设备安全法》，关于特种设备检验、检测人员执业要求的说法，正确的是（　　）。

A. 注册安全工程师执业范围包括安全检验、检测，可以在特种设备检验、检测机构从事特种设备的检验、检测工作

B. 特种设备检验、检测机构的检验、检测人员在为客户服务时可以推荐质量、声誉好的特种设备

C. 特种设备检验、检测机构的检验、检测人员可以同时在两个以上检验、检测机构中执业

D. 特种设备检验、检测机构的检验、检测人员应当经考核取得检验、检测人员资格，方可从事检验、检测工作

[解析] 选项 A 错误，注册安全工程师可以从事安全生产管理技术工作，其工作范围不包括检测工作。选项 B 错误，特种设备检验、检测机构及其检验、检测人员不得推荐特种设备，避免中间有利益交换。选项 C 错误，特种设备检验、检测机构的检验、检测人员不得同时在两个以上检验、检测机构中执业。

[答案] D

[2018・单选] 根据《特种设备安全法》，关于特种设备安全监督管理的说法，正确的是（　　）。

A. 锅炉的设计文件，应当经特种设备安全监管部门核准的检验机构鉴定，方可用于制造

B. 特种设备属于共有的，不得委托物业服务单位或者其他管理人管理

C. 进口特种设备的产品铭牌，应当有完整的中文和外文说明

D. 特种设备检验、检测人员经有关部门批准，可以同时在两个检验、检测机构中执业

[解析] 选项 B 错误，特种设备属于共有的，共有人可以委托物业服务单位或者其他管理人管理特种设备。选项 C 错误，进口特种设备的产品铭牌，要求其文字应当采用中文。选项 D 错误，特种设备检验、检测人员不得同时在两个以上检验、检测机构中执业，没有特殊情况。

[答案] A

真题精解

点题：此系列真题考查特种设备的检验、检测与监督管理，2021 年、2022 年没有考查过，但在 2023 年又对此考点进了考查。对于此知识点，建议重点掌握检验、检测人员执业要求的有关规定。

分析：关于特种设备的检验、检测与监督管理，《特种设备安全法》的具体规定如下。

1. 检验、检测

（1）特种设备检验、检测机构的检验、检测人员应当经考核，取得检验、检测人员资格，方可从事检验、检测工作。

特种设备检验、检测机构的检验、检测人员不得同时在两个以上检验、检测机构中执业；变更执业机构的，应当依法办理变更手续。

（2）特种设备检验、检测机构及其检验、检测人员应当客观、公正、及时地出具检验、检测报告，并对检验、检测结果和鉴定结论负责。

特种设备检验、检测机构及其检验、检测人员在检验、检测中发现特种设备存在严重事故隐患时，应当及时告知相关单位，并立即向负责特种设备安全监督管理的部门报告。

（3）特种设备检验、检测机构及其检验、检测人员对检验、检测过程中知悉的商业秘密，负有

保密义务。

特种设备检验、检测机构及其检验、检测人员不得从事有关特种设备的生产、经营活动，不得推荐或者监制、监销特种设备。

2. 监督管理

（1）负责特种设备安全监督管理的部门依照《特种设备安全法》规定，对特种设备生产、经营、使用单位和检验、检测机构实施监督检查。

负责特种设备安全监督管理的部门应当对学校、幼儿园以及医院、车站、客运码头、商场、体育场馆、展览馆、公园等公众聚集场所的特种设备，实施重点安全监督检查。

（2）负责特种设备安全监督管理的部门实施安全监督检查时，应当有2名以上特种设备安全监察人员参加，并出示有效的特种设备安全行政执法证件。

（3）负责特种设备安全监督管理的部门及其工作人员不得推荐或者监制、监销特种设备；对履行职责过程中知悉的商业秘密负有保密义务。

拓展： 该知识点还可能考查特种设备检验、检测机构的条件，但考查频率不高，了解即可。

《特种设备安全法》第五十条规定，从事本法规定的监督检验、定期检验的特种设备检验机构，以及为特种设备生产、经营、使用提供检测服务的特种设备检测机构，应当具备下列条件，并经负责特种设备安全监督管理的部门核准，方可从事检验、检测工作：

（1）有与检验、检测工作相适应的检验、检测人员。

（2）有与检验、检测工作相适应的检验、检测仪器和设备。

（3）有健全的检验、检测管理制度和责任制度。

举一反三

[典型例题1·单选] 张某是一家压力容器检测、检验站的检测员，受单位指派到A公司进行压力罐检测，压力罐的制造安装单位为B公司。根据《特种设备安全法》，下列关于张某检测工作的说法，正确的是（　　）。

A. 张某在学校学习专业为压力容器检验、检测，因此无须再单独取得资格即可从事相关工作

B. 张某发现压力罐有重大缺陷，立即告知A公司，但未向当地市场监管部门报告

C. 张某检验压力罐所需的技术资料应由A公司提供，并对资料的真实性负责

D. 张某不得推荐特种设备，但是可以监制、监销特种设备

[解析] 选项A错误，张某作为特种设备检验、检测人员，应当经考核，取得检验、检测人员资格，方可从事检验、检测工作。选项B错误，张某发现压力罐有重大缺陷，除立即告知A公司外，还应向当地市场监管部门报告。选项D错误，张某是检测人员，不得推荐或者监制、监销特种设备。

[答案] C

[典型例题2·单选] 根据《特种设备安全法》，下列关于特种设备监督管理的说法，正确的是（　　）。

A. 市场监督管理部门对特种设备生产、经营、使用单位和检验、检测机构实施监督检查

B. 监督管理部门对学校、幼儿园以及医院、养老院、影剧院、公园、商场、写字楼、体育场馆、展览馆等公众聚集场所的特种设备，实施重点安全监督检查

C. 监督管理部门在办理规定的许可时，其受理、审查、许可的程序必须公开，并应当自受理申请之日起30日内，作出许可的决定

D. 监督管理部门对达到报废条件的特种设备，应当及时依法履行报废义务

[解析] 选项 B 错误，负责特种设备安全监督管理的部门应当对学校、幼儿园以及医院、车站、客运码头、商场、体育场馆、展览馆、公园等公众聚集场所的特种设备，实施重点安全监督检查。选项 C 错误，特种设备安全监督管理的部门在受理申请之日起 30 日内，作出许可或者不予许可的决定；不予许可的，应当书面向申请人说明理由。选项 D 错误，对达到报废条件的特种设备，由使用单位履行报废义务，监管部门进行监督。

[答案] A

环球君点拨

在考试中要注意，特种设备检验、检测人员也要执证上岗，其执有的是检测人员证书，而特种设备作业人员执有的是操作证书，不能从事检验、检测工作。另外，特种设备的安全监督管理部门不是应急管理部门，而是市场监管部门。

考点 4 特种设备事故的调查处理 [2022，2020，2019]

真题链接

[2022·单选] 某游乐场的客运索道在运营过程中制动器失灵，导致牵引钢丝绳断裂、吊厢坠落，事故造成 12 人死亡、6 人受伤。根据《特种设备安全法》及相关规定，负责该事故调查的牵头部门是（　　）。

A. 县级人民政府负责特种设备安全监督管理的部门
B. 市级人民政府负责特种设备安全监督管理的部门
C. 省级人民政府负责特种设备安全监督管理的部门
D. 国务院负责特种设备安全监督管理的部门

[解析] 特种设备发生事故时，不同等级事故由不同级别的部门组织事故调查。本题中，特种设备事故造成 12 人死亡、6 人受伤，属于重大事故。特种设备发生重大事故，由国务院负责特种设备安全监督管理的部门会同有关部门组织事故调查组进行调查。

[答案] D

[2020·单选] 某地发生锅炉爆炸重大事故，根据《特种设备安全法》，负责组织调查该事故的部门是（　　）。

A. 国务院或者国务院授权的有关部门
B. 省级人民政府负责特种设备安全监督管理的部门会同有关部门
C. 国务院负责特种设备安全监督管理的部门会同有关部门
D. 设区的市级人民政府负责特种设备安全监督管理的部门会同有关部门

[解析] 特种设备发生重大事故，由国务院负责特种设备安全监督管理的部门会同有关部门组织事故调查组进行调查。

[答案] C

[2019·单选] 某建筑工程公司在施工中发生起重机整体倾覆事故，没有造成人员伤亡。根据《特种设备安全法》等法律法规，负责组织对该起事故调查的部门是（　　）。

A. 国务院负责特种设备安全监管的部门会同有关部门

B. 设区的市级人民政府负责特种设备安全监管的部门会同有关部门

C. 省级人民政府负责特种设备安全监管的部门会同有关部门

D. 县级人民政府负责特种设备安全监管的部门会同有关部门

[解析] 起重机整体倾覆为较大事故。特种设备发生较大事故，由省、自治区、直辖市人民政府负责特种设备安全监督管理的部门会同有关部门组织事故调查组进行调查。

[答案] C

真题精解

点题：此知识点是比较高频的考点，近几年真题考查的均是不同等级的事故由哪级部门负责调查，题目类型相似，只是事故背景不同，相对简单。

分析：关于此考点，核心是掌握不同等级特种设备事故的调查。《特种设备安全法》第七十二条针对特种设备安全事故的调查处理作了如下规定：

（1）特种设备发生特别重大事故，由国务院或者国务院授权有关部门组织事故调查组进行调查。

（2）特种设备发生重大事故，由国务院负责特种设备安全监督管理的部门会同有关部门组织事故调查组进行调查。

（3）特种设备发生较大事故，由省、自治区、直辖市人民政府负责特种设备安全监督管理的部门会同有关部门组织事故调查组进行调查。

（4）特种设备发生一般事故，由设区的市级人民政府负责特种设备安全监督管理的部门会同有关部门组织事故调查组进行调查。

事故调查组应当依法、独立、公正开展调查，提出事故调查报告。

拓展：此类真题考查时往往不直接说明事故等级，而是具体描述事故的伤亡人数或造成的直接经济损失，这时首先需要判断事故等级。根据《特种设备安全监察条例》的规定，考试中比较常见的情形如下。

1. 重大事故

（1）特种设备事故造成 10 人以上 30 人以下死亡，或者 50 人以上 100 人以下重伤，或者 5 000 万元以上 1 亿元以下直接经济损失的。

（2）600 兆瓦以上锅炉因安全故障中断运行 240 小时以上的。

2. 较大事故

（1）特种设备事故造成 3 人以上 10 人以下死亡，或者 10 人以上 50 人以下重伤，或者 1 000 万元以上 5 000 万元以下直接经济损失的。

（2）锅炉、压力容器、压力管道爆炸的。

（3）起重机械整体倾覆的。

3. 一般事故

（1）特种设备事故造成 3 人以下死亡，或者 10 人以下重伤，或者 1 万元以上 1 000 万元以下直接经济损失的。

（2）起重机械主要受力结构件折断或者起升机构坠落的。

易混提示

特种设备事故的调查与非特种设备事故的调查非常容易混淆。特种设备事故的调查，按等级（一般事故、较大事故、重大事故、特别重大事故）分别由市级、省级、国务院的特种设备监管部门和国务院负责，市级监管部门为最小单位。非特种设备事故的调查，则分别由县级、市级、省级人民政府和国务院负责，县级人民政府为最小单位。

举一反三

[典型例题1·单选] 某化工厂一压力容器在检修过程中发生爆炸事故，事故造成3人死亡、30多人受伤，直接经济损失达1 000多万元。根据《特种设备安全法》的规定，负责该事故调查的部门是（　　）。

A. 国务院

B. 市级人民政府负责特种设备安全监督管理的部门

C. 省级人民政府负责特种设备安全监督管理的部门

D. 国务院负责特种设备安全监督管理的部门

[解析] 根据题干描述，此起事故为较大事故。根据《特种设备安全法》，特种设备发生较大事故，由省、自治区、直辖市人民政府负责特种设备安全监督管理的部门会同有关部门组织事故调查组进行调查。

[答案] C

[典型例题2·单选] 某建筑工地在施工过程中，发生塔吊臂折断坠落事故，造成1人重伤、10多人轻伤。根据《特种设备安全法》的规定，负责该起事故调查的部门是（　　）。

A. 事故发生地县级人民政府

B. 市级人民政府应急管理部门

C. 市级人民政府负责特种设备安全监督管理的部门

D. 省级人民政府负责特种设备安全监督管理的部门

[解析] 根据题干描述，此起事故为一般事故。根据《特种设备安全法》，特种设备发生一般事故，由设区的市级人民政府负责特种设备安全监督管理的部门会同有关部门组织事故调查组进行调查。

[答案] C

环球君点拨

在考试中，《特种设备安全法》常结合《特种设备安全监察条例》进行考查。相对来说，《特种设备安全监察条例》对特种设备生产、经营、使用、检测的规定更细致，建议同时学习这两部法规，以达到灵活运用的目的。

第五节　中华人民共和国建筑法

▶ 考点1　建筑工程的发包与承包管理 [2020]

真题链接

[2020·单选] 甲公司为某施工项目总承包单位，乙公司为该项目分包单位。根据《建筑法》，

关于施工现场安全管理责任的说法，正确的是（　　）。

A. 乙公司作为独立单位，承担施工作业任务，全权负责施工现场安全生产管理
B. 分包合同中约定乙公司承担安全生产管理责任，甲公司不承担安全生产管理责任
C. 甲公司负责施工现场安全，乙公司应向甲公司负责，服从甲公司的安全生产责任
D. 乙公司不服从甲公司安全生产管理导致生产安全事故，甲公司不承担安全生产责任

[解析] 此题虽然问的是施工现场安全管理责任，其实考查的是施工中发包方与承包方的安全责任问题。选项A错误，甲公司为施工项目总承包单位，乙公司为分包单位，根据规定，施工现场的安全由总承包单位负责。选项B、D错误，总承包单位和分包单位就分包工程对建设单位承担连带责任。

[答案] C

真题精解

点题：此真题考查的是建设项目的发包与承包，该知识点比较重要，在实际工作中也经常遇到，几乎每隔一两年考查一次。

分析：关于建筑工程发包与承包的管理，《建筑法》有如下规定。

1. 发包

（1）提倡对建筑工程实行总承包，禁止将建筑工程肢解发包。

（2）建筑工程的发包单位可以将建筑工程的勘察、设计、施工、设备采购一并发包给一个工程总承包单位，也可以将建筑工程勘察、设计、施工、设备采购的一项或者多项发包给一个工程总承包单位；但是，不得将应当由一个承包单位完成的建筑工程肢解成若干部分发包给几个承包单位。

2. 承包

（1）大型建筑工程或者结构复杂的建筑工程，可以由两个以上的承包单位联合共同承包。共同承包的各方对承包合同的履行承担连带责任。

两个以上不同资质等级的单位实行联合共同承包的，应当按照资质等级低的单位的业务许可范围承揽工程。

（2）禁止承包单位将其承包的全部建筑工程转包给他人，禁止承包单位将其承包的全部建筑工程肢解以后以分包的名义分别转包给他人。

（3）建筑工程总承包单位可以将承包工程中的部分工程发包给具有相应资质条件的分包单位；但是，除总承包合同中约定的分包外，必须经建设单位认可。施工总承包的，建筑工程主体结构的施工必须由总承包单位自行完成。

（4）建筑工程总承包单位按照总承包合同的约定对建设单位负责；分包单位按照分包合同的约定对总承包单位负责。总承包单位和分包单位就分包工程对建设单位承担连带责任。

（5）禁止总承包单位将工程分包给不具备相应资质条件的单位。禁止分包单位将其承包的工程再分包。

拓展：此知识点主要考查发包单位、承包单位的安全管理责任，偶尔也会考查有关发包的法律规定，此部分内容了解即可。

《建筑法》第十六条规定，建筑工程发包与承包的招标投标活动，应当遵循公开、公正、平等竞争的原则，择优选择承包单位。

第十八条规定，建筑工程造价应当按照国家有关规定，由发包单位与承包单位在合同中约定。公开招标发包的，其造价的约定，须遵守招标投标法律的规定。

第二十条规定，建筑工程实行公开招标的，发包单位应当依照法定程序和方式，发布招标公告，提供载有招标工程的主要技术要求、主要的合同条款、评标的标准和方法以及开标、评标、定标的程序等内容的招标文件。

开标应当在招标文件规定的时间、地点公开进行。开标后应当按照招标文件规定的评标标准和程序对标书进行评价、比较，在具备相应资质条件的投标者中，择优选定中标者。

第二十二条规定，建筑工程实行招标发包的，发包单位应当将建筑工程发包给依法中标的承包单位。建筑工程实行直接发包的，发包单位应当将建筑工程发包给具有相应资质条件的承包单位。

■ 举一反三

[典型例题1·单选] 某房地产开发公司准备开发一片居民区，通过招标选择施工单位。根据《建筑法》的规定，下列说法正确的是（　　）。

A. 王某从事建筑工作多年，手下有几十个有经验的工人，开发公司把一幢楼的施工发包给王某

B. 承包单位为节约成本，把混凝土工程分包给其他单位

C. 施工资质不同的单位可以组成联合体共同承包

D. 房地产开发公司通过招标选择施工单位的做法不正确

[解析] 选项A错误，禁止总承包单位将工程分包给不具备相应资质条件的单位或个人。选项B错误，混凝土工程为主体工程，根据相关规定，主体结构、关键性工作不得分包。选项D错误，房地产开发公司只要是依法招投标，做法就是正确的。

[答案] C

[典型例题2·单选] 根据《建筑法》的规定，关于建筑工程发包的说法，正确的是（　　）。

A. 建筑工程应当依法实行招标发包，不能直接发包

B. 建筑工程实行公开招标的，应发布招标公告，提供的招标文件应包括主要的合同条款

C. 建筑工程招标的开标、评标、定标由建筑行政主管部门组织实施

D. 按照合同约定，建筑材料、建筑构配件和设备由工程承包单位采购的，发包单位可以指定生产厂、供应商

[解析] 选项A错误，建筑工程依法实行招标发包，对不适于招标发包的可以直接发包。选项C错误，建筑工程招标的开标、评标、定标由建设单位依法组织实施，行政主管部门依法进行监督。选项D错误，发包单位不得指定工程的建筑材料、建筑构配件和设备或者指定生产厂、供应商。

[答案] B

■ 环球君点拨

《建筑法》中有关工程发包与承包的规定，主要掌握以下内容：总承包单位可以分包，对大型或复杂工程也可以联合承包，并且各方承担连带责任，总承包单位对分包单位负有管理责任。考试中要注意题干的描述，细心作答。

考点2 建筑施工安全管理 [2023、2022]

真题链接

[2023·单选] 甲施工企业承担乙市政公司的道路雨污水管道工程,丙公司为监理单位。甲企业的顶管作业现场邻近丁公司的大型商场,可能会对该商场安全造成影响。根据《建筑法》,负责对商场采取安全防护措施的单位是（　　）。

A. 甲施工企业　　　　　　　　B. 乙市政公司
C. 丙公司　　　　　　　　　　D. 丁公司

[解析] 根据《建筑法》第三十九条,建筑施工企业应当在施工现场采取维护安全、防范危险、预防火灾等措施;有条件的,应当对施工现场实行封闭管理。施工现场对毗邻的建筑物、构筑物和特殊作业环境可能造成损害的,建筑施工企业应当采取安全防护措施。

[答案] A

[2022·单选] 甲企业重新装修办公大楼,涉及部分建筑主体和承重结构的变动,通过竞争性谈判选择了乙企业为施工单位。丙企业为甲企业办公大楼的原设计方,丁企业与丙企业都具有相应设计资质。根据《建筑法》,变动的设计方案应当由（　　）。

A. 甲企业委托乙企业提出　　　　B. 乙企业委托丙企业提出
C. 乙企业委托丁企业提出　　　　D. 甲企业委托丁企业提出

[解析] 根据《建筑法》,甲企业对涉及部分建筑主体和承重结构的变动,在施工前应由原设计单位提出变动设计方案,也可以由具有相应资质条件的其他设计单位提出设计方案。

[答案] D

真题精解

点题： 近年来,《建筑法》整体考查分值不高,有关施工安全管理,主要考查施工各方安全生产职责。在《建筑法》中,还有其他施工安全管理的规定,可作为次要知识点进行学习。

分析： 关于建筑施工安全管理,《建筑法》中相关规定如下。

(1) 建筑工程安全生产管理必须坚持安全第一、预防为主的方针,建立健全安全生产的责任制度和群防群治制度。

(2) 建筑施工企业在编制施工组织设计时,应当根据建筑工程的特点制定相应的安全技术措施;对专业性较强的工程项目,应当编制专项安全施工组织设计,并采取安全技术措施。

(3) 建设单位应当向建筑施工企业提供与施工现场相关的地下管线资料,建筑施工企业应当采取措施加以保护。

(4) 施工现场安全由建筑施工企业负责。实行施工总承包的,由总承包单位负责。分包单位向总承包单位负责,服从总承包单位对施工现场的安全生产管理。

(5) 建筑施工企业应当依法为职工参加工伤保险缴纳工伤保险费。鼓励企业为从事危险作业的职工办理意外伤害保险,支付保险费。

(6) 涉及建筑主体和承重结构变动的装修工程,建设单位应当在施工前委托原设计单位或者具有相应资质条件的设计单位提出设计方案;没有设计方案的,不得施工。

拓展： 此考点还可能会考查有关工程监理单位的相关规定。

《建筑法》第三十二条规定,建筑工程监理应当依照法律、行政法规及有关的技术标准、设计

安全生产法律法规

文件和建筑工程承包合同，对承包单位在施工质量、建设工期和建设资金使用等方面，代表建设单位实施监督。工程监理人员认为工程施工不符合工程设计要求、施工技术标准和合同约定的，有权要求建筑施工企业改正。工程监理人员发现工程设计不符合建筑工程质量标准或者合同约定的质量要求的，应当报告建设单位要求设计单位改正。

第三十四条规定，工程监理单位与被监理工程的承包单位以及建筑材料、建筑构配件和设备供应单位不得有隶属关系或者其他利害关系。工程监理单位不得转让工程监理业务。

第三十五条规定，工程监理单位与承包单位串通，为承包单位谋取非法利益，给建设单位造成损失的，应当与承包单位承担连带赔偿责任。

举一反三

[典型例题1·单选] 根据《建筑法》的规定，关于企业安全生产管理的说法，正确的是（　　）。

A. 建筑施工企业的项目负责人对本企业的安全生产负责
B. 施工现场安全由建设单位负责，实行施工总承包的，由总承包单位负责
C. 建设单位应当依法为施工单位职工参加工伤保险，缴纳工伤保险费
D. 施工中发生事故时，建筑施工企业应当采取紧急措施，并按规定向有关部门报告

[解析] 选项A错误，建筑施工企业的法定代表人对本企业的安全生产负责，项目负责人仅对相关项目的安全生产负责。选项B错误，施工现场安全由建筑施工企业负责，实行施工总承包的，由总承包单位负责。选项C错误，建筑施工企业应当依法为职工参加工伤保险缴纳工伤保险费。

[答案] D

[典型例题2·单选] 建筑施工企业在编制施工组织设计时，应当根据建筑工程的特点制定相应的安全技术措施；对专业性较强的工程项目，应当编制（　　），并采取安全技术措施。

A. 专项设计方案　　　　　　　　B. 专项施工方案
C. 专项安全施工组织设计　　　　D. 专项现场救援方案

[解析] 建筑施工企业对专业性较强的工程项目，应当编制专项安全施工组织设计，并采取安全技术措施。

[答案] C

环球君点拨

在考试中，《建筑法》常与《建设工程安全生产管理条例》结合考查，出题方向主要是建设各方安全生产责任，大家在复习过程中可以对照学习。

第五章 安全生产相关法律

第一节 中华人民共和国民法典

▶ **考点** 建筑物和物件损害责任 [2022]

■ **真题链接**

[2022·单选] 甲市政公司将道路维修工程发包给乙公司，乙公司在道路上进行挖掘活动，但未设置安全警示标志，也未采取安全措施，行人丙夜间跌入坑中受伤。根据《民法典》，关于行人丙损害赔偿的说法，正确的是（　　）。

A. 乙公司承担赔偿责任
B. 甲市政公司承担赔偿责任
C. 甲市政公司与乙公司承担连带责任
D. 甲市政公司与乙公司承担按份责任

[解析] 根据《民法典》的规定，乙公司是道路的施工方，施工方没有设置安全警示标志，也没有采取安全措施，造成他人损害的，应当承担侵权责任。

[答案] A

■ **真题精解**

点题：《民法典》于 2021 年 1 月 1 日起施行，2022 年真题仅考查了一个知识点，即建筑物和物件损害责任，考查的内容比较简单。

分析：近年来，建筑物和物件损害他人权利的事件经常发生，所以此考点未来考查的概率仍然很大，而《民法典》中相关规定较多，建议重点掌握以下内容。

(1) 禁止从建筑物中抛掷物品。从建筑物中抛掷物品或者从建筑物上坠落的物品造成他人损害的，由侵权人依法承担侵权责任；经调查难以确定具体侵权人的，除能够证明自己不是侵权人的外，由可能加害的建筑物使用人给予补偿。可能加害的建筑物使用人补偿后，有权向侵权人追偿。

(2) 在公共道路上堆放、倾倒、遗撒妨碍通行的物品造成他人损害的，由行为人承担侵权责任。公共道路管理人不能证明已经尽到清理、防护、警示等义务的，应当承担相应的责任。

(3) 因林木折断、倾倒或者果实坠落等造成他人损害，林木的所有人或者管理人不能证明自己没有过错的，应当承担侵权责任。

(4) 在公共场所或者道路上挖掘、修缮安装地下设施等造成他人损害，施工人不能证明已经设置明显标志和采取安全措施的，应当承担侵权责任。

窨井等地下设施造成他人损害，管理人不能证明尽到管理职责的，应当承担侵权责任。

拓展：《民法典》被称为"社会生活的百科全书"，其中有关侵害责任的规定都是从实际出发的，因此在考试中也可能会遇到，建议简单了解。

(1) 从事高空、高压、地下挖掘活动或者使用高速轨道运输工具造成他人损害的，经营者应当承担侵权责任；但是，能够证明损害是因受害人故意或者不可抗力造成的，不承担责任。被侵权人对损害的发生有重大过失的，可以减轻经营者的责任。

（2）饲养的动物造成他人损害的，动物饲养人或者管理人应当承担侵权责任；但是，能够证明损害是因被侵权人故意或者重大过失造成的，可以不承担或者减轻责任。

（3）建筑物、构筑物或者其他设施倒塌、塌陷造成他人损害的，由建设单位与施工单位承担连带责任，但是建设单位与施工单位能够证明不存在质量缺陷的除外。建设单位、施工单位赔偿后，有其他责任人的，有权向其他责任人追偿。

因所有人、管理人、使用人或者第三人的原因，建筑物、构筑物或者其他设施倒塌、塌陷造成他人损害的，由所有人、管理人、使用人或者第三人承担侵权责任。

■ 举一反三

[典型例题1·单选] 近年来，高空抛物导致路人受伤的事件时有发生。根据《民法典》，关于高空抛物的民事责任承担的说法，错误的是（　　）。

A. 有路人经过时，严禁高空抛物
B. 高空抛物给他人造成损伤的，由抛掷人承担侵权责任
C. 抛掷人无法确定的，由可能的抛掷人承担侵权责任
D. 抛掷人无法确定，但可以证明自己不是抛掷人的，无须承担责任

[解析]《民法典》规定，禁止从建筑物中抛掷物品，即无论有没有人经过，高空抛物都是禁止的。

[答案] A

[典型例题2·单选] 张三看到李四在遛狗，觉得狗很可爱，就用手去逗，李四并未阻止，没想到小狗突然将张三的手咬伤。根据《民法典》，在这起事件中，关于责任承担的说法，正确的是（　　）。

A. 张三主动逗狗，应承担全部责任
B. 李四未阻止张三，应承担全部责任
C. 李四已经拴了狗绳，不应承担责任
D. 张三自己有过错，应承担部分责任

[解析] 饲养的动物造成他人损害的，动物饲养人或者管理人应当承担侵权责任。但此题中，张三在不知狗的习性情况下主动逗狗，也存在一定过错，因此应承担一部分责任。

[答案] D

■ 环球君点拨

《民法典》涉及生活的方方面面，条款规定非常多，建议只学与安全有关的规定。对于此考点，判断侵权责任要看是否存在过错，有过错且没有免责事由则要承担侵权责任。

第二节　中华人民共和国刑法

▶ 考点1　**重大责任事故罪和强令组织他人违章冒险作业罪**　[2022、2020、2018、2014]

■ 真题链接

[2022·单选] 某施工单位承建地铁站基坑工程，因违规施工，基坑严重超挖，支撑体系存在

严重缺陷。监理单位项目总监蒋某发现问题后没有采取任何措施,施工过程中发生塌陷事故,导致2人死亡。根据《刑法》和《建设工程安全生产管理条例》,关于该起事故中相关单位和人员法律责任的说法,正确的是(　　)。

　　A. 蒋某的行为涉嫌构成重大责任事故罪
　　B. 蒋某的行为涉嫌构成工程重大安全事故罪
　　C. 施工单位承担主要责任,监理单位承担次要责任
　　D. 监理单位承担主要责任,施工单位承担次要责任

　　[解析] 工程监理单位和监理工程师应当按照法律、法规和工程建设强制性标准实施监理,并对建设工程安全生产承担监理责任。蒋某作为总监没有履行自己的职责,导致发生2人死亡的后果,涉嫌构成重大责任事故罪。

[答案] A

[2020·单选] 某石膏矿发生采空区重大坍塌事故,经调查,该矿总经理尹某涉嫌构成重大责任事故罪。根据《刑法》及相关司法解释,可以对尹某处3年以上7年以下有期徒刑的情形是(　　)。

　　A. 造成1人死亡,负事故次要责任
　　B. 造成1人死亡,负事故主要责任
　　C. 造成直接经济损失500万元,负事故次要责任
　　D. 造成直接经济损失500万元,负事故主要责任

　　[解析] 构成重大责任事故罪,处3年以下有期徒刑或者拘役;情节特别恶劣的,处3~7年有期徒刑。其中"情节特别恶劣的",是指直接经济损失500万元以上,且负事故主要责任。

[答案] D

[2018·单选] 某煤矿发生煤层着火,为保护采掘设备不受损害,总工程师刘某强令作业人员冒险进入巷道进行抢救,结果造成5人死亡。根据《刑法》有关规定,刘某应当被判处的刑罚是(　　)。

　　A. 3年以下有期徒刑
　　B. 5年以下有期徒刑
　　C. 3年以上5年以下有期徒刑
　　D. 5年以上有期徒刑

　　[解析] "总工程师刘某强令作业人员冒险进入巷道进行抢救"属于强令他人违章冒险作业,"造成5人死亡"属于情节特别严重的情形,所以应判处5年以上有期徒刑。

[答案] D

[2014·单选] 根据《刑法》,由于强令他人违章冒险作业而导致重大伤亡事故发生或者造成其他严重后果,情节特别恶劣的,应处有期徒刑(　　)。

　　A. 10年以上　　　　　　B. 7年以上
　　C. 5年以上　　　　　　D. 3年以上

　　[解析] 根据《刑法》,强令他人违章冒险作业,因而发生重大伤亡事故或者造成其他严重后果的,处5年以下有期徒刑或者拘役;情节特别恶劣的,处5年以上有期徒刑。

[答案] C

真题精解

点题： 以上四年真题主要考查重大责任事故罪的判定与刑期，题目设定较简单，均是根据题干中事故造成的死亡人数或直接经济损失后果进行判定。注意：此知识点为历年高频考点，需重点掌握。

分析：《刑法》第一百三十四条规定，在生产、作业中违反有关安全管理的规定，因而发生重大伤亡事故或者造成其他严重后果的，处3年以下有期徒刑或者拘役；情节特别恶劣的，处3年以上7年以下有期徒刑。

强令他人违章冒险作业，或者明知存在重大事故隐患而不排除，仍冒险组织作业，因而发生重大伤亡事故或者造成其他严重后果的，处5年以下有期徒刑或者拘役；情节特别恶劣的，处5年以上有期徒刑。

拓展： 根据《最高人民法院、最高人民检察院关于办理危害生产安全刑事案件适用法律若干问题的解释》，重大责任事故的"造成严重后果"或"发生重大伤亡事故或者造成其他严重后果"有以下几种情形：

(1) 造成死亡1人以上，或者重伤3人以上的。

(2) 造成直接经济损失100万元以上的。

(3) 其他造成严重后果或者重大安全事故的情形。

"情节特别恶劣"是指：

(1) 造成死亡3人以上或者重伤10人以上，负事故主要责任的。

(2) 造成直接经济损失500万元以上，负事故主要责任的。

(3) 其他造成特别严重后果、情节特别恶劣或者后果特别严重的情形。

举一反三

[典型例题1·单选] 某建筑公司承包一酒店建设项目，公司负责人未履行相关安全管理规定，盲目组织施工。在施工过程中，钢管模板支架发生坍塌，造成1名工人死亡、2人受伤。根据《刑法》及相关司法解释，对该建筑公司的主要责任人视情节应当（　　）。

A. 处3年以下有期徒刑或者拘役

B. 处3年以上7年以下有期徒刑

C. 处5年以上有期徒刑

D. 处5年以下有期徒刑或者拘役

[解析] 公司负责人未履行相关安全管理规定，造成1人死亡，涉嫌构成重大责任事故罪，后果严重，应视情节处3年以下有期徒刑或者拘役。

[答案] A

[典型例题2·单选] 某市政工程公司进行地下管道安装施工，李某作为项目经理违反安全管理规定安排工人作业，造成2名工人死亡。根据《刑法》及相关司法解释，李某的行为涉嫌构成（　　）。

A. 重大责任事故罪　　　　　　　　B. 一般责任事故罪

C. 强令他人违章冒险作业罪　　　　D. 重大劳动安全事故罪

[解析] 根据题干，项目经理李某违反有关安全管理的规定安排工人作业，发生2人死亡事故，

因此李某的行为涉嫌构成重大责任事故罪。

[答案] A

[典型例题 3·单选] 某化工厂职工在工作时发现输送危险化学品的管道发生泄漏，于是马上向分管安全的副厂长报告，并要求停止作业，副厂长查看后认为不严重，不需采取措施，以谁停止作业就扣工资威胁工人继续工作，导致发生爆炸事故，造成 2 人死亡、10 人受伤。根据《刑法》，副厂长的行为构成（　　）。

A. 危险作业罪
B. 强令他人违章冒险作业罪
C. 重大责任事故罪
D. 重大劳动安全事故罪

[解析] 副厂长明知有危险而不采取措施，"以扣工资威胁工人继续工作"，构成强令他人冒险作业罪。

[答案] B

■ 环球君点拨

"重大责任事故罪"和"强令他人冒险作业罪"在《刑法》中属同一条，但二者的刑期不同，重大责任事故罪以 3 年为分界线，强令他人违章冒险作业罪以 5 年为分界线。其特点是行为人以威胁、命令的方式强迫他人冒险作业而发生事故，在考试中可在题干中找相似的关键词来判断。

考点 2　不报、谎报安全事故罪 [2022、2021、2020]

■ 真题链接

[2022·单选] 某企业发生爆炸事故，县委书记李某、县长朱某接到报告赶到现场了解情况后，朱某认为被困人员获救可能性较大，建议暂不上报，李某同意。因延误救援，该起事故造成 10 人死亡、1 人失踪、直接经济损失 6 000 万元。根据《刑法》和《最高人民法院、最高人民检察院关于办理危害生产安全刑事案件适用法律若干问题的解释》，关于李某、朱某刑事责任的说法，正确的是（　　）。

A. 李某、朱某均涉嫌构成不报安全事故罪
B. 李某、朱某无事故报告义务，不构成犯罪
C. 李某、朱某涉嫌构成滥用职权罪
D. 朱某涉嫌构成瞒报事故罪，李某不构成犯罪

[解析] 此题中县委书记李某、县长朱某均有责任按规定上报事故，其未按规定报告事故，延误救援，造成严重后果，因而构成不报安全事故罪。

[答案] A

[2021·单选] 某露天矿洗煤厂维修工韩某、郭某进行设备检修作业时，因不遵守操作规程发生事故，造成韩某死亡、郭某轻伤。事故发生时，现场值班负责人是赵某。该洗煤厂的法定代表人是张某。该事故没有报告有关部门。根据《刑法》及《最高人民法院、最高人民检察院关于办理危害生产安全刑事案件适用法律若干问题的解释》，下列关于不报、谎报事故罪犯罪主体的说法，正确的是（　　）。

A. 郭某在事故现场，负有事故报告义务，属于不报、谎报事故罪的犯罪主体
B. 张某负有事故报告职责，属于不报、谎报事故罪的犯罪主体

C. 赵某是现场值班负责人，但不属于不报、谎报事故罪的犯罪主体

D. 洗煤厂外部人员不可能成为本次事故不报、谎报事故罪的犯罪主体

[解析] 不报、谎报事故罪犯罪主体是"负有报告职责的人员"。题干中，该事故没有报告有关部门，根据《安全生产法》的规定，企业的主要负责人（张某）负有事故报告的义务，故选项 B 正确。

[答案] B

[2020·多选] 事故单位的责任人和对事故负有监管职责的人员在事故发生后弄虚作假，贻误事故抢救，应承担相应的法律责任。根据《刑法》及相关司法解释，关于不报、谎报安全事故罪犯罪情形应当认定为情节特别严重的有（　　）。

A. 导致事故后果扩大，增加死亡 3 人以上的

B. 导致事故后果扩大，增加重伤 10 人以上的

C. 采用暴力、胁迫、命令等方式阻止他人报告事故情况，导致事故后果扩大的

D. 导致事故后果扩大，增加死亡 2 人以下的

E. 导致事故后果扩大，增加经济损失 500 万元以上的

[解析] 所谓"情节特别严重"，是指下列情形之一：①导致事故后果扩大，增加死亡 3 人以上，或者增加重伤 10 人以上，或者增加直接经济损失 500 万元以上的；②采用暴力、胁迫、命令等方式阻止他人报告事故情况，导致事故后果扩大的；③其他情节特别严重的情形。

[答案] ABC

真题精解

点题：以上三年真题考查的是不报、谎报安全事故罪，不仅考查了犯罪主体，还考查了量刑标准。此知识点是近几年比较高频的考点，需要重点关注。

分析：不报、谎报安全事故罪的犯罪主体是在安全事故发生后、负有报告职责的有关人员。《刑法》第一百三十九条之一规定，在安全事故发生后，负有报告职责的人员不报或者谎报事故情况，贻误事故抢救，情节严重的，处 3 年以下有期徒刑或者拘役；情节特别严重的，处 3 年以上 7 年以下有期徒刑。

拓展：不报、谎报安全事故罪的量刑标准也是常考内容。根据《最高人民法院、最高人民检察院关于办理危害生产安全刑事案件适用法律若干问题的解释》，所谓"情节严重"，是指下列情形之一：

（1）导致事故后果扩大，增加死亡 1 人以上，或者增加重伤 3 人以上，或者增加直接经济损失 100 万元以上的。

（2）实施下列行为之一，致使不能及时有效开展事故抢救的：

①决定不报、迟报、谎报事故情况或者指使、串通有关人员不报、迟报、谎报事故情况的。

②在事故抢救期间擅离职守或者逃匿的。

③伪造、破坏事故现场，或者转移、藏匿、毁灭遇难人员尸体，或者转移、藏匿受伤人员的。

④毁灭、伪造、隐匿与事故有关的图纸、记录、计算机数据等资料以及其他证据的。

（3）其他情节严重的情形。

所谓"情节特别严重"，是指下列情形之一：

（1）导致事故后果扩大，增加死亡 3 人以上，或者增加重伤 10 人以上，或者增加直接经济损

失 500 万元以上的。

(2) 采用暴力、胁迫、命令等方式阻止他人报告事故情况，导致事故后果扩大的。

(3) 其他情节特别严重的情形。

举一反三

[典型例题 1·单选] 某建筑公司在建设住宅楼项目时发生了一起脚手架坍塌事故，该单位负责人没有上报事故，而是马上指挥展开救援，但由于救援不当，造成 2 人死亡。根据《刑法》及相关司法解释，该建筑公司的责任人行为涉嫌构成（ ）。

A. 危险作业罪　　　　　　　　　　B. 重大劳动安全事故罪

C. 不报安全事故罪　　　　　　　　D. 渎职罪

[解析] 单位负责人接到事故报告后，应立即如实报告当地负有安全生产监督管理职责的部门，该单位负责人没有及时报告，造成死亡 2 人的后果，涉嫌构成不报安全事故罪。

[答案] C

[典型例题 2·单选] 某煤矿企业发生瓦斯突出事故，作业面有 15 人被困。为减轻责任，矿长张某没有报告事故，而是自行展开救援，结果致使被困人员中有 11 人遇难。依据《刑法》有关规定，张某应当被判处的刑罚是（ ）。

A. 3 年以下有期徒刑　　　　　　　B. 5 年以下有期徒刑

C. 3 年以上 7 年以下有期徒刑　　　D. 7 年以上有期徒刑

[解析] 矿长张某未及时上报事故，贻误抢救时机，造成 11 人死亡的后果，构成不报安全事故罪，且后果特别严重，应处 3 年以上 7 年以下有期徒刑。

[答案] C

环球君点拨

在考试中应注意，不报、谎报安全事故罪的主体不只是单位负责人、各级负有报告职责的职能部门。"负有报告职责的人员"，是指负有组织、指挥或管理职责的负责人、管理人员、实际控制人、投资人，以及其他负有报告职责的人员，也包括事故现场人员、值班人员等。此外，事故后果的扩大是因为不报、谎报，贻误救援时机，构成此罪。

考点 3　危险作业罪 [2021]

真题链接

[2021·单选] 为保护人民群众生命财产安全，依法打击严重安全生产违法行为，《中华人民共和国刑法修正案（十一）》新增危险作业罪。下列行为中，涉嫌构成危险作业罪的是（ ）。

A. 丁企业员工李某破坏本企业防爆报警装置，具有发生重大伤亡事故的现实危险

B. 甲煤矿企业为逃避监管，矿长指示员工销毁超产能信息

C. 乙企业存在重大事故隐患被责令停产停业，主要负责人拒不执行

D. 丙企业未取得危险化学品安全生产许可证，安排职工进行危险化学品生产

[解析] 危险作业罪最明显的特征是具有发生重大伤亡事故或者其他严重后果的现实危险，选项 A 最符合。

[答案] A

真题精解

点题：危险作业罪是《刑法》第十一次修订后新增加的罪名，2021年第一次考查，直接考查构成条件，比较简单。

分析：关于危险作业罪，《刑法》第一百三十四条之一规定，在生产、作业中违反有关安全管理的规定，有下列情形之一，具有发生重大伤亡事故或者其他严重后果的现实危险的，处1年以下有期徒刑、拘役或者管制：

（1）关闭、破坏直接关系生产安全的监控、报警、防护、救生设备、设施，或者篡改、隐瞒、销毁其相关数据、信息的。

（2）因存在重大事故隐患被依法责令停产停业、停止施工、停止使用有关设备、设施、场所或者立即采取排除危险的。

（3）涉及安全生产的事项未经依法批准或者许可，擅自从事矿山开采、金属冶炼、建筑施工，以及危险物品生产、经营、储存等高度危险的生产作业活动的。

拓展：危险作业罪和安全生产其他罪有个非常明显的区别。例如，重大责任事故罪，具有造成人员伤亡或者直接经济损失的后果，而危险作业罪没有产生人员伤亡的后果，只是处于危险的作业环境中，但这种情况具有发生重大伤亡事故或者其他严重后果的现实危险，如果继续作业，随时都有发生事故的可能。

举一反三

[典型例题1·单选] 某煤矿因瓦斯报警系统频繁发出警报，负责煤矿生产的经理为不影响生产关闭了报警系统。根据《刑法》的有关规定，该经理的行为构成（ ）。

A. 危害公共安全罪 B. 危险作业罪
C. 不报安全事故罪 D. 重大劳动安全事故罪

[解析] 经理关闭了报警系统，而工人仍在生产，具有发生重大伤亡事故的现实危险，但尚未发生安全事故，因此该经理的行为构成危险作业罪。

[答案] B

[典型例题2·单选] 某铁矿石冶炼企业，涉及安全生产的事项未经许可，擅自从事冶炼活动，具有发生重大安全事故的现实危险。监管部门在检查中发现了此情况，执法人员将责任人移交司法机关，追究其刑事责任。根据《刑法》的规定，可对责任人员处以（ ）。

A. 拘役 B. 3年以下有期徒刑
C. 1年以上3年以下有期徒刑 D. 3年以上7年以下有期徒刑

[解析] 铁矿石冶炼企业负责人涉嫌构成危险作业罪，应处以1年以下有期徒刑、拘役或者管制。

[答案] A

环球君点拨

危险作业罪的犯罪主体既可以是有关领导，也可以是普通从事生产的职工，具体要看题干的描述。在考试中，可根据是否发生事故、造成人员伤亡的后果来判断，无论描述的有多危险，只要未发生事故，即可认为是危险作业罪。

考点 4　重大劳动安全事故罪 [2023、2019]

真题链接

[2023·多选] 某施工现场发生一起作业人员高处坠落事故。经初步调查，1 名作业人员因躲避往来车辆，身体向右靠在基坑临边防护上，由于防护搭设不牢固，人员和防护栏杆一同掉入基坑，造成人员当场摔死。根据《刑法》《关于办理危害生产安全刑事案件适用法律若干问题的解释》，关于该起事故刑事责任追究的说法，正确的有（　　）。

A. 应当对事故单位处以罚金
B. 应当对责任人员处 3 年以上 7 年以下有期徒刑
C. 应当对直接负责的主管人员判处有期徒刑或者拘役
D. 应当对其他直接责任人员判处有期徒刑或者拘役
E. 应当对直接负责的主管人员处以罚金

[解析] 根据《刑法》，安全生产设施或者安全生产条件不符合国家规定，因而发生重大伤亡事故或者造成其他严重后果的，对直接负责的主管人员和其他直接责任人员，处 3 年以下有期徒刑或者拘役；情节特别恶劣的，处 3 年以上 7 年以下有期徒刑。该起事故造成 1 人死亡，涉嫌构成重大劳动安全事故罪，对责任人员应处 3 年以下有期徒刑或拘役。

[答案] CD

[2019·单选] 某自来水公司的安全设施不符合国家规定，造成 2 名工人在进行管道维修作业时死亡。根据《刑法》及相关司法解释，关于犯罪主体及其罪名的说法，正确的是（　　）。

A. 自来水公司直接责任人员涉嫌构成重大责任事故罪
B. 自来水公司负责人涉嫌构成强令违章冒险作业罪
C. 自来水公司安全管理人员涉嫌构成重大责任事故罪
D. 自来水公司直接负责的主管人员涉嫌构成重大劳动安全事故罪

[解析] 自来水公司的安全设施不符合国家规定，造成严重后果的，直接负责的主管人员涉嫌构成重大劳动安全事故罪。

[答案] D

真题精解

点题：2019 年真题考查了重大劳动安全事故罪的判定，2023 年真题考查了重大劳动安全事故罪的处罚，此知识点考查频率较低，但不排除之后继续考查，应予以掌握。

分析：关于重大劳动安全事故罪，《刑法》第一百三十五条规定，安全生产设施或者安全生产条件不符合国家规定，因而发生重大伤亡事故或者造成其他严重后果的，对直接负责的主管人员和其他直接责任人员，处 3 年以下有期徒刑或者拘役；情节特别恶劣的，处 3 年以上 7 年以下有期徒刑。

重大劳动安全事故罪的犯罪主体为特殊主体，即单位中对排除事故隐患、防止事故发生负有职责义务的主管人员和其他直接责任人员。

构成重大劳动安全事故罪，在客观方面必须具备以下三个相互关联的要件：
(1) 厂矿等企业、事业单位的劳动安全设施不符合国家规定，存在事故隐患。
(2) 有关负责人知道存在事故隐患，仍不采取措施。

(3) 发生了重大伤亡事故或者造成了其他严重后果。

重大劳动安全事故罪有关直接责任人员在主观心态上表现为过失，在主观意志上并不希望发生事故。

拓展： 根据相关司法解释，重大劳动安全事故罪的"发生重大伤亡事故或者造成其他严重后果"是指：

(1) 造成死亡 1 人以上，或者重伤 3 人以上的。
(2) 造成直接经济损失 100 万元以上的。
(3) 其他造成严重后果或者重大安全事故的情形。

"情节特别恶劣"是指：

(1) 造成死亡 3 人以上或者重伤 10 人以上，负事故主要责任的。
(2) 造成直接经济损失 500 万元以上，负事故主要责任的。
(3) 其他造成特别严重后果、情节特别恶劣或者后果特别严重的情形。

举一反三

[典型例题 1·单选] 某建筑公司的安全生产条件不符合国家规定，导致施工现场发生了重大伤亡事故。根据《刑法》及相关司法解释，该单位相关负责人涉嫌构成（　　）。

A. 重大责任事故罪　　　　　　　　B. 玩忽职守罪
C. 重大劳动安全事故罪　　　　　　D. 强令违章冒险作业罪

[解析] 根据《刑法》，建筑公司的安全生产条件不符合国家规定，导致施工现场发生了重大伤亡事故，相关负责人涉嫌构成重大劳动安全事故罪。

[答案] C

[典型例题 2·单选] 某矿山企业井下一台风机发生故障，检查人员发现后向主管人员做了汇报，主管认为不会发生事故，未及时安排检修，结果导致 11 人瓦斯中毒，其中 2 人死亡。根据《刑法》有关规定，对该企业直接负责的主管人员应处（　　）。

A. 5 年以下有期徒刑　　　　　　　B. 3 年以下有期徒刑
C. 3 年以上有期徒刑　　　　　　　D. 3 年以上 7 年以下有期徒刑

[解析] 根据《刑法》，安全生产设施或者安全生产条件不符合国家规定，因而发生重大伤亡事故或者造成其他严重后果的，对直接负责的主管人员和其他直接责任人员，处 3 年以下有期徒刑或者拘役"发生重大伤亡事故或者造成其他严重后果"是指：①造成死亡 1 人以上，或者重伤 3 人以上的；②造成直接经济损失 100 万元以上的；③其他造成严重后果或者重大安全事故的情形。故选项 B 符合题意。

[答案] B

环球君点拨

考试中应注意，重大劳动安全事故罪的犯罪主体是企业的相关管理人员，一般不包括普通职工，并且三个构成要素应同时具备。对于单位存在事故隐患，直接责任人是明知或者应该知道的，但是因为追求经济效益，在劳动安全方面投入不足，或者是工作不负责任、疏忽怠惰，或者是心存侥幸心理……都可以构成重大劳动安全事故罪。

第三节　中华人民共和国行政处罚法

考点 1　行政处罚的种类 [2021、2020]

真题链接

[2021·单选] 有关机关作为行政处罚的主体，应当依法行使行政处罚权。根据《行政处罚法》，下列关于行政处罚的种类及规定的说法，正确的是（　　）。

A. 国家行政机关都有行政处罚权
B. 行政机关所作出的警告处罚属于声誉罚
C. 行政机关所作出的加处罚款属于财产罚
D. 部门规章可以设定吊销证照的行政处罚

[解析] 选项 A 错误，行政处罚的主要实施主体是法律、法规和规章规定的国家行政机关。选项 B 正确，声誉罚即对违法者的名誉、荣誉、信誉或精神上的利益造成一定损害的行政处罚，如警告、通报批评、剥夺荣誉称号等。选项 C 错误，财产罚即使被处罚人的财产权利和利益受到损害的行政处罚，如罚款、没收违法所得、销毁违禁物品等。选项 D 错误，尚未制定法律、行政法规的，国务院部门规章可以设定警告、通报批评或者一定数额罚款的行政处罚，不包括吊销证照的处罚。

[答案] B

[2020·单选] 根据《行政处罚法》，下列行政行为中属于行政处罚的是（　　）。

A. 责令改正安全生产违法行为
B. 责令立即排除事故隐患
C. 查封不符合国家标准的设备
D. 没收违法所得

[解析] 根据《行政处罚法》，行政处罚的种类包括：①警告、通报批评；②罚款、没收违法所得、没收非法财物；③暂扣许可证件、降低资质等级、吊销许可证件；④限制开展生产经营活动、责令停产停业、责令关闭、限制从业；⑤行政拘留；⑥法律、行政法规规定的其他行政处罚。选项 A、B 只是行政行为，不属于处罚。选项 C 属于行政强制措施。

[答案] D

真题精解

点题：这两年真题考查的是行政处罚的种类，2020 年真题考查的比较直接，2021 年真题在行政处罚种类的基础上考查了其归属类型，难度较大，预测未来两年不会再以此种形式出题。

分析：《行政处罚法》规定了行政处罚的种类，在考试中，偶尔会考查行政处罚的设定（如 2021 年真题选项 D），因此对处罚的设定也应熟悉。

1. 行政处罚的种类
（1）警告、通报批评。
（2）罚款、没收违法所得、没收非法财物。
（3）暂扣许可证件、降低资质等级、吊销许可证件。
（4）限制开展生产经营活动、责令停产停业、责令关闭、限制从业。

(5) 行政拘留。

(6) 法律、行政法规规定的其他行政处罚。

2. 行政处罚的设定

(1) 法律可以设定各种行政处罚。限制人身自由的行政处罚，只能由法律设定。

(2) 行政法规可以设定除限制人身自由以外的行政处罚。

(3) 地方性法规可以设定除限制人身自由、吊销营业执照以外的行政处罚。

(4) 国务院部门规章可以在法律、行政法规规定的给予行政处罚的行为、种类和幅度的范围内作出具体规定。

(5) 地方政府规章可以在法律、法规规定的给予行政处罚的行为、种类和幅度的范围内作出具体规定。

除法律、法规、规章外，其他规范性文件不得设定行政处罚。

举一反三

[典型例题1·多选] 行政执法机关在对某化工企业检查时，发现存在重大安全隐患，于是要求企业限期整改，该企业未按要求整改而是继续生产，结果发生了人员伤亡事故。有关部门决定没收其违法所得，并予以罚款，对主要负责人给予降级处理，交司法机关追究其刑事责任。根据《行政处罚法》，上述行为中属于行政处罚的有（　　）。

A. 限期整改　　　　　　　　　　B. 没收违法所得

C. 罚款　　　　　　　　　　　　D. 降级

E. 追究刑事责任

[解析] 行政处罚的种类包括：①警告、通报批评；②罚款、没收违法所得、没收非法财物；③暂扣许可证件、降低资质等级、吊销许可证件；④限制开展生产经营活动、责令停产停业、责令关闭、限制从业；⑤行政拘留；⑥法律、行政法规规定的其他行政处罚。选项A、E不属于《行政处罚法》规定的行政处罚种类，选项D属于行政处分。

[答案] BC

[典型例题2·单选] 根据《行政处罚法》，下列关于行政处罚的设定，说法正确的是（　　）。

A. 法律可以设定除限制人身自由以外的各种行政处罚

B. 限制人身自由的行政处罚只能由公安机关设定

C. 地方政府规章可以设定警告、通报批评或者一定数额罚款的行政处罚

D. 除法律、法规、地方政府规章外，其他规范性文件不得设定行政处罚

[解析] 选项A错误，行政法规可以设定除限制人身自由以外的各种行政处罚。选项B错误，限制人身自由的行政处罚，只能由法律设定；公安机关是行使限制人身自由的行政处罚权。选项D错误，除法律、法规、规章外，其他规范性文件不得设定行政处罚，选项中的"地方政府规章"范围缩小，故不正确。

[答案] C

环球君点拨

《行政处罚法》规定的行政处罚的种类只有六种，考试中出现的其他处罚名称均不属于行政处罚。行政处罚的设定比较难记，在学习过程中可以自行做成表格，根据层级从高到低按顺序记忆。

考点 2　行政处罚的管辖和适用 [2021、2019]

真题链接

[2021·单选] 行政处罚的管辖和适用应依法进行。根据《行政处罚法》，下列关于行政处罚的管辖和适用的做法，正确的是（　　）。

A. 赵某驾驶私家车在某镇超速行驶，该镇政府综合执法大队对其进行行政处罚
B. 李某在驾车行驶时突发精神疾病，车辆失去控制造成多车受损，当地公安交通管理行政部门对其进行行政处罚
C. 王某 13 岁，在机动车道路上使用滑行工具并闯红灯，当地公安交通管理行政部门对其作出警告的行政处罚
D. 张某是甲市人，在乙市驾驶车辆发生违章行为，乙市的公安交通管理行政部门对其进行行政处罚

[解析] 选项 A 错误，根据相关规定，赵某超速行驶应由交通管理行政部门进行处罚。选项 B 错误，根据描述，李某应该是间歇性精神病人，发病时不能控制自己行为，不予行政处罚。选项 C 错误，王某未满 14 岁，根据规定，不予行政处罚。选项 D 正确，行政处罚由违法行为发生地的行政机关管辖。

[答案] D

[2019·多选] 根据《行政处罚法》，关于行政处罚管辖的说法，正确的有（　　）。

A. 地域管辖以违法行为发生地的行政机关管辖为一般原则
B. 对管辖发生争议的，报请共同的上一级行政机关指定管辖
C. 行政处罚由具有行政处罚权的行政机关在法定职权范围内实施
D. 行政处罚由违法行为发生地的县级以上地方人民政府具有行政处罚权的行政机关管辖
E. 行政处罚由违法行为人所在地的县级以上地方人民政府具有行政处罚权的行政机关管辖

[解析] 选项 B 表述不准确，对管辖发生争议的，应当协商解决，协商不成的，报请共同的上一级行政机关指定管辖。选项 E 错误，行政处罚由违法行为发生地的县级以上地方人民政府具有行政处罚权的行政机关管辖，不是违法行为人所在地行政机关。

[答案] ACD

真题精解

点题：近两年真题以考查行政处罚的适用为主，有时也会在选项中穿插考查行政处罚的管辖（如 2021 年真题），总体来看行政处罚的适用更为重要一些。

分析：关于行政处罚的管辖和适用，《行政处罚法》作了具体的规定。

1. 行政处罚的管辖

（1）行政处罚由违法行为发生地的行政机关管辖。法律、行政法规、部门规章另有规定的，从其规定。

（2）行政处罚由县级以上地方人民政府具有行政处罚权的行政机关管辖。

（3）两个以上行政机关都有管辖权的，由最先立案的行政机关管辖，对管辖发生争议的，应当协商解决，协商不成的，报请共同的上一级行政机关指定管辖，也可以直接由共同的上一级行政机关指定管辖。

2. 行政处罚的适用

（1）对当事人的同一个违法行为，不得给予两次以上罚款的行政处罚。同一个违法行为违反多个法律规范应当给予罚款处罚的，按照罚款数额高的规定处罚。

（2）不满14周岁的未成年人有违法行为的，不予行政处罚，责令监护人加以管教；已满14周岁不满18周岁的未成年人有违法行为的，应当从轻或者减轻行政处罚。

（3）精神病人、智力残疾人在不能辨认或者不能控制自己行为时有违法行为的，不予行政处罚，但应当责令其监护人严加看管和治疗。间歇性精神病人在精神正常时有违法行为的，应当给予行政处罚。尚未完全丧失辨认或者控制自己行为能力的精神病人、智力残疾人有违法行为的，可以从轻或者减轻行政处罚。

（4）当事人有下列情形之一，应当从轻或者减轻行政处罚：

①主动消除或者减轻违法行为危害后果的。

②受他人胁迫或者诱骗实施违法行为的。

③主动供述行政机关尚未掌握的违法行为的。

④配合行政机关查处违法行为有立功表现的。

⑤法律、法规、规章规定其他应当从轻或者减轻行政处罚的。

（5）违法行为轻微并及时改正，没有造成危害后果的，不予行政处罚。初次违法且危害后果轻微并及时改正的，可以不予行政处罚。当事人有证据足以证明没有主观过错的，不予行政处罚。

（6）违法行为在2年内未被发现的，不再给予行政处罚；涉及公民生命健康安全、金融安全且有危害后果的，上述期限延长至5年。

拓展： 行政处罚应遵循"一事不再罚"原则。"一事不再罚"可界定为：行政主体对当事人的同一个违法行为，不得给予两次以上同类（罚款）的行政处罚。也就是说，行为人的一个行为无论是违反一个规范，还是数个规范，受一个行政主体管辖，还是数个行政主体管辖，可以给予两次以上的行政处罚，但如果是罚款，则只能罚款一次，另一次处罚可以是吊销营业执照或其他许可证，也可以是责令停产停业，还可以是没收非法财物等，不能再罚款。

由此可以看出，行政处罚法规定"一事不再罚"的范围是有限的，仅仅限制的是两次以上罚款的行政处罚，而不是限制其他行政处罚种类的第二次或多次适用。

举一反三

[典型例题1·多选] 根据《行政处罚法》的规定，下列有关行政处罚的管辖和适用的表述，正确的有（ ）。

A. 行政处罚的追诉时效为3年

B. 行政处罚由违法行为发生地的乡镇人民政府行政机关管辖

C. 行为人的违法行为受他人胁迫作出的，应当依法从轻或减轻处罚

D. 行为人的违法行为轻微并及时纠正，没有造成危害后果的，不予行政处罚

E. 行为人的违法行为构成犯罪，将案件移送司法机关，依法追究刑事责任

[解析] 选项A错误，一般情况下，行政处罚的追诉时效为2年，涉及公民生命健康安全、金融安全且有危害后果的，期限延长至5年。选项B错误，行政处罚由违法行为发生地的县级以上地方人民政府有处罚权的行政机关管辖，不是乡镇人民政府行政机关。

[答案] CDE

[典型例题 2·多选] 根据《行政处罚法》的规定，下列属于可以从轻或者减轻处罚的情形有（　　）。

A. 不满 14 周岁的人有违法行为的
B. 主动消除或者减轻违法行为危害后果的
C. 受他人胁迫有违法行为的
D. 配合行政机关查处违法行为有立功表现的
E. 违法行为轻微并及时纠正，没有造成危害后果的

[解析] 选项 A 错误，不满 14 周岁的人有违法行为的，不予行政处罚。选项 E 是不予行政处罚的情形。

[答案] BCD

[典型例题 3·多选] 根据《行政处罚法》的规定，下列关于行政处罚适用的说法，正确的有（　　）。

A. 对不满 14 周岁未成年人违法行为，不予行政处罚，责令监护人严加管教
B. 对 14~16 周岁未成年人违法行为，应当从轻或者减轻行政处罚
C. 间歇性精神病人在精神正常时有违法行为的，应当从轻给予行政处罚
D. 受他人胁迫实施违法行为的，可以依法减轻行政处罚
E. 行政机关已掌握的违法行为，行为人主动供述的，应当减轻行政处罚

[解析] 选项 B 错误，根据《行政处罚法》的规定，14~18 岁的未成年人有违法行为，应当从轻或者减轻行政处罚。选项 C 错误，间歇性精神病人在精神正常时有违法行为的，应当给予行政处罚。选项 E 错误，主动供述的违法行为是行政机关已掌握的，不属于减轻处罚的条件，行政机关未掌握的，如果主动供述才可以减轻处罚。

[答案] AD

环球君点拨

在考试中比较难以把握的是对间歇性精神病人的处罚，由于条款中没有直接说明间歇性精神病人犯病时违法行为的处罚，考生往往无从选择。在这里给大家总结如下：对间歇性精神病人犯病时不能控制自己行为有违法行为的，不予处罚；部分能控制行为的，从轻或减轻处罚；不犯病正常时的违法行为，给予行政处罚。

考点 3　行政处罚的执行 [2023、2020、2019]

真题链接

[2023·单选] 6 月 5 日，某市应急管理部门在执法检查中发现某企业违规存放大量易燃易爆物品，拟作出罚款 30 万元的行政处罚，并于当日告知该企业。该企业负责人认为处罚过重，提出听证申请。根据《行政处罚法》，关于行政处罚听证程序的说法，正确的是（　　）。

A. 该企业应当最迟在 6 月 15 日前提出听证申请
B. 该企业可以委托企业工作人员参加听证
C. 市应急管理部门应当在举行听证的 15 日前通知该企业
D. 市应急管理部门可以指定本案调查人员主持听证

[解析] 选项A错误，该企业应当最迟在6月10日前提出听证申请。选项C错误，市应急管理部门应当在举行听证的7日前通知该企业。选项D错误，听证由行政机关指定的非本案调查人员主持。

[答案] B

[2020·单选] 某煤矿安全监察分局对某矿业公司进行现场检查时，发现该矿业公司存在未建立安全生产责任制度、未记录安全生产教育培训、使用的安全设备不符合国家标准等违法行为，遂决定对该矿业公司进行罚款。如果该矿业公司到期未缴纳罚款，根据《行政处罚法》，关于该煤矿安全监察分局采取措施的说法，错误的是（　　）。

A. 向该矿业公司的开户行下达划款指令
B. 对该矿业公司每日按罚款数额的3%加处罚款
C. 将查封、扣押的不符合国家标准的安全设备拍卖所得价款抵缴罚款
D. 申请人民法院强制执行

[解析] 根据规定，当事人逾期不履行行政处罚决定的，作出行政处罚决定的行政机关可以采取选项B、C、D的措施。选项A错误，监察分局不能直接向开户行下达划款指令，而是依法定程序申请划款。

[答案] A

[2019·单选] 某市安全监管部门对该市一木材加工厂有限公司进行执法检查，发现该公司多套安全设备的安装、使用不符合国家标准，遂依法作出罚款5万元的行政处罚。根据《行政处罚法》，关于该罚款收缴的说法，正确的是（　　）。

A. 该市安全监管部门作出处罚决定后，执法人员应当当场收缴罚款，将罚款交到银行
B. 该公司自收到行政处罚决定书之日起15日内，应当到指定银行缴纳罚款，银行将收缴的罚款直接上缴国库
C. 该公司自收到行政处罚决定书之日起7日内，应当到该市安全监督管理部门缴纳罚款，安全监管部门将收缴的罚款直接上缴银行
D. 该公司自收到行政处罚决定书之日起30日内，应当到该市安全监督管理部门缴纳罚款，安全监管部门将收缴的罚款直接上缴国库

[解析] 选项A错误，监管部门对企业处以5万元罚款，数额较大，不能当场收缴罚款。选项C、D错误，当事人应当自收到行政处罚决定书之日起15日内，到指定的银行缴纳罚款；银行应当收受罚款，并将罚款直接上缴国库。

[答案] B

■ 真题精解

点题：此系列考查了行政处罚的执行。此考点包含行政处罚的执行程序和不执行处罚时的措施，以及听证程序，是比较高频的考点，应予以掌握。

分析：此考点涉及的内容较多，其中有日期和罚款数额需要记忆，并且和其他法规结合较紧密，有一定难度。根据《行政处罚法》，行政处罚的执行相关规定如下。

1. 简易程序

（1）违法事实确凿并有法定依据，对公民处以200元以下、对法人或者其他组织处以3 000元以下罚款或者警告的行政处罚的，可以当场作出行政处罚决定。

(2) 执法人员当场作出行政处罚决定的，应当向当事人出示执法证件，填写预定格式、编有号码的行政处罚决定书，并当场交付当事人。当事人拒绝签收的，应当在行政处罚决定书上注明。

2. 普通程序

(1) 执法人员在调查或者进行检查时，应当主动向当事人或者有关人员出示执法证件。当事人或者有关人员有权要求执法人员出示执法证件。执法人员不出示执法证件的，当事人或者有关人员有权拒绝接受调查或者检查。

(2) 行政机关应当自行政处罚案件立案之日起90日内作出行政处罚决定。

(3) 行政处罚决定书应当在宣告后当场交付当事人；当事人不在场的，行政机关应当在7日内依照《中华人民共和国民事诉讼法》的有关规定，将行政处罚决定书送达当事人。

3. 行政处罚的执行

(1) 作出罚款决定的行政机关应当与收缴罚款的机构分离。当事人应当自收到行政处罚决定书之日起15日内，到指定的银行或者通过电子支付系统缴纳罚款。银行应当收受罚款，并将罚款直接上缴国库。

(2) 依照《行政处罚法》第五十一条的规定当场作出行政处罚决定，有下列情形之一，执法人员可以当场收缴罚款：

①依法给予100元以下罚款的。

②不当场收缴事后难以执行的。

(3) 在边远、水上、交通不便地区，行政机关及其执法人员依照《行政处罚法》第五十一条、第五十七条的规定作出罚款决定后，当事人到指定的银行或者通过电子支付系统缴纳罚款确有困难，经当事人提出，行政机关及其执法人员可以当场收缴罚款。

(4) 行政机关及其执法人员当场收缴罚款的，必须向当事人出具国务院财政部门或者省、自治区、直辖市人民政府财政部门统一制发的专用票据；不出具财政部门统一制发的专用票据的，当事人有权拒绝缴纳罚款。

4. 不执行处罚时的措施

当事人逾期不履行行政处罚决定的，作出行政处罚决定的行政机关可以采取下列措施：

(1) 到期不缴纳罚款的，每日按罚款数额的3%加处罚款，加处罚款的数额不得超出罚款的数额。

(2) 根据法律规定，将查封、扣押的财物拍卖、依法处理或者将冻结的存款、汇款划拨抵缴罚款。

(3) 根据法律规定，采取其他行政强制执行方式。

(4) 依照《行政强制法》的规定申请人民法院强制执行。行政机关批准延期、分期缴纳罚款的，申请人民法院强制执行的期限，自暂缓或者分期缴纳罚款期限结束之日起计算。

此外，当事人对行政处罚决定不服，申请行政复议或者提起行政诉讼的，行政处罚不停止执行，法律另有规定的除外。

5. 听证程序

行政机关作出较严重的处罚时，当事人有要求听证的权利。对此，根据《行政处罚法》第六十三条规定，行政机关拟作出下列行政处罚决定，应当告知当事人有要求听证的权利，当事人要求听证的，行政机关应当组织听证：

(1) 较大数额罚款。
(2) 没收较大数额违法所得、没收较大价值非法财物。
(3) 降低资质等级、吊销许可证件。
(4) 责令停产停业、责令关闭、限制从业。
(5) 其他较重的行政处罚。
(6) 法律、法规、规章规定的其他情形。

需要注意，当事人不承担行政机关组织听证的费用。

《行政处罚法》还规定，听证应当依照以下程序组织：

(1) 当事人要求听证的，应当在行政机关告知后5日内提出。
(2) 行政机关应当在举行听证的7日前，通知当事人及有关人员听证的时间、地点。
(3) 除涉及国家秘密、商业秘密或者个人隐私依法予以保密外，听证公开举行。
(4) 听证由行政机关指定的非本案调查人员主持；当事人认为主持人与本案有直接利害关系的，有权申请回避。
(5) 当事人可以亲自参加听证，也可以委托1~2人代理。
(6) 当事人及其代理人无正当理由拒不出席听证或者未经许可中途退出听证的，视为放弃听证权利，行政机关终止听证。
(7) 举行听证时，调查人员提出当事人违法的事实、证据和行政处罚建议，当事人进行申辩和质证。
(8) 听证应当制作笔录。笔录应当交当事人或者其代理人核对无误后签字或者盖章。当事人或者其代理人拒绝签字或者盖章的，由听证主持人在笔录中注明。

举一反三

[典型例题1·单选] 根据《行政处罚法》，行政机关作出（　　）行政处罚决定前，应当告知当事人有要求举行听证的权利。

A. 警告　　　　　　　　　　B. 对个人处以50元罚款

C. 对单位处以1 000元罚款　　D. 责令停产停业

[解析] 行政机关作出较严重的处罚时，应当告知当事人有要求举行听证的权利；当事人要求听证的应当举行听证。四个选项中选项D的处罚最为严重，故选项D正确。

[答案] D

[典型例题2·单选] 某行政机关给予某用人单位2 000元罚款的行政处罚。根据《行政处罚法》，下列关于行政处罚执行的说法，正确的是（　　）。

A. 该单位对行政处罚决定不服申请行政复议的，行政处罚应当停止执行

B. 执法人员应当当场收缴罚款，并出具罚款收据

C. 该单位应当自收到行政处罚决定书之日起15日内，到指定的银行缴纳罚款

D. 该单位到期未缴纳罚款，行政机关可每日按罚款数额的3‰加处罚款

[解析] 选项A错误，当事人对行政处罚决定不服申请行政复议的，行政处罚依法不停止执行。选项B错误，给予100元以下罚款或不当场收缴事后难以执行时，执法人员才可以当场收缴罚款。选项D错误，行政机关可每日按罚款数额的3%加处罚款。

[答案] C

[**典型例题3·单选**] 根据《行政处罚法》，当事人没有正当理由逾期不履行行政处罚决定的，作出行政处罚决定的行政机关依法有权（　　）。

A. 将冻结的银行存款划拨抵缴罚款　　B. 将查封的财物作价充抵罚款

C. 每日按罚款数额的5%加处罚款　　D. 申请公安机关强制执行

[**解析**] 选项B错误，不能将查封的财物直接作价充抵罚款，而应依法拍卖。选项C错误，应该是每日按罚款数额的3%加处罚款。选项D错误，应该是申请人民法院强制执行。

[**答案**] A

环球君点拨

此考点中涉及几个重要数字，如现场作出处罚（个人200元，单位3 000元）、现场收缴罚款（100元）、每日按3%连续处罚，以及5日提出、7日通知等。这些数字应牢固掌握，在考试中仔细审题，看清题目问的是哪项内容，对号入座。

第四节　中华人民共和国行政强制法

▶ 考点　行政强制措施——查封和扣押 [2023、2022]

真题链接

[**2022·单选**] 某县应急管理部门对某化工企业进行现场执法检查时，发现该企业使用不符合保障安全生产国家标准的设备，遂予以扣押。根据《行政强制法》，关于扣押设备及相关责任的说法，正确的是（　　）。

A. 化工企业承担扣押期间设备损毁的责任

B. 化工企业承担该设备委托机构鉴定的费用

C. 县应急管理部门承担扣押设备的保管费用

D. 扣押设备的期限不得超过15日

[**解析**] 选项A错误、选项C正确，因查封、扣押发生的保管费用由行政机关承担，因此化工企业不承担费用，应由应急管理部门承担。选项B错误，查封、扣押期间检测、检验、检疫或者技术鉴定的费用由行政机关承担。选项D错误，查封、扣押的期限不得超过30日。

[**答案**] C

真题精解

点题：《行政强制法》是2022年考试大纲新增加的法规，2022年是首次考查，且只考查了一个知识点，即行政强制措施里的扣押，比较简单。

分析： 查封和扣押属于同一个考点，只是在实行中，查封主要针对的是场所，扣押针对的是财物、设备等。根据《行政强制法》，查封和扣押的相关规定如下。

(1) 查封、扣押限于涉案的场所、设施或者财物，不得查封、扣押与违法行为无关的场所、设施或者财物；不得查封、扣押公民个人及其所扶养家属的生活必需品。

(2) 查封、扣押的期限不得超过30日；情况复杂的，经行政机关负责人批准，可以延长，但是延长期限不得超过30日。延长查封、扣押的决定应当及时书面告知当事人，并说明理由。对物品需要进行检测、检验、检疫或者技术鉴定的，查封、扣押的期间不包括检测、检验、检疫或者技术鉴定的期间。检测、检验、检疫或者技术鉴定的期间应当明确，并书面告知当事人。检测、检验、检疫或者技术鉴定的费用由行政机关承担。

（3）对查封、扣押的场所、设施或者财物，行政机关应当妥善保管，不得使用或者损毁；造成损失的，应当承担赔偿责任。对查封的场所、设施或者财物，行政机关可以委托第三人保管，第三人不得损毁或者擅自转移、处置。因第三人的原因造成的损失，行政机关先行赔付后，有权向第三人追偿。

因查封、扣押发生的保管费用由行政机关承担。

（4）解除查封、扣押应当立即退还财物；已将鲜活物品或者其他不易保管的财物拍卖或者变卖的，退还拍卖或者变卖所得款项。变卖价格明显低于市场价格，给当事人造成损失的，应当给予补偿。

拓展：查封和扣押只是行政强制措施的一种，行政强制措施还有其他多种。《行政强制法》第九条规定，行政强制措施的种类包括：限制公民人身自由；查封场所、设施或者财物；扣押财物；冻结存款、汇款；其他行政强制措施。此外，还应掌握《行政强制法》的下列规定。

（1）违法行为情节显著轻微或者没有明显社会危害的，可以不采取行政强制措施。

（2）行政强制措施由法律、法规规定的行政机关在法定职权范围内实施。行政强制措施权不得委托。行政强制措施应当由行政机关具备资格的行政执法人员实施，其他人员不得实施。

（3）金融机构接到行政机关依法作出的冻结通知书后，应当立即予以冻结，不得拖延，不得在冻结前向当事人泄露信息。法律规定以外的行政机关或者组织要求冻结当事人存款、汇款的，金融机构应当拒绝。

（4）自冻结存款、汇款之日起 30 日内，行政机关应当作出处理决定或者作出解除冻结决定；情况复杂的，经行政机关负责人批准，可以延长，但是延长期限不得超过 30 日。

（5）行政机关作出解除冻结决定的，应当及时通知金融机构和当事人。金融机构接到通知后，应当立即解除冻结。行政机关逾期未作出处理决定或者解除冻结决定的，金融机构应当自冻结期满之日起解除冻结。

举一反三

[典型例题 1·多选] 根据《行政强制法》，下列行为中属于行政强制措施的有（　　）。

A. 罚款　　　　　　B. 查封场所　　　　　C. 扣押财物　　　　　D. 划拨存款

E. 限制公民人身自由

[解析] 选项 B、C、E 属于行政强制措施的种类。选项 A 是行政处罚。选项 D 是行政强制执行的方式。

[答案] BCE

[典型例题 2·单选] 根据《行政强制法》，关于行政强制措施的实施程序，下列说法正确的是（　　）。

A. 违法行为情节显著轻微或者没有明显社会危害的，只能采取限制公民人身自由以外的行政强制措施

B. 查封、扣押的期限不得超过 60 日

C. 对查封的场所、设施或者财物，行政机关不得委托第三人保管

D. 自冻结存款、汇款之日起 30 日内，行政机关应当作出处理决定或者作出解除冻结决定

[解析] 选项A错误，违法行为情节显著轻微或者没有明显社会危害的，可以不采取行政强制措施。选项B错误，查封、扣押的期限不得超过30日。选项C错误，对查封的场所、设施或者财物，行政机关可以委托第三人保管。

[答案] D

环球君点拨

由于《行政强制法》的相关内容是第一次考查，因此可考的知识点非常多，在学习过程中，应重点掌握行政强制措施的实施，还应掌握行政强制执行的相关内容。

第五节 中华人民共和国劳动法

考点 女职工和未成年工劳动保护 [2023、2022、2021、2019]

真题链接

[2023·单选] 某食品公司招聘一批工人，其中，李某和王某被分配在包箱车间，李某已怀孕2个月，王某现年17周岁。根据《劳动法》，关于女职工和未成年工特殊保护的说法，正确的是（　　）。

A. 该公司不得安排王某从事有毒有害的工作
B. 该公司不得安排李某加班
C. 该公司不得安排李某从事国家规定的第二级体力劳动强度的工作
D. 该公司不得安排王某加班

[解析] 根据《劳动法》，未成年工是指年满16周岁未满18周岁的劳动者。禁止安排未成年工从事矿山井下、有毒有害、国家规定的第四级体力劳动强度的劳动和其他禁忌从事的劳动，选项A正确，选项D错误。不得安排女职工在怀孕期间从事国家规定的第三级体力劳动强度的劳动和孕期禁忌从事的劳动，对怀孕7个月以上的女职工，不得安排其延长工作时间和夜班劳动，选项B、C错误。

[答案] A

[2022·单选] 甲、乙、丙、丁是某煤业公司的四名职工。甲，男，17周岁；乙，女，矿井建设工程技术专业；丙，女，已怀孕7个月；丁，女，育有10个月的婴儿。根据《劳动法》，关于该公司工作岗位安排的做法，正确的是（　　）。

A. 安排甲从事井下作业
B. 安排乙从事井下设备布置工作
C. 安排丁暂时顶替某职工夜间值班
D. 安排丙从事第二级体力劳动强度的工作

[解析] 选项A、B错误，甲是未成年男职工，乙为女职工，禁止安排女职工和未成年工从事矿山井下劳动。选项C错误，哺乳未满1周岁的婴儿的女职工，不得安排其夜间劳动。

[答案] D

[2021·单选] 某公司招用未满17周岁的周某。根据《劳动法》及相关规定，下列关于该公司对周某工作安排和健康检查的做法，正确的是（　　）。

A. 安排周某从事国家规定的第三级体力劳动强度的劳动
B. 根据劳动合同约定安排周某从事接触有毒物质的劳动

C. 在生产任务紧急时安排周某到矿山井下加班

D. 根据工作安排对周某不定期进行健康检查

[解析] 周某未满17周岁，属于未成年工，不得安排其从事矿山井下、有毒有害、国家规定的第四级体力劳动强度的劳动，并且用人单位应当对其定期进行健康检查。

[答案] A

真题精解

点题：《劳动法》规定的内容相当多，对于安全工程师考试来说，只考与安全生产相关的规定。从历年真题考查规律来看，主要考查女职工和未成年工劳动保护有关规定，连续三年的真题均对此点进行了考查。

分析：根据《劳动法》的规定，国家对女职工和未成年工实行特殊劳动保护。其中，未成年工是指年满16周岁未满18周岁的劳动者。

1. 女职工劳动保护

（1）禁止安排女职工从事矿山井下、国家规定的第四级体力劳动强度的劳动和其他禁忌从事的劳动。

（2）不得安排女职工在经期从事高处、低温、冷水作业和国家规定的第三级体力劳动强度的劳动。

（3）不得安排女职工在怀孕期间从事国家规定的第三级体力劳动强度的劳动和孕期禁忌从事的活动。对怀孕7个月以上的女职工，不得安排其延长工作时间和夜班劳动。

（4）女职工生育享受不少于90天的产假。

（5）不得安排女职工在哺乳未满1周岁的婴儿期间从事国家规定的第三级体力劳动强度的劳动和哺乳期禁忌从事的其他劳动，不得安排其延长工作时间和夜班劳动。

2. 未成年工劳动保护

（1）不得安排未成年工从事矿山井下、有毒有害、国家规定的第四级体力劳动强度的劳动和其他禁忌从事的劳动。

（2）用人单位应当对未成年工定期进行健康检查。

拓展：对女职工和未成年工实行特殊劳动保护中提到了体力劳动强度。体力劳动强度按劳动强度指数大小分为四级，见表5-1。

表5-1 体力劳动强度分级

体力劳动强度分级	职业描述
Ⅰ级（轻劳动）	坐姿：手工作业或腿的轻度活动（正常情况下，如打字、缝纫、脚踏开关等）；立姿：操作仪器，控制、查看设备，上臂用力为主的装配工作
Ⅱ级（中等劳动）	手和臂持续动作（如锯木头等）；臂和腿的工作（如卡车、拖拉机或建筑设备等运输操作）；臂和躯干的工作（如锻造、风动工具操作、粉刷、间断搬运中等重物、除草、锄田、摘水果和蔬菜等）
Ⅲ级（重劳动）	臂和躯干负荷工作（如搬重物、铲、锤锻、锯刨或凿硬木、割草、挖掘等）
Ⅳ级（极重劳动）	大强度的挖掘、搬运，快到极限节律的极强活动

举一反三

[典型例题1·单选] 某公司有女职工和未成年工。根据《劳动法》，下列对女职工和未成年工特殊劳动保护的做法，正确的是（   ）。

A. 该公司安排 17 周岁员工李某从事矿山井下的劳动
B. 该公司安排 16 周岁员工王某从事第二级体力劳动强度的后勤保障工作
C. 该公司安排女职工金某生育期间休 2 个月的产假
D. 该公司安排怀孕 7 个月以上的女职工胡某夜班劳动

[解析] 选项 A 错误，17 周岁员工李某是未成年工，不能从事矿山井下劳动。选项 C 错误，金某的产假应该不少于 90 天，即 3 个月。选项 D 错误，胡某已怀孕 7 个多月，不得安排其从事夜班劳动。

[答案] B

[典型例题2·单选] 某女职工处于哺乳未满 1 周岁的婴儿期间。根据《劳动法》，用人单位对该女职工工作的安排，正确的是（   ）。

A. 可以安排夜班劳动
B. 可以适当延长其工作时间
C. 安排国家规定的第二级体力劳动强度的劳动
D. 安排国家规定的第三级体力劳动强度的劳动

[解析] 根据题干描述，女职工处于哺乳未满 1 周岁的婴儿期间，按规定不得安排其从事国家规定的第三级体力劳动强度的劳动，不得安排其延长工作时间，也不得安排夜班劳动。故选项 A、B、D 错误。

[答案] C

环球君点拨

《劳动法》规定的对女职工和未成年工的劳动保护是最基本保护，满足了《劳动法》的要求只是达到了最低保护标准。在实际中，单位的做法一般都高于法律的规定，例如，对怀孕的女职工规定是"7 个月以上不可以安排夜班和加班"，若考试中提到某单位"对怀孕 6 个月的女职工不安排加班和夜班"也是正确的。类似的还有，"单位放 100 天产假"是正确的，考试中要看清题目问的是"说法"还是"做法"，若是"说法"则要根据法律的规定来选择。

第六节　中华人民共和国劳动合同法

考点1 劳动合同的订立和履行 [2023、2022、2021、2020、2019]

真题链接

[2023·单选] 2022 年 5 月 10 日张某进入某公司工作。同年 6 月 1 日，张某与该公司签订了 1 年的劳动合同，试用期为 1 个月。根据《劳动合同法》，下列说法正确的是（   ）。

A. 张某与该公司 2022 年 6 月 1 日建立劳动关系
B. 合同自 2022 年 7 月 1 日起生效
C. 合同自 2022 年 6 月 1 日起生效

D. 张某与该公司 2022 年 7 月 1 日建立起劳动关系

[解析] 根据《劳动合同法》第七条，用人单位自用工之日起即与劳动者建立劳动关系，用人单位应当建立职工名册备查，选项 A、D 错误。第十六条，劳动合同由用人单位与劳动者协商一致，并经用人单位与劳动者在劳动合同文本上签字或者盖章生效，选项 B 错误，选项 C 正确。

[答案] C

[2022·单选] 某公司新招甲、乙、丙、丁四名员工，根据《劳动合同法》，关于该公司与新员工订立劳动合同的说法，正确的是（　　）。

A. 因甲为财务主管，在订立劳动合同时约定暂扣其身份证
B. 因乙现行入职，自入职之日起第 20 天与其订立劳动合同
C. 与丙订立劳动合同的期限为 1 年，约定其试用期为 70 天
D. 因丁为高级管理人员，劳动合同约定其离职后的竞业限制期限为 3 年

[解析] 选项 A 错误，用人单位招用劳动者，不得扣押劳动者的居民身份证，跟职务没有关系。选项 B 正确，根据规定，自用工之日起 1 个月内订立书面劳动合同。选项 C 错误，劳动合同期限 3 个月以上不满 1 年的，试用期不得超过 1 个月。选项 D 错误，对高级管理人员，从事同类业务的竞业限制期限，不得超过 2 年。

[答案] B

[2021·单选] 某矿业公司依法与劳动者签订书面劳动合同，双方约定履行各自的义务。根据《劳动合同法》，关于履行该劳动合同的说法，正确的是（　　）。

A. 该矿业公司在生产设备发生故障需要抢修时，要求职工加班，职工有权拒绝
B. 职工因培训考核不合格，该矿业公司调整职工到新的工作岗位，职工有权拒绝
C. 该矿业公司因生产任务调整致使职工的工作岗位被取消，调整职工到新工作岗位，职工有权拒绝
D. 该矿业公司的矿井因存在重大事故隐患被责令封堵后，矿长安排职工下井作业，职工有权拒绝

[解析] 选项 A、B、C 错误，根据《劳动合同法》，职工与单位签订劳动合同后，应当遵守公司的规章制度，对于工作范围内的工作调动、特殊情况下的加班安排应当遵守。选项 D 正确，对已封堵的矿井，矿长安排职工下井作业属于强令冒险作业，职工有权拒绝，不视为违反劳动合同。

[答案] D

[2021·多选] 公司新招用劳动者时应当与劳动者签订劳动合同。根据《劳动合同法》，关于公司与劳动者订立劳动合同的说法，正确的有（　　）。

A. 劳动关系自签订书面劳动合同之日起建立
B. 与同一劳动者只能约定一次试用期
C. 有权了解劳动者的家庭财产、婚姻状况等个人情况
D. 有权要求劳动者提供订立和履行劳动合同的保证金
E. 应当如实告知劳动者劳动条件、安全生产状况等情况

[解析] 选项 A 错误，劳动关系自用工之日起即建立。选项 C 错误，签订劳动合同时，用人单位有权了解劳动者与劳动合同直接相关的基本情况，不包括劳动者财产、婚姻状况等个人信息。选项 D 错误，不得要求劳动者提供担保或者以其他名义向劳动者收取财物，包括收取保证金。

[答案] BE

真题精解

点题：劳动合同的签订和履行已经成为近几年真题考查的重点，而 2023 年和 2021 年更是出了两道考题，分别从劳动合同的订立和履行两个角度，以单选题、多选题两种形式进行考查，所以对此知识点应熟练掌握。

分析：此考点涉及的内容较多，包括劳动合同的订立和履行。劳动合同的订立又包括订立要求和试用期的规定等。此考点与工作实际结合比较紧密，所以难度不是很大，重点掌握《劳动合同法》中涉及的如下内容。

1. 劳动合同的订立

（1）用人单位自用工之日起即与劳动者建立劳动关系。

（2）用人单位招用劳动者时，应当如实告知劳动者工作内容、工作条件、工作地点、职业危害、安全生产状况、劳动报酬，以及劳动者要求了解的其他情况；用人单位有权了解劳动者与劳动合同直接相关的基本情况，劳动者应当如实说明。

（3）用人单位招用劳动者，不得扣押劳动者的居民身份证和其他证件，不得要求劳动者提供担保或者以其他名义向劳动者收取财物。

（4）建立劳动关系，应当订立书面劳动合同。已建立劳动关系，未同时订立书面劳动合同的，应当自用工之日起 1 个月内订立书面劳动合同。

用人单位与劳动者在用工前订立劳动合同的，劳动关系自用工之日起建立。

2. 试用期的规定

（1）劳动合同期限 3 个月以上不满 1 年的，试用期不得超过 1 个月；劳动合同期限 1 年以上不满 3 年的，试用期不得超过 2 个月；3 年以上固定期限和无固定期限的劳动合同，试用期不得超过 6 个月。

（2）同一用人单位与同一劳动者只能约定一次试用期。

（3）以完成一定工作任务为期限的劳动合同或者劳动合同期限不满 3 个月的，不得约定试用期。

（4）试用期包含在劳动合同期限内。劳动合同仅约定试用期的，试用期不成立，该期限为劳动合同期限。

3. 竞业限制的规定

竞业限制的人员限于用人单位的高级管理人员、高级技术人员和其他负有保密义务的人员。竞业限制的范围、地域、期限由用人单位与劳动者约定，竞业限制的约定不得违反法律、法规的规定。

在解除或者终止劳动合同后，上述规定的人员到与本单位生产或者经营同类产品、从事同类业务的有竞争关系的其他用人单位，或者自己开业生产或者经营同类产品、从事同类业务的竞业限制期限，不得超过 2 年。

4. 劳动合同的履行

（1）用人单位应当严格执行劳动定额标准，不得强迫或者变相强迫劳动者加班。用人单位安排加班的，应当按照国家有关规定向劳动者支付加班费。

（2）劳动者拒绝用人单位管理人员违章指挥、强令冒险作业的，不视为违反劳动合同。

劳动者对危害生命安全和身体健康的劳动条件，有权对用人单位提出批评、检举和控告。

（3）用人单位与劳动者协商一致，可以变更劳动合同约定的内容。变更劳动合同，应当采用书面形式。

拓展： 劳动合同在订立时，还可以约定其他事项，这在历年考试中偶尔也会出现，可作为补充内容。例如：

《劳动合同法》第二十条规定，劳动者在试用期的工资不得低于本单位相同岗位最低档工资或者劳动合同约定工资的80%，并不得低于用人单位所在地的最低工资标准。

第二十二条规定，用人单位为劳动者提供专项培训费用，对其进行专业技术培训的，可以与该劳动者订立协议，约定服务期。劳动者违反服务期约定的，应当按照约定向用人单位支付违约金。违约金的数额不得超过用人单位提供的培训费用。用人单位要求劳动者支付的违约金不得超过服务期尚未履行部分所应分摊的培训费用。

第二十七条规定，劳动合同部分无效，不影响其他部分效力的，其他部分仍然有效。

举一反三

[典型例题1·单选] 根据《劳动合同法》，用人单位与劳动者建立劳动关系，应当签订劳动合同。下列关于劳动合同订立的说法，正确的是（　　）。

A. 用人单位与劳动者签订劳动合同并盖章后即与劳动者建立劳动关系

B. 已建立劳动关系，未同时订立书面劳动合同的，应当自用工之日起3个月内订立书面劳动合同

C. 用人单位与劳动者在用工前订立劳动合同的，劳动关系自用工之日起建立

D. 用人单位招用劳动者时，应当如实告知劳动者工作内容、地点、职业危害、单位财务状况、劳动报酬

[解析] 选项A错误，用人单位自用工之日起即与劳动者建立劳动关系。选项B错误，应当自用工之日起1个月内订立书面劳动合同。选项D错误，用人单位向劳动者告知的内容不包含单位财务状况。

[答案] C

[典型例题2·单选] 单位新招用的劳动者可以约定试用期。根据《劳动合同法》，下列关于试用期规定的说法，正确的是（　　）。

A. 用人单位与劳动者签订劳动合同应当在合同中约定试用期

B. 劳动合同期限3个月以上不满1年的，试用期不得超过1个月

C. 劳动合同期限1年以上不满3年的，试用期不得超过3个月

D. 无固定期限的劳动合同，试用期不得超过12个月

[解析] 选项A错误，用人单位应与劳动者约定试用期，但这不是劳动合同的必备条款。选项C错误，劳动合同期限1年以上不满3年的，试用期不得超过2个月。选项D错误，无固定期限的劳动合同，试用期不得超过6个月。

[答案] B

[典型例题3·单选] 2019年9月，赵某与某公司签订了劳动合同，合同约定由公司为其提供专项培训费用进行专业技术培训，赵某取得电焊工特种作业资格证后工作满3年方可离职。2021年年底，赵某提出辞职。根据《劳动合同法》，下列关于赵某与该公司权利义务的说法，正确的是（　　）。

A. 该公司有权要求赵某返还未分摊部分的专业技术培训费

B. 该公司与赵某约定工作满 3 年方可离职是无效的

C. 赵某离职后 2 年内不得到与该公司从事同类业务的有竞争关系的其他用人单位就业

D. 赵某可以向该公司要求支付 2.5 个月的经济补偿金

[解析] 选项 A 正确、选项 B 错误，赵某由公司提供费用进行培训，可以约定服务期，如果其在服务期内离职的，公司可以要求返还培训费用。选项 C 错误，竞业限制针对的是高级管理人员、高级技术人员等，赵某是电焊工，不属于竞业限制人员。选项 D 错误，赵某是主动辞职，因此不可以主张经济补偿金。

[答案] A

环球君点拨

用人单位与劳动者订立合同时，可以约定的事项有很多。一般来说，违法的约定是无效的约定，某条约定无效不会导致整个合同无效，合同的其他部分仍然是有效的，要遵照执行。这就是合同的部分无效情形，考试中，偶尔会作为一个选项出现，不会很深入，考生可根据工作实际和学过的知识进行综合判断。

考点2 劳动合同的解除 [2023、2022、2020、2019、2014]

真题链接

[2022·单选] 李某是某建筑公司的员工，某日，该公司的建筑工地仓库突发火灾，负责公司安全的副总王某为减少经济损失，在没有采取任何防护措施的情况下，强行要求李某从着火的仓库搬出存放的沥青卷材，并称李某若不服从安排就予以辞退。根据《劳动合同法》，关于李某采取措施的说法，正确的是（　　）。

A. 李某有权不服从王某安排，可以立即解除劳动合同，不需事先告知公司，可以获得经济补偿

B. 李某应当服从王某安排，立即进入仓库搬运沥青卷材，公司应给予经济补偿

C. 李某应当服从王某安排，有权立即解除劳动合同，但需要事先告知公司，可以获得经济补偿

D. 李某有权不服从王某安排，可以立即解除劳动合同，但需要事先告知公司，不能获得经济补偿

[解析] 用人单位王某以辞退的手段威胁李某，强令李某冒险作业危及李某人身安全的，李某有权立即解除劳动合同，不需事先告知用人单位，故选项 A 正确。

[答案] A

[2020·单选] 某建筑公司的管理人员强令其员工冒险作业，威胁到员工人身安全。根据《劳动合同法》，关于该员工的做法，错误的是（　　）。

A. 立即解除劳动合同　　　　　　　B. 拒绝执行命令

C. 控告用人单位　　　　　　　　　D. 要求给予风险补贴

[解析] 依据题干描述，管理人员强令其员工冒险作业，威胁到员工人身安全，该员工可以立即解除劳动合同，并有权对单位进行检举、控告，故选项 D 错误。

[答案] D

[2019·单选] 张某在单位从事接触职业病危害作业的劳动，根据《劳动合同法》，该单位未对张某进行（　　），不得解除与张某订立的劳动合同。

A. 身体健康综合评估检查　　　　　　B. 上岗前职业健康检查
C. 离岗前职业健康检查　　　　　　　D. 在岗期间职业健康检查

[解析] 根据《劳动合同法》，在单位从事接触职业病危害作业的，用人单位应对劳动者进行离岗前职业健康检查。

[答案] C

[2014·单选] 甲、乙、丙、丁均是某煤矿企业的员工，根据《劳动合同法》，下列关于劳动合同解除的说法，正确的是（　　）。

A. 企业如果强令甲冒险作业并危及其人身安全，甲有权拒绝作业，但不能立即解除劳动合同
B. 乙非因工负伤，在规定的医疗期内，企业可以和乙解除劳动合同
C. 丙为疑似职业病病人，目前正在诊断期间，企业此时不能解除劳动合同
D. 丁经过企业培训后仍然不能胜任现在的工作，企业提前10日以书面形式通知丁后，可以解除劳动合同

[解析] 选项A错误，对危及其人身安全的，可以立即解除劳动合同，不需事先告知用人单位。选项B错误，职工非因工负伤，在规定的医疗期内，企业不能和乙解除劳动合同。选项D错误，企业提前30日以书面形式通知丁后，可以解除劳动合同。

[答案] C

真题精解

点题：近几年真题考查劳动合同解除的相关规定，均以考查对用人单位的要求为主，体现了对劳动者的保护，是历年高频考点。

分析：劳动合同的解除分为劳动者解除劳动合同与用人单位解除劳动合同两个方面。根据《劳动合同法》，其具体规定如下。

1. 劳动者解除劳动合同

（1）劳动者提前30日以书面形式通知用人单位，可以解除劳动合同。劳动者在试用期内提前3日通知用人单位，可以解除劳动合同。

（2）用人单位有下列情形之一的，劳动者可以解除劳动合同：
①未按照劳动合同约定提供劳动保护或者劳动条件的。
②未及时足额支付劳动报酬的。
③未依法为劳动者缴纳社会保险费的。
④用人单位的规章制度违反法律、法规的规定，损害劳动者权益的。
⑤因《劳动合同法》第二十六条第一款规定的情形致使劳动合同无效的。
⑥法律、行政法规规定劳动者可以解除劳动合同的其他情形。

（3）用人单位以暴力、威胁或者非法限制人身自由的手段强迫劳动者劳动的，或者用人单位违章指挥、强令冒险作业危及劳动者人身安全的，劳动者可以立即解除劳动合同，不需事先告知用人单位。

2. 用人单位解除劳动合同

（1）劳动者有下列情形之一的，用人单位可以解除劳动合同：

①在试用期间被证明不符合录用条件的。
②严重违反用人单位的规章制度的。
③严重失职，营私舞弊，给用人单位造成重大损害的。
④劳动者同时与其他用人单位建立劳动关系，对完成本单位的工作任务造成严重影响，或者经用人单位提出，拒不改正的。
⑤因《劳动合同法》第二十六条第一款第一项规定的情形致使劳动合同无效的。
⑥被依法追究刑事责任的。

（2）有下列情形之一的，用人单位提前30日以书面形式通知劳动者本人或者额外支付劳动者1个月工资后，可以解除劳动合同。
①劳动者患病或者非因工负伤，在规定的医疗期满后不能从事原工作，也不能从事由用人单位另行安排的工作的。
②劳动者不能胜任工作，经过培训或者调整工作岗位，仍不能胜任工作的。
③劳动合同订立时所依据的客观情况发生重大变化，致使劳动合同无法履行，经用人单位与劳动者协商，未能就变更劳动合同内容达成协议的。

（3）劳动者有下列情形之一的，用人单位不得依照《劳动合同法》第四十条、第四十一条的规定解除劳动合同：
①从事接触职业病危害作业的劳动者未进行离岗前职业健康检查，或者疑似职业病病人在诊断或者医学观察期间的。
②在本单位患职业病或者因工负伤并被确认丧失或者部分丧失劳动能力的。
③患病或者非因工负伤，在规定的医疗期内的。
④女职工在孕期、产期、哺乳期的。
⑤在本单位连续工作满15年，且距法定退休年龄不足5年的。
⑥法律、行政法规规定的其他情形。

拓展：用人单位解除劳动合同时，要支付给劳动者经济补偿金。此知识点考查频率比较低，可能作为选项出现在题目中。

《劳动合同法》第四十七条规定，经济补偿按劳动者在本单位工作的年限，每满1年支付1个月工资的标准向劳动者支付。6个月以上不满1年的，按1年计算；不满6个月的，向劳动者支付半个月工资的经济补偿。劳动者月工资高于用人单位所在直辖市、设区的市级人民政府公布的本地区上年度职工月平均工资3倍的，向其支付经济补偿的标准按职工月平均工资3倍的数额支付，向其支付经济补偿的年限最高不超过12年。

本条所称月工资是指劳动者在劳动合同解除或者终止前12个月的平均工资。

举一反三

[典型例题1·单选] 根据《劳动合同法》，用人单位（　　）的，劳动者可以立即解除劳动合同，无需事先告知用人单位。

A. 未依法为劳动者缴纳社会保险费　　B. 违章指挥危及劳动者人身安全
C. 未及时足额支付劳动报酬　　D. 未按照劳动合同约定提供劳动条件

[解析] 劳动者可以立即解除劳动合同，无需事先告知用人单位的情形，只适用于用单位有重大过错的情况，即以暴力、威胁或者非法限制人身自由的手段强迫劳动者劳动的，或者用人单位违

章指挥、强令冒险作业危及劳动者人身安全的，其他情形均需告知解除。

[答案] B

[典型例题2·单选] 根据《劳动合同法》，下列情形中，用人单位不得解除或终止与劳动者订立的劳动合同的是（　　）。

A. 劳动者患病后，在规定的医疗期满后不能从事原工作，也不能从事另行安排的工作的
B. 从事接触职工病危害作业的劳动者，离岗前未进行职业健康检查的
C. 劳动者经过培训或者调整工作岗位，仍不能胜任工作的
D. 劳动者在本单位患职业病，康复后未丧失劳动能力的

[解析] 选项A、C、D不合题意，用人单位可以解除劳动合同，但是应当提前30日以书面形式通知劳动者本人或者额外支付劳动者1个月工资。

[答案] B

[典型例题3·单选] 根据《劳动合同法》，劳动者可以解除劳动合同的情形是（　　）。

A. 劳动者书面通知用人单位，30日后可以解除劳动合同
B. 劳动者在试用期内随时可以通知用人单位解除劳动合同
C. 用人单位要求劳动者加班的，劳动者可以解除劳动合同
D. 用人单位对劳动者作出罚款处罚的，劳动者可以解除劳动合同

[解析] 选项A正确、选项B错误，劳动者提前30日以书面形式通知用人单位，可以解除劳动合同；在试用期内提前3日通知用人单位，可以解除劳动合同。选项C、D不是劳动者可以解除劳动合同的情形。

[答案] A

环球君点拨

劳动合同的解除主要考查劳动者可以解除劳动合同的情形以及用人单位不可以解除劳动合同的情形，这部分内容是高频考点，建议结合工作实际进行学习。在考试中，应注意题目问的是哪一方提出解除劳动合同，结合其权利义务作出选择。

第七节　中华人民共和国突发事件应对法

考点1　突发事件预警及预防措施 [2023、2022、2020、2019、2018]

真题链接

[2023·单选] 我国的自然灾害、事故灾难和公共卫生事件预警分为一级、二级、三级和四级。根据《突发事件应对法》，关于预警分级的说法，正确的是（　　）。

A. 一级为最高级别，用蓝色标示　　　　B. 一级为最高级别，用红色标示
C. 四级为最高级别，用橙色标示　　　　D. 四级为最高级别，用黄色标示

[解析] 国家将自然灾害、事故灾难和公共卫生事件预警分为一级、二级、三级和四级，分别用红色、橙色、黄色和蓝色标示，一级为最高级别。

[答案] B

[2022·单选] 监测与预警是人民政府应对突发事件的重要手段。根据《突发事件应对法》，关

于突发事件的监测与预警的说法，正确的是（　　）。

　　A. 县级人民政府有关部门应当通过多种途径收集突发事件信息
　　B. 地方各级人民政府应当建立本地区统一的突发事件信息系统
　　C. 地方各级人民政府应当及时汇总突发事件监测与预警信息
　　D. 乡镇人民政府应当在村民委员会建立专职或者兼职信息报告员制度

[解析] 选项 B 表述不准确，县级以上地方各级人民政府应当建立或者确定本地区统一的突发事件信息系统。选项 C 错误，县级以上地方各级人民政府应当及时汇总分析突发事件隐患和预警信息。选项 D 错误，县级人民政府应当在居民委员会、村民委员会和有关单位建立专职或者兼职信息报告员制度。

[答案] A

[2020·单选]《突发事件应对法》规定了突发事件预防与应急准备的基础性工作。关于突发事件的预防与应急准备的说法，正确的是（　　）。

　　A. 各级人民政府应当建立应急救援物资、生活必需品和应急处置装备的储备制度
　　B. 学校应当把应急知识教育纳入教学内容，对学生进行相关知识教育
　　C. 国务院有关部门组织制定国家突发事件总体应急预案，并适时修订
　　D. 突发事件应急预案分国家、省、市、县四级

[解析] 选项 A 错误，设区的市级以上人民政府和突发事件易发、多发地区的县级人民政府应当建立应急救援物资、生活必需品和应急处置装备的储备制度。选项 C 错误，国务院制定国家突发事件总体应急预案。选项 D 错误，突发事件应急预案分为特别重大、重大、较大、一般四级。

[答案] B

[2018·单选] 某市汛期持续多日大雨，市人民政府发布洪灾警报，启动防汛抢险应急预案，责令市水利等部门加强水文监测，及时报告有关信息，责令市防汛抢险大队和有关人员进入待命状态，动员后备人员做好参加防汛抢险工作准备。根据《突发事件应对法》，该市人民政府发布的洪灾警报级别属于（　　）。

　　A. 蓝色警报　　　　　　　　　　　B. 一级或二级警报
　　C. 黄色警报　　　　　　　　　　　D. 三级或四级警报

[解析] 应急警报分为一级、二级、三级、四级，根据题目描述，宣布进入预警期后，市人民政府采取的措施对应的是一级或二级警报。

[答案] B

真题精解

点题：此系列真题均对突发事件的监测和预防进行了考查。2019 年真题考查预警级别，这是基础考点；2021 年真题考查应急预案的制定；2022 年真题考查的是政府及相关部门的职责，选项迷惑性大，相对较难；2023 年又考查预警级别，题目回归简单。

分析：此考点涉及内容较多，包括预警级别、应急预案等突发事件预防与应急准备的基础性工作，以及突发事件的监测与预警等，应熟练掌握。根据《突发事件应对法》，其具体规定如下。

1. 警报级别

《突发事件应对法》规定，国家建立健全突发事件预警制度。

可以预警的自然灾害、事故灾难和公共卫生事件的预警级别，按照突发事件发生的紧急程度、发展态势和可能造成的危害程度分为一级、二级、三级和四级，分别用红色、橙色、黄色和蓝色标

示，一级为最高级别。

2. 预防措施

根据《突发事件应对法》，发布三级、四级警报，宣布进入预警期后，县级以上地方各级人民政府应当根据即将发生的突发事件的特点和可能造成的危害采取下列措施：

（1）启动应急预案。

（2）责令有关部门、专业机构、监测网点和负有特定职责的人员及时收集、报告有关信息，向社会公布反映突发事件信息的渠道，加强对突发事件发生、发展情况的监测、预报和预警工作。

（3）组织有关部门和机构、专业技术人员、有关专家学者，随时对突发事件信息进行分析评估，预测发生突发事件可能性的大小、影响范围和强度以及可能发生的突发事件的级别。

（4）定时向社会发布与公众有关的突发事件预测信息和分析评估结果，并对相关信息的报道工作进行管理。

（5）及时按照有关规定向社会发布可能受到突发事件危害的警告，宣传避免、减轻危害的常识，公布咨询电话。

根据《突发事件应对法》，发布一级、二级警报，宣布进入预警期后，县级以上地方各级人民政府除采取上述规定的措施外，还应当针对即将发生的突发事件的特点和可能造成的危害，采取下列一项或者多项措施：

（1）责令应急救援队伍、负有特定职责的人员进入待命状态，并动员后备人员做好参加应急救援和处置工作的准备。

（2）调集应急救援所需物资、设备、工具，准备应急设施和避难场所，并确保其处于良好状态、随时可以投入正常使用。

（3）加强对重点单位、重要部位和重要基础设施的安全保卫，维护社会治安秩序。

（4）采取必要措施，确保交通、通信、供水、排水、供电、供气、供热等公共设施的安全和正常运行。

（5）及时向社会发布有关采取特定措施避免或者减轻危害的建议、劝告。

（6）转移、疏散或者撤离易受突发事件危害的人员并予以妥善安置，转移重要财产。

（7）关闭或者限制使用易受突发事件危害的场所，控制或者限制容易导致危害扩大的公共场所的活动。

（8）法律、法规、规章规定的其他必要的防范性、保护性措施。

提示：对于发布一、二级警报采取的措施是在三、四级警报采取的措施基础上进行的，此部分涉及的内容非常多，难以记忆，不建议全背下来。可以从整体考虑，一、二级警报措施更紧急一些，而三、四级警报措施紧急程度弱一些。

3. 应急预案与救援队伍

（1）国家建立健全突发事件应急预案体系。国务院制定国家突发事件总体应急预案，组织制定国家突发事件专项应急预案；国务院有关部门根据各自的职责和国务院相关应急预案，制定国家突发事件部门应急预案。

地方各级人民政府和县级以上地方各级人民政府有关部门根据有关法律、法规、规章、上级人民政府及其有关部门的应急预案以及本地区的实际情况，制定相应的突发事件应急预案。

（2）县级以上人民政府应当整合应急资源，建立或者确定综合性应急救援队伍。人民政府有关部门可以根据实际需要设立专业应急救援队伍。

县级以上人民政府及其有关部门可以建立由成年志愿者组成的应急救援队伍。单位应当建立由本单位职工组成的专职或者兼职应急救援队伍。

4. 其他应急准备

（1）各级各类学校应当把应急知识教育纳入教学内容，对学生进行应急知识教育，培养学生的安全意识和自救与互救能力。

（2）国家建立健全应急物资储备保障制度，完善重要应急物资的监管、生产、储备、调拨和紧急配送体系。设区的市级以上人民政府和突发事件易发、多发地区的县级人民政府应当建立应急救援物资、生活必需品和应急处置装备的储备制度。

（3）国务院建立全国统一的突发事件信息系统。

（4）县级以上人民政府及其有关部门、专业机构应当通过多种途径收集突发事件信息。县级人民政府应当在居民委员会、村民委员会和有关单位建立专职或者兼职信息报告员制度。

举一反三

[典型例题1·单选] 2021年3月某日5时许，长江某段江面突起浓雾，能见度不足200米，为防止水上碰撞等突发事件的发生，该段海事局交管中心发布了水上交通橙色预警。根据《突发事件应对法》，该预警级别为（　　）。

A. 一级　　　　B. 二级　　　　C. 三级　　　　D. 四级

[解析] 预警级别分为一级、二级、三级和四级，分别用红色、橙色、黄色和蓝色标示。橙色预警对应的是二级。

[答案] B

[典型例题2·单选] 《突发事件应对法》规定，国家应当建立健全突发事件应急预案体系，突发事件应急预案的制定、修订程序由（　　）规定。

A. 县级以上各地人民政府　　　　B. 国家应急管理部
C. 国家应急救援中心　　　　　　D. 国务院

[解析] 突发事件应急预案的制定、修订程序由国务院规定。

[答案] D

[典型例题3·单选] 根据《突发事件应对法》，下列关于突发事件的预防与应急准备的说法，正确的是（　　）。

A. 应急预案制定机关应当按照本机关规定的修订程序修订应急预案
B. 生产经营单位应当整合应急资源，建立或者确定综合性应急救援队伍
C. 人民政府有关部门可以根据实际需要设立兼职应急救援队伍
D. 县级以上人民政府及其有关部门可以建立由成年志愿者组成的应急救援队伍

[解析] 选项A错误，应急预案制定机关应当按照国务院规定的修订程序修订应急预案。选项B错误，建立或者确定综合性应急救援队伍的是县级以上人民政府。选项C错误，人民政府有关部门可以根据实际需要设立专业应急救援队伍。

[答案] D

环球君点拨

突发事件的预防中不同部门的职责是比较难的考点，在学习过程中，可以把部分内容做成表格

对比记忆，注意不同主体和职责的搭配关系。预警级别和颜色相对应，注意四个颜色不要与"管理"科目中警示标志的颜色混淆。

考点2 应急处置与救援［2023、2022、2021、2020、2019、2014］

真题链接

［2023·多选］ 某地区一液化气加气站发生液化气泄漏事故，大量液化气泄漏，已造成2人死亡。根据《突发事件应对法》，关于本起事故应急处置与救援措施的说法，正确的有（　　）。

　　A. 液化气泄漏后，发生地的居民委员会应当组织群众开展自救和互救，协助维护社会秩序
　　B. 液化气泄漏地的居民应当配合人民政府采取应急处置措施，积极参加应急救援工作
　　C. 加气站应当控制危险源，标明危险区域，封锁危险场所，并向社会发布紧急信息
　　D. 加气站应当立即组织营救受害人员，疏散、撤离、安置受到威胁的人员
　　E. 周边的单位应当配合加气站的应急处置措施，服从加气站的统一调度

［解析］根据《突发事件应对法》的规定，履行统一领导职责或者组织处置突发事件的人民政府，应当按照有关规定统一、准确、及时发布有关突发事件事态发展和应急处置工作的信息，选项C错误。突发事件发生地的其他单位应当服从人民政府发布的决定、命令，配合人民政府采取的应急处置措施，做好本单位的应急救援工作，并积极组织人员参加所在地的应急救援和处置工作，选项E错误。

［答案］ABD

［2022·多选］ 某地因大暴雨引发局部泥石流，市人民政府立即启动应急预案，采取应急处置措施。根据《突发事件应对法》，市人民政府采取的下列应急措施中，正确的有（　　）。

　　A. 封锁泥石流发生区域，划定警戒区，实行交通管制
　　B. 疏散、撤离并妥善安置该地区所有人
　　C. 无偿征用泥石流发生地附近企业和个人的物资
　　D. 启用本级人民政府设置的财政预备费和储备的应急救援物资
　　E. 从快严惩哄抬生活必需品价格的某超市

［解析］选项B错误，地区发生局部泥石流，仅需疏散、撤离受灾地区人员。选项C错误，根据规定，征用企业和个人物资的应当及时返还，不能返还的，应当给予补偿。

［答案］ADE

［2021·单选］ 对突发的重大山体崩塌事件，应当按照有关规定统一、准确、及时发布有关突发事件事态发展和应急处置工作的信息。根据《突发事件应对法》，负责向社会公众公开发布信息的单位是突发事件发生地的（　　）。

　　A. 应急管理部门　　　　　　　　B. 人民政府
　　C. 公安机关　　　　　　　　　　D. 自然资源部门

［解析］履行统一领导职责或者组织处置突发事件的人民政府，应当按照有关规定统一、准确、及时发布有关突发事件事态发展和应急处置工作的信息。

［答案］B

［2020·单选］ 某化工厂发生爆炸事故，当地政府立即采取有力措施，积极开展应急救援工作。

根据《突发事件应对法》，关于应急处置措施的说法，错误的是（ ）。

　　A. 封锁现场，严禁无关人员出入　　　　B. 调用急需的物资、设备
　　C. 封锁事故信息，避免群众恐慌　　　　D. 疏散、撤离受到威胁的人员

[解析] 事故发生后，应当采取正确的应急处置措施，越是封锁事故信息，越容易引起群众恐慌。

[答案] C

[2019·单选] 某设区的市发生泥石流灾害，该市人民政府启动应急预案，统一领导市应急管理、市自然资源等部门和泥石流灾害发生地县人民政府采取有效措施，及时进行了处置。根据《突发事件应对法》，应急处置工作结束后，由（ ）负责组织进行损失评估，恢复生产、生活、工作和社会秩序。

　　A. 市人民政府　　　　　　　　　　　　B. 市应急管理部门
　　C. 市自然资源部门　　　　　　　　　　D. 县人民政府

[解析] 按照相关规定，履行统一领导职责的人民政府负责组织受影响地区尽快恢复生产、生活、工作和社会秩序。此题中，负责统一领导的是市级人民政府，故选项 A 正确。

[答案] A

[2014·单选] 某公司丢失了一枚放射源，可能会危害公共安全。根据《突发事件应对法》，下列关于该公司报告的做法，正确的是（ ）。

　　A. 及时向当地人民政府报告
　　B. 待确定捡拾者后报告给当地人民政府
　　C. 待确定伤害情况后报告给当地人民政府
　　D. 待确定放射源是否泄漏后报告给当地人民政府

[解析] 突发事件发生后，获悉突发事件信息的公民、法人或者其他组织应及时向当地人民政府报告。

[答案] A

真题精解

点题：此系列真题考查突发事件的应急处置与救援，是非常高频的考点，也是制定应急条例的依据，每年至少考查一道题，应牢固掌握。

分析：此考点强调的是突发事件发生后应采取的措施，预防和应急准备针对的是事件没有发生的情形。关于突发事件的应急处置与救援，《突发事件应对法》的规定如下。

（1）突发事件发生后，履行统一领导职责或者组织处置突发事件的人民政府应当针对其性质、特点和危害程度，立即组织有关部门，调动应急救援队伍和社会力量，依照规定和有关法律、法规、规章的规定采取应急处置措施。

（2）自然灾害、事故灾难或者公共卫生事件发生后，履行统一领导职责的人民政府可以采取下列一项或者多项应急处置措施：
①组织营救和救治受害人员，疏散、撤离并妥善安置受到威胁的人员以及采取其他救助措施。
②迅速控制危险源，标明危险区域，封锁危险场所，划定警戒区，实行交通管制以及其他控制措施。
③立即抢修被损坏的交通、通信、供水、排水、供电、供气、供热等公共设施，向受到危害的

人员提供避难场所和生活必需品，实施医疗救护和卫生防疫以及其他保障措施。

④禁止或者限制使用有关设备、设施，关闭或者限制使用有关场所，中止人员密集的活动或者可能导致危害扩大的生产经营活动以及采取其他保护措施。

⑤启用本级人民政府设置的财政预备费和储备的应急救援物资，必要时调用其他急需物资、设备、设施、工具。

⑥组织公民参加应急救援和处置工作，要求具有特定专长的人员提供服务。

⑦保障食品、饮用水、燃料等基本生活必需品的供应。

⑧依法从严惩处囤积居奇、哄抬物价、制假售假等扰乱市场秩序的行为，稳定市场价格，维护市场秩序。

⑨依法从严惩处哄抢财物、干扰破坏应急处置工作等扰乱社会秩序的行为，维护社会治安。

⑩采取防止发生次生、衍生事件的必要措施。

（3）履行统一领导职责或者组织处置突发事件的人民政府，应当按照有关规定统一、准确、及时发布有关突发事件事态发展和应急处置工作的信息。

（4）任何单位和个人不得编造、传播有关突发事件事态发展或者应急处置工作的虚假信息。

🔶 举一反三

[典型例题1·单选] 根据《突发事件应对法》，下列关于突发事件的应急处置与救援的说法，正确的是（　　）。

　　A. 突发事件发生后，履行统一领导职责或组织处置突发事件的安全监督管理部门应当针对其性质、特点和危害程度，立即组织有关部门，调动应急救援队伍和社会力量，采取应急处置措施

　　B. 突发事件发生后，应当视具体情况采取应急措施，不得为稳定市场而采取经济性处置措施

　　C. 人民政府应当尊重公众的知情权，按照规定统一、准确、及时发布有关突发事件事态发展和应急处置工作的信息

　　D. 受到自然灾害危害或发生事故灾难、公共卫生事件的单位，应当立即组织本单位应急救援队伍和工作人员营救受害人员，采取必要措施，同时向所在地市级人民政府报告

[解析] 选项A错误，履行统一领导职责或者组织处置突发事件的是人民政府。选项B错误，人民政府可依法对扰乱市场秩序的行为采取措施，包括经济措施。选项D错误，发生事故或灾害的单位应当采取必要措施，同时向所在地县级人民政府报告。

[答案] C

[典型例题2·单选] 位于某县的化工厂发生氯气泄漏。根据《突发事件应对法》，事件发生后，人民政府组织采取的下列应急处置措施，错误的是（　　）。

　　A. 迅速控制危险源，标明危险区域，封锁危险场所

　　B. 实施医疗救护和卫生防疫措施

　　C. 组织现场所有人员参加应急救援工作，要求其提供服务

　　D. 保障食品、饮用水、燃料等基本生活必需品的供应

[解析] 选项C错误，应该是组织公民参加应急救援和处置工作，要求具有特定专长的人员提供服务。

[答案] C

[典型例题3·单选] 根据《突发事件应对法》，突发事件发生后，履行统一领导职责的人民政

府不可以采取的应急处置措施是（　　）。

A. 要求生产、供应生活必需品的企业组织生产，保证供应

B. 要求提供医疗、交通等公共服务的组织提供相应的服务

C. 为稳定情绪，将事故救援信息延后发布

D. 向个人征用应急救援设备、设施、场地、交通工具

[解析] 选项 C 错误，负责组织处置突发事件的人民政府，应当及时、准确发布有关突发事件事态发展和应急处置工作的信息。

[答案] C

环球君点拨

此知识点主要考查突发事件发生后的处置和救援，其中负有领导职责的人民政府可以采取的应急处置措施是重要的考查内容。这部分内容比较多，可以结合实际案例来学习，且不建议全部背下来，一般只要有印象，在考试中就能选出正确答案。

第八节　中华人民共和国职业病防治法

考点 1　职业病预防与管理 [2023、2022、2021、2019]

真题链接

[2023·单选] 王某是某电子制造企业的喷涂工，入职 2 年后开始频繁咳嗽、气喘，并伴有持续发烧，经诊断，王某因喷涂工作患有职业病。根据《职业病防治法》，关于劳动过程中职业病的防护与管理及法律责任的说法，正确的是（　　）。

A. 该企业应当为王某安排离岗前的职业健康检查，并且承担检查费用

B. 王某应当自行安排上岗前的职业健康检查，费用由单位报销

C. 王某康复出院后，经本人同意，该企业可以安排回原工作岗位

D. 王某康复出院后，该企业给予经济补偿，可以终止与其订立的劳动合同

[解析] 选项 A 错误，医疗卫生机构发现疑似职业病病人时，应当告知劳动者本人并及时通知用人单位。用人单位应当及时安排对疑似职业病病人进行诊断；在疑似职业病病人诊断或者医学观察期间，不得解除或者终止与其订立的劳动合同。疑似职业病病人在诊断、医学观察期间的费用，由用人单位承担。选项 B 错误，对从事接触职业病危害作业的劳动者，用人单位应当按照国务院卫生行政部门的规定组织上岗前、在岗期间和离岗时的职业健康检查，并将检查结果如实告知劳动者。职业健康检查费用由用人单位承担。选项 C 错误，用人单位应当保障职业病病人依法享受国家规定的职业病待遇。用人单位应当按照国家有关规定，安排职业病病人进行治疗、康复和定期检查。用人单位对不适宜继续从事原工作的职业病病人，应当调离原岗位，并妥善安置。

[答案] D

[2022·单选] 某公司从事木质家具加工业务，有从业人员 50 人。其中，甲从事木材切削工作，乙从事家具胶合工作，丙从事家具入库统计工作，丁从事职业卫生管理工作。根据《职业病防治法》，关于该公司职业病危害管理的做法，错误的是（　　）。

A. 在甲作业的车间设置职业病危害警示标志

B. 对提出离岗申请的乙进行职业健康检查

C. 安排丙同时负责职业病危害因素日常监测

D. 安排丁负责本单位的职业病防治工作

[解析] 选项 C 错误，用人单位应当安排专人负责职业病危害因素日常监测。

[答案] C

[2021·单选] 某公司为预防劳动过程中的职业病采取了一系列举措。根据《职业病防治法》，下列关于该公司劳动过程中职业病防护与管理的做法，错误的是（　　）。

A. 安排专人负责职业病危害因素的日常监测，确保监测系统处于正常运行状态

B. 配备专职和兼职的职业卫生管理人员，负责公司的职业病防治工作

C. 为劳动者提供符合卫生标准和防治职业病要求的个人职业病防护用品

D. 口头告知劳动者职业病的危害及其后果、职业病防护措施和待遇

[解析] 用人单位应如实告知劳动者职业病的危害及其后果、职业病防护措施和待遇，并在劳动合同中写明。

[答案] D

[2019·单选] 某矿山企业新建项目可能产生职业危害，应当进行职业危害预评价。根据《职业病防治法》，关于该矿山企业新建项目职业病危害预评价的说法，正确的是（　　）。

A. 矿山企业应当在项目实施阶段进行职业病危害预评价

B. 职业病危害预评价报告不包括对劳动者健康影响的评价

C. 职业病危害预评价应当经卫生行政部审核同意

D. 矿山企业应当在可行性论证阶段进行职业病危害预评价

[解析] 选项 A 错误、选项 D 正确，矿山企业在可行性论证阶段应当进行职业病危害预评价。选项 B 错误，职业病危害预评价报告包括对劳动者健康影响的评价。选项 C 错误，题目说的是矿山建设项目，而不是医疗机构建设项目，无须经卫生行政部审核同意。

[答案] D

真题精解

点题： 此系列真题考查职业病预防与管理的措施，考查形式均为单选题，涉及的细则规定较宽泛，总体难度不大。

分析： 职业病预防与管理主要是指生产经营单位在生产前、生产过程中所采取的应对措施。根据《职业病防治法》，职业病预防与管理相关规定如下。

1. 职业病的预防

（1）国家建立职业病危害项目申报制度。用人单位工作场所存在职业病目录所列职业病的危害因素的，应当及时、如实向所在地卫生行政部门申报危害项目，接受监督。

（2）新建、扩建、改建建设项目和技术改造、技术引进项目（以下统称建设项目）可能产生职业病危害的，建设单位在可行性论证阶段应当进行职业病危害预评价。

（3）医疗机构建设项目可能产生放射性职业病危害的，建设单位应当向卫生行政部门提交放射性职业病危害预评价报告。卫生行政部门应当自收到预评价报告之日起 30 日内，作出审核决定并书面通知建设单位。未提交预评价报告或者预评价报告未经卫生行政部门审核同意的，不得开工建设。

(4) 职业病危害预评价报告应当对建设项目可能产生的职业病危害因素及其对工作场所和劳动者健康的影响作出评价，确定危害类别和职业病防护措施。

(5) 产生职业病危害的用人单位，应当在醒目位置设置公告栏，公布有关职业病防治的规章制度、操作规程、职业病危害事故应急救援措施和工作场所职业病危害因素检测结果。

对产生严重职业病危害的作业岗位，应当在其醒目位置，设置警示标识和中文警示说明。警示说明应当载明产生职业病危害的种类、后果、预防以及应急救治措施等内容。

2. 职业病的管理

(1) 用人单位与劳动者订立劳动合同（含聘用合同）时，应当将工作过程中可能产生的职业病危害及其后果、职业病防护措施和待遇等如实告知劳动者，并在劳动合同中写明，不得隐瞒或者欺骗。

用人单位违反规定的，劳动者有权拒绝从事存在职业病危害的作业，用人单位不得因此解除与劳动者所订立的劳动合同。

(2) 对从事接触职业病危害的作业的劳动者，用人单位应当按照国务院卫生行政部门的规定组织上岗前、在岗期间和离岗时的职业健康检查，并将检查结果书面告知劳动者。职业健康检查费用由用人单位承担。

拓展：产生职业病危害的用人单位应落实职业病预防措施，从源头上控制和消除职业病危害，这对其提出了较高要求。其工作场所应当符合下列职业卫生要求：

(1) 职业病危害因素的强度或者浓度符合国家职业卫生标准。
(2) 有与职业病危害防护相适应的设施。
(3) 生产布局合理，符合有害与无害作业分开的原则。
(4) 有配套的更衣间、洗浴间、孕妇休息间等卫生设施。
(5) 设备、工具、用具等设施符合保护劳动者生理、心理健康的要求。
(6) 法律、行政法规和国务院卫生行政部门关于保护劳动者健康的其他要求。

举一反三

[典型例题1·单选] 张某为某汽车制造厂机加工岗位工人，与该单位签订为期3年的劳动合同。工作1年后，该单位将其从机加工岗位调到喷漆岗位工作。根据《职业病防治法》，下列关于张某在劳动过程中职业病防护与管理的做法，正确的是（ ）。

A. 张某因该单位未事先告知喷漆岗位职业危害而不服从调动，用人单位因此解除与其签订的劳动合同

B. 张某因该单位喷漆岗位未配备职业病防护装置而不服从调动，用人单位因此解除与其签订的劳动合同

C. 张某因该单位未事先告知喷漆岗位职业病危害，拒绝从事新岗位作业

D. 张某到新岗位后，该单位保持原劳动合同，未协商变更相关条款

[解析] 选项A错误、选项C正确，该单位应事先告知张某喷漆岗位职业危害，如没有告知，张某有权拒绝从事新岗位工作，用人单位不得解除劳动合同。选项B错误，对有职业病危害的作业，用人单位必须采用防护设施，提供防护用品；违反规定的，劳动者有权拒绝从事作业，用人单位不得解除劳动合同。选项D错误，劳动者工作内容变更，用人单位应当告知新岗位存在的职业病危害，并协商变更原劳动合同相关条款。

[答案] C

[**典型例题 2·多选**] 根据《职业病防治法》，下列关于产生职业病危害的用人单位工作场所的职业卫生要求的说法，正确的有（　　）。

A. 有与职业病危害防护相适应的设施
B. 有配套的更衣间、洗浴间、孕妇休息间
C. 职业病危害因素的强度或者浓度符合国家或者国际职业卫生标准
D. 生产布局合理，有害与无害作业分开
E. 设备、工具、用具等设施符合保护劳动者生理、心理健康的要求

[**解析**] 选项 C 错误，职业病危害因素的强度或者浓度符合国家职业卫生标准。

[答案] ABDE

环球君点拨

无论是工作场所的职业卫生要求，还是劳动过程中的防护管理，都是预防产生职业病的措施。在考试中要仔细审题，看清题目问的是职业病的预防，还是已经患有职业病的职工的保障，避免误选。

考点 2 职业病诊断与保障 [2022]

真题链接

[**2022·多选**] 根据《职业病防治法》，关于职业病诊断的说法，正确的有（　　）。

A. 劳动者应当在用人单位所在地进行职业病诊断
B. 职业病诊断应当由取得《医疗机构执业许可证》的医疗卫生机构承担
C. 没有证据否定职业病危害因素与病人临床表现之间的必然联系的，可以诊断为职业病
D. 职业病诊断有争议的，由职业病诊断鉴定委员会作出裁决
E. 承担职业病诊断的医疗卫生机构在任何情况下不得拒绝劳动者职业病诊断的要求

[**解析**] 选项 A 错误，劳动者可以在用人单位所在地、本人户籍所在地或者经常居住地依法承担职业病诊断的医疗卫生机构进行职业病诊断。选项 C 错误，没有证据否定职业病危害因素与病人临床表现之间的必然联系的，应当诊断为职业病。选项 D 错误，职业病诊断有异议的，由设区的市级以上地方人民政府卫生行政部门组织职业病诊断鉴定委员会进行鉴定。

[答案] BE

真题精解

点题：关于职业病诊断和保障的规定近几年考查较少，2022 年以前均以考查职业病的防护为主，此考点可作为低频考点来学习。

分析：此考点涉及职业病的诊断和患职业病后的待遇两方面。职工患职业病的，享有工伤保险待遇，这在工伤保险条例中有更为详细的规定。《职业病防治法》对职业病诊断和保障的规定如下：

1. 职业病的诊断

（1）职业病诊断应当由取得《医疗机构执业许可证》的医疗卫生机构承担。承担职业病诊断的医疗卫生机构不得拒绝劳动者进行职业病诊断的要求。

（2）劳动者可以在用人单位所在地、本人户籍所在地或者经常居住地依法承担职业病诊断的医疗卫生机构进行职业病诊断。

（3）没有证据否定职业病危害因素与病人临床表现之间的必然联系的，应当诊断为职业病。职

业病诊断证明书应当由参与诊断的取得职业病诊断资格的执业医师签署，并经承担职业病诊断的医疗卫生机构审核盖章。

（4）职业病诊断鉴定委员会由相关专业的专家组成。省、自治区、直辖市人民政府卫生行政部门应当设立相关的专家库，需要对职业病争议作出诊断鉴定时，由当事人或者当事人委托有关卫生行政部门从专家库中以随机抽取的方式确定参加诊断鉴定委员会的专家。

（5）医疗卫生机构发现疑似职业病病人时，应当告知劳动者本人并及时通知用人单位。用人单位应当及时安排对疑似职业病病人进行诊断；在疑似职业病病人诊断或者医学观察期间，不得解除或者终止与其订立的劳动合同。

疑似职业病病人在诊断、医学观察期间的费用，由用人单位承担。

2. 职业病的保障

（1）用人单位应当保障职业病病人依法享受国家规定的职业病待遇。用人单位应当按照国家有关规定，安排职业病病人进行治疗、康复和定期检查。

用人单位对不适宜继续从事原工作的职业病病人，应当调离原岗位，并妥善安置。

用人单位对从事接触职业病危害的作业的劳动者，应当给予适当岗位津贴。

（2）职业病病人的诊疗、康复费用，伤残以及丧失劳动能力的职业病病人的社会保障，按照国家有关工伤保险的规定执行。

（3）职业病病人除依法享有工伤保险外，依照有关民事法律，尚有获得赔偿的权利的，有权向用人单位提出赔偿要求。

（4）劳动者被诊断患有职业病，但用人单位没有依法参加工伤保险的，其医疗和生活保障由该用人单位承担。

举一反三

[典型例题·单选] 职业病病人依法享受国家规定的职业病待遇。根据《职业病防治法》，下列关于职业病病人保障的说法，正确的是（　　）。

A. 用人单位未依法参加工伤保险的，其职业病病人的医疗费用由用人单位承担
B. 职业病病人享有职业病待遇后，无权再提出赔偿要求
C. 因本人意愿到新单位工作后，职业病病人不再享有职业病相应待遇
D. 用人单位在条件允许的情况下，应对不宜继续从事原工作的职业病病人调换岗位

[解析] 选项B错误，职业病病人除依法享有工伤保险外，还有权向用人单位提出赔偿要求。选项C错误，职业病病人变动工作单位，其依法享有的待遇不变。选项D错误，用人单位对不适宜继续从事原工作的职业病病人，应当调离原岗位，而不是条件允许才调换岗位。

[答案] A

环球君点拨

此考点非高频考点，2022年考查了职业病诊断，之后应会关注职业病人的保障。此考点内容关系到职工的切身利益，学习中重点掌握用人单位的保障职责。

第六章 安全生产行政法规

第一节 安全生产许可证条例

考点 安全生产许可证的颁发管理 [2023、2022、2021、2019、2017]

真题链接

[2023·单选] 国家对有关行业企业实行安全生产许可制度。根据《安全生产许可证条例》，下列企业中，应当取得安全生产许可证的是（　　）。

A. 从业人员100人的船舶制造企业　　B. 从业人员30人的建筑施工企业
C. 从业人员300人的服装加工企业　　D. 从业人员50人的金属冶炼企业

[解析] 根据《安全生产许可证条例》第二条，国家对矿山企业、建筑施工企业和危险化学品、烟花爆竹、民用爆炸物品生产企业（以下统称企业）实行安全生产许可制度。企业未取得安全生产许可证的，不得从事生产活动。

[答案] B

[2022·单选] 国家对危险化学品生产企业实行安全生产许可制度。根据《安全生产许可证条例》，关于企业取得安全生产许可证条件的说法，正确的是（　　）。

A. 应当设置安全生产管理机构，配备专职或兼职安全生产管理人员
B. 应当有重大危险源检测、评估、监控措施和应急预案
C. 从业人员应当经有关业务主管部门考核合格，取得岗位资格证书
D. 应当依法参加安全生产责任保险，为从业人员缴纳保险费

[解析]《安全生产许可证条例》规定的高危企业，应该取得安全生产许可证，应当具备规定的安全生产条件。选项A、C、D不是企业取得安全生产许可证的必备条件。

[答案] B

[2021·多选] 安全生产许可证制度是保证生产经营单位安全生产的一项重要制度。根据《安全生产许可证条例》，下列企业中应当申请安全生产许可证的有（　　）。

A. 煤矿企业　　B. 金属冶炼企业
C. 道路运输企业　　D. 非煤矿山企业
E. 建筑施工企业

[解析] 根据《安全生产许可证条例》，国家对一类高危企业实行安全生产许可制度，包括矿山企业、建筑施工企业和危险化学品、烟花爆竹、民用爆炸物品生产企业，故选项A、D、E正确。

[答案] ADE

[2019·单选] 根据《安全生产许可证条例》，企业依法参加（　　），为从业人员缴纳保险费，

是取得安全生产许可证的必备条件。

A. 人身意外伤害险

B. 工伤保险

C. 重大疾病险

D. 第三者责任险

[解析] 企业取得安全生产许可证，其必备条件之一是为从业人员缴纳工伤保险。选项 A、C、D 不是必备条件。

[答案] B

[2017·单选] 某铁矿石生产企业近日通过试生产，需向本省安全生产许可证颁发机关申请取得非煤矿山安全生产许可证。根据《安全生产许可证条例》，下列说法正确的是（　　）。

A. 该企业须配备专职或兼职安全生产管理人员

B. 该企业主要负责人和安全生产管理人员须取得安全资格证书

C. 该企业须具有职业危害防治措施

D. 该企业须为从业人员投保人身意外伤害保险

[解析] 选项 A 错误，该企业须配备专职安全生产管理人员。选项 B 错误，主要负责人和安全生产管理人员经考核合格即可，无取得安全资格证书的要求。选项 D 错误，企业应为从业人员投保工伤保险，意外伤害保险不是强制险。

[答案] C

真题精解

点题：近几年真题考查的重点在于哪些企业应取得安全生产许可证及企业取得安全生产许可证的条件。此考点涉及内容不多，因此考查也相对简单，基本上每年考查一道题。

分析：并非所有企业都要取得安全生产许可证，只有《安全生产许可证条例》规定的高危企业才需要取得安全生产许可证。《安全生产许可证条例》第二条规定，国家对矿山企业、建筑施工企业和危险化学品、烟花爆竹、民用爆炸物品生产企业（以下统称"企业"）实行安全生产许可制度。企业未取得安全生产许可证的，不得从事生产活动。

企业要取得安全生产许可证应具备一定的安全生产条件。对此，《安全生产许可证条例》第六条规定，企业应当具备下列安全生产条件：

(1) 建立、健全安全生产责任制，制定完备的安全生产规章制度和操作规程。

(2) 安全投入符合安全生产要求。

(3) 设置安全生产管理机构，配备专职安全生产管理人员。

(4) 主要负责人和安全生产管理人员经考核合格。

(5) 特种作业人员经有关业务主管部门考核合格，取得特种作业操作资格证书。

(6) 从业人员经安全生产教育和培训合格。

(7) 依法参加工伤保险，为从业人员缴纳保险费。

(8) 厂房、作业场所和安全设施、设备、工艺符合有关安全生产法律、法规、标准和规程的要求。

(9) 有职业危害防治措施，并为从业人员配备符合国家标准或者行业标准的劳动防护用品。

(10) 依法进行安全评价。

(11) 有重大危险源检测、评估、监控措施和应急预案。

(12) 有生产安全事故应急救援预案、应急救援组织或者应急救援人员，配备必要的应急救援器材、设备。

(13) 法律、法规规定的其他条件。

拓展： 企业取得安全生产许可证后，要对其进行监管，有关监管的内容偶尔也会在考试中出现。对此，《安全生产许可证条例》规定如下：

(1) 国务院安全生产监督管理部门和省、自治区、直辖市人民政府安全生产监督管理部门对建筑施工企业、民用爆炸物品生产企业、煤矿企业取得安全生产许可证的情况进行监督。

(2) 企业不得转让、冒用安全生产许可证或者使用伪造的安全生产许可证。

(3) 企业取得安全生产许可证后，不得降低安全生产条件，并应当加强日常安全生产管理，接受安全生产许可证颁发管理机关的监督检查。安全生产许可证颁发管理机关应当加强对取得安全生产许可证的企业的监督检查，发现其不再具备《安全生产许可证条例》规定的安全生产条件的，应当暂扣或者吊销安全生产许可证。

举一反三

[典型例题1·单选] 根据《安全生产许可证条例》，（　　）应当申请安全生产许可证。

A. 矿山企业、危险物品生产企业、建筑施工企业

B. 矿山企业、危险物品生产企业、机械加工企业

C. 矿山企业、食品加工企业、危险物品生产企业

D. 危险物品生产企业、电子生产企业、家具制造企业

[解析] 实行安全生产许可制度的有矿山企业、建筑施工企业和危险化学品企业、烟花爆竹、民用爆炸物品生产企业，不包括机械加工企业、食品加工企业、电子生产企业和家具制造企业。

[答案] A

[典型例题2·单选] 根据《安全生产许可证条例》，关于安全生产许可证监督管理的说法，正确的是（　　）。

A. 县级以上人民政府负责安全生产监督管理的部门负责对建筑施工企业、民用爆炸物品生产企业、煤矿企业取得安全生产许可证的情况进行管理和监督

B. 安全生产许可证颁发管理机关在检查中发现取得安全生产许可证的企业不再具备安全生产条件的，应当责令立即停产，进行整改

C. 企业取得安全生产许可证后，不得降低安全生产条件，并应当接受安全生产许可证颁发、管理机关的监督检查

D. 企业转让安全生产许可证时应征得原发证机关同意

[解析] 选项 A 错误，应该由国务院安全生产监督管理部门和省、自治区、直辖市人民政府安全生产监督管理部门负责管理和监督。选项 B 错误、选项 C 正确，企业取得安全生产许可证后，不得降低安全生产条件，并应当接受安全生产许可证颁发、管理机关的监督检查，发现企业不再具备安全生产条件的，应当暂扣或者吊销安全生产许可证。选项 D 错误，企业不得转让安全生产许可证。

[答案] C

环球君点拨

需要取得安全生产许可证的企业是最容易考查的知识点，对"矿山企业、建筑施工企业和危险

化学品、烟花爆竹、民用爆炸物品生产企业"这几类高危行业，可以用口诀来记忆，即"烟民建危矿"。注意，需取得许可证的高危企业里没有金属冶炼企业。

第二节　煤矿安全生产条例

考点1　煤矿企业的安全生产责任

经典例题

[例题1·单选] 根据《煤矿安全生产条例》，关于新建、改建、扩建煤矿工程项目安全设施设计的说法，正确的是（　　）。

A. 煤矿建设项目的施工单位应当委托具有建设工程设计企业资质的设计单位进行安全设施设计

B. 安全设施设计应当包括煤矿水、火、瓦斯、冲击地压、煤尘、顶板等主要灾害的防治措施

C. 安全设施设计应当报省、自治区、直辖市人民政府矿山安全监察机构审查

D. 安全设施设计需要作重大变更的，应当由建设单位重新审查

[解析] 选项A错误，煤矿建设项目的建设单位应当委托具有建设工程设计企业资质的设计单位进行安全设施设计。选项C错误，安全设施设计应当报省、自治区、直辖市人民政府负有煤矿安全生产监督管理职责的部门审查。选项D错误，安全设施设计需要作重大变更的，应当报原审查部门重新审查。

[答案] B

[例题2·多选] 根据《煤矿安全生产条例》，下列煤矿开采的情形中，应当编制专项设计的有（　　）。

A. 煤矿企业存在安全隐患的　　　　　B. 开采主要井巷留设煤柱的

C. 有冲击地压危险的　　　　　　　　D. 特种作业人员未持证上岗的

E. 开采容易自燃和自燃煤层的

[解析] 煤矿开采有下列情形之一的，应当编制专项设计：①有煤（岩）与瓦斯（二氧化碳）突出的；②有冲击地压危险的；③开采需要保护的建筑物、水体、铁路下压煤或者主要井巷留设煤柱的；④水文地质类型复杂、极复杂或者周边有老窑采空区的；⑤开采容易自燃和自燃煤层的；⑥其他需要编制专项设计的。

[答案] BCE

例题精解

点题：《煤矿安全生产条例》自2024年5月1日起施行，属于新增知识点。以上例题考查的是煤矿企业的安全生产责任。

分析：煤矿企业是安全生产的责任主体，此考点涉及的内容较多，应当重点掌握以下内容。

1. 安全设施设计审查

安全设施设计应当包括煤矿水、火、瓦斯、冲击地压、煤尘、顶板等主要灾害的防治措施，符合国家标准或者行业标准的要求，并报省、自治区、直辖市人民政府负有煤矿安全生产监督管理职责的部门审查。安全设施设计需要作重大变更的，应当报原审查部门重新审查，不得先施工后报批、边施工边修改。

2. 煤矿建设项目竣工验收

煤矿建设项目竣工投入生产或者使用前，应当由建设单位负责组织对安全设施进行验收，并对验收结果负责；经验收合格后，方可投入生产和使用。

3. 矿长配备要求

煤矿企业应当为煤矿分别配备专职矿长、总工程师，分管安全、生产、机电的副矿长以及专业技术人员。对煤（岩）与瓦斯（二氧化碳）突出、高瓦斯、冲击地压、煤层容易自燃、水文地质类型复杂和极复杂的煤矿，还应当设立相应的专门防治机构，配备专职副总工程师。

4. 安全设施设置

（1）煤矿的采煤、掘进、机电、运输、通风、排水、排土等主要生产系统和防瓦斯、防煤（岩）与瓦斯（二氧化碳）突出、防冲击地压、防火、防治水、防尘、防热害、防滑坡、监控与通信等安全设施，应当符合煤矿安全规程和国家标准或者行业标准规定的管理和技术要求。

（2）井工煤矿应当有符合煤矿安全规程和国家标准或者行业标准规定的安全出口、独立通风系统、安全监控系统、防尘供水系统、防灭火系统、供配电系统、运送人员装置和反映煤矿实际情况的图纸，并按照规定进行瓦斯等级、冲击地压、煤层自燃倾向性和煤尘爆炸性鉴定。

（3）井工煤矿应当按矿井瓦斯等级选用相应的煤矿许用炸药和电雷管，爆破工作由专职爆破工承担。

5. 煤矿企业安全管理

（1）露天煤矿的采场及排土场边坡与重要建筑物、构筑物之间应当留有足够的安全距离。

（2）煤矿企业应当定期对露天煤矿进行边坡稳定性评价，评价范围应当涵盖露天煤矿所有边坡。达不到边坡稳定要求时，应当修改采矿设计或者采取安全措施，同时加强边坡监测工作。

（3）煤矿企业应当依法制定生产安全事故应急救援预案。

（4）煤矿企业应当设立专职救护队；不具备设立专职救护队条件的，应当设立兼职救护队，并与邻近的专职救护队签订救护协议。

（5）煤矿企业应当在依法确定的开采范围内进行生产，不得超层、越界开采。

（6）采矿作业不得擅自开采保安煤柱，不得采用可能危及相邻煤矿生产安全的决水、爆破、贯通巷道等危险方法。

举一反三

[经典例题·单选] 某县辖区内有大型煤矿开采企业。根据《煤矿安全生产条例》，关于煤矿企业安全生产管理的说法，错误的是（ ）。

A. 井工煤矿应当有符合煤矿安全规程和相关标准规定的安全出口、独立通风系统等

B. 井工煤矿应当按矿井瓦斯等级选用相应的煤矿许用炸药和电雷管，爆破工作由专职爆破工承担

C. 露天煤矿达不到边坡稳定要求时，应当修改采矿设计或者采取其他安全措施

D. 煤矿企业必须设立专职救护队，发生事故时，专职救护队应当在规定时间内到达煤矿开展救援

[解析] 煤矿企业应当设立专职救护队；不具备设立专职救护队条件的，应当设立兼职救护队，并与邻近的专职救护队签订救护协议。

[答案] D

环球君点拨

对于煤矿企业的安全生产责任，考生可以结合《安全生产法》等进行学习。通用性的、一般性

的规定快速浏览即可，重点掌握煤矿特有的、特殊性的规定。在做题时，要准确识别"应当""必须""可以""专职""兼职"等关键词，以助于迅速作答。

考点 2　煤矿安全生产监管监察

经典例题

[例题·单选] 县级以上人民政府负有煤矿安全生产监督管理职责的部门对煤矿安全生产实施监督管理。根据《煤矿安全生产条例》，下列说法正确的是（　　）。

A. 省、自治区、直辖市人民政府负有煤矿安全生产监督管理职责的部门审查煤矿建设项目安全设施设计

B. 省、自治区、直辖市人民政府煤矿安全监察机构负责煤矿企业安全生产许可证的颁发和管理

C. 省、自治区、直辖市人民政府负有煤矿安全生产监督管理职责的部门负责对煤矿建设项目安全设施验收

D. 县级以上地方人民政府负有煤矿安全生产监督管理职责的部门应当编制煤矿安全生产年度监督检查计划，并抄送所在地县级以上人民政府

[解析] 选项 B 错误，省、自治区、直辖市人民政府负有煤矿安全生产监督管理职责的部门负责煤矿企业安全生产许可证的颁发和管理。选项 C 错误，煤矿建设项目竣工投入生产或者使用前，应当由建设单位负责组织对安全设施进行验收，省、自治区、直辖市人民政府负有煤矿安全生产监督管理职责的部门应当加强对建设单位安全设施验收活动和验收结果的监督核查。选项 D 错误，煤矿安全生产年度监督检查计划应当抄送所在地矿山安全监察机构。

[答案] A

例题精解

点题：此例题考查的是煤矿安全生产监督管理，要注意相应部门的职责。

分析：对于煤矿安全生产的监管监察，应当掌握以下内容：

（1）省、自治区、直辖市人民政府负有煤矿安全生产监督管理职责的部门审查煤矿建设项目安全设施设计，应当自受理之日起 30 日内审查完毕，签署同意或者不同意的意见，并书面答复。

（2）省、自治区、直辖市人民政府负有煤矿安全生产监督管理职责的部门负责煤矿企业安全生产许可证的颁发和管理，并接受国家矿山安全监察机构及其设在地方的矿山安全监察机构的监督。

（3）县级以上地方人民政府负有煤矿安全生产监督管理职责的部门依法对煤矿企业进行监督检查，并将煤矿现场安全生产状况作为监督检查重点内容。

（4）县级以上人民政府及其有关部门对存在安全生产失信行为的煤矿企业、煤矿安全生产技术服务机构及有关从业人员，依法依规实施失信惩戒。

（5）对被责令停产整顿的煤矿企业，在停产整顿期间，有关地方人民政府应当采取有效措施进行监督检查。

（6）煤矿企业有安全生产违法行为或者重大事故隐患依法被责令停产整顿的，应当制定整改方案并进行整改。整改结束后要求恢复生产的，县级以上地方人民政府负有煤矿安全生产监督管理职责的部门应当组织验收，并在收到恢复生产申请之日起 20 日内组织验收完毕。验收合格的，经本部门主要负责人签字，并经所在地矿山安全监察机构审核同意，报本级人民政府主要负责人批准

后，方可恢复生产。

（7）县级以上地方人民政府负有煤矿安全生产监督管理职责的部门对被责令停产整顿或者关闭的煤矿企业，应当在5个工作日内向社会公告；对被责令停产整顿的煤矿企业经验收合格恢复生产的，应当自恢复生产之日起5个工作日内向社会公告。

（8）国家矿山安全监察机构及其设在地方的矿山安全监察机构履行煤矿安全监察职责，有权进入煤矿作业场所进行检查，参加煤矿企业安全生产会议，向有关煤矿企业及人员了解情况。

（9）国家矿山安全监察机构及其设在地方的矿山安全监察机构发现煤矿现场存在事故隐患的，有权要求立即排除或者限期排除；发现有违章指挥、强令冒险作业、违章作业以及其他安全生产违法行为的，有权立即纠正或者要求立即停止作业；发现威胁安全的紧急情况时，有权要求立即停止危险区域内的作业并撤出作业人员。

（10）国家矿山安全监察机构及其设在地方的矿山安全监察机构发现煤矿企业存在重大事故隐患责令停产整顿的，应当及时移送县级以上地方人民政府负有煤矿安全生产监督管理职责的部门处理并进行督办。

举一反三

[典型例题·单选] 县级以上地方人民政府负有煤矿安全生产监督管理职责的部门依法对煤矿企业进行监督检查，根据《煤矿安全生产条例》，关于监督检查的说法，正确的是（　　）。

A. 可以进入煤矿企业进行检查，向有关单位和人员了解情况，但不得调阅涉及商业秘密的资料

B. 对检查中发现的安全生产违法行为，应当场予以纠正或者要求限期改正

C. 对发现的重大事故隐患，责令立即排除并撤出作业人员

D. 对不符合保障安全生产的国家标准或者行业标准的设施、设备、器材，责令暂时停止使用

[解析] 选项A错误，可以进入煤矿企业进行检查，调阅有关资料，向有关单位和人员了解情况。选项C错误，对检查中发现的事故隐患，应当责令立即排除；重大事故隐患排除前或者排除过程中无法保证安全的，应当责令从危险区域内撤出作业人员。选项D错误，对有根据认为不符合保障安全生产的国家标准或者行业标准的设施、设备、器材予以查封或者扣押。

[答案] B

环球君点拨

煤矿安全生产监管和监察是两个部门的职责，负责监管的是地方政府设立的煤矿管理部门，而监察是代表国家对地方政府的煤矿管理部门和煤矿企业进行监督检查。在做题时，要正确区分二者的职责。同时，不管是监管还是监察，都是行政执法行为，应符合《安全生产法》的相关规定。

考点3 煤矿安全的法律责任

经典例题

[例题·多选] 2023年底，某县负有煤矿安全生产监督管理职责的部门对煤矿进行检查时，发现煤矿存在下列情形。根据《安全生产法》《煤矿安全生产条例》的规定，应当提请人民政府予以关闭的有（　　）。

A. 主要负责人未经考核合格上岗的

B. 1个月内2次发现有重大事故隐患仍然进行生产的

C. 有冲击地压危险的

D. 专家论证在现有技术条件下难以有效防治重大灾害的

E. 因存在重大事故隐患被责令停产停业整顿，拒不执行仍然生产的

[解析] 选项A错误，根据《安全生产法》，主要负责人未经考核合格的，对生产经营单位处10万元以下罚款。选项B、D属于《煤矿安全生产条例》规定的予以关闭的情形。选项C属于应当编制专项设计的情形。选项E属于《安全生产法》规定的予以关闭的情形。

[答案] BDE

例题精解

点题：此例题考查煤矿安全的法律责任，具体来说，考查的是应当提请人民政府予以关闭煤矿企业的情形。

分析：有关煤矿安全的法律责任涉及内容较多，并且大部分为数字考点，难以记忆，应重点掌握以下内容。

煤矿企业存在下列情形之一的，应当提请县级以上地方人民政府予以关闭：

(1) 未依法取得安全生产许可证等擅自进行生产的；

(2) 3个月内2次或者2次以上发现有重大事故隐患仍然进行生产的；

(3) 经地方人民政府组织的专家论证在现有技术条件下难以有效防治重大灾害的；

(4) 有《安全生产法》规定的应当提请关闭的其他情形。

有关地方人民政府作出予以关闭的决定，应当立即组织实施。

关闭煤矿应当达到下列要求：

(1) 依照法律法规有关规定吊销、注销相关证照。

(2) 停止供应并妥善处理民用爆炸物品。

(3) 停止供电，拆除矿井生产设备、供电、通信线路。

(4) 封闭、填实矿井井筒，平整井口场地，恢复地貌。

(5) 妥善处理劳动关系，依法依规支付经济补偿、工伤保险待遇，组织离岗时职业健康检查，偿还拖欠工资，补缴欠缴的社会保险费。

(6) 设立标识牌。

(7) 报送、移交相关报告、图纸和资料等。

(8) 有关法律法规规定的其他要求。

举一反三

[典型例题·单选] 监管部门在检查时发现某煤矿不具备规定的安全生产条件，经停产整顿，仍不具备安全生产条件，于是提请县级人民政府予以关闭。根据《煤矿安全生产条例》，关闭煤矿应当达到的要求有（　　）。

A. 停止供电，拆除矿井生产设备、供电、通信线路

B. 封闭、填实矿井井筒，平整井口场地，恢复地貌

C. 妥善安置煤矿职工重新就业

D. 发放遣散费用

E. 对煤矿设立标识牌

[解析] 煤矿关闭后，对职工的处置措施是，妥善处理劳动关系，依法依规支付经济补偿、工伤保险待遇，组织离岗时职业健康检查，偿还拖欠工资，补缴欠缴的社会保险费，选项C、D错误。

[答案] ABE

环球君点拨

煤矿发生事故后，对煤矿企业及其主要负责人的罚款，《煤矿安全生产条例》的规定和《安全生产法》是一致的，可对照学习。对于其他情形的罚款，无须花太多时间和精力记忆，重点掌握该考点内容即可。

第三节 建设工程安全生产管理条例

考点1 建设工程各方的安全责任 [2021、2020、2019、2018、2015]

真题链接

[2021·单选] 根据《建设工程安全生产管理条例》，下列关于建筑施工单位的主要负责人对本单位安全生产工作职责的说法，错误的是（　　）。

A. 保证本单位安全生产条件所需资金的投入

B. 对建设工程项目的安全施工负责

C. 对所承担的建设工程进行定期和专项安全检查

D. 建立健全安全生产责任制

[解析] 选项B错误，对建设工程项目的安全施工负责属于施工单位项目负责人的职责。

[答案] B

[2020·单选] 根据《建设工程安全生产管理条例》，关于施工现场起重机械安装及责任的说法，正确的是（　　）。

A. 施工现场起重机械必须由施工单位安装，建设单位不承担安全责任

B. 施工单位编制安装方案，制定安全措施，建设单位应安排人员现场监督

C. 建设单位对施工现场起重机械安装情况进行检验，办理验收手续并签字

D. 安装单位安装完毕后应当自检，并出具自检合格证明

[解析] 选项A错误，施工现场起重机械的安装，必须由具有相应资质的单位承担，但不一定由施工单位承担。选项B、C错误，安装单位安装起重机械，应当编制安装方案，制定安全施工措施，并由专业技术人员现场监督，不是施工单位和建设单位的责任。

[答案] D

[2019·单选] 根据《建设工程安全生产管理条例》，关于实行施工总承包的建设工程安全责任的说法，正确的是（　　）。

A. 总承包单位和分包单位依据承包合同的规定，对施工现场的安全生产各自独立承担相应责任

B. 建设单位、总承包单位和分包单位对分包工程的安全生产承担连带责任

C. 分包单位不服从管理导致生产安全事故的，由分包单位承担全部责任

D. 总承包单位依法将建设工程分包给其他单位的，分包合同中应当明确各自安全生产方面的权利、义务

[解析] 选项 A、B 错误，总承包单位和分包单位对分包工程的安全生产承担连带责任，不涉及建设单位。选项 C 错误，分包单位不服从管理导致生产安全事故的，由分包单位承担主要责任。

[答案] D

[2018·单选] 根据《建设工程安全生产管理条例》，关于建设单位安全生产的说法，正确的是（   ）。

A. 建设单位经与施工单位协商，可以适当压缩合同工期
B. 在申领施工许可证时，建设单位应当提供建设工程有关安全施工措施的资料
C. 建设单位在编制工程概算时，可以暂不考虑安全施工措施所需费用
D. 在拆除工程施工 15 日后，建设单位应当及时向所在地建设行政主管部门备案

[解析] 选项 A 错误，建设单位不得压缩约定的合同工期。选项 C 错误，建设单位在编制工程概算时，应当确定建设工程安全施工措施所需费用。选项 D 错误，建设单位应当在拆除工程施工 15 日前，及时向所在地建设行政主管部门备案。

[答案] B

[2015·单选] 根据《建设工程安全生产管理条例》的规定，下列关于建设工程相关单位安全责任的说法，正确的是（   ）。

A. 建设工程的合理工期应由施工单位和监理单位双方协商一致确定
B. 建设单位在编制工程概算时，应当确定建设工程的安全作业环境和安全施工所需费用
C. 工程设计单位应向施工单位提供施工现场内供水、排水、供电、通信等地下管线资料
D. 建设单位应当在开工报告批准之日 30 日内，将安全施工保证措施报送有关主管部门备案

[解析] 选项 A 错误，建设工程的合理工期应根据项目自身特点，结合客观条件，由业主和参建各单位共同确定。选项 C 错误，地下管线资料应由建设单位向施工单位提供。选项 D 错误，建设单位应当自开工报告批准之日起 15 日内，将保证安全施工的措施报送主管部门备案。

[答案] B

真题精解

点题：此系列真题考查的是建设工程各方的安全责任，为高频考点，基本上每年考查一题。2015 年真题综合考查建设工程各方的安全责任；2018 年真题考查建设单位的安全责任；2019—2021 年真题考查的均是施工单位的安全责任。

分析：关于建设工程各方的安全责任，考查较多的是建设单位、施工单位的安全责任，其中施工单位的安全职责最为重要。《建设工程安全生产管理条例》对建设单位、施工单位的安全责任规定如下。

1. 建设单位的安全责任

(1) 建设单位应当向施工单位提供施工现场及毗邻区域内供水、排水、供电、供气、供热、通信、广播电视等地下管线资料，气象和水文观测资料，相邻建筑物和构筑物、地下工程的有关资料，并保证资料的真实、准确、完整。

(2) 建设单位不得对勘察、设计、施工、工程监理等单位提出不符合建设工程安全生产法律、法规和强制性标准规定的要求，不得压缩合同约定的工期。

(3) 建设单位在编制工程概算时，应当确定建设工程安全作业环境及安全施工措施所需费用。

2. 施工单位的安全责任

(1) 施工单位主要负责人依法对本单位的安全生产工作全面负责。施工单位应当建立健全安全

生产责任制度和安全生产教育培训制度,制定安全生产规章制度和操作规程,保证本单位安全生产条件所需资金的投入,对所承担的建设工程进行定期和专项安全检查,并做好安全检查记录。

施工单位的项目负责人应当由取得相应执业资格的人员担任,对建设工程项目的安全施工负责,落实安全生产责任制度、安全生产规章制度和操作规程,确保安全生产费用的有效使用,并根据工程的特点组织制定安全施工措施,消除安全事故隐患,及时、如实报告生产安全事故。

(2) 建设工程实行施工总承包的,由总承包单位对施工现场的安全生产负总责。总承包单位应当自行完成建设工程主体结构的施工。

总承包单位依法将建设工程分包给其他单位的,分包合同中应当明确各自的安全生产方面的权利、义务。总承包单位和分包单位对分包工程的安全生产承担连带责任。

分包单位应当服从总承包单位的安全生产管理,分包单位不服从管理导致生产安全事故的,由分包单位承担主要责任。

(3) 施工单位应当为施工现场从事危险作业的人员办理意外伤害保险。

意外伤害保险费由施工单位支付。实行施工总承包的,由总承包单位支付意外伤害保险费。意外伤害保险期限自建设工程开工之日起至竣工验收合格止。

拓展:建设各方安全责任还包括勘察、设计、工程监理等其他单位的安全责任,可作为了解内容。

(1) 勘察单位的安全责任。《建设工程安全生产管理条例》规定,勘察单位在勘察作业时,应当严格执行操作规程,采取措施保证各类管线、设施和周边建筑物、构筑物的安全。

(2) 设计单位的安全责任。《建设工程安全生产管理条例》规定,设计单位应当考虑施工安全操作和防护的需要,对涉及施工安全的重点部位和环节在设计文件中注明,并对防范生产安全事故提出指导意见。

采用新结构、新材料、新工艺的建设工程和特殊结构的建设工程,设计单位应当在设计中提出保障施工作业人员安全和预防生产安全事故的措施建议。设计单位和注册建筑师等注册执业人员应当对其设计负责。

(3) 工程监理单位的安全责任。《建设工程安全生产管理条例》规定,工程监理单位应当审查施工组织设计中的安全技术措施或者专项施工方案是否符合工程建设强制性标准。工程监理单位在实施监理过程中,发现存在安全事故隐患的,应当要求施工单位整改;情况严重的,应当要求施工单位暂时停止施工,并及时报告建设单位。施工单位拒不整改或者不停止施工的,工程监理单位应当及时向有关主管部门报告。

工程监理单位和监理工程师应当按照法律、法规和工程建设强制性标准实施监理,并对建设工程安全生产承担监理责任。

(4) 其他单位的安全责任。在施工现场安装、拆卸施工起重机械和整体提升脚手架、模板等自升式架设设施,必须由具有相应资质的单位承担。安装、拆卸施工起重机械和整体提升脚手架、模板等自升式架设设施,应当编制拆装方案、制定安全施工措施,并由专业技术人员现场监督。

施工起重机械和整体提升脚手架、模板等自升式架设设施安装完毕后,安装单位应当自检,出具自检合格证明,并向施工单位进行安全使用说明,办理验收手续并签字。

举一反三

[典型例题1·多选] 根据《建设工程安全生产管理条例》,下列关于建设工程各方安全责任的说法,正确的有( )。

A. 监理单位应当与施工单位共同拟定安全技术措施或专项施工方案

B. 勘察单位提供的勘察文本应当真实、准确，满足建设工程安全生产的要求

C. 监理单位在实施监理过程中发现有事故隐患，应当立即要求施工单位停止施工

D. 采用新结构、新材料、新工艺的建设工程，设计单位应当提出保障施工作业人员的措施建议

E. 如涉及地下管线的防护、外电防护、深基坑工程，设计单位应当在设计文件中注明

[解析] 选项 A 错误，施工单位应当在施工组织设计中编制安全技术措施或编制专项施工方案。选项 C 错误，工程监理单位在实施监理过程中发现存在安全事故隐患的，应当要求施工单位整改；情况严重的，要求施工单位停止施工。

[答案] BDE

[典型例题 2·单选] 根据《建设工程安全生产管理条例》，下列关于建设单位安全责任的说法，正确的是（　　）。

A. 建设单位必须设立安全生产管理机构，配备专职安全生产管理人员

B. 建设单位可视工程需要压缩合同约定的工期

C. 建设单位应当在拆除工程施工 30 日前，将有关资料报建设行政主管部门备案

D. 建设单位在编制工程概算时，应当确定建设工程安全作业环境及安全施工措施所需费用

[解析] 选项 A 错误，施工单位必须设立安全生产管理机构，配备专职安全生产管理人员。选项 B 错误，建设单位不得任意压缩合同约定的工期。选项 C 错误，建设单位应当在拆除工程施工 15 日前，将有关资料报建设行政主管部门备案。

[答案] D

[典型例题 3·单选] 甲公司以总承包方式承揽了乙公司的大型工程施工项目，根据总承包合同约定，将外墙装饰工程分包给了丙公司。根据《建设工程安全生产管理条例》，对该工程施工现场安全生产负总责的单位是（　　）。

A. 甲公司　　　　　　　　　　　　B. 乙公司
C. 丙公司　　　　　　　　　　　　D. 乙公司和丙公司

[解析] 此题中，甲公司是总承包方，乙公司是发包方。根据《建设工程安全生产管理条例》，建设工程实行施工总承包的，由总承包单位（甲公司）对施工现场的安全生产负总责。

[答案] A

环球君点拨

建设项目各方的安全职责中，建设单位（发包单位）处于核心地位，负责协调管理。施工单位负责施工现场的安全管理工作，包括对分包单位的管理。发包单位和分包单位之间一般没有合同关系，发包单位不直接参与对分包的管理。监理单位是代表建设单位对项目进行管理，承担监理责任。在考试中，对这几方的安全责任要有清晰的认识。

考点 2　生产安全事故的应急救援和调查处理 [2020]

真题链接

[2020·单选] 甲公司将某住宅项目发包给乙公司施工，并与丙公司签订监理合同。乙公司承接后，将其中的外墙装饰工程分包给丁公司。根据《建设工程安全生产管理条例》，负责统一组织

编制建设工程生产安全事故应急救援预案的单位是（　　）。

　　A. 甲公司　　　　　B. 丙公司　　　　　C. 乙公司　　　　　D. 丁公司

　　[解析] 此题中，甲公司为发包方，乙公司为总承包方。根据《建设工程安全生产管理条例》，实行施工总承包的，由总承包单位（乙公司）统一组织编制建设工程生产安全事故应急救援预案。

[答案] C

真题精解

点题：2020年真题考查了建设工程的生产安全事故的应急救援和调查处理，属于低频考点。

分析：《建设工程安全生产管理条例》对生产安全事故的应急救援和调查处理作了规定，具体如下。

1. 应急救援

（1）施工单位应当制定本单位生产安全事故应急救援预案，建立应急救援组织或者配备应急救援人员，配备必要的应急救援器材、设备，并定期组织演练。

（2）施工单位应当根据建设工程施工的特点、范围，对施工现场易发生重大事故的部位、环节进行监控，制定施工现场生产安全事故应急救援预案。实行施工总承包的，由总承包单位统一组织编制建设工程生产安全事故应急救援预案，工程总承包单位和分包单位按照应急救援预案，各自建立应急救援组织或者配备应急救援人员，配备救援器材、设备，并定期组织演练。

2. 调查处理

施工单位发生生产安全事故，应当按照国家有关伤亡事故报告和调查处理的规定，及时、如实地向负责安全生产监督管理的部门、建设行政主管部门或者其他有关部门报告；特种设备发生事故的，还应当同时向特种设备安全监督管理部门报告。接到报告的部门应当按照国家有关规定，如实上报。

实行施工总承包的建设工程，由总承包单位负责上报事故。

举一反三

[典型例题·单选] 根据《建设工程安全生产管理条例》，下列关于生产安全事故的应急救援和调查处理的说法，正确的是（　　）。

　　A. 施工单位应当制定生产安全事故应急救援预案，建立应急救援组织或者配备应急救援人员

　　B. 建设单位应当对施工现场易发生重大事故的部位、环节进行监控，制定施工现场生产安全事故应急救援预案

　　C. 实行施工总承包的，总承包单位和分包单位都应当制定各自的生产安全事故应急救援预案

　　D. 实行施工总承包的建设工程，如果分包单位发生事故，则由分包单位负责上报事故

　　[解析] 选项B错误，由施工单位制定施工现场生产安全事故应急救援预案。选项C错误，实行施工总承包的，由总承包单位统一组织编制建设工程生产安全事故应急救援预案。选项D错误，实行施工总承包的建设工程，由总承包单位负责上报事故。

[答案] A

环球君点拨

此考点较为简单，只有两方面内容：一是应急预案的制定，二是事故的上报。由于施工单位负责施工现场的安全，因而应急预案由施工单位编制；总承包单位负责对分包单位的管理，因而事故上报由总承包单位负责。

第四节 危险化学品安全管理条例

考点1 危险化学品的生产、储存安全 [2021、2020、2019、2015]

真题链接

[2020·多选] 某化工企业拟投资设立一条易制爆危险化学品的生产线。根据《危险化学品安全管理条例》，关于该企业易制爆危险化学品生产、储存安全的说法，正确的有（　　）。

A. 易制爆危险化学品管道应设置明显标志，并定期检查、检测
B. 发现易制爆危险化学品丢失的，应当立即向当地应急管理部门报告
C. 应当设置治安保卫机构或配备专职治安保卫人员
D. 易制爆危险化学品专用仓库应当设置相应的技术防范措施
E. 应当如实记录易制爆危险化学品的数量和流向

[解析] 选项B错误，发现易制爆危险化学品丢失的，应当立即向当地公安机关报告。选项C错误，该企业生产易制爆危险化学品，应当设置治安保卫机构并配备专职治安保卫人员。

[答案] ADE

[2020·多选] 根据《危险化学品安全管理条例》，关于危险化学品生产、储存安全管理的说法，正确的有（　　）。

A. 企业进行生产前，应当取得危险化学品安全生产许可证
B. 施工单位进行可能危及危险化学品管道安全的施工作业，应当在开工3日前书面通知管道所属单位
C. 剧毒化学品以及储存数量构成重大危险源的其他危险化学品，应当在专用仓库内单独存放，并实行双人收发、双人保管制度
D. 已建的危险化学品生产装置不符合规定，需要转产、停产、搬迁、关闭的，由设区的市级人民政府应急管理部门决定并组织实施
E. 生产、储存危险化学品的企业，应当委托安全技术专家对本企业的安全生产条件每3年进行一次安全评价

[解析] 选项B错误，应当在开工7日前书面通知管道所属单位。选项D错误，应由本级人民政府决定并组织实施，也可能是县级人民政府。选项E错误，应当委托具备国家规定的资质条件的机构，每3年进行一次安全评价。

[答案] AC

[2019·单选] 根据《危险化学品安全管理条例》，关于危险化学品生产、储存安全管理的说法，正确的是（　　）。

A. 剧毒化学品应当在专用仓库内单独存放，并实行双人收发、双人保管制度
B. 生产、储存危险化学品的企业，应当每5年进行一次安全评价
C. 进行可能危及危险化学品管道安全的施工作业，施工单位应当在开工的5日前书面通知管道所属单位
D. 剧毒化学品储存单位应当将储存数量、储存地点以及管理人员的情况，报所在地设区的市

级安全监管部门和公安机关备案

[解析] 选项 B 错误，储存危险化学品的企业，应当每 3 年进行一次安全评价。选项 C 错误，施工单位应当在开工的 7 日前书面通知管道所属单位。选项 D 错误，剧毒化学品储存单位应当将储存数量、储存地点以及管理人员的情况，报所在地县级人民政府安全生产监督管理部门和公安机关备案。

[答案] A

[2015·单选] 根据《危险化学品安全管理条例》，下列关于危险化学品生产、储存安全管理的说法，正确的是（   ）。

A. 建设单位应当将危险化学品生产建设项目的安全条件论证和安全评价的情况报告，报建设项目所在地县级以上人民政府安全监管部门审查

B. 进行可能危及危险化学品管道安全的施工作业，施工单位应当在开工的 15 日前书面通知管道所属单位

C. 危险化学品生产企业进行生产前，应当依照《安全生产许可证条例》的规定，取得危险化学品安全生产许可证

D. 剧毒化学品以及储存数量构成重大危险源的其他危险化学品，应当在仓库内与其他物品隔开存放，并实行专人保管制度

[解析] 选项 A 错误，建设单位应当将安全条件论证和安全评价的情况报告报建设项目所在地设区的市级以上人民政府安全生产监督管理部门审查。选项 B 错误，施工单位应当在开工的 7 日前书面通知管道所属单位。选项 D 错误，剧毒化学品以及储存数量构成重大危险源的其他危险化学品，应当在专用仓库内单独存放，并实行双人收发、双人保管制度。

[答案] C

真题精解

点题：此系列真题考查的是危险化学品的生产、储存安全，属于高频考点。2020 年对本知识点考查了两道多选题，对易制爆危险化学品生产、储存安全单独进行了考查。

分析：此考点中，危险化学品的生产和储存安全是放在一起论述的。对危险化学品的储存安全规定更多一些，这也是比较容易出题的地方。《危险化学品安全管理条例》对危险化学品的生产、储存安全作了如下规定。

（1）新建、改建、扩建生产、储存危险化学品的建设项目（以下简称"建设项目"），应当由安全生产监督管理部门进行安全条件审查。

建设单位应当对建设项目进行安全条件论证，委托具备国家规定的资质条件的机构对建设项目进行安全评价，并将安全条件论证和安全评价的情况报告报建设项目所在地设区的市级以上人民政府安全生产监督管理部门；安全生产监督管理部门应当自收到报告之日起 45 日内作出审查决定，并书面通知建设单位。具体办法由国务院安全生产监督管理部门制定。

新建、改建、扩建储存、装卸危险化学品的港口建设项目，由港口行政管理部门按照国务院交通运输主管部门的规定进行安全条件审查。

（2）生产、储存危险化学品的单位，应当对其铺设的危险化学品管道设置明显标志，并对危险化学品管道定期检查、检测。

进行可能危及危险化学品管道安全的施工作业，施工单位应当在开工的 7 日前书面通知管道所属

属单位,并与管道所属单位共同制定应急预案,采取相应的安全防护措施。管道所属单位应当指派专门人员到现场进行管道安全保护指导。

(3) 危险化学品生产企业进行生产前,应当依照《安全生产许可证条例》的规定,取得危险化学品安全生产许可证。

(4) 已建的危险化学品生产装置或者储存数量构成重大危险源的危险化学品储存设施不符合规定的,由所在地设区的市级人民政府安全生产监督管理部门会同有关部门监督其所属单位在规定期限内进行整改;需要转产、停产、搬迁、关闭的,由本级人民政府决定并组织实施。

生产、储存危险化学品的单位,应当在其作业场所和安全设施、设备上设置明显的安全警示标志。

(5) 生产、储存危险化学品的单位,应当在其作业场所设置通信、报警装置,并保证处于适用状态。

(6) 生产、储存危险化学品的企业,应当委托具备国家规定的资质条件的机构,对本企业的安全生产条件每3年进行一次安全评价,提出安全评价报告。安全评价报告的内容应当包括对安全生产条件存在的问题进行整改的方案。

生产、储存危险化学品的企业,应当将安全评价报告以及整改方案的落实情况报所在地县级人民政府安全生产监督管理部门备案。在港区内储存危险化学品的企业,应当将安全评价报告以及整改方案的落实情况报港口行政管理部门备案。

(7) 生产、储存剧毒化学品或者国务院公安部门规定的可用于制造爆炸物品的危险化学品(以下简称"易制爆危险化学品")的单位,应当如实记录其生产、储存的剧毒化学品、易制爆危险化学品的数量、流向,并采取必要的安全防范措施,防止剧毒化学品、易制爆危险化学品丢失或者被盗;发现剧毒化学品、易制爆危险化学品丢失或者被盗的,应当立即向当地公安机关报告。

生产、储存剧毒化学品、易制爆危险化学品的单位,应当设置治安保卫机构,配备专职治安保卫人员。

(8) 危险化学品应当储存在专用仓库、专用场地或者专用储存室(以下统称"专用仓库")内,并由专人负责管理;剧毒化学品以及储存数量构成重大危险源的其他危险化学品,应当在专用仓库内单独存放,并实行双人收发、双人保管制度。

举一反三

[典型例题1·单选] 根据《危险化学品安全管理条例》,生产、储存危险化学品的企业,应当委托具备国家规定的资质条件的机构,对本企业安全生产条件每(　　)进行一次安全评价。

A. 3年　　　　　　　　　　　　B. 6个月
C. 1年　　　　　　　　　　　　D. 2年

[解析] 生产、储存危险化学品的企业,应当委托具备国家规定的资质条件的机构,对本企业的安全生产条件每3年进行一次安全评价,提出安全评价报告。

[答案] A

[典型例题2·单选] 根据《危险化学品安全管理条例》,下列有关危险化学品生产、储存安全规定的说法,正确的是(　　)。

A. 建设单位负责对改建的储存危险化学品的建设项目进行安全条件审查
B. 安全监管部门应当对生产危险化学品的建设项目进行安全条件论证
C. 储存剧毒化学品的单位,应当设置治安保卫机构

D. 生产危险化学品的单位转产时，应当妥善处置其危险化学品生产装置，处置方案应当报所在地省级安全监管等部门备案

[解析] 选项A错误，安全生产监督管理部门负责对新建、改建、扩建生产、储存危险化学品的建设项目进行安全条件审查。选项B错误，建设单位应当对建设项目进行安全条件论证。选项D错误，生产危险化学品的单位转产时，应当妥善处置其危险化学品生产装置，处置方案应当报所在地县级人民政府安全生产监督管理部门等相关部门备案。

[答案] C

环球君点拨

对于此考点，考生重点掌握危险化学品生产、储存企业的安全审查、安全评价和危及危险化学品管道安全的施工作业的规定，以及有关储存的规定，尤其是易制爆、剧毒化学品的特殊储存规定。虽然规定较多，但没有特别难记的内容，考生应在此考点上争取做到不丢分。

考点 2 危险化学品使用、经营安全 [2023、2022、2021、2020、2019]

真题链接

[2023·多选] 危险化学品的使用应当符合法律、行政法规和国家标准、行业标准等要求。根据《危险化学品安全管理条例》，关于危险化学品使用安全的说法，正确的有（　　）。

A. 申请危险化学品安全使用许可证的化工企业，应当依法进行安全评价
B. 使用危险化学品的企业停产的，不得丢弃危险化学品
C. 使用危险化学品从事生产的化工企业应当取得危险化学品安全使用许可证
D. 使用危险化学品的企业应当向所在地市级应急管理部门申请危险化学品安全使用许可证
E. 使用危险化学品从事生产的企业应当向生态环境主管部门报告化学品信息

[解析] 选项C、D错误，使用危险化学品从事生产并且使用量达到规定数量的化工企业（属于危险化学品生产企业的除外，下同），应当依照本条例的规定取得危险化学品安全使用许可证。选项E错误，安全生产监督管理部门应当将其颁发危险化学品安全使用许可证的情况及时同同级环境保护主管部门和公安机关通报。

[答案] AB

[2022·单选] 张某在甲省设立一家危险化学品生产企业，生产剧毒化学品苯基硫醇，同时在乙省丙市丁县设立公司进行销售。根据《危险化学品安全管理条例》，关于苯基硫醇经营许可的说法，正确的是（　　）。

A. 在本生产企业厂区范围内销售苯基硫醇的，应当取得危险化学品经营许可证
B. 应当向乙省丙市应急管理部门申请销售苯基硫醇的经营许可证
C. 应当先办理销售公司工商营业执照，然后申请危险化学品经营许可证
D. 应当向乙省丙市丁县公安机关办理销售苯基硫醇的经营许可证备案

[解析] 选项A错误，在本生产企业厂区范围内销售苯基硫醇的，不需要取得危险化学品经营许可证。选项C错误，应当先办理危险化学品经营许可证，然后持证向工商行政管理部门办理登记手续后，方可从事危险化学品经营活动。选项D错误，对经营许可证没有备案的要求。

[答案] B

[2022·多选] 某企业生产剧毒化学品，已经取得安全生产许可证。在生产过程中，该企业需要使用易制爆危险化学品。根据《危险化学品安全管理条例》，关于该企业危险化学品使用安全及法律责任的说法，正确的有（　　）。

A. 应当如实记录其使用的易制爆危险化学品的数量、流向

B. 应当取得危险化学品使用许可证

C. 应当设置治安保卫机构，配备专职治安保卫人员

D. 发现易制爆危险化学品丢失或者被盗的，应当立即向所在地县级人民政府公安机关报告

E. 应当将转让易制爆危险化学品的有关情况，向所在地县级人民政府行业管理部门报告

[解析] 选项 B 错误，企业已按规定取得危险化学品安全生产许可证，无须再取得使用许可证。选项 E 错误，应将转让的有关情况及时向所在地县级人民政府公安机关报告。

[答案] ACD

[2021·单选] 某化工公司需要使用危险化学品。根据《危险化学品安全管理条例》，下列关于危险化学品使用安全的说法，正确的是（　　）。

A. 该公司属于化工企业，需要取得危险化学品安全使用许可证

B. 该公司应在易爆危险化学品储存罐上设置明显的安全标志

C. 该公司不再使用危险化学品时，要制定处置方案并报应急管理部门

D. 该公司丢失危险化学品时，应立即向当地应急管理部门报告

[解析] 选项 A 错误，该公司若是生产企业，则可以不用取得危险化学品安全使用许可证。选项 C 错误，处置方案除报应急管理部门外，还应报告其他安全管理部门。选项 D 错误，丢失危险化学品时，应立即向当地公安机关报告。

[答案] B

[2020·单选] 国家对危险化学品的使用实行许可制度。根据《危险化学品安全管理条例》，下列使用危险化学品的单位中，必须取得安全使用许可证的是（　　）。

A. 使用危险化学品从事生产且使用量达到规定数量的化工企业

B. 危险化学品生产企业

C. 科研院所实验室

D. 使用危险化学品且使用量达到规定数量的金属冶炼企业

[解析] 选项 B 是生产企业，不用取得安全使用许可证。选项 C、D 均非化工企业，不用取得安全使用许可证。

[答案] A

[2019·单选] 根据《危险化学品安全管理条例》，下列关于危险化学品经营安全的说法，正确的是（　　）。

A. 依法取得危险化学品安全生产许可证的企业，可以凭安全生产许可证购买剧毒危险化学品

B. 危险化学品生产企业在其厂区范围内销售本企业生产的危险化学品，应取得危险化学品经营许可证

C. 危险化学品经营企业经批准，可以在规定范围经营没有化学品安全技术说明书的危险化学品

D. 个人不得购买剧毒危险化学品（包括属于剧毒化学品的农药）和易制爆危险化学品

[解析] 选项 B 错误，生产企业在其厂区范围内销售本企业生产的危险化学品，不需要取得危

险化学品经营许可。选项 C 错误，危险化学品经营企业不得经营没有化学品安全技术说明书或者化学品安全标签的危险化学品。选项 D 错误，个人不得购买剧毒化学品（属于剧毒化学品的农药除外）和易制爆危险化学品。

[答案] A

> **真题精解**
>
> **点题**：此系列真题考查危险化学品使用、经营安全管理，是非常重要的考点，每年必考。2019年真题考查的是危险化学品的经营安全；2020年、2021年、2023年真题考查的是危险化学品的使用安全；2022年对危险化学品的经营安全和使用安全各考查了一道题，可见该知识点的重要性。
>
> **分析**：此考点包括危险化学品的使用安全、经营许可、销售和购买安全管理。对此，《危险化学品安全管理条例》作了相应规定。

1. 使用安全

《危险化学品安全管理条例》规定，使用危险化学品从事生产并且使用量达到规定数量的化工企业（属于危险化学品生产企业的除外，下同），应当依照本条例的规定取得危险化学品安全使用许可证。

申请危险化学品安全使用许可证的化工企业，应当具备下列条件：

（1）有与所使用的危险化学品相适应的专业技术人员。
（2）有安全管理机构和专职安全管理人员。
（3）有符合国家规定的危险化学品事故应急预案和必要的应急救援器材、设备。
（4）依法进行了安全评价。

申请危险化学品安全使用许可证的化工企业，应当向所在地设区的市级人民政府安全生产监督管理部门提出申请，并提交其符合本条例第三十条规定条件的证明材料。设区的市级人民政府安全生产监督管理部门应当依法进行审查，自收到证明材料之日起 45 日内作出批准或者不予批准的决定。予以批准的，颁发危险化学品安全使用许可证；不予批准的，书面通知申请人并说明理由。

2. 经营许可

《危险化学品安全管理条例》规定，国家对危险化学品经营（包括仓储经营，下同）实行许可制度。未经许可，任何单位和个人不得经营危险化学品。

依法设立的危险化学品生产企业在其厂区范围内销售本企业生产的危险化学品，不需要取得危险化学品经营许可。

依照《中华人民共和国港口法》的规定取得港口经营许可证的港口经营人，在港区内从事危险化学品仓储经营，不需要取得危险化学品经营许可。

《危险化学品安全管理条例》规定，从事剧毒化学品、易制爆危险化学品经营的企业，应当向所在地设区的市级人民政府安全生产监督管理部门提出申请，从事其他危险化学品经营的企业，应当向所在地县级人民政府安全生产监督管理部门提出申请（有储存设施的，应当向所在地设区的市级人民政府安全生产监督管理部门提出申请）。申请人应当提交其符合本条例第三十四条规定条件的证明材料。设区的市级人民政府安全生产监督管理部门或者县级人民政府安全生产监督管理部门应当依法进行审查，并对申请人的经营场所、储存设施进行现场核查，自收到证明材料之日起 30 日内作出批准或者不予批准的决定。予以批准的，颁发危险化学品经营许可证；不予批准的，书面通知申请人并说明理由。

设区的市级人民政府安全生产监督管理部门和县级人民政府安全生产监督管理部门应当将其颁发危险化学品经营许可证的情况及时向同级环境保护主管部门和公安机关通报。

申请人持危险化学品经营许可证向工商行政管理部门办理登记手续后，方可从事危险化学品经营活动。

危险化学品商店内只能存放民用小包装的危险化学品。

危险化学品经营企业不得向未经许可从事危险化学品生产、经营活动的企业采购危险化学品，不得经营没有化学品安全技术说明书或者化学品安全标签的危险化学品。

3. 购买安全

依法取得危险化学品安全生产许可证、危险化学品安全使用许可证、危险化学品经营许可证的企业，凭相应的许可证件购买剧毒化学品、易制爆危险化学品。民用爆炸物品生产企业凭民用爆炸物品生产许可证购买易制爆危险化学品。

上述规定以外的单位购买剧毒化学品的，应当向所在地县级人民政府公安机关申请取得剧毒化学品购买许可证；购买易制爆危险化学品的，应当持本单位出具的合法用途说明。

个人不得购买剧毒化学品（属于剧毒化学品的农药除外）和易制爆危险化学品。

4. 销售安全

禁止向个人销售剧毒化学品（属于剧毒化学品的农药除外）和易制爆危险化学品。

危险化学品生产企业、经营企业销售剧毒化学品、易制爆危险化学品，应当如实记录购买单位的名称、地址、经办人的姓名、身份证号码以及所购买的剧毒化学品、易制爆危险化学品的品种、数量、用途。销售记录以及经办人的身份证明复印件、相关许可证件复印件或者证明文件的保存期限不得少于 1 年。

剧毒化学品、易制爆危险化学品的销售企业、购买单位应当在销售、购买后 5 日内，将所销售、购买的剧毒化学品、易制爆危险化学品的品种、数量以及流向信息报所在地县级人民政府公安机关备案，并输入计算机系统。

使用剧毒化学品、易制爆危险化学品的单位不得出借、转让其购买的剧毒化学品、易制爆危险化学品；因转产、停产、搬迁、关闭等确需转让的，应当向具有《危险化学品安全管理条例》第三十八条第一款、第二款规定的相关许可证件或者证明文件的单位转让，并在转让后将有关情况及时向所在地县级人民政府公安机关报告。

举一反三

[典型例题 1·单选] 根据《危险化学品安全管理条例》，下列关于化工企业申请危险化学品安全使用许可证的说法，正确的是（　　）。

A. 审查部门应当是所在地县级人民政府安全监管部门

B. 审查部门应当自收到证明材料之日起 45 日内作出批准或不予批准的决定

C. 审查部门不予批准的，可以口头或书面通知申请人，并说明理由

D. 审查部门应当将频发危险化学品安全使用许可证的情况向工商管理部门通报

[解析] 选项 A 错误，企业应当向所在地设区的市级人民政府安全监管部门提出申请，安全监管部门应当依法进行审查。选项 C 错误，审查部门不予批准的，应当书面通知申请人并说明理由。选项 D 错误，审查部门应当及时向同级环境保护主管部门和公安机关通报。

[答案] B

[**典型例题 2·单选**] 根据《危险化学品安全管理条例》，下列关于危险化学品经营安全的说法，正确的是（ ）。

A. 国家对危险化学品经营实行许可制度，未经许可，除单位外任何个人不得经营危险化学品

B. 危险化学品生产企业销售本企业生产的危险化学品，需要取得危险化学品经营许可

C. 取得危险化学品安全使用许可证的企业购买剧毒化学品，应当取得剧毒化学品购买许可证

D. 取得危险化学品经营许可证的企业购买易制爆危险化学品无须取得易制爆化学品购买许可证

[**解析**] 选项 A 错误，未经许可，任何单位和个人不得经营危险化学品。选项 B 错误，销售本企业生产的危险化学品，不需要取得危险化学品经营许可。选项 C 错误，已取得危险化学品安全使用许可证的企业，不用取得剧毒化学品购买许可证。

[**答案**] D

[**典型例题 3·单选**] 根据《危险化学品安全管理条例》，下列关于危险化学品经营和使用安全的说法，正确的是（ ）。

A. 个人不得购买剧毒化学品和易制爆危险化学品

B. 除规定的单位外，购买易制爆危险化学品的，应当持本单位出具的合法用途说明

C. 销售剧毒危险化学品的，销售记录相关证明文件的保存期限不得少于 2 年

D. 使用危险化学品从事生产并且使用量达到规定数量的企业，应当取得危险化学品安全使用许可证

[**解析**] 选项 A 错误，禁止向个人销售剧毒化学品（属于剧毒化学品的农药除外）和易制爆危险化学品。选项 C 错误，销售剧毒危险化学品的，销售记录相关证明文件的保存期限不得少于 1 年。选项 D 错误，使用危险化学品从事生产并且使用量达到规定数量的化工企业，应当取得危险化学品安全使用许可证，但属于危险化学品生产企业的除外。

[**答案**] B

环球君点拨

关于危险化学品的使用、经营安全，知识点比较琐碎，不容易记忆。考生在学习过程中，要善于归纳，比如危险化学品的销售和购买安全有很多类似的地方，可以合并记忆。此外，危险化学品中的剧毒化学品和易制爆危险化学品更加危险，对其安全管理也更严格，且管理措施是相同的，需单独记忆。

考点 3　危险化学品运输安全 [2022、2021、2019]

真题链接

[**2022·单选**] 危险化学品的运输安全关乎社会安全和公共利益，法律法规对运输危险化学品进行了严格限制。根据《危险化学品安全管理条例》，关于危险化学品运输安全的说法，正确的是（ ）。

A. 在运输危险化学品途中因交通管制需要长时间停车的，驾驶人应当及时向当地公安机关报告

B. 从事危险化学品道路运输的企业，必须依法取得危险货物道路运输许可，并向工商行政管

理部门办理登记手续

C. 个人从事内河运输危险化学品的，必须具备相应的安全条件，并依法取得危险货物水路运输许可

D. 有证据证明单位或者个人在邮件、快件内夹带危险化学品的，邮政企业、快递企业可以开拆查验

[解析] 选项A错误，运输普通危险化学品只需采取相应的安全防范措施；运输剧毒化学品或者易制爆危险化学品的，应当向当地公安机关报告。选项C错误，个人不能从事内河运输危险化学品。选项D错误，有证据证明单位或者个人在邮件、快件内夹带危险化学品的，交通运输主管部门、邮政管理部门可以依法开拆查验。

[答案] B

[2021·单选] 甲化工企业生产的剧毒化学品拟通过与外界无通航联系的内河封闭水域运输到乙化工品生产企业。甲化工企业委托依法取得危险货物水路运输许可的丙企业承运该批货物。根据《危险化学品安全管理条例》，下列关于该批剧毒化学品运输安全的说法，正确的是（　　）。

A. 该批剧毒化学品经有关部门批准后，可通过该水域运输

B. 丙企业依法取得了危险货物水路运输许可，可以按甲企业要求进行运输

C. 丙企业可再委托其他专门从事剧毒化学品水上运输的单位通过该水域运输

D. 该批剧毒化学品不得通过该水域运输

[解析] 无论是否取得了水路运输许可，剧毒化学品禁止通过内河封闭水域运输，也不能委托其他单位通过该水域运输。

[答案] D

真题精解

点题：此系列真题考查的是危险化学品的运输安全，是比较重要的考点。2022年真题侧重于考查道路运输安全，2021年真题侧重于考查水上运输安全。

分析：危险化学品运输安全主要考查内容是道路运输安全及水上运输安全，其他方式的运输不考查。《危险化学品安全管理条例》对危险化学品运输安全的相关规定如下。

1. 道路运输安全

（1）从事危险化学品道路运输、水路运输的，应当分别依照有关道路运输、水路运输的法律、行政法规的规定，取得危险货物道路运输许可、危险货物水路运输许可，并向工商行政管理部门办理登记手续。

危险化学品道路运输企业、水路运输企业应当配备专职安全管理人员。

（2）危险化学品道路运输企业、水路运输企业的驾驶人员、船员、装卸管理人员、押运人员、申报人员、集装箱装箱现场检查员应当经交通运输主管部门考核合格，取得从业资格。

危险化学品的装卸作业应当遵守安全作业标准、规程和制度，并在装卸管理人员的现场指挥或者监控下进行。

（3）通过道路运输危险化学品的，托运人应当委托依法取得危险货物道路运输许可的企业承运。

（4）通过道路运输危险化学品的，应当配备押运人员，并保证所运输的危险化学品处于押运人员的监控之下。

运输危险化学品途中因住宿或者发生影响正常运输的情况，需要较长时间停车的，驾驶人员、

押运人员应当采取相应的安全防范措施;运输剧毒化学品或者易制爆危险化学品的,还应当向当地公安机关报告。

(5) 通过道路运输剧毒化学品的,托运人应当向运输始发地或者目的地县级人民政府公安机关申请剧毒化学品道路运输通行证。

2. 水上运输安全

(1) 通过水路运输危险化学品的,应当遵守法律、行政法规以及国务院交通运输主管部门关于危险货物水路运输安全的规定。

(2) 禁止通过内河封闭水域运输剧毒化学品以及国家规定禁止通过内河运输的其他危险化学品。

上述规定以外的内河水域,禁止运输国家规定禁止通过内河运输的剧毒化学品以及其他危险化学品。

(3) 通过内河运输危险化学品,应当由依法取得危险货物水路运输许可的水路运输企业承运,其他单位和个人不得承运。托运人应当委托依法取得危险货物水路运输许可的水路运输企业承运,不得委托其他单位和个人承运。

(4) 托运人不得在托运的普通货物中夹带危险化学品,不得将危险化学品匿报或者谎报为普通货物托运。

任何单位和个人不得交寄危险化学品或者在邮件、快件内夹带危险化学品,不得将危险化学品匿报或者谎报为普通物品交寄。邮政企业、快递企业不得收寄危险化学品。

对涉嫌违反上述规定的,交通运输主管部门、邮政管理部门可以依法开拆查验。

拓展: 内河封闭水域是指水域范围为封闭的与外界无通航联系的湖泊、水库。

举一反三

[典型例题1·多选] 根据《危险化学品安全管理条例》,危险化学品道路运输企业、水路运输企业的( ) 应当经交通运输主管部门考核合格,取得从业资格。

A. 驾驶人员、船员　　　　　　　　　B. 装卸管理人员
C. 运输车辆、船舶维修人员　　　　　D. 押运人员
E. 申报人员

[解析] 危险化学品道路运输企业、水路运输企业的驾驶人员、船员、装卸管理人员、押运人员、申报人员、集装箱装箱现场检查员应当经交通运输主管部门考核合格,取得从业资格。

[答案] ABDE

[典型例题2·多选] 根据《危险化学品安全管理条例》,下列关于危险化学品运输安全的说法,正确的有( )。

A. 通过道路运输剧毒化学品的,承运人应当向运输始发地或者目的地县级人民政府公安机关申请剧毒化学品道路运输通行证
B. 危险化学品运输车辆限制通行的区域由县级人民政府公安机关划定,并设置明显的标志
C. 通过道路运输危险化学品的,应当配备装卸人员并保证所运输的危险化学品处于装卸人员的监控之下
D. 剧毒化学品在道路运输途中发现被盗或者丢失情况的,驾驶人员、押运人员应当立即采取相应的警示措施和安全措施,并向当地公安机关报告

E. 在内河港口内进行危险化学品装卸、过驳作业，应当将危险货物的名称、特性、包装和作业的时间、地点等事项报告港口行政管理部门

[解析] 选项 A 错误，剧毒化学品道路运输通行证应该由托运人申请。选项 C 错误，通过道路运输危险化学品的，应当配备的是押运人员，进行监控的也是押运人员。

[答案] BDE

环球君点拨

在考试中应注意，此考点中的内河封闭水域运输危险化学品是最常考的内容。内河封闭水域禁止运输剧毒化学品以及其他一些国家规定的化学品，既然是禁止运输，那么相关部门也不可能给予许可，否则就是违法行为；取得水上运输许可，只是企业从事水上运输的前提，也不能违法运输。

考点 4　危险化学品监督管理　[2022、2019、2015]

真题链接

[2022·单选] 危险化学品具有易燃、易爆、易中毒、易污染环境等特性，一旦发生事故就可能造成严重后果，是安全生产的重点监管领域。根据《危险化学品安全管理条例》，关于危险化学品监管部门及其职责的说法，正确的是（　　）。

A. 生态环境主管部门负责废弃危险化学品处置的监督管理，组织危险化学品的环境危害性鉴定和环境风险程度评估，负责危险化学品事故现场的应急环境监测

B. 应急管理部门负责危险化学品的综合安全监管，核发危险化学品生产企业工业产品生产许可证，并负责危险化学品登记工作

C. 交通运输主管部门负责危险化学品道路运输、水路运输、管道运输的许可以及运输工具的安全管理

D. 卫生健康主管部门负责危险化学品毒性鉴定的管理，负责组织、协调危险化学品事故的调查处理和受伤人员的医疗卫生救援工作

[解析] 选项 B 错误，危险化学品生产企业工业产品生产许可证的颁发部门不是应急管理部门，而是国家质检总局（2018 年改为国家市场监督管理总局）。选项 C 错误，交通运输主管部门负责危险化学品道路运输、水路运输的许可以及运输工具的安全管理。选项 D 错误，卫生健康主管部门没有组织事故调查处理的权力。

[答案] A

[2019·单选] 负有危险化学品安全监管职责的部门，在监督检查某化工公司时，发现该化工公司未按规定在作业场所设置通信、报警装置。根据《危险化学品安全管理条例》，关于负有安全监管职责的部门采取的执法措施，正确的是（　　）。

A. 责令改正，处 4 万元的罚款

B. 查封生产危险化学品的场所

C. 暂扣安全生产许可证

D. 提请政府予以关闭

[解析] 选项 A 正确，未在作业场所设置通信、报警装置的，由安全生产监督管理部门责令改正，可以处 5 万元以下的罚款。选项 B、C、D 错误，该公司的行为只是存在隐患，没有严重到查

封、暂扣许可证甚至关闭的程度。

[答案] A

[2015·单选] 根据《危险化学品安全管理条例》的规定，下列关于安全监管部门执法人员进行危险化学品监督检查的说法，正确的是（　　）。

A. 经所在地人民政府批准，查封违法生产、储存、使用、经营危险化学品的场所，扣押违法生产、储存、使用、经营、运输的危险化学品

B. 开展现场危险化学品监督检查工作，监督检查人员不得少于3人，并应当出示执法证件

C. 对不符合法律、行政法规、规章规定或者国家标准、行业标准要求的设施、设备、装置、器材、运输工具，监督检查人员立即扣押或查封

D. 监督检查人员发现影响危险化学品安全的违法行为，当场予以纠正或者责令限期改正

[解析] 选项A错误，应经本部门主要负责人批准，进行查封和扣押。选项B错误，监督检查人员不得少于2人，并应当出示执法证件。选项C错误，对不符合法律、行政法规、规章规定或者国家标准、行业标准要求的设施、设备、装置、器材、运输工具，责令立即停止使用。

[答案] D

真题精解

点题：此系列真题考查的是危险化学品监督管理，非高频考点。2022年真题考查的是不同部门的监管职责，考查比较常规；2019年真题涉及对企业的罚款，难度较大。

分析：危险化学品安全管理，应当坚持安全第一、预防为主、综合治理的方针。对于此知识点，《危险化学品安全管理条例》作了如下规定。

1. 安全监督管理部门履行的职责

《危险化学品安全管理条例》第六条规定，对危险化学品的生产、储存、使用、经营、运输实施安全监督管理的有关部门（以下统称"负有危险化学品安全监督管理职责的部门"），依照下列规定履行职责：

（1）安全生产监督管理部门负责危险化学品安全监督管理综合工作，组织确定、公布、调整危险化学品目录，对新建、改建、扩建生产、储存危险化学品（包括使用长输管道输送危险化学品，下同）的建设项目进行安全条件审查，核发危险化学品安全生产许可证、危险化学品安全使用许可证和危险化学品经营许可证，并负责危险化学品登记工作。

（2）公安机关负责危险化学品的公共安全管理，核发剧毒化学品购买许可证、剧毒化学品道路运输通行证，并负责危险化学品运输车辆的道路交通安全管理。

（3）质量监督检验检疫部门负责核发危险化学品及其包装物、容器（不包括储存危险化学品的固定式大型储罐，下同）生产企业的工业产品生产许可证，并依法对其产品质量实施监督，负责对进出口危险化学品及其包装实施检验。

（4）环境保护主管部门负责废弃危险化学品处置的监督管理，组织危险化学品的环境危害性鉴定和环境风险程度评估，确定实施重点环境管理的危险化学品，负责危险化学品环境管理登记和新化学物质环境管理登记；依照职责分工调查相关危险化学品环境污染事故和生态破坏事件，负责危险化学品事故现场的应急环境监测。

（5）交通运输主管部门负责危险化学品道路运输、水路运输的许可以及运输工具的安全管理，对危险化学品水路运输安全实施监督，负责危险化学品道路运输企业、水路运输企业驾驶人员、船

员、装卸管理人员、押运人员、申报人员、集装箱装箱现场检查员的资格认定。铁路监管部门负责危险化学品铁路运输及其运输工具的安全管理。民用航空主管部门负责危险化学品航空运输以及航空运输企业及其运输工具的安全管理。

（6）卫生主管部门负责危险化学品毒性鉴定的管理，负责组织、协调危险化学品事故受伤人员的医疗卫生救援工作。

（7）工商行政管理部门依据有关部门的许可证件，核发危险化学品生产、储存、经营、运输企业营业执照，查处危险化学品经营企业违法采购危险化学品的行为。

（8）邮政管理部门负责依法查处寄递危险化学品的行为。

2. 安全监督管理部门进行监督检查时可采取的措施

《危险化学品安全管理条例》第七条规定，负有危险化学品安全监督管理职责的部门依法进行监督检查，可以采取下列措施：

（1）进入危险化学品作业场所实施现场检查，向有关单位和人员了解情况，查阅、复制有关文件、资料。

（2）发现危险化学品事故隐患，责令立即消除或者限期消除。

（3）对不符合法律、行政法规、规章规定或者国家标准、行业标准要求的设施、设备、装置、器材、运输工具，责令立即停止使用。

（4）经本部门主要负责人批准，查封违法生产、储存、使用、经营危险化学品的场所，扣押违法生产、储存、使用、经营、运输的危险化学品以及用于违法生产、使用、运输危险化学品的原材料、设备、运输工具。

（5）发现影响危险化学品安全的违法行为，当场予以纠正或者责令限期改正。

负有危险化学品安全监督管理职责的部门依法进行监督检查，监督检查人员不得少于2人，并应当出示执法证件；有关单位和个人对依法进行的监督检查应当予以配合，不得拒绝、阻碍。

举一反三

[典型例题1·单选] 根据《危险化学品安全管理条例》，负有安全监管职责的部门进行安全生产监督检查时，可以采取的措施是（　　）。

A. 发现危险化学品事故隐患，责令立即消除并处以罚款

B. 经本部门主要负责人批准，查封违法生产、储存、使用、经营化学品的场所

C. 发现影响危险化学品安全的违法行为，对企业主要负责人实施拘留

D. 对未依法整改重大事故隐患的危险化学品生产企业实施关闭

[解析] 选项A错误，发现危险化学品事故隐患，责令立即消除或者限期消除。选项C错误，发现影响危险化学品安全的违法行为，当场予以纠正或者责令限期改正。选项D错误，对未依法整改的企业给予处罚，需关闭的要提请人民政府决定。

[答案] B

[典型例题2·单选] 根据《危险化学品安全管理条例》，下列关于负有安全监管职责的部门进行监督检查的做法，正确的是（　　）。

A. 发现危险化学品事故隐患，责令立即停产整顿

B. 发现器材不符合规定要求，责令立即停止使用

C. 发现违法运输危险化学品的运输工具，立即予以没收

D. 发现影响危险化学品安全的违法行为，当场予以罚款

[解析] 选项 A 错误，发现危险化学品事故隐患，责令立即消除或者限期消除。选项 C 错误，对违法使用的工具，经本部门主要负责人批准，可以进行扣押，但没有没收的规定。选项 D 错误，对影响危险化学品安全的违法行为，当场予以纠正或者责令限期改正。

[答案] B

环球君点拨

危险化学品监督管理主要涉及《危险化学品安全管理条例》中的第六条和第七条规定，其中第七条是监管部门在执法过程中可行使的权力，其规定大部分与《安全生产法》中的有关规定相似，只是在《安全生产法》的基础上做了一些细化，只需掌握细化的部分；对于第六条，重点掌握应急部门、公安机关、运输部门的监管职责。

第五节　烟花爆竹安全管理条例

考点 1　烟花爆竹生产安全 [2023、2022、2021、2020、2019]

真题链接

[2023·单选] 张某欲设立一家烟花爆竹生产企业。根据《烟花爆竹安全管理条例》，关于烟花爆竹生产安全及法律责任的说法，错误的是（　　）。

A. 企业在投入生产前，应当向所在地设区的市人民政府应急管理部门提出安全审查申请

B. 企业从事危险工序的作业人员，必须经设区的市人民政府应急管理部门考核合格

C. 企业的生产工序不符合有关国家标准的，由应急管理部门责令限期改正并处以罚款

D. 企业在取得《烟花爆竹安全生产许可证》后即可组织生产

[解析] 根据《烟花爆竹安全管理条例》第十条，生产烟花爆竹的企业为扩大生产能力进行基本建设或者技术改造的，应当依照本条例的规定申请办理安全生产许可证。生产烟花爆竹的企业，持《烟花爆竹安全生产许可证》到工商行政管理部门办理登记手续后，方可从事烟花爆竹生产活动，选项 D 错误。

[答案] D

[2022·单选] 某国有投资公司拟设立烟花爆竹生产企业，就企业设立问题向某安全评价机构咨询。根据《烟花爆竹安全管理条例》，关于该安全评价机构给出的咨询意见，正确的是（　　）。

A. 企业必须按照安全生产许可证核定的生产工序和产品种类进行生产

B. 企业在办理工商登记手续后才能申请烟花爆竹生产许可证

C. 产品品种、规格、质量应当符合行业标准

D. 厂房和仓库的防火设备设施应当符合国家有关标准和规范

[解析] 选项 A 错误，生产烟花爆竹的企业，应当按照安全生产许可证核定的产品种类进行生产。选项 B 错误，企业应取得安全生产许可证后，到工商行政管理部门办理登记手续。选项 C 错误，产品品种、规格、质量应当符合国家标准或行业标准的规定。

[答案] D

[2019·单选] 张某投资兴办一家烟花爆竹企业，引入新型安全环保生产线生产大型焰火晚会专用烟花。根据《烟花爆竹安全管理条例》，关于该企业安全管理的说法，正确的是（ ）。

A. 扩大产能进行技术改造的，应当按规定办理安全生产许可证

B. 从事危险工序的作业人员经企业培训考核合格，即可上岗作业

C. 使用的原料超过规定用量的，应当报企业主要负责人批准

D. 在生产的烟花爆竹上，应当印制易燃易爆危险品警示标志

[解析] 选项 B 错误，从事危险工序的作业人员经应急管理部门培训考核合格方可上岗作业。选项 C 错误，生产烟花爆竹使用的原料，国家标准有用量限制的，不得超过规定的用量。选项 D 错误，企业在烟花爆竹产品上应标注燃放说明，在包装物上印制警示标志。

[答案] A

■ 真题精解

点题：此系列真题考查烟花爆竹的生产安全，属于一般性考点，考查的内容比较常规，难度中等。

分析：此考点包括烟花爆竹生产企业的安全生产许可证的申请规定等，《烟花爆竹安全管理条例》对其规定如下。

（1）生产烟花爆竹的企业为扩大生产能力进行基本建设或者技术改造的，应当依照本条例的规定申请办理安全生产许可证。

生产烟花爆竹的企业，持《烟花爆竹安全生产许可证》到工商行政管理部门办理登记手续后，方可从事烟花爆竹生产活动。

（2）生产烟花爆竹的企业，应当按照安全生产许可证核定的产品种类进行生产，生产工序和生产作业应当执行有关国家标准和行业标准。

（3）生产烟花爆竹的企业，应当对生产作业人员进行安全生产知识教育，对从事药物混合、造粒、筛选、装药、筑药、压药、切引、搬运等危险工序的作业人员进行专业技术培训。从事危险工序的作业人员经设区的市人民政府安全生产监督管理部门考核合格，方可上岗作业。

（4）生产烟花爆竹使用的原料，应当符合国家标准的规定。生产烟花爆竹使用的原料，国家标准有用量限制的，不得超过规定的用量。不得使用国家标准规定禁止使用或者禁忌配伍的物质生产烟花爆竹。

（5）生产烟花爆竹的企业，应当按照国家标准的规定，在烟花爆竹产品上标注燃放说明，并在烟花爆竹包装物上印制易燃易爆危险物品警示标志。

（6）生产烟花爆竹的企业，应当对黑火药、烟火药、引火线的保管采取必要的安全技术措施，建立购买、领用、销售登记制度，防止黑火药、烟火药、引火线丢失。黑火药、烟火药、引火线丢失的，企业应当立即向当地安全生产监督管理部门和公安部门报告。

■ 举一反三

[典型例题 1·单选] 某公司是一家生产烟花爆竹的企业。根据《烟花爆竹安全管理条例》，下列该公司安全生产的做法，正确的是（ ）。

A. 已配备兼职安全生产管理人员，故不再配备专职安全生产管理人员

B. 向县级安全监管部门申请核发《烟花爆竹安全生产许可证》

C. 发现生产烟花爆竹所使用的黑火药丢失，立即向当地安全监管部门和公安部门报告

D. 从事搬运工序作业的人员，经公司自行考核后上岗作业

[解析] 选项 A 错误，烟花爆竹生产企业应有安全生产管理机构和专职安全生产管理人员。选项 B 错误，生产企业应向市级安全监管部门申请核发《烟花爆竹安全生产许可证》。选项 D 错误，生产烟花爆竹的企业，应当对生产作业人员进行安全生产知识教育，对从事药物混合、造粒、筛选、装药、筑药、压药、切引、搬运等危险工序的作业人员进行专业技术培训。从事危险工序的作业人员经设区的市人民政府安全生产监督管理部门考核合格，方可上岗作业。

[答案] C

[典型例题 2·单选] 根据《烟花爆竹安全管理条例》，下列关于烟花爆竹生产安全的说法，正确的是（　　）。

A. 生产烟花爆竹的企业应当到公安机关办理登记手续，方可从事生产活动
B. 生产烟花爆竹的企业进行技术改造，应当依法办理安全生产许可证
C. 生产烟花爆竹使用的原料超过规定的用量，必须报有关部门批准
D. 黑火药、烟火药、引火线丢失的，企业应当报告当地应急管理部门

[解析] 选项 A 错误，生产烟花爆竹的企业，持《烟花爆竹安全生产许可证》到工商行政管理部门办理登记手续后，方可从事烟花爆竹生产活动。选项 C 错误，生产烟花爆竹使用的原料，国家标准有用量限制的，不得超过规定的用量。选项 D 表达不准确，企业应当报告当地应急管理部门和公安部门。

[答案] B

环球君点拨

此考点较简单，需要注意的是，《烟花爆竹安全管理条例》中规定生产企业需要取得的是"安全生产许可证"，其与"生产许可证"是不同的，企业取得"生产许可证"是企业从事相关生产活动的前提，然后才能取得"安全生产许可证"，考试中应谨防出题人在选项中偷换概念。

▶ 考点 2　烟花爆竹经营、运输、燃放安全 [2023、2022、2021、2020、2019]

真题链接

[2023·单选] 春节期间，某县人民政府发布了关于燃放烟花爆竹的规定。根据《烟花爆竹安全管理条例》，关于燃放烟花爆竹安全管理的说法，正确的是（　　）。

A. 燃放单位可以自行确定限制燃放烟花爆竹的时间、地点
B. 县公安机关应当对违反焰火燃放规定的单位进行处理
C. 对举办春节焰火晚会的申请，应当自受理之日起 30 日内作出决定
D. 县应急管理部门应当负责监督检查春节期间焰火燃放活动

[解析] 选项 A 错误，燃放烟花爆竹，应当按照燃放说明燃放，不得以危害公共安全和人身、财产安全的方式燃放烟花爆竹。禁止在法律法规明确规定禁燃的地点燃放烟花爆竹。选项 C 错误，受理申请的公安部门应当自受理申请之日起 20 日内对提交的有关材料进行审查选项 D 错误，公安部门应当加强对危险等级较高的焰火晚会以及其他大型焰火燃放活动的监督检查。

[答案] B

[2022·单选] 根据《烟花爆竹安全管理条例》，关于烟花爆竹运输安全的说法，正确的

是（　　）。

　　A. 经由道路运输烟花爆竹的，托运人应当取得所在地县级人民政府交通运输主管部门许可

　　B. 经由道路运输烟花爆竹的，承运人应当经运达地县级人民政府公安机关部门许可

　　C. 经由道路运输烟花爆竹的，途中因交通管制长时间停车，必须有专人看守并向当地公安机关报告

　　D. 烟花爆竹运达目的地后，收货人应当在3日内将《烟花爆竹道路运输许可证》交回发证机关核销

　　[解析] 选项A、B错误，经由道路运输烟花爆竹的，托运人应当向运达地县级人民政府公安部门提出申请，并提交相关材料。选项C错误，运输车辆在途中长时间停车时，出现危险情况时需报告当地公安部门。

[答案] D

　　[2021·单选] 某大型电商集团公司为庆祝十周年准备在庆典晚会上进行大型焰火燃放活动。根据《烟花爆竹安全管理条例》，关于该公司焰火燃放安全的说法，正确的是（　　）。

　　A. 不得在文化活动广场、体育场所进行庆典晚会焰火燃放

　　B. 应当按照分级管理的规定报有关人民政府应急管理部门批准

　　C. 应当按照分级管理的规定取得焰火燃放许可后方可燃放

　　D. 焰火燃放作业人员应当按照经备案的燃放作业方案进行燃放作业

　　[解析] 选项A错误，根据《烟花爆竹安全管理条例》，禁止燃放烟花爆竹的地点不含文化活动广场、体育场所。选项B错误、选项C正确，焰火燃放活动主办单位应当按照分级管理的规定，向有关人民政府公安部门提出申请，并获得其许可。选项D错误，焰火燃放作业人员应当按照焰火燃放安全规程和经许可的燃放作业方案进行燃放作业。

[答案] C

　　[2019·单选] 李某计划在甲市乙县开办一个烟花爆竹零售点，需要办理《烟花爆竹经营（零售）许可证》。根据《烟花爆竹安全管理条例》，李某应当向（　　）提出申请。

　　A. 甲市应急管理部门　　　　　　　　B. 甲市公安机关

　　C. 乙县应急管理部门　　　　　　　　D. 乙县公安机关

　　[解析] 李某开办的是烟花爆竹零售点，应当向所在地县级人民政府安全应急管理部门提出申请。

[答案] C

真题精解

点题：此系列真题考查烟花爆竹的经营、运输、燃放安全管理，每年考查一道题。2022年真题考查的是烟花爆竹的运输安全；2021年和2023年真题考查的是烟花爆竹的燃放安全；2019年真题考查的是烟花爆竹的零售经营安全。此考点内容比较分散，一般是轮流考查。

分析：烟花爆竹属于危险物品，我国对烟花爆竹的燃放管控比较严格，因此对烟花爆竹的安全尤其是燃放安全应引起重视。

1. 经营安全

《烟花爆竹安全管理条例》第十六条规定，烟花爆竹的经营分为批发和零售。从事烟花爆竹批发的企业和零售经营者的经营布点，应当经安全生产监督管理部门审批。禁止在城市市区布设烟花

爆竹批发场所；城市市区的烟花爆竹零售网点，应当按照严格控制的原则合理布设。

第十九条规定，申请从事烟花爆竹批发的企业，应当向所在地设区的市人民政府安全生产监督管理部门提出申请，并提供能够证明符合本条例规定条件的有关材料。受理申请的安全生产监督管理部门应当自受理申请之日起30日内对提交的有关材料和经营场所进行审查，对符合条件的，核发《烟花爆竹经营（批发）许可证》；对不符合条件的，应当说明理由。

申请从事烟花爆竹零售的经营者，应当向所在地县级人民政府安全生产监督管理部门提出申请，并提供能够证明符合本条例规定条件的有关材料。受理申请的安全生产监督管理部门应当自受理申请之日起20日内对提交的有关材料和经营场所进行审查，对符合条件的，核发《烟花爆竹经营（零售）许可证》；对不符合条件的，应当说明理由。《烟花爆竹经营（零售）许可证》，应当载明经营负责人、经营场所地址、经营期限、烟花爆竹种类和限制存放量。

2. 运输安全

根据《烟花爆竹安全管理条例》，烟花爆竹的运输安全相关规定如下：

（1）经由道路运输烟花爆竹的，应当经公安部门许可。经由铁路、水路、航空运输烟花爆竹的，依照铁路、水路、航空运输安全管理的有关法律、法规、规章的规定执行。

（2）经由道路运输烟花爆竹的，托运人应当向运达地县级人民政府公安部门提出申请，并提交有关材料。

（3）受理申请的公安部门应当自受理申请之日起3日内对提交的有关材料进行审查，对符合条件的，核发《烟花爆竹道路运输许可证》；对不符合条件的，应当说明理由。

（4）烟花爆竹运达目的地后，收货人应当在3日内将《烟花爆竹道路运输许可证》交回发证机关核销。

（5）禁止携带烟花爆竹搭乘公共交通工具。禁止邮寄烟花爆竹，禁止在托运的行李、包裹、邮件中夹带烟花爆竹。

3. 燃放安全

《烟花爆竹安全管理条例》规定，燃放烟花爆竹，应当遵守有关法律、法规和规章的规定。县级以上地方人民政府可以根据本行政区域的实际情况，确定限制或者禁止燃放烟花爆竹的时间、地点和种类。

广播、电视、报刊等新闻媒体，应当做好安全燃放烟花爆竹的宣传、教育工作。未成年人的监护人应当对未成年人进行安全燃放烟花爆竹的教育。

禁止在下列地点燃放烟花爆竹：

（1）文物保护单位。

（2）车站、码头、飞机场等交通枢纽以及铁路线路安全保护区内。

（3）易燃易爆物品生产、储存单位。

（4）输变电设施安全保护区内。

（5）医疗机构、幼儿园、中小学校、敬老院。

（6）山林、草原等重点防火区。

（7）县级以上地方人民政府规定的禁止燃放烟花爆竹的其他地点。

《烟花爆竹安全管理条例》规定，举办焰火晚会以及其他大型焰火燃放活动，应当按照举办的时间、地点、环境、活动性质、规模以及燃放烟花爆竹的种类、规格和数量，确定危险等级，实行分级管理。分级管理的具体办法，由国务院公安部门规定。

申请举办焰火晚会以及其他大型焰火燃放活动，主办单位应当按照分级管理的规定，向有关人民政府公安部门提出申请，并提交下列有关材料：

(1) 举办焰火晚会以及其他大型焰火燃放活动的时间、地点、环境、活动性质、规模。
(2) 燃放烟花爆竹的种类、规格、数量。
(3) 燃放作业方案。
(4) 燃放作业单位、作业人员符合行业标准规定条件的证明。

受理申请的公安部门应当自受理申请之日起 20 日内对提交的有关材料进行审查，对符合条件的，核发《焰火燃放许可证》；对不符合条件的，应当说明理由。

焰火晚会以及其他大型焰火燃放活动燃放作业单位和作业人员，应当按照焰火燃放安全规程和经许可的燃放作业方案进行燃放作业。

公安部门应当加强对危险等级较高的焰火晚会以及其他大型焰火燃放活动的监督检查。

举一反三

[典型例题 1·单选] 根据《烟花爆竹安全管理条例》，关于烟花爆竹燃放安全的说法，正确的是（　　）。

A. 大型焰火燃放活动的燃放作业人员，应当符合行业标准规定的条件
B. 乡镇政府可以根据本区域情况，确定禁止燃放烟花爆竹的时间地点和种类
C. 输变电设施安全保护区内燃放烟花爆竹，必须报市级公安部门批准
D. 申请举办焰火晚会应当按照分级管理的规定，向有关人民政府安全监管部门申请核发《焰火燃放许可证》

[解析] 选项 B 错误，县级以上地方人民政府可以确定限制或者禁止燃放烟花爆竹的时间、地点和种类。选项 C 错误，输变电设施安全保护区内禁止燃放烟花爆竹。选项 D 错误，焰火晚会的主办单位应向公安部门提出燃放申请。

[答案] A

[典型例题 2·单选] 某年春节前夕，李某打算开一家烟花爆竹的批发公司，张某打算开一家烟花爆竹的零售公司。根据《烟花爆竹安全管理条例》，关于烟花爆竹经营安全的说法，正确的是（　　）。

A. 李某和张某公司的经营布点，均应当经应急管理部门审批
B. 李某和张某均应向市应急管理部门提出申请，取得经营许可证
C. 李某将公司设置在市区非主干道上，周边没有易燃易爆场所
D. 张某为取得更低价格，可以直接向生产厂家购买烟花爆竹

[解析] 选项 B 错误，张某的公司是零售企业，应向县应急管理部门提出申请。选项 C 错误，李某的公司是批发企业，不能设置在市区范围内。选项 D 错误，张某的公司是零售企业，只能向批发企业购买烟花爆竹。

[答案] A

环球君点拨

此考点中，要分清烟花爆竹的经营是批发还是零售，对批发要求更为严格。烟花爆竹的燃放安全规定相对更重要一些，每年都有人员因为燃放烟花爆竹而受伤，因此有关此考点的规定应熟练掌握。

第六节 民用爆炸物品安全管理条例

考点 1 民用爆炸物品生产、销售和购买安全 [2022、2021、2019]

真题链接

[2022·单选] 根据《民用爆炸物品安全管理条例》，关于民用爆炸物品销售、购买安全管理的说法，正确的是（　　）。

A. 企业申请《民用爆炸物品销售许可证》的，省级人民政府行业主管部门应当自受理之日起 45 日内进行审查

B. 销售、购买民用爆炸物品的，不得使用现金进行交易

C. 企业取得《民用爆炸物品销售许可证》后，应当在 3 日内向所在地县级人民政府公安机关备案

D. 使用单位凭《民用爆炸物品购买许可证》，可以购买民用爆炸物品

[解析] 选项 A 错误，省、自治区、直辖市人民政府民用爆炸物品行业主管部门应当自受理申请之日起 30 日内进行审查。选项 C 错误，销售企业应当在办理工商登记后 3 日内，向所在地县级公安机关备案。选项 D 错误，使用单位购买民用爆炸物品，还应当提供经办人的身份证明。

[答案] B

[2019·单选] 根据《民用爆炸物品安全管理条例》，关于销售和购买民用爆炸物品的说法，正确的是（　　）。

A. 购买民用爆炸物品使用现金或者实物进行交易的，应当经所在地县级人民政府公安机关批准

B. 民用爆炸物品销售企业取得《民用爆炸物品销售许可证》，即可销售民用爆炸物品

C. 购买民用爆炸物品的单位应当自买卖成交之日起 5 日内，向所在地县级人民政府公安机关备案

D. 民用爆炸物品生产企业凭《民用爆炸物品生产许可证》，可以销售本企业生产的民用爆炸物品

[解析] 选项 A 错误，购买民用爆炸物品，应当通过银行账户进行交易，不得使用现金或者实物进行交易。选项 B 错误，企业取得销售许可证，并办理工商登记后，才能销售民用爆炸物品。选项 C 错误，应当自买卖成交之日起 3 日内，向所在地县级人民政府公安机关备案。

[答案] D

[2019·单选] 根据《民用爆炸物品安全管理条例》，关于民用爆炸物品生产安全管理的说法，正确的是（　　）。

A. 民用爆炸物品生产企业应当持《民用爆炸物品生产许可证》到工商行政管理部门办理工商登记，并在办理工商登记后 1 个月内，向所在地县级人民政府公安机关备案

B. 民用爆炸物品生产企业为调整生产能力及品种进行改建、扩建的，应当按规定申请办理《民用爆炸物品生产许可证》

C. 民用爆炸物品生产企业应当对民用爆炸物品做出警示标识、登记标识，并编码打号

D. 试验或者试制民用爆炸物品，在保障安全距离的条件下，可以在生产车间或者仓库内试验或者试制

[解析] 选项 A 错误，应在办理工商登记后 3 日内，向所在地县级人民政府公安机关备案。选项 C 错误，应当对民用爆炸物品做出警示标识、登记标识，对雷管编码打号。选项 D 错误，试验或者试制民用爆炸物品，严禁在生产车间或者仓库内进行。

[答案] B

真题精解

点题： 此系列真题考查民用爆炸物品的生产、销售和购买安全。2019 年的两道真题分别考查了民用爆炸物品的销售、购买安全和生产安全；2022 年真题考查了民用爆炸物品的销售和购买安全。之后备考时，可以重点关注一下民用爆炸物品的生产安全。

分析： 此考点主要介绍了民用爆炸物品的生产、销售和购买安全，其内容类似于《危险化学品安全管理条例》中的易制爆化学品安全管理，只是有些监管部门的级别和"数字"不同，可对照学习。

根据《民用爆炸物品安全管理条例》，民用爆炸物品的生产、销售和购买安全的具体规定如下：

1. 生产安全

（1）申请从事民用爆炸物品生产的企业，应当向国务院民用爆炸物品行业主管部门提交申请书、可行性研究报告以及能够证明其符合本条例第十一条规定条件的有关材料。国务院民用爆炸物品行业主管部门应当自受理申请之日起 45 日内进行审查，对符合条件的，核发《民用爆炸物品生产许可证》；对不符合条件的，不予核发《民用爆炸物品生产许可证》，书面向申请人说明理由。

民用爆炸物品生产企业为调整生产能力及品种进行改建、扩建的，应当依照上述规定申请办理《民用爆炸物品生产许可证》。

民用爆炸物品生产企业持《民用爆炸物品生产许可证》到工商行政管理部门办理工商登记，并在办理工商登记后 3 日内，向所在地县级人民政府公安机关备案。

（2）取得《民用爆炸物品生产许可证》的企业应当在基本建设完成后，向省、自治区、直辖市人民政府民用爆炸物品行业主管部门申请安全生产许可。省、自治区、直辖市人民政府民用爆炸物品行业主管部门应当依照《安全生产许可证条例》的规定对其进行查验，对符合条件的，核发《民用爆炸物品安全生产许可证》。民用爆炸物品生产企业取得《民用爆炸物品安全生产许可证》后，方可生产民用爆炸物品。

2. 销售和购买安全

（1）申请从事民用爆炸物品销售的企业，应当向所在地省、自治区、直辖市人民政府民用爆炸物品行业主管部门提交申请书、可行性研究报告以及能够证明其符合本条例第十八条规定条件的有关材料。省、自治区、直辖市人民政府民用爆炸物品行业主管部门应当自受理申请之日起 30 日内进行审查，并对申请单位的销售场所和专用仓库等经营设施进行查验，对符合条件的，核发《民用爆炸物品销售许可证》；对不符合条件的，不予核发《民用爆炸物品销售许可证》，书面向申请人说明理由。

民用爆炸物品销售企业持《民用爆炸物品销售许可证》到工商行政管理部门办理工商登记后，方可销售民用爆炸物品。

民用爆炸物品销售企业应当在办理工商登记后 3 日内，向所在地县级人民政府公安机关备案。

(2) 民用爆炸物品生产企业凭《民用爆炸物品生产许可证》，可以销售本企业生产的民用爆炸物品。

(3) 民用爆炸物品使用单位申请购买民用爆炸物品的，应当向所在地县级人民政府公安机关提出购买申请，并提交有关材料。受理申请的公安机关应当自受理申请之日起 5 日内对提交的有关材料进行审查，对符合条件的，核发《民用爆炸物品购买许可证》；对不符合条件的，不予核发《民用爆炸物品购买许可证》，书面向申请人说明理由。

(4) 民用爆炸物品生产企业凭《民用爆炸物品生产许可证》购买属于民用爆炸物品的原料，民用爆炸物品销售企业凭《民用爆炸物品销售许可证》向民用爆炸物品生产企业购买民用爆炸物品，民用爆炸物品使用单位凭《民用爆炸物品购买许可证》购买民用爆炸物品，还应当提供经办人的身份证明。

销售民用爆炸物品的企业，应当查验前款规定的许可证和经办人的身份证明；对持《民用爆炸物品购买许可证》购买的，应当按照许可的品种、数量销售。

(5) 销售、购买民用爆炸物品，应当通过银行账户进行交易，不得使用现金或者实物进行交易。

销售民用爆炸物品的企业，应当将购买单位的许可证、银行账户转账凭证、经办人的身份证明复印件保存 2 年备查。

(6) 销售民用爆炸物品的企业，应当自民用爆炸物品买卖成交之日起 3 日内，将销售的品种、数量和购买单位向所在地省、自治区、直辖市人民政府民用爆炸物品行业主管部门和所在地县级人民政府公安机关备案。

购买民用爆炸物品的单位，应当自民用爆炸物品买卖成交之日起 3 日内，将购买的品种、数量向所在地县级人民政府公安机关备案。

(7) 进出口民用爆炸物品，应当经国务院民用爆炸物品行业主管部门审批。

举一反三

[典型例题 1·单选] 根据《民用爆炸物品安全管理条例》，购买民用爆炸物品的单位应当自民用爆炸物品买卖成交之日起 3 内，将购买的品种、数量等信息向所在地（　　）备案。

A. 县级应急管理部门　　　　　　　B. 县级政府工商主管部门
C. 县级人民政府公安机关　　　　　D. 县级人民政府

[解析] 民用爆炸物品的销售企业，应当自成交之日起 3 日内，将销售的品种、数量和购买单位向所在地省级政府民用爆炸物品行业主管部门和所在地县级人民政府公安机关备案。

[答案] C

[典型例题 2·单选] 根据《民用爆炸物品安全管理条例》，关于民用爆炸物品销售和购买安全管理的说法，正确的是（　　）。

A. 县级人民政府民用爆炸物品行业主管部门对申请单位的销售场所和专用仓库等经营设施进行查验，对符合条件的，核发《民用爆炸物品销售许可证》
B. 民用爆炸物品使用单位申请购买民用爆炸物品的，应当向所在地设区的市级人民政府公安机关提出申请核发《民用爆炸物品购买许可证》
C. 销售、购买民用爆炸物品，应当通过银行账户进行交易，不得使用现金或者实物进行交易
D. 销售民用爆炸物品的企业应当将购买单位的许可证、经办人的身份证明复印件保存 1 年备查

[解析] 选项 A 错误，销售企业应向省级行业主管部门申请核发许可证。选项 B 错误，申请购

买民用爆炸物品的,应当向所在地县级公安机关提出购买申请。选项 D 错误,销售企业应当将购买单位的证明文件等信息复印件保存 2 年备查。

[答案] C

[典型例题 3·单选] 某厂是一家民用爆炸物品生产企业。根据《民用爆炸物品安全管理条例》,下列关于该厂民用爆炸物品销售和购买的说法,正确的是(   )。

A. 该厂申请办理《民用爆炸物品销售许可证》,销售本厂生产的炸药

B. 该厂在销售炸药成交之日起 3 日内,将相关信息向所在地省级人民政府民用爆炸物品主管部门和县级公安机关备案

C. 该厂应将购买炸药单位的许可证、银行账户、转账凭证、经办人身份证明复印件保存 1 年备查

D. 该厂计划出口炸药产品,经所在地省级人民政府民用爆炸物品主管部门审批后实施

[解析] 选项 A 错误,该厂是生产企业,正常情况已取得了《民用爆炸物品生产许可证》,销售本厂生产的炸药无须再办理《民用爆炸物品销售许可证》。选项 C 错误,应当将购买单位的许可证、银行账户、转账凭证、经办人的身份证明复印件保存 2 年备查。选项 D 错误,进出口民用爆炸物品,应当经国务院民用爆炸物品行业主管部门审批。

[答案] B

环球君点拨

民用爆炸物品管控不当容易引起社会安全事件,因此国家对民用爆炸物品的销售和购买管控严格。考生重点掌握销售和购买的程序及要求,对其中涉及的几个日期也要掌握,建议自行做成表格,把日期和部门进行汇总,以辅助记忆。

考点 2 民用爆炸物品运输、使用和储存安全 [2023、2021、2020]

真题链接

[2023·单选] 甲省乙市丙县某爆破公司长期为本县的矿山企业实施爆破作业。根据《民用爆炸物品安全管理条例》,关于该公司爆破作业安全管理的说法,错误的是(   )。

A. 在该县风景名胜区实施爆破作业的,应当向乙市公安机关提出申请

B. 在该县城区实施爆破作业的,应当由具有相应资质的安全监理企业进行监理

C. 该公司应当将不再使用的雷管登记造册,并报丙县公安机关监督销毁

D. 该公司实施爆破作业的人员,应当经丙县公安机关考核合格

[解析] 爆破作业单位应当对本单位的爆破作业人员、安全管理人员、仓库管理人员进行专业技术培训。爆破作业人员应当经设区的市级人民政府公安机关考核合格,取得《爆破作业人员许可证》后,方可从事爆破作业,选项 D 错误。

[答案] D

[2021·单选] 民用爆炸物品属于危险物品,管理不善可能造成事故,危及生产安全和社会公共安全。因此,民用爆炸物品应当储存在专用仓库内并实行严格管理。根据《民用爆炸物品安全管理条例》,关于民用爆炸物品储存的说法,正确的是(   )。

A. 县公安机关有权对过期失效的民用爆炸物品的销毁进行监督

B. 不同性质的民用爆炸物品必须分库储存

C. 清点时发现黑火药比登记账目少10千克，应立即向应急管理部门报告

D. 在民用爆炸物品库房内可临时存放即将发放的库管员劳保用品

[解析] 选项B错误，性质相抵触的民用爆炸物品必须分库储存。选项C错误，应立即报告当地公安机关。选项D错误，民用爆炸物品库房内严禁存放其他物品。

[答案] A

[2020·单选] 某省甲市乙县某化工厂委托该县某具备资质的运输公司，将其生产的1吨TNT炸药，运至该省丙市丁县某爆破公司。根据《民用爆炸物品安全管理条例》，该爆破公司应向（ ）申领《民用爆炸物品运输许可证》。

A. 甲市公安机关　　　　　　　　B. 丁县公安机关
C. 乙县公安机关　　　　　　　　D. 丙市公安机关

[解析] 该爆破公司应向运达地县级人民政府公安机关提出申请，即向丁县公安机关申领《民用爆炸物品运输许可证》。

[答案] B

[2020·单选] 民用爆炸物品储存不当极易导致重大事故，因此我国实行严格的民用爆炸物品储存安全管理制度。根据《民用爆炸物品安全管理条例》，关于民用爆炸物品储存安全的说法，正确的是（ ）。

A. 对性质相抵触的民用爆炸物品同库储存时，必须分开存放

B. 容易引起燃烧、爆炸的其他物品带入仓库内时，应与所储存爆炸物品保持安全距离

C. 民用爆炸物品应当储存在专用仓库内，其储存数量不得超过设计容量

D. 爆破作业现场严禁存放民用爆炸物品

[解析] 选项A错误，对性质相抵触的民用爆炸物品必须分库储存，不是分开存放。选项B错误，其他容易引起燃烧、爆炸的物品严禁带入仓库区内。选项D错误，在爆破作业现场临时存放民用爆炸物品的，应当具备临时存放民用爆炸物品的条件，并设有专人管理、看护，不得在不具备安全存放条件的场所存放民用爆炸物品。

[答案] C

真题精解

点题：此系列真题考查民用爆炸物品的运输、使用和储存安全。2023年真题考查的是民用爆炸物品的爆破安全，2022年真题考查的是民用爆炸物品的储存安全，2020年真题考查的是民用爆炸物品的运输和储存安全。

分析：此考点较为重要，尤其是民用爆炸物品的储存安全，是高频考点。《民用爆炸物品安全管理条例》对民用爆炸物品的运输、使用和储存安全作了如下规定。

1. 运输安全

运输民用爆炸物品，收货单位应当向运达地县级人民政府公安机关提出申请，并提交包括相关内容的材料。

民用爆炸物品运达目的地，收货单位应当进行验收后在《民用爆炸物品运输许可证》上签注，并在3日内将《民用爆炸物品运输许可证》交回发证机关核销。

禁止携带民用爆炸物品搭乘公共交通工具或者进入公共场所。禁止邮寄民用爆炸物品，禁止在托运的货物、行李、包裹、邮件中夹带民用爆炸物品。

2. 使用安全

申请从事爆破作业的单位，应当按照国务院公安部门的规定，向有关人民政府公安机关提出申请，并提供能够证明其符合规定条件的有关材料。

爆破作业单位应当对本单位的爆破作业人员、安全管理人员、仓库管理人员进行专业技术培训。爆破作业人员应当经设区的市级人民政府公安机关考核合格，取得《爆破作业人员许可证》后，方可从事爆破作业。

在城市、风景名胜区和重要工程设施附近实施爆破作业的，应当向爆破作业所在地设区的市级人民政府公安机关提出申请，提交《爆破作业单位许可证》和具有相应资质的安全评估企业出具的爆破设计、施工方案评估报告。实施上述规定的爆破作业，应当由具有相应资质的安全监理企业进行监理，由爆破作业所在地县级人民政府公安机关负责组织实施安全警戒。

爆破作业单位应当如实记载领取、发放民用爆炸物品的品种、数量、编号以及领取、发放人员姓名。领取民用爆炸物品的数量不得超过当班用量，作业后剩余的民用爆炸物品必须当班清退回库。爆破作业单位应当将领取、发放民用爆炸物品的原始记录保存2年备查。

3. 储存安全

民用爆炸物品应当储存在专用仓库内，并按照国家规定设置技术防范设施。

储存民用爆炸物品应当遵守下列规定：

（1）建立出入库检查、登记制度，收存和发放民用爆炸物品必须进行登记，做到账目清楚，账物相符。

（2）储存的民用爆炸物品数量不得超过储存设计容量，对性质相抵触的民用爆炸物品必须分库储存，严禁在库房内存放其他物品。

（3）专用仓库应当指定专人管理、看护，严禁无关人员进入仓库区内，严禁在仓库区内吸烟和用火，严禁把其他容易引起燃烧、爆炸的物品带入仓库区内，严禁在库房内住宿和进行其他活动。

（4）民用爆炸物品丢失、被盗、被抢，应当立即报告当地公安机关。

在爆破作业现场临时存放民用爆炸物品的，应当具备临时存放民用爆炸物品的条件，并设专人管理、看护，不得在不具备安全存放条件的场所存放民用爆炸物品。

民用爆炸物品变质和过期失效的，应当及时清理出库，并予以销毁。销毁前应当登记造册，提出销毁实施方案，报省、自治区、直辖市人民政府民用爆炸物品行业主管部门、所在地县级人民政府公安机关组织监督销毁。

举一反三

[典型例题1·单选] 根据《民用爆炸物品安全管理条例》，爆破作业单位应当对本单位的（　　）进行专业技术培训。

A. 安全管理人员、爆破作业人员、现场监护人员
B. 现场监护人员、警戒保卫人员、爆破作业人员
C. 安全负责人、现场监护人员、爆破作业人员
D. 爆破作业人员、安全管理人员、仓库管理人员

[解析] 爆破作业单位应当对本单位的爆破作业人员、安全管理人员、仓库管理人员进行专业技术培训。

[答案] D

[典型例题 2·单选] 根据《民用爆炸物品安全管理条例》，关于经由道路运输民用爆炸物品的行为，下列说法错误的是（　　）。

A. 携带《民用爆炸物品运输许可证》

B. 运送民用爆炸物品的车厢内不得载人

C. 按照规定的路线行驶，途中经停应当有专人看守，并远离建筑设施和人口稠密的地方，不得在许可以外的地点经停

D. 民用爆炸物品运达目的地，收货单位应当进行验收后在《民用爆炸物品运输许可证》上签注，并在 5 日内交回发证机关核销

[解析] 民用爆炸物品运达目的地，收货单位应当在 3 日内将《民用爆炸物品运输许可证》交回发证机关核销。

[答案] D

[典型例题 3·单选] 根据《民用爆炸物品安全管理条例》，关于民用爆炸物品储存安全的说法，正确的是（　　）。

A. 对民用爆炸物品必须分库储存，严禁在库房内存放其他物品

B. 民用爆炸物品变质和过期失效的，应及时清理出库，并予以销毁

C. 把其他容易引起燃烧、爆炸的物品带入仓库区内，应经主要负责人同意

D. 储存的民用爆炸物品丢失的，应当立即报告当地应急管理部门

[解析] 选项 A 错误，对性质相抵触的民用爆炸物品必须分库储存。选项 C 错误，其他容易引起燃烧、爆炸的物品严禁带入仓库区内。选项 D 错误，储存的民用爆炸物品丢失，应当立即报告当地公安机关。

[答案] B

环球君点拨

对民用爆炸物品的运输安全和使用安全的考查比较简单，一般以"由谁向谁申请许可"等方式考查。最常考的知识点是民用爆炸物品的储存安全。储存民用爆炸物品应当遵守的规定是重点，其中的"分库储存"是指不能存放在同一座仓库内，"严禁在库房内住宿和进行其他活动"可以和《安全生产法》的规定对比学习：生产、经营、储存、使用危险物品的车间、商店、仓库不得与员工宿舍在同一座建筑物内。前后联系，对此知识点理解会更加透彻。

第七节　特种设备安全监察条例

考点 1　特种设备分类 [2022]

真题链接

[2022·多选] 某机械加工生产企业对新招聘的大学毕业生进行入职培训，培训压路机、氧气瓶、乙炔瓶、锅炉、重锤夯、客运索道、电梯叉车、羊角碾、大型游乐设施等机械与设备设施。根据《特种设备安全监察条例》，下列机械与设备设施中属于特种设备的有（　　）。

A. 压路机、氧气瓶　　　　　　　　B. 重锤夯、客运索道

C. 乙炔瓶、锅炉　　　　　　　　　D. 电梯、羊角碾

E. 叉车、大型游乐设施

[解析] 选项 C 中的乙炔瓶是压力容器，选项 E 中的叉车是场内专用机动车辆。根据《特种设备安全监察条例》，压力容器、锅炉、场内专用机动车辆、大型游乐设施均属于特种设备，而压路机、重锤夯、羊角碾不属于特种设备，故选项 C、E 正确。

[答案] CE

真题精解

点题：2022 年真题考查了特种设备的分类，这是基础知识点，已多年不考查，且考查的也很简单，是一道送分题。

分析：特种设备在企业中很常见，其种类不需要花太多精力去背，只要看一两遍规定就很容易记住。至于特种设备的参数规格，如锅炉的容积、压力要求等，在本科目中没有考查过。

《特种设备安全监察条例》第二条规定，本条例所称特种设备是指涉及生命安全、危险性较大的锅炉、压力容器（含气瓶）、压力管道、电梯、起重机械、客运索道、大型游乐设施和场（厂）内专用机动车辆。

举一反三

[**典型例题·多选**] 某建筑工地为保质按期完成施工任务，投入了大量设备，其中包括挖掘机 3 辆、装载机 2 辆、载重汽车 5 辆、塔式起重机 2 部、垂直运输机 2 部、锅炉 1 部、乙炔瓶若干、氧气瓶若干、水泥搅拌车 3 辆。根据《特种设备安全监察条例》，下列属于特种设备的是（　　）。

A. 挖掘机　　　　　　　　　　B. 塔式起重机

C. 垂直运输机　　　　　　　　D. 氧气瓶

E. 水泥搅拌车

[解析] 选项 A、E 错误，挖掘机、水泥搅拌机是工程车辆，不属于特种设备。

[答案] BCD

环球君点拨

对于特种设备的类别，需掌握上述规定的这几类，做题时只选规定范围之内的即可。对于其他特殊的种类会在《安全生产管理》和《安全生产技术基础》科目有详细的讲解，可以配合学习。

考点 2　特种设备使用安全 [2023、2022、2019、2015]

真题链接

[**2023·单选**] 某公司拥有一家大型娱乐设施场所，设置了客运索道。根据《特种设备安全监察条例》，关于该公司客运索道安全管理的说法，正确的是（　　）。

A. 应建立客运索道的技术档案，内容必须包括设备运行故障和事故记录

B. 投入使用前 30 日内，必须向所在直辖市或者设区的市的特种设备安全监督管理部门登记

C. 应当对客运索道每季度进行一次自行检查，并作出记录

D. 主要负责人应至少每半年召开一次索道安全会议

[解析] 根据《特种设备安全监察条例》，特种设备在投入使用前或者投入使用后 30 日内，特种设备使用单位应当向直辖市或者设区的市的特种设备安全监督管理部门登记，选项 B 错误。特种

设备使用单位对在用特种设备应当至少每月进行一次自行检查，并作出记录，选项C错误。客运索道、大型游乐设施的运营使用单位的主要负责人至少应当每月召开一次会议，督促、检查客运索道、大型游乐设施的安全使用工作，选项D错误。

[答案] A

[2022·单选] 特种设备使用单位应当遵守国家有关法律法规，保证特种设备的使用安全。根据《特种设备安全监察条例》，关于特种设备使用安全的做法，正确的是（　　）。

A. 某企业蒸汽锅炉投入使用后30日内，向该县市场监督管理部门申请登记

B. 某儿童乐园对运行的大型游乐设施每季度进行一次自行检查，并作出记录

C. 某公司起重机械超过安全技术规范使用年限，经专家论证具备使用条件后，决定继续使用

D. 某景区营运公司总经理每月召开一次安全会议，督促、检查景区客运索道的安全使用工作

[解析] 选项A错误，该企业应向直辖市或者设区的市的市场监督管理部门申请登记。选项B错误，儿童乐园对运行的大型游乐设施应每月进行一次自行检查。选项C错误，起重机械超过安全技术规范使用年限，该公司应当及时予以报废，并应当向原登记部门办理注销。

[答案] D

[2019·单选] A市B县的某化工厂于2018年3月5日采购一批压力容器，计划于2018年5月1日投入使用。根据《特种设备安全监察条例》，该化工厂可（　　）登记。

A. 在2018年4月15日向A市的特种设备安全监管部门

B. 在2018年4月10日向B县的特种设备安全监管部门

C. 在2018年6月10日向A市的特种设备安全监管部门

D. 在2018年3月10日向B县的特种设备安全监管部门

[解析] 特种设备投入使用前或者投入使用后30日内，特种设备使用单位应当向直辖市或设区的市的特种设备安全监督管理部门登记。因此，该化工厂最晚应于2018年5月30日向A市的特种设备安全监管部门登记，故符合要求的是选项A。

[答案] A

[2015·单选] 根据《特种设备安全监察条例》的规定，下列关于特种设备使用的说法，正确的是（　　）。

A. 电梯使用单位对本单位所用电梯进行维护保养

B. 起重机械的作业人员和相关的管理人员必须取得特种作业人员证书

C. 将特种设备登记标志放入特种设备安全技术档案中

D. 对超过检验合格期的特种设备制定安全措施和应急预案后使用

[解析] 选项A错误，电梯的日常维护保养必须由依照规定取得许可的安装、改造、维修单位或者电梯制造单位进行。选项C错误，特种设备登记标志应当置于或者附着于该特种设备的显著位置。选项D错误，特种设备超过安全技术规范规定使用年限，特种设备使用单位应当及时予以报废，并应当向原登记的特种设备安全监督管理部门办理注销。

[答案] B

📖 **真题精解**

点题： 此系列真题考查了特种设备的使用安全，主要从企业使用特种设备的相关规定角度进行考查，如使用登记、规章制度、维护保养等，应牢固掌握该知识点。

分析： 有关特种设备使用安全的规定是历年高频考点，《特种设备安全监察条例》中的规定比《特种设备安全法》更详细一些，其中涉及数字的内容是重要考点。

《特种设备安全监察条例》对特种设备使用安全的规定如下：

（1）特种设备在投入使用前或者投入使用后 30 日内，特种设备使用单位应当向直辖市或者设区的市的特种设备安全监督管理部门登记。登记标志应当置于或者附着于该特种设备的显著位置。

（2）特种设备使用单位应当对在用特种设备进行经常性日常维护保养，并定期自行检查。

特种设备使用单位对在用特种设备应当至少每月进行一次自行检查，并作出记录。特种设备使用单位在对在用特种设备进行自行检查和日常维护保养时发现异常情况的，应当及时处理。

（3）特种设备使用单位应当按照安全技术规范的定期检验要求，在安全检验合格有效期届满前 1 个月向特种设备检验检测机构提出定期检验要求。

（4）电梯的日常维护保养必须由依照本条例取得许可的安装、改造、维修单位或者电梯制造单位进行。电梯应当至少每 15 日进行一次清洁、润滑、调整和检查。

（5）电梯、客运索道、大型游乐设施等为公众提供服务的特种设备运营使用单位，应当设置特种设备安全管理机构或者配备专职的安全管理人员；其他特种设备使用单位，应当根据情况设置特种设备安全管理机构或者配备专职、兼职的安全管理人员。

（6）客运索道、大型游乐设施的运营使用单位在客运索道、大型游乐设施每日投入使用前，应当进行试运行和例行安全检查，并对安全装置进行检查确认。

（7）客运索道、大型游乐设施的运营使用单位的主要负责人至少应当每月召开一次会议，督促、检查客运索道、大型游乐设施的安全使用工作。

拓展： 特种设备的使用具有专业性，同时也往往伴随着高危险性，因此对特种设备的使用管理要求建立技术档案。对此，《特种设备安全监察条例》规定，特种设备使用单位应当建立特种设备安全技术档案。安全技术档案应当包括以下内容：

（1）特种设备的设计文件、制造单位、产品质量合格证明、使用维护说明等文件以及安装技术文件和资料。

（2）特种设备的定期检验和定期自行检查的记录。

（3）特种设备的日常使用状况记录。

（4）特种设备及其安全附件、安全保护装置、测量调控装置及有关附属仪器仪表的日常维护保养记录。

（5）特种设备运行故障和事故记录。

（6）高耗能特种设备的能效测试报告、能耗状况记录以及节能改造技术资料。

举一反三

[典型例题 1·单选] 根据《特种设备安全监察条例》，关于特种设备使用安全的说法，正确的是（　　）。

A. 特种设备使用单位对在用特种设备应当至少每周进行一次自行检查，并作出记录

B. 特种设备使用单位应当在安全检验合格有效期届满后 1 个月内向特种设备检验检测机构提出定期检验要求

C. 电梯应当至少每月进行一次清洁、润滑、调整和检查

D. 大型游乐设施的运营使用单位的主要负责人可以每半月召开一次会议，督促、检查大型游

乐设施的安全使用工作

[解析] 选项 A 错误，特种设备使用单位对在用特种设备应当至少每月进行一次自行检查。选项 B 错误，特种设备使用单位应当在有效期届满前 1 个月提出检验要求，而不是期满后提出。选项 C 错误，电梯应当至少每 15 日进行一次清洁、润滑、调整和检查。选项 D 正确，《特种设备安全监察条例》规定，客运索道、大型游乐设施的运营使用单位的主要负责人至少应当每月召开一次会议，督促、检查客运索道、大型游乐设施的安全使用工作。每半个月召开一次会议，频次高于规定是可以的。

[答案] D

[典型例题 2·单选] 根据《特种设备安全监察条例》，关于特种设备使用安全的说法，正确的是（　　）。

A. 特种设备使用单位应当将登记标志置于安全技术档案中备查
B. 特种设备使用单位应当对在用特种设备进行经常性日常维护保养，并定期自行检查
C. 对于检验不合格的特种设备，经单位进行安全论证通过后才能继续使用
D. 特种设备出现故障或者发生异常情况，检测单位应当对其进行全面检查，消除事故隐患

[解析] 选项 A 错误，特种设备使用单位应当将登记标志置于特种设备的显著位置。选项 C 错误，对检验不合格的特种设备，不得继续使用。选项 D 错误，特种设备出现故障或者发生异常情况，由使用单位对其进行全面检查。

[答案] B

环球君点拨

此考点中涉及很多"数字"，需要掌握。学习过程中应注意，特种设备需在使用前或者投入使用后 30 天内办理登记，而在特种设备的安全检验合格有效期届满前 1 个月办理检验检测，这里的"30 天"和"1 个月"不能混淆。此外，特种设备每月进行一次自行检查，但是电梯应当至少每 15 日进行一次清洁、润滑、调整和检查，电梯是例外情况，应熟记。

考点 3 特种设备检测 [2021，2020]

真题链接

[2021·单选] 根据《特种设备安全监察条例》，下列关于特种设备检验检测人员进行特种设备检验检测活动的说法，正确的是（　　）。

A. 特种设备检验检测机构发现严重事故隐患的，应当及时告知使用单位
B. 从事特种设备检验检测的人员应当经单位培训考核合格后执业
C. 从事特种设备检验检测的人员最多可在 2 个检验检测机构执业
D. 特种设备检验检测机构负责人对检验检测结果、鉴定结论负责

[解析] 选项 B 错误，特种设备检验检测人员应当经国务院特种设备安全监督管理部门组织考核合格，取得检验检测人员证书，方可从事检验检测工作。选项 C 错误，检验检测人员不能同时在 2 个（含 2 个）以上检验检测机构中执业。选项 D 错误，特种设备检验检测机构和检验检测人员对检验检测结果、鉴定结论负责。

[答案] A

[2020·单选] 某港务公司起重机械数量众多，经有关部门核准设立了特种设备检测所，具体负责本公司起重机械的检验检测工作。根据《特种设备安全监察条例》，下列检验检测工作中，该检测所可以开展的是（　　）。

　　A. 起重机械监督检验　　　　　　　　B. 起重机械定期检验
　　C. 自制非标起重机械的型式试验　　　D. 起重机械无损检测

[解析] 题中提到的"有关部门"为国务院特种设备安全监督管理部门。该港务公司为特种设备使用单位，特种设备使用单位设立的特种设备检测检验机构，经国务院特种设备安全监督管理部门核准，负责本单位核准范围内的特种设备定期检验工作，故选项B正确。

[答案] B

真题精解

点题：近两年的真题对特种设备的检验检测进行了考查。2022年真题考查的是检测机构，是常规考法；2020年真题考查在公司内设立检测机构，对特种设备检测的考查稍显冷门。

分析：此考点有部分内容与《特种设备安全法》中的相关内容重复，《特种设备安全监察条例》对《特种设备安全法》中的某些条款作了深入规定，具体如下。

（1）从事本条例规定的监督检验、定期检验、型式试验以及专门为特种设备生产、使用、检验检测提供无损检测服务的特种设备检验检测机构，应当经国务院特种设备安全监督管理部门核准。

特种设备使用单位设立的特种设备检验检测机构，经国务院特种设备安全监督管理部门核准，负责本单位核准范围内的特种设备定期检验工作。

（2）从事本条例规定的监督检验、定期检验、型式试验和无损检测的特种设备检验检测人员应当经国务院特种设备安全监督管理部门组织考核合格，取得检验检测人员证书，方可从事检验检测工作。

检验检测人员从事检验检测工作，必须在特种设备检验检测机构执业，但不得同时在两个以上检验检测机构中执业。

（3）特种设备检验检测机构和检验检测人员应当客观、公正、及时地出具检验检测结果、鉴定结论。检验检测结果、鉴定结论经检验检测人员签字后，由检验检测机构负责人签署。

特种设备检验检测机构和检验检测人员对检验检测结果、鉴定结论负责。

举一反三

[典型例题·单选] 某机械制造企业的机加车间有一台在用的桥式起重机，该起重机安全检验合格有效期至2022年6月1日。根据《特种设备安全监察条例》，下列关于该起重机的检测检验的说法，正确的是（　　）。

　　A. 应当最迟在2022年6月30日向特种设备检验检测机构提出定期检验要求
　　B. 提供特种设备检验检测的机构，应当经省级特种设备安全监督管理部门核准
　　C. 检验检测人员在检测中涉及被检验检测单位的商业秘密，可以要求提供
　　D. 检验检测人员应当经过有关部门组织考核合格后方可从事检验检测工作

[解析] 选项A错误，该企业应当在检验合格有效期满前1个月提出检测要求，即最迟是2022年5月1日。选项B错误，提供特种设备检验检测的机构，应当经国务院特种设备安全监督管理部门核准。选项D错误，检验检测人员不仅应考核合格，还应该取得检验检测人员证书，二者兼备才

可以从事检验检测工作。

[答案] C

环球君点拨

此部分内容较简单，且与《特种设备安全法》重合较多，对照学习，效果更佳。

▶ 考点 4　特种设备事故的类别 [2022]

真题链接

[2022·单选] 根据《特种设备安全监察条例》，关于特种设备事故分类的说法，正确的是（　　）。

A. 某炼钢厂压力容器爆炸，造成 5 000 万元直接经济损失，属于一般事故

B. 某码头装卸船舶货物的起重机的起升机构坠落，属于较大事故

C. 某化工厂压力管道有毒介质泄漏，造成 4 万人转移，属于较大事故

D. 某大型游乐设施高空滞留人员 15 个小时，属于一般事故

[解析] 选项 A 错误，压力容器、压力管道爆炸为较大事故。选项 B 错误，起重机械主要受力结构件折断或者起升机构坠落的为一般事故。选项 C 正确，压力容器、压力管道有毒介质泄漏，造成 1 万人以上 5 万人以下转移的，为较大事故。选项 D 错误，客运索道、大型游乐设施高空滞留人员 12 小时以上的为较大事故。

[答案] C

真题精解

点题：此真题考查特种设备事故的类别，考法非常简单，直接根据选项的描述来判断即可，属于纯记忆型知识点。

分析：特种设备事故的分类标准与非特种设备事故分类有一致之处，即按死亡人数、重伤人数、直接经济损失分为四级。同时，特种设备事故还有其特有的分类标准。根据《特种设备安全监察条例》，特种设备事故分类标准如下。

1. 特别重大事故

有下列情形之一的，为特别重大事故：

(1) 特种设备事故造成 30 人以上死亡，或者 100 人以上重伤（包括急性工业中毒，下同），或者 1 亿元以上直接经济损失的。

(2) 600 兆瓦以上锅炉爆炸的。

(3) 压力容器、压力管道有毒介质泄漏，造成 15 万人以上转移的。

(4) 客运索道、大型游乐设施高空滞留 100 人以上并且时间在 48 小时以上的。

2. 重大事故

有下列情形之一的，为重大事故：

(1) 特种设备事故造成 10 人以上 30 人以下死亡，或者 50 人以上 100 人以下重伤，或者 5 000 万元以上 1 亿元以下直接经济损失的。

(2) 600 兆瓦以上锅炉因安全故障中断运行 240 小时以上的。

(3) 压力容器、压力管道有毒介质泄漏，造成 5 万人以上 15 万人以下转移的。

(4) 客运索道、大型游乐设施高空滞留 100 人以上并且时间在 24 小时以上 48 小时以下的。

3. 较大事故

有下列情形之一的，为较大事故：

(1) 特种设备事故造成 3 人以上 10 人以下死亡，或者 10 人以上 50 人以下重伤，或者 1 000 万元以上 5 000 万元以下直接经济损失的。
(2) 锅炉、压力容器、压力管道爆炸的。
(3) 压力容器、压力管道有毒介质泄漏，造成 1 万人以上 5 万人以下转移的。
(4) 起重机械整体倾覆的。
(5) 客运索道、大型游乐设施高空滞留人员 12 小时以上的。

4. 一般事故

有下列情形之一的，为一般事故：

(1) 特种设备事故造成 3 人以下死亡，或者 10 人以下重伤，或者 1 万元以上 1 000 万元以下直接经济损失的。
(2) 压力容器、压力管道有毒介质泄漏，造成 500 人以上 1 万人以下转移的。
(3) 电梯轿厢滞留人员 2 小时以上的。
(4) 起重机械主要受力结构件折断或者起升机构坠落的。
(5) 客运索道高空滞留人员 3.5 小时以上 12 小时以下的。
(6) 大型游乐设施高空滞留人员 1 小时以上 12 小时以下的。

注意：以上所称的"以上"包括本数，所称的"以下"不包括本数。

举一反三

[典型例题·单选] 根据《特种设备安全监察条例》，下列关于特种设备事故分类的说法，正确的是（　　）。

A. 某化工厂压力容器爆炸，造成 3 人死亡、50 人重伤，属于较大事故
B. 某在建工地起重机械主要受力结构件折断，造成直接经济损失 900 万元，属于较大事故
C. 某化工厂氯气泄漏，造成 12 人死亡、40 多人受伤、6 万人转移，属于特别重大事故
D. 某单位电梯轿厢出现故障，造成梯内乘客滞留 3 小时，属于一般事故

[解析] 选项 A 错误，事故造成 10 人（含 10 人）以上 30 人以下死亡，或者 50 人（含 10 人）以上 100 人以下重伤的属于重大事故。选项 B 错误，起重机械主要受力结构件折断，造成 1 万（含 1 万）元以上 1 000 万元以下直接经济损失的属于一般事故。选项 C 错误，压力容器、压力管道有毒介质泄漏造成 5 万人以上 15 万人以下转移，或者造成 10 人（含 10 人）以上 30 人以下死亡的属于重大事故。

[答案] D

环球君点拨

特种设备事故的分类标准有很多，应当把其中重要的、常考的几条背下来，如死亡人数、重伤人数、直接经济损失，锅炉压力容器爆炸，起重机械折断与倾覆等，并且应注意分界线上的数字是按照严重的一级来判定的。

第八节 生产安全事故应急条例

考点 1 事故应急的管辖 [2021、2020]

真题链接

[2021·单选] 某省甲市乙县和丙市丁县的交界处发生山体滑坡，造成乙县和丁县的村民住宅被冲垮，20人被埋压。调查发现，山体滑坡因乙县某采石场违规放炮采石导致。根据《生产安全事故应急条例》，负责此次山体滑坡事故应急工作的是（　　）。

  A. 甲市和丙市人民政府　　　　　　B. 省应急管理部门
  C. 乙县人民政府　　　　　　　　　D. 乙县和丁县人民政府

[解析] 该起山体滑坡发生在甲市乙县和丙市丁县的交界处，根据《生产安全事故应急条例》，可以由乙县和丁县共同的上一级人民政府负责，也可以由乙县的上一级人民政府和丁县的上一级人民政府共同负责。因此，该起事故应急工作应由甲市和丙市人民政府共同负责。

[答案] A

[2020·单选] 根据《生产安全事故应急条例》，关于生产安全事故应急工作的说法，正确的是（　　）。

  A. 国务院应急管理部门统一领导全国的生产安全事故应急工作
  B. 生产安全事故应急工作涉及两个行政区域的，可由共同的上一级人民政府负责
  C. 根据生产安全事故的类型确定统一领导生产安全事故应急工作的部门
  D. 生产安全事故应急工作涉及两个行政区域的，可由这两个行政区域人民政府共同负责

[解析] 选项A错误，国务院统一领导全国的生产安全事故应急工作。选项C错误，县级以上地方人民政府统一领导本行政区域内的生产安全事故应急工作。选项D错误，生产安全事故应急工作涉及两个行政区域的，可以由这两个行政区域共同的上一级人民政府负责，也可以由各行政区域的上一级人民政府共同负责。

[答案] B

真题精解

点题：这两年真题考查生产安全事故的管辖，但考查方式不同，2020年真题直接考查相关规定，2021年的题目较灵活，以案例背景的形式考查对该知识点的理解能力，这也是今后考试的出题模式。

分析：生产安全事故管辖的有关规定比较详细，且读起来有点拗口，是为了避免产生歧义。

《生产安全事故应急条例》第三条规定，国务院统一领导全国的生产安全事故应急工作，县级以上地方人民政府统一领导本行政区域内的生产安全事故应急工作。生产安全事故应急工作涉及两个以上行政区域的，由有关行政区域共同的上一级人民政府负责，或者由各有关行政区域的上一级人民政府共同负责。

县级以上人民政府应急管理部门和其他对有关行业、领域的安全生产工作实施监督管理的部门（以下统称"负有安全生产监督管理职责的部门"）在各自职责范围内，做好有关行业、领域的生产安全事故应急工作。

县级以上人民政府应急管理部门指导、协调本级人民政府其他负有安全生产监督管理职责的部门和下级人民政府的生产安全事故应急工作。

乡、镇人民政府以及街道办事处等地方人民政府派出机关应当协助上级人民政府有关部门依法履行生产安全事故应急工作职责。

《生产安全事故应急条例》第四条规定，生产经营单位应当加强生产安全事故应急工作，建立、健全生产安全事故应急工作责任制，其主要负责人对本单位的生产安全事故应急工作全面负责。

举一反三

[典型例题·单选] 根据《生产安全事故应急条例》，下列关于生产安全事故应急工作管理职责的说法，正确的是（　　）。

A. 县级以上地方人民政府应急管理部门统一领导本行政区域内的生产安全事故应急工作
B. 若事故发生在 A 市甲、乙两县边界，则应由甲、乙两县人民政府共同负责
C. 若事故发生在 A 市甲县和 B 市乙县边界，则应由 A、B 两市人民政府共同负责
D. 生产经营单位的安全管理人员对本单位的生产安全事故应急工作全面负责

[解析] 选项 A 错误，统一领导本行政区域内的生产安全事故应急工作的是县级以上地方人民政府，不是应急管理部门。选项 B 错误，事故发生在 A 市甲、乙两县边界，则应由 A 市人民政府负责。选项 D 错误，生产经营单位的主要负责人对本单位的生产安全事故应急工作全面负责。

[答案] C

环球君点拨

此考点最易考查的是事故涉及两个行政区时的管辖职责，只需记住一句话，即共同的上一级或上一级共同负责。这里只能是"上一级"，即县到市，或市到省，而不能越级管辖，在考试中应注意题目的用词。

考点2　应急准备 [2023、2022、2021、2020]

真题链接

[2023·单选] 某县工业园区中聚集了大量危险化学品生产、储存、经营企业。根据《生产安全事故应急条例》，关于应急救援队伍建设的说法，正确的是（　　）。

A. 园区内各企业应当自行建立应急救援队伍
B. 园区内不建立应急救援队伍的企业应当指定兼职应急救援人员
C. 园区内各企业可联合建立应急救援队伍
D. 园区应当建立统一的应急救援队伍

[解析] 根据《生产安全事故应急条例》，易燃易爆物品、危险化学品等危险物品的生产、经营、储存、运输单位，矿山、金属冶炼、城市轨道交通运营、建筑施工单位，以及宾馆、商场、娱乐场所、旅游景区等人员密集场所经营单位，应当建立应急救援队伍；其中，小型企业或者微型企业等规模较小的生产经营单位，可以不建立应急救援队伍，但应当指定兼职的应急救援人员，并且可以与邻近的应急救援队伍签订应急救援协议。工业园区、开发区等产业聚集区域内的生产经营单位，可以联合建立应急救援队伍。

[答案] C

[2022·多选] 根据《生产安全事故应急条例》，下列生产经营单位中，应当建立应急救援队伍的有（　　）。

　　A. 家具制造企业　　　　　　　　B. 航空运输公司
　　C. 石油炼化企业　　　　　　　　D. 小型危险化学品储存企业
　　E. 大理石开采企业

[解析] 选项A、B不符合题意，根据规定，高危企业应建立应急救援队伍，而家具制造企业和航空运输公司均不属于高危企业。选项C符合题意，石油炼化企业属于危险品生产企业，应建立应急救援队伍。选项D不符合题意，危险化学品储存企业虽然是高危企业，但强调了是"小型"企业，可以不建立应急救援队伍。选项E符合题意，大理石开采企业属于矿山企业，根据规定应建立应急救援队伍。

[答案] CE

[2022·单选] 为检验应急预案的科学性、针对性和可操作性，增强应对突发事件的应急反应能力，某矿山企业定期开展应急演练。根据《生产安全事故应急条例》，该企业组织应急救援预案演练的频次应当是（　　）。

　　A. 每3个月一次　　　　　　　　B. 每6个月一次
　　C. 每9个月一次　　　　　　　　D. 每12个月一次

[解析] 矿山企业属于高危企业，应当至少每半年组织一次生产安全事故应急预案演练，故选项B正确。

[答案] B

[2021·单选] 某大型危险化学品生产集团公司成立了由专职救援人员组成的应急救援队伍，集团公司下属子公司建立了兼职专业应急救援队伍。集团公司所在地的市应急管理部门依托该集团公司建立了应急救援队伍。根据《生产安全事故应急条例》，下列关于应急救援队伍建设的说法，正确的是（　　）。

　　A. 该集团公司设立的应急救援队伍符合法律规定
　　B. 该集团公司各子公司必须建立应急救援队伍
　　C. 市应急管理部门依托集团公司建立应急救援队伍不符合法律规定
　　D. 该集团公司应急救援队伍建设情况无须报送有关部门

[解析] 选项B错误，该集团公司是高危企业，但其子公司不一定是高危企业，可以不建立应急救援队伍。选项C错误，应急管理部门可以依托有条件的生产经营单位共同建立应急救援队伍。选项D错误，应当报送负有安全生产监督管理职责的部门。

[答案] A

[2021·多选] 生产经营单位根据本单位生产安全事故的特点和危害，配备相应的应急物资和装备，并加强应急值守，对于迅速应对突发事故，减少事故损失具有重要意义。根据《生产安全事故应急条例》，下列关于应急救援装备储备和应急值守的说法，正确的有（　　）。

　　A. 某县应急管理局应当建立应急值班制度，实行工作人员应急值班
　　B. 某服装企业应当设立应急救援物资储备仓库，并实行台账管理
　　C. 某化工厂应当储备灭火、通风等应急救援器材，并保证正常运转
　　D. 某冶金企业应当成立应急处置技术组，实行24小时应急值班

E. 某矿山救护队应当建立应急值班制度，遇事故险情时随时待命

[解析] 选项B错误，服装企业不是高危行业，没有要求必须设立应急救援物资储备。选项D错误，对于金属冶炼企业，没有要求实行24小时应急值班制度。

[答案] ACE

[2021·多选] 某集团公司在下属煤矿圆满完成井下水害事故应急救援预案演练任务，成功解救被困人员。根据《生产安全事故应急条例》，关于生产安全事故应急救援预案演练的说法，正确的有（　　）。

A. 本次演练应当邀请煤矿所在地应急管理部门的人员参加
B. 该煤矿应当至少每年组织一次生产安全事故应急救援预案演练
C. 本次演练情况应当报送该煤矿所在地设区的市级人民政府
D. 本次演练情况应当报送该煤矿所在地县级以上地方人民政府负有安全生产监督管理职责的部门
E. 该煤矿所在地负有安全生产监督管理职责的部门发现本次演练不符合要求的，应当责令限期改正

[解析] 选项A、B错误，煤矿企业属于高危行业，应当至少每半年组织一次生产安全事故应急救援预案演练，没有规定要邀请应急管理部门的人员参加。选项C错误，该煤矿企业应将演练情况报送所在地县级以上地方人民政府负有安全生产监督管理职责的部门。

[答案] DE

[2020·单选] 根据《生产安全事故应急条例》，甲市乙县人民政府负有安全生产监督管理职责的部门制定的生产安全事故应急救援预案应当报送（　　）。

A. 甲市应急管理部门备案　　　　B. 乙县人民政府审批
C. 甲市应急管理部门审批　　　　D. 乙县人民政府备案

[解析] 县级人民政府负有安全生产监督管理职责的部门制定的生产安全事故应急救援预案应当报送本级人民政府备案。

[答案] D

真题精解

点题：此系列真题考查应急预案的备案、演练与应急队伍建设等应急准备的相关规定。其中，应急预案的演练在2021年、2022年和2023年均进行了考查，是非常重要且高频的考点。

分析：不同部门、不同企业的应急预案的备案部门也不相同；不同行业企业其应急预案的演练频次也不相同。根据《生产安全事故应急条例》，应急预案的备案、演练等相关规定如下。

1. 应急预案的备案

县级以上人民政府负有安全生产监督管理职责的部门应当将其制定的生产安全事故应急救援预案报送本级人民政府备案。

易燃易爆物品、危险化学品等危险物品的生产、经营、储存、运输单位，矿山、金属冶炼、城市轨道交通运营、建筑施工单位，以及宾馆、商场、娱乐场所、旅游景区等人员密集场所经营单位，应当将其制定的生产安全事故应急救援预案按照国家有关规定报送县级以上人民政府负有安全生产监督管理职责的部门备案，并依法向社会公布。

2. 应急预案的演练

县级以上地方人民政府以及县级以上人民政府负有安全生产监督管理职责的部门，乡、镇人民政府以及街道办事处等地方人民政府派出机关，应当至少每 2 年组织一次生产安全事故应急救援预案演练。

易燃易爆物品、危险化学品等危险物品的生产、经营、储存、运输单位，矿山、金属冶炼、城市轨道交通运营、建筑施工单位，以及宾馆、商场、娱乐场所、旅游景区等人员密集场所经营单位，应当至少每半年组织一次生产安全事故应急救援预案演练，并将演练情况报送所在地县级以上地方人民政府负有安全生产监督管理职责的部门。

3. 应急队伍建设

县级以上人民政府负有安全生产监督管理职责的部门根据生产安全事故应急工作的实际需要，在重点行业、领域单独建立或者依托有条件的生产经营单位、社会组织共同建立应急救援队伍。国家鼓励和支持生产经营单位和其他社会力量建立提供社会化应急救援服务的应急救援队伍。

易燃易爆物品、危险化学品等危险物品的生产、经营、储存、运输单位，矿山、金属冶炼、城市轨道交通运营、建筑施工单位，以及宾馆、商场、娱乐场所、旅游景区等人员密集场所经营单位，应当建立应急救援队伍；其中，小型企业或者微型企业等规模较小的生产经营单位，可以不建立应急救援队伍，但应当指定兼职的应急救援人员，并且可以与邻近的应急救援队伍签订应急救援协议。

工业园区、开发区等产业聚集区域内的生产经营单位，可以联合建立应急救援队伍。

4. 其他应急准备

易燃易爆物品、危险化学品等危险物品的生产、经营、储存、运输单位，矿山、金属冶炼、城市轨道交通运营、建筑施工单位，以及宾馆、商场、娱乐场所、旅游景区等人员密集场所经营单位，应当根据本单位可能发生的生产安全事故的特点和危害，配备必要的灭火、排水、通风以及危险物品稀释、掩埋、收集等应急救援器材、设备和物资，并进行经常性维护、保养，保证正常运转。

下列单位应当建立应急值班制度，配备应急值班人员：

（1）县级以上人民政府及其负有安全生产监督管理职责的部门。

（2）危险物品的生产、经营、储存、运输单位以及矿山、金属冶炼、城市轨道交通运营、建筑施工单位。

（3）应急救援队伍。

规模较大、危险性较高的易燃易爆物品、危险化学品等危险物品的生产、经营、储存、运输单位应当成立应急处置技术组，实行 24 小时应急值班。

拓展： 关于应急救援预案，有时也会考查预案的修订。《生产安全事故应急条例》规定，有下列情形之一的，生产安全事故应急救援预案制定单位应当及时修订相关预案：

（1）制定预案所依据的法律、法规、规章、标准发生重大变化。

（2）应急指挥机构及其职责发生调整。

（3）安全生产面临的风险发生重大变化。

（4）重要应急资源发生重大变化。

（5）在预案演练或者应急救援中发现需要修订预案的重大问题。

(6) 其他应当修订的情形。

举一反三

[典型例题1·多选] 根据《生产安全事故应急条例》，下列单位中应当至少每半年组织一次生产安全事故应急救援预案演练的有（   ）。

A. 人员密集的娱乐场所经营单位　　　B. 大型发电厂

C. 旅游景区经营企业　　　　　　　　D. 金属冶炼单位

E. 道路运输单位

[解析] 《生产安全事故应急条例》规定的高危企业和人员密集场所应至少每半年组织一次应急救援预案演练。选项A、C属于人员密集场所，选项D属于高危企业。

[答案] ACD

[典型例题2·单选] 根据《生产安全事故应急条例》的规定，下列关于应急准备的说法，正确的是（   ）。

A. 县级以上地方人民政府，应当至少每年组织一次生产安全事故应急救援预案演练

B. 乡、镇人民政府以及街道办事处，应当至少每半年组织一次生产安全事故应急救援预案演练

C. 易燃易爆物品的生产经营单位，应当至少每半年组织一次生产安全事故应急救援预案演练

D. 宾馆、商场、娱乐场所、旅游景区等人员密集场所经营单位，应当至少每季度组织一次生产安全事故应急救援预案演练

[解析] 选项A、B错误，县级以上地方人民政府，乡、镇人民政府以及街道办事处等地方人民政府派出机关，应至少每2年组织一次应急救援预案演练。选项D错误，宾馆、商场、娱乐场所、旅游景区属于人员密集场所，至少每半年组织一次应急救援预案演练。

[答案] C

[典型例题3·单选] 根据《生产安全事故应急条例》，下列关于应急救援装备储备和应急值守的说法，正确的是（   ）。

A. 乡、镇人民政府以及街道办事处等应当建立应急值班制度，实行工作人员应急值班

B. 危险化学品的经营企业应当成立应急处置技术组，实行24小时应急值班

C. 城市轨道交通运营企业可以不建立应急值班制度，但应配备兼职的值班人员

D. 宾馆、商场等人员密集场所经营单位应当成立应急处置技术组，实行24小时应急值班

[解析] 选项A错误，县级以上人民政府应建立应急值班制度。选项C错误，城市轨道交通运营企业应当建立应急值班制度。选项D错误，对于宾馆、商场等人员密集场所，只规定了"应当建立应急值班制度，配备应急值班人员"，没有规定"应当成立应急处置技术组，实行24小时应急值班"。

[答案] B

[典型例题4·单选] 甲为危险化学品运输单位，乙为城市轨道交通运营企业，丙为建筑施工单位，丁为大型烟草企业。甲、乙、丙、丁制定了生产安全事故应急救援预案，根据《生产安全事故应急条例》，下列说法正确的是（   ）。

A. 甲、乙、丙、丁企业应当建立应急救援队伍

B. 甲、乙、丙企业应当建立应急救援队伍

C. 丙制定的生产安全事故应急救援预案应当报送县级以上人民政府负有安全生产监督管理职责的部门备案

D. 甲制定的生产安全事故应急救援预案应当报送本县人民政府备案

[解析] 选项A、B错误，高危企业应建立应急救援队伍，但小型企业或微型企业可以不建立应急救援队伍，甲、乙、丙企业虽属于高危企业，但其规模未知。选项D错误，甲单位的生产安全事故应急救援预案应当报送相应的安全生产监督管理部门备案。

[答案] C

环球君点拨

此考点中，"应急救援队伍"按规定应当建立应急值班制度，配备应急值班人员，而高危企业和人员密集场所运营单位应当建立应急救援队伍。依此规定，高危企业和人员密集场所运营单位也应当建立应急值班制度，配备应急值班人员。

考点3 应急救援措施 [2022、2021、2020]

真题链接

[2022·单选] 某建设工程公司在施工过程中发生坍塌事故，造成多名施工人员受伤被困，该公司立即启动生产安全事故应急救援预案并采取应急救援措施。根据《生产安全事故应急条例》，该公司采取的应急救援措施中，正确的是（　　）。

A. 尽快向社会发布征用应急资源的信息

B. 迅速对坍塌体进行支护，抢救遇险人员

C. 及时隔离事故现场，实施交通管制

D. 立即发布有关事故情况和应急救援信息

[解析] 此题问的是发生事故的单位应当采取的措施，而选项A、C、D属于有关人民政府应当采取的措施，故错误。

[答案] B

[2021·单选] 某建筑施工企业在进行设备安装作业时发生一起设备倾覆事故，造成1人死亡、1人受伤。事故发生后，该企业立即启动生产安全事故应急救援预案。根据《生产安全事故应急条例》，下列关于该企业采取应急救援措施的做法，错误的是（　　）。

A. 迅速控制危险源，组织抢救遇险人员

B. 及时通知可能受到事故影响的单位和人员

C. 研判事故危害程度，等待专业应急救援队伍救援

D. 采取必要措施，防止事故危害扩大

[解析] 企业发生事故后，应当立即展开救援，同时根据危害程度组织现场人员撤离，而不是等待救援。

[答案] C

[2020·多选] 发生事故后，生产经营单位应当实施应急救援。根据《生产安全事故应急条例》，下列生产经营单位采取的应急救援措施，正确的有（　　）。

A. 及时通知可能受到事故影响的单位和人员

B. 事故发生后立即组织现场人员撤离

C. 维护事故现场秩序，等待救援

D. 采取必要措施，防止事故危险扩大和次生、衍生灾害发生

E. 立即征用相邻单位的物资进行救援，控制事故危害扩大

[解析] 选项 B 表述不准确，事故发生之后，应该根据事故危害程度，组织现场人员撤离或者采取可能的应急措施后撤离。选项 C 错误，应维护事故现场秩序，保护事故现场和相关证据，并立即展开救援。选项 E 表述太绝对，不是立即征用，而是根据需要来决定是否征用。

[答案] AD

真题精解

点题：应急救援措施包括政府和生产经营单位应当采取的救援措施。2020 年、2021 年、2022 年连续三年的真题均考查了生产经营单位发生事故后应当采取的应急救援措施，由此可见其重要程度，应熟练掌握。

分析：《生产安全事故应急条例》规定，发生生产安全事故后，生产经营单位应当立即启动生产安全事故应急救援预案，采取下列一项或者多项应急救援措施，并按照国家有关规定报告事故情况：

(1) 迅速控制危险源，组织抢救遇险人员。

(2) 根据事故危害程度，组织现场人员撤离或者采取可能的应急措施后撤离。

(3) 及时通知可能受到事故影响的单位和人员。

(4) 采取必要措施，防止事故危害扩大和次生、衍生灾害发生。

(5) 根据需要请求邻近的应急救援队伍参加救援，并向参加救援的应急救援队伍提供相关技术资料、信息和处置方法。

(6) 维护事故现场秩序，保护事故现场和相关证据。

(7) 法律、法规规定的其他应急救援措施。

根据《生产安全事故应急条例》，有关地方人民政府及其部门接到生产安全事故报告后，应当按照国家有关规定上报事故情况，启动相应的生产安全事故应急救援预案，并按照应急救援预案的规定采取下列一项或者多项应急救援措施：

(1) 组织抢救遇险人员，救治受伤人员，研判事故发展趋势以及可能造成的危害。

(2) 通知可能受到事故影响的单位和人员，隔离事故现场，划定警戒区域，疏散受到威胁的人员，实施交通管制。

(3) 采取必要措施，防止事故危害扩大和次生、衍生灾害发生，避免或者减少事故对环境造成的危害。

(4) 依法发布调用和征用应急资源的决定。

(5) 依法向应急救援队伍下达救援命令。

(6) 维护事故现场秩序，组织安抚遇险人员和遇险遇难人员亲属。

(7) 依法发布有关事故情况和应急救援工作的信息。

(8) 法律、法规规定的其他应急救援措施。

应急救援队伍接到有关人民政府及其部门的救援命令或者签有应急救援协议的生产经营单位的救援请求后，应当立即参加生产安全事故应急救援。应急救援队伍根据救援命令参加生产安全

事故应急救援所耗费用,由事故责任单位承担;事故责任单位无力承担的,由有关人民政府协调解决。

举一反三

[典型例题1·单选] 某化工厂发生中毒窒息事故,造成27人死亡、10人重伤。根据《生产安全事故应急条例》,化工厂采取的应急救援措施,错误的是( )。

A. 及时通知可能受到事故影响的相邻单位

B. 事故发生后组织现场人员撤离

C. 采取措施,防止次生、衍生灾害发生

D. 向社会发布事故情况通报

[解析] 选项D错误,依法发布有关事故情况是人民政府部门应当采取的应急救援措施。

[答案] D

[典型例题2·多选] 某单位在建工地深基坑发生边坡垮塌事故,造成坑底作业的8人被埋,生死不明。根据《生产安全事故应急条例》,该单位采取的应急救援措施,正确的有( )。

A. 启动应急预案,抢救遇险人员

B. 采取措施,加强边坡支护

C. 安抚遇险遇难人员亲属

D. 请求邻近的应急救援队伍参加救援

E. 隔离事故现场,实行交通管制

[解析] 选项C、E均是事故发生地人民政府应当采取的应急措施。

[答案] ABD

[典型例题3·多选] 2019年8月,某工厂发生锅炉爆炸事故,3人当场死亡,爆炸造成有毒气体泄漏。接到事故报告后,县人民政府组织有关部门展开救援。根据《生产安全事故应急条例》,关于采取的应急救援措施的说法,正确的有( )。

A. 事故单位立即展开救援,根据救援情况向有关部门报告事故情况

B. 事故单位根据事故危害程度,组织疏散现场人员

C. 事故单位立即向相邻单位发布调用和征用应急资源的决定

D. 接到事故报告后,有关人民政府可以设立应急救援现场指挥部

E. 救援过程中发生危及救援人员生命安全的紧急情况时,可以暂时撤离应急救援人员

[解析] 选项A错误,事故单位应按规定及时上报事故情况。选项C错误,发布调用和征用资源的决定是政府应当采取的措施。

[答案] BDE

环球君点拨

在应急救援措施中,有一部分措施是事故单位和人民政府都可以采取的,对此内容无需单独记忆,重要的是记不同点,可自行总结成表格来进行区分。此外,在考试中要注意题目问的是事故单位应采取的措施,还是人民政府应采取的措施。

第九节　生产安全事故报告和调查处理条例

考点 1　生产安全事故分类 [2023、2019、2014]

真题链接

[2023·多选] 2023 年 4 月 1 日，某市发生一起道路交通事故，当场死亡 8 人、重伤 5 人；4 月 6 日 1 名重伤者死亡；4 月 10 日又 1 名重伤者死亡，事故造成直接经济损失 1 200 万元。根据《生产安全事故报告和调查处理条例》，关于生产安全事故等级划分的说法，正确的有（　　）。
　　A. 该起事故按照 9 人死亡，认定为较大事故
　　B. 该起事故按照直接经济损失 1 200 万元，认定为较大事故
　　C. 该起事故共造成 10 人死亡，认定为重大事故
　　D. 该起事故按照 8 人死亡，认定为较大事故
　　E. 4 月 10 日死亡的人员导致事故等级发生变化

[解析] 根据《生产安全事故报告和调查处理条例》，较大事故是指造成 3 人以上 10 人以下死亡，或者 10 人以上 50 人以下重伤，或者 1 000 万元以上 5 000 万元以下直接经济损失的事故。事故报告后出现新情况的，应当及时补报。自事故发生之日起 30 日内，事故造成的伤亡人数发生变化的，应当及时补报。道路交通事故、火灾事故自发生之日起 7 日内，事故造成的伤亡人数发生变化的，应当及时补报。

[答案] AB

[2019·多选] 根据《生产安全事故报告和调查处理条例》，属于较大生产安全事故的有（　　）。
　　A. 甲企业发生的造成 15 人重伤、3 000 万元直接经济损失的事故
　　B. 丁企业发生的造成 5 人重伤，6 000 万元直接经济损失的事故
　　C. 乙企业发生的造成 3 人死亡的事故
　　D. 丙企业发生的造成 10 人急性工业中毒的事故
　　E. 戊企业发生的造成 3 人死亡、60 人重伤的事故

[解析] 选项 A、C、D 属于较大事故；选项 B、E 属于重大事故。

[答案] ACD

[2014·多选] 根据《生产安全事故报告和调查处理条例》的规定，下列属于较大事故的有（　　）。
　　A. 某电信公司施工人员在架设电信光缆过程中，4 人触电身亡
　　B. 某化工厂发生氯气泄漏事故，造成 2 人死亡，12 人在施救过程中急性中毒
　　C. 某煤矿发生瓦斯爆炸事故，造成 1 人死亡、27 人轻伤、直接经济损失 900 万元
　　D. 某旅游公司客车（核载 19 人、实载 17 人）在景区坠崖，乘客无一生还
　　E. 某大型化工企业发生爆炸事故，造成直接经济损失 7 000 万元，无人员伤亡

[解析] 较大事故是指造成 3 人以上 10 人以下死亡，或者 10 人以上 50 人以下重伤，或者 1 000 万元以上 5 000 万元以下直接经济损失的事故，只有选项 A、B 符合上述条件。

[答案] AB

安全生产法律法规

📖 **真题精解**

点题：此系列真题考查了生产安全事故的分类。这是一个基础考点，由于比较简单，单独作为一道题目考查的情况较少，如果出现的话，属于送分题。

分析：此考点是学习其他重要考点的基础，如事故的上报、事故的调查等，一定要特别熟练地掌握。《生产安全事故报告和调查处理条例》规定，根据生产安全事故（以下简称"事故"）造成的人员伤亡或者直接经济损失，事故一般分为以下等级：

(1) 特别重大事故，是指造成30人以上死亡，或者100人以上重伤（包括急性工业中毒，下同），或者1亿元以上直接经济损失的事故。

(2) 重大事故，是指造成10人以上30人以下死亡，或者50人以上100人以下重伤，或者5 000万元以上1亿元以下直接经济损失的事故。

(3) 较大事故，是指造成3人以上10人以下死亡，或者10人以上50人以下重伤，或者1 000万元以上5 000万元以下直接经济损失的事故。

(4) 一般事故，是指造成3人以下死亡，或者10人以下重伤，或者1 000万元以下直接经济损失的事故。

注：以上所称"以上"包括本数，"以下"不包括本数。

国务院安全生产监督管理部门可以会同国务院有关部门，制定事故等级划分的补充性规定。

📖 **举一反三**

[典型例题1·多选] 根据《生产安全事故报告和调查处理条例》，下列生产安全事故等级的判定中，正确的有（   ）。

A. 某建筑公司发生坍塌事故，造成1 000万元经济损失，属于一般事故

B. 某煤矿发生透水事故，造成12人死亡，属于重大事故

C. 某市政公司发生中毒窒息事故，造成58人重伤，属于较大事故

D. 某化工厂发生爆炸事故，造成35人死亡，属于特别重大事故

E. 某制衣厂发生火灾，造成3人死亡，属于较大事故

[解析] 选项A属于较大事故；选项C属于重大事故。

[答案] BDE

[典型例题2·多选] 根据《生产安全事故报告和调查处理条例》，下列情形属于较大事故的有（   ）。

A. 造成2人死亡、1 500万元直接经济损失

B. 造成13人工业中毒、300万元直接经济损失

C. 造成5人重伤、5 500万元直接经济损失

D. 造成1人死亡、15人重伤

E. 造成2人死亡、9人重伤

[解析] 选项B、E属于一般事故；选项C属于重大事故。

[答案] AD

📖 **环球君点拨**

生产安全事故的分类指标有三个，分别是死亡人数、重伤人数和直接经济损失。如果题目中只

提到受伤人数，没有说明重伤人数，则不予考虑；同理，如果只提及间接经济损失，也不予考虑。同时要注意，节点上的数字按严重的一级处理。

考点2 事故报告和救援 [2023、2022、2020、2019]

真题链接

[2023·单选] 甲施工单位承建乙建设单位开发的项目。2021年5月8日，甲施工单位在地下室浇筑施工作业过程中，发生模板坍塌事故，事故发生后，甲施工单位立即组织自救并向相关部门进行报告。根据《生产安全事故报告和调查处理条例》，甲施工单位应当报告的内容是（ ）。

A. 建设单位概况和事故的详细经过　　B. 事故发生的原因和事故造成的经济损失
C. 事故现场情况和已经采取的措施　　D. 事故造成的直接经济损失和事故的性质

[解析] 选项C是单位发生事故后应当报告的内容。选项A、B、D是事故调查报告应当包括的内容。

[答案] C

[2022·单选] 甲省某建筑施工企业在乙省某工地施工，发生脚手架坍塌事故，人员伤亡情况不明。根据《安全生产法》《生产安全事故报告和调查处理条例》，关于该事故报告和应急救援的说法，正确的是（ ）。

A. 现场管理人员应当及时组织抢救，视事故情况向本单位负责人报告
B. 单位负责人接到事故报告后，应当在1小时内向施工地有关部门报告
C. 事故现场有关人员最迟应当在1小时内报告本单位负责人
D. 事故单位抢救过程中，在任何情况下不得破坏事故现场、毁灭证据

[解析] 选项A、C错误，发生事故后，事故现场有关人员应当立即向本单位负责人报告。选项D错误，发生事故后，由于抢救人员、疏散交通等原因，可以移动现场物件，但要做好标志，保存证据。

[答案] B

[2020·单选] 某县化工企业发生危险化学品泄漏爆炸事故，造成5人死亡。根据《生产安全事故报告和调查处理条例》，关于事故报告的说法，正确的是（ ）。

A. 该化工企业负责人接到事故报告后，应当在2小时内向县应急管理部门报告
B. 县应急管理部门接到事故报告后，应当在24小时内向上级应急管理部门报告
C. 县应急管理部门在向上一级应急管理部门报告的同时，应当将事故情况报告本级人民政府
D. 该事故应当逐级上报，不得越级直接向所在地省应急管理部门报告

[解析] 选项A错误，企业负责人接到报告后，应当于1小时内报告。选项B错误，应急管理部门应在2小时内向上级部门报告。选项D错误，必要时可以越级上报事故情况。

[答案] C

[2019·单选] 某金属冶炼厂发生一起火灾事故，当场造成2人死亡、1人重伤、3人轻伤，事故发生3天后，重伤者因救治无效死亡。根据《生产安全事故报告和调查处理条例》，该厂应自事故发生之日起（ ）日内补报该事故伤亡情况。

A. 45　　　　　　　　　　　　　　　　B. 7
C. 30　　　　　　　　　　　　　　　　D. 15

[解析] 此起事故为火灾事故。根据规定，火灾事故自发生之日起 7 日内，事故造成的伤亡人数发生变化的，应当及时补报。

[答案] B

真题精解

点题：此系列真题考查事故报告和救援，重点考查的是事故报告。2023 年真题考查事故报告的内容，2022 年和 2020 年真题考查的均是事故报告的时限；2019 年真题考查的是事故补报的规定，均为重要的高频考点。

分析：关于事故的报告和救援，《生产安全事故报告和调查处理条例》中作了相应规定，重点掌握事故报告的部门和时限。

1. 事故报告

（1）事故报告程序。

事故发生后，事故现场有关人员应当立即向本单位负责人报告；单位负责人接到报告后，应当于 1 小时内向事故发生地县级以上人民政府安全生产监督管理部门和负有安全生产监督管理职责的有关部门报告。情况紧急时，事故现场有关人员可以直接向事故发生地县级以上人民政府安全生产监督管理部门和负有安全生产监督管理职责的有关部门报告。

安全生产监督管理部门和负有安全生产监督管理职责的有关部门接到事故报告后，应当依照下列规定上报事故情况，并通知公安机关、劳动保障行政部门、工会和人民检察院：

①特别重大事故、重大事故逐级上报至国务院安全生产监督管理部门和负有安全生产监督管理职责的有关部门。

②较大事故逐级上报至省、自治区、直辖市人民政府安全生产监督管理部门和负有安全生产监督管理职责的有关部门。

③一般事故上报至设区的市级人民政府安全生产监督管理部门和负有安全生产监督管理职责的有关部门。

安全生产监督管理部门和负有安全生产监督管理职责的有关部门依照上述规定上报事故情况，应当同时报告本级人民政府。国务院安全生产监督管理部门和负有安全生产监督管理职责的有关部门以及省级人民政府接到发生特别重大事故、重大事故的报告后，应当立即报告国务院。必要时，安全生产监督管理部门和负有安全生产监督管理职责的有关部门可以越级上报事故情况。

安全生产监督管理部门和负有安全生产监督管理职责的有关部门逐级上报事故情况，每级上报的时间不得超过 2 小时。

（2）事故报告内容。

报告事故应当包括下列内容：

①事故发生单位概况。

②事故发生的时间、地点以及事故现场情况。

③事故的简要经过。

④事故已经造成或者可能造成的伤亡人数（包括下落不明的人数）和初步估计的直接经济损失。

⑤已经采取的措施。

⑥其他应当报告的情况。

事故报告后出现新情况的，应当及时补报。自事故发生之日起 30 日内，事故造成的伤亡人数发生变化的，应当及时补报。道路交通事故、火灾事故自发生之日起 7 日内，事故造成的伤亡人数发生变化的，应当及时补报。

2. 事故救援

事故发生单位负责人接到事故报告后，应当立即启动事故相应应急预案，或者采取有效措施，组织抢救，防止事故扩大，减少人员伤亡和财产损失。

事故发生地有关地方人民政府、安全生产监督管理部门和负有安全生产监督管理职责的有关部门接到事故报告后，其负责人应当立即赶赴事故现场，组织事故救援。

事故发生后，有关单位和人员应当妥善保护事故现场以及相关证据，任何单位和个人不得破坏事故现场、毁灭相关证据。

因抢救人员、防止事故扩大以及疏通交通等原因，需要移动事故现场物件的，应当做出标志，绘制现场简图并做出书面记录，妥善保存现场重要痕迹、物证。

举一反三

[典型例题 1·单选] 根据《生产安全事故报告和调查处理条例》，关于生产安全事故报告的说法，正确的是（　　）。

A. 事故发生后，单位负责人接到报告后应当于 2 小时内向事故发生地县级以上人民政府安全监管部门和负有安全监管职责的有关部门报告

B. 安全监管部门和负有安全监管职责的有关部门逐级上报事故情况，每级上报的时间不得超过 1 小时

C. 事故现场有关人员在情况紧急时，可以直接向事故发生地县级以上人民政府安全监管部门报告，安全监管部门必要时可以越级上报事故情况

D. 道路交通事故、火灾事故自发生之日起 30 日内，事故造成的伤亡人数发生变化的，应当及时补报

[解析] 选项 A 错误，单位负责人接到报告后，应当于 1 小时内向有关部门报告。选项 B 错误，安全监管部门每级上报的时间不得超过 2 小时。选项 D 错误，道路交通事故、火灾事故自发生之日起 7 日内，伤亡人数发生变化的，应当及时补报。

[答案] C

[典型例题 2·单选] 位于 A 省 B 市 C 区的某污水处理厂发生了一起生产安全事故，造成 3 人死亡。根据《生产安全事故报告和调查处理条例》，下列关于该厂生产安全事故报告的说法，正确的是（　　）。

A. 该厂负责人应在接到事故报告后 2 小时内上报至 C 区安全监管部门

B. C 区安全监管部门必须在 1 小时内上报至 B 市安全监管部门

C. B 市安全监管部门不需上报至 A 省安全监管部门

D. C 区安全监管部门上报至 B 市安全监管部门时，应同时报 C 区人民政府

[解析] A 省 B 市 C 区中的"C 区"相当于县级。选项 A 错误，负责人应在接到事故报告后 1 小时内上报至 C 区安全监管部门。选项 B 错误，C 区安全监管部门必须在 2 小时内上报至 B 市安全监管部门。选项 C 错误，造成 3 人死亡的事故，属于较大事故，需要上报至省安全监督管理部门，B 市安全监管部门应将事故上报至 A 省安全监管部门。

[答案] D

[典型例题 3·单选] 某化工厂发生一起剧毒气体泄漏事故，造成 3 人中毒死亡。根据《生产安全事故报告和调查处理条例》，下列关于该厂生产安全事故报告和救援的说法，正确的是（　　）。

A. 事故现场人员发现气体泄漏后，应在 1 小时内报告该厂负责人

B. 该厂负责人接到报告后应立即报告当地县安全监管部门

C. 该起事故应逐级上报到省安全监管部门

D. 安全监管部门接到事故报告后，其负责人应当 2 小时内赶赴事故现场，组织事故救援

[解析] 选项 A 错误，事故现场人员应立即报告该厂负责人。选项 B 错误，该厂负责人接到报告后应在 1 小时内报告当地县安全监管部门。选项 D 错误，安全监管部门接到事故报告后，其负责人应当立即赶赴事故现场。

[答案] C

📖 环球君点拨

有关事故报告应重点掌握哪级事故上报至哪级政府部门、报告时限、补报的情形及时限，其中涉及的数字是非常重要的考点，一定要牢记。备考时，可以通过刷题的方式来记忆，争取做到该知识点不丢分。

▶ 考点 3　事故调查 [2022，2021，2020]

📖 真题链接

[2022·单选] 甲市某客运车辆途经乙省丙市丁县时，与戊县方向驶来的货车发生碰撞，导致 6 人死亡、27 人受伤。根据《生产安全事故报告和调查处理条例》，关于该起事故调查的说法，正确的是（　　）。

A. 该起事故应当由乙省人民政府组织事故调查

B. 丙市人民政府可以委托有关部门组织事故调查

C. 事故调查组应当邀请甲市人民政府和戊县人民政府派人参加

D. 事故发生 10 日后，死亡人数上升至 10 人的，应当由乙省人民政府组织事故调查

[解析] 选项 A 错误，根据题干可知，此次事故为较大事故，应由丙市人民政府组织事故调查。选项 C 错误，丙市人民政府应邀请甲市人民政府参加事故调查，可以不邀请戊县人民政府。选项 D 错误，此次事故为道路交通事故，道路交通事故自发生之日起 7 日内，事故造成的伤亡人数发生变化的，应当及时补报。10 日后死亡人数上升，超过了《生产安全事故报告和调查处理条例》规定的时限，不再影响事故等级。

[答案] B

[2021·单选] 甲省乙市丙县发生四起事故：第一起是天然气管道爆炸事故，造成 35 人死亡；第二起是建筑施工过程中脚手架倒塌事故，造成 10 人重伤；第三起是煤矿瓦斯爆炸事故，造成 2 人死亡；第四起是在开采石材过程中造成风力发电设备损坏事故，直接经济损失达 500 多万元。根据《生产安全事故报告和调查处理条例》，下列关于组织事故调查组的说法，正确的是（　　）。

A. 第一起事故由甲省人民政府组织事故调查组进行调查

B. 第二起事故由丙县人民政府组织事故调查组进行调查

C. 第三起事故由乙市人民政府组织事故调查组进行调查

D. 第四起事故由丙县人民政府组织事故调查组进行调查

[解析] 根据题干可知，第一起事故属于特别重大事故，应由国务院或其授权有关部门进行调查；第二起事故属于较大事故，应由设区的市级人民政府组织调查；第三起事故、第四起事故均属于一般事故，应由县级人民政府组织调查，故选项D正确。

[答案] D

[2020·单选] 某建筑施工企业的注册地在甲县，该企业在乙县施工过程中发生脚手架坍塌事故，造成1人死亡、1人重伤、直接经济损失1 350万元。甲县和乙县相邻，均隶属于丙省丁市。根据《生产安全事故报告和调查处理条例》，负责调查该事故的单位是（　　）。

A. 甲县人民政府　　　　　　　　B. 丁市人民政府

C. 乙县人民政府　　　　　　　　D. 丙省人民政府

[解析] 此起事故为较大事故，应由市级人民政府负责调查，故选项B正确。

[答案] B

真题精解

点题： 此系列真题考查生产安全事故的调查，考查形式单一，均是考查不同等级事故的调查主体。但题干中不直接给出事故级别，只给出伤亡人数、直接经济损失，需要考生自行判断事故级别。

分析： 生产安全事故分为四个等级，分别对应四个级别的人民政府。根据《生产安全事故报告和调查处理条例》，事故调查的相关规定如下。

(1) 特别重大事故由国务院或者国务院授权有关部门组织事故调查组进行调查。

重大事故、较大事故、一般事故分别由事故发生地省级人民政府、设区的市级人民政府、县级人民政府负责调查。省级人民政府、设区的市级人民政府、县级人民政府可以直接组织事故调查组进行调查，也可以授权或者委托有关部门组织事故调查组进行调查。

未造成人员伤亡的一般事故，县级人民政府也可以委托事故发生单位组织事故调查组进行调查。

(2) 上级人民政府认为必要时，可以调查由下级人民政府负责调查的事故。

自事故发生之日起30日内（道路交通事故、火灾事故自发生之日起7日内），因事故伤亡人数变化导致事故等级发生变化，依照本条例规定应当由上级人民政府负责调查的，上级人民政府可以另行组织事故调查组进行调查。

(3) 特别重大事故以下等级事故，事故发生地与事故发生单位不在同一个县级以上行政区域的，由事故发生地人民政府负责调查，事故发生单位所在地人民政府应当派人参加。

拓展： 有关事故调查组和调查报告的规定也可能会考查。关于此内容，《生产安全事故报告和调查处理条例》作了相应规定。

(1) 根据事故的具体情况，事故调查组由有关人民政府、安全生产监督管理部门、负有安全生产监督管理职责的有关部门、监察机关、公安机关以及工会派人组成，并应当邀请人民检察院派人参加。事故调查组可以聘请有关专家参与调查。

(2) 事故调查组组长由负责事故调查的人民政府指定。事故调查组组长主持事故调查组的工作。

(3) 事故调查中需要进行技术鉴定的,事故调查组应当委托具有国家规定资质的单位进行技术鉴定。必要时,事故调查组可以直接组织专家进行技术鉴定。技术鉴定所需时间不计入事故调查期限。

(4) 事故调查组应当自事故发生之日起60日内提交事故调查报告;特殊情况下,经负责事故调查的人民政府批准,提交事故调查报告的期限可以适当延长,但延长的期限最长不超过60日。

(5) 事故调查报告应当包括下列内容:

①事故发生单位概况。

②事故发生经过和事故救援情况。

③事故造成的人员伤亡和直接经济损失。

④事故发生的原因和事故性质。

⑤事故责任的认定以及对事故责任者的处理建议。

⑥事故防范和整改措施。

事故调查报告应当附具有关证据材料。事故调查组成员应当在事故调查报告上签名。

举一反三

[典型例题1·单选] 某化工企业发生了爆炸事故,共造成3人死亡、80多人受伤,其中50人伤势严重。根据《生产安全事故报告和调查处理条例》,关于该事故调查的说法,正确的是(   )。

A. 该起事故为特别重大事故

B. 该起事故应上报到省级人民政府应急管理部门

C. 该起事故应由国务院应急管理部门负责调查

D. 该起事故应由发生地省级人民政府负责调查

[解析] 根据题干可知,该起事故为重大事故,应上报至国务院应急管理部门;事故调查由省级人民政府负责。

[答案] D

[典型例题2·单选] 生产经营单位发生安全事故后,相关部门组成了调查组对事故进行调查。根据《安全生产事故报告与调查处理条例》,关于事故调查的说法,正确的是(   )。

A. 由事故发生地县级以上安全生产监督管理部门组成调查组进行调查

B. 事故调查组由有关人民政府、安全生产监督管理部门、监察机关、公安机关以及工会代表组成

C. 事故调查中需要进行技术鉴定的,技术鉴定所需时间计入事故调查期限

D. 事故调查组应当自事故发生之日起60日内公布调查结果

[解析] 选项A错误,事故调查由事故发生地县级以上人民政府组成调查组进行调查。选项C错误,事故调查中需要进行技术鉴定的,技术鉴定所需时间不计入事故调查期限。选项D错误,事故调查组应当自事故发生之日起60日内提交事故调查报告。

[答案] B

[典型例题3·多选] 根据《安全生产事故报告与调查处理条例》,事故调查报告应包括的内容有(   )。

A. 事故发生单位概况
B. 事故发生经过和事故救援情况
C. 事故造成的人员伤亡和直接、间接经济损失
D. 对事故责任人员的处罚决定

E. 事故防范和整改措施

[解析] 事故调查报告应当包括下列内容：①事故发生单位概况；②事故发生经过和事故救援情况；③事故造成的人员伤亡和直接经济损失；④事故发生的原因和事故性质；⑤事故责任的认定以及对事故责任者的处理建议；⑥事故防范和整改措施。

[答案] ABE

[环球君点拨]

关于此知识点，除掌握事故调查的级别外，事故调查组及调查报告也需要掌握。复习过程中，重点记忆事故等级与事故调查主体级别的对应关系，以及事故报告和事故调查报告的不同之处。

第十节 工伤保险条例

考点 1 工伤保险基金 [2022、2021、2020、2019]

扫码听课

[真题链接]

[2022·多选] 根据《工伤保险条例》，关于工伤保险费缴纳的说法，正确的有（　　）。

A. 国务院社会保险行政部门负责批准行业差别费率及行业内费率档次的方案
B. 工伤保险费根据以支定收、收支平衡的原则确定费率
C. 用人单位和职工缴纳工伤保险费的数额为工资总额乘以缴纳费率之积
D. 统筹地区经办机构负责确定单位缴费费率
E. 用人单位、职工个人应当按比例缴纳工伤保险费

[解析] 选项 A 错误，行业差别费率及行业内费率档次由国务院社会保险行政部门制定，报国务院批准后公布。选项 C 错误，用人单位缴纳工伤保险费的数额为本单位职工工资总额乘以单位缴费费率之积。选项 E 错误，职工个人不缴纳工伤保险费。

[答案] BD

[2021·单选] 根据《工伤保险条例》，下列关于工伤保险基金的说法，正确的是（　　）。

A. 工伤保险基金不能用于兴建或者改建办公场所等，可用于投资运营，获取更多收益，充实基金
B. 工伤保险基金应留有一定比例的储备金，用于统筹地区各类工伤事故的工伤保险待遇支付
C. 工伤保险基金用于工伤保险待遇，职工个人申请因工伤而引起的劳动能力鉴定费用应由用人单位承担，不能从工伤保险基金中支付
D. 工伤保险基金的目的在于保障工伤劳动者获得及时赔偿，工伤保险基金中应有一定比例的资金用于工伤预防

[解析] 选项 A 错误，任何单位或者个人不得将工伤保险基金用于投资运营、挪作其他用途。选项 B 错误，储备金用于统筹地区重大事故的工伤保险待遇支付。选项 C 错误，工伤保险基金用于工伤保险待遇，劳动能力鉴定，工伤预防的宣传、培训等费用。

[答案] D

[2020·单选] 根据以支定收、收支平衡的原则，以一个周期内工伤保险基金的支付额度确定工伤保险费征缴额度。根据《工伤保险条例》，下列费用中，不属于工伤保险基金支付范围的

是（ ）。

  A. 工伤保险待遇费用   B. 劳动能力鉴定费用

  C. 工伤预防宣传和培训费用   D. 工伤保险经办机构运行费用

  [解析] 工伤保险基金用于工伤保险待遇，劳动能力鉴定，工伤预防的宣传、培训等费用，以及法律法规规定的用于工伤保险的其他费用的支付。

[答案] D

  [2019·单选] 根据《工伤保险条例》，关于工伤保险费缴纳的说法，正确的是（ ）。

  A. 工伤保险基金在留有一定比例的储备金后可用于投资经营

  B. 工伤保险费可以由职工个人缴纳

  C. 工伤保险费的数额为用人单位职工工资总额乘以单位缴费费率

  D. 工伤保险费率根据以收定支原则确定

  [解析] 选项 A 错误，工伤保险基金不能用于投资经营。选项 B 错误，职工个人不缴纳工伤保险费。选项 D 错误，工伤保险费率根据以支定收、收支平衡的原则确定。

[答案] C

真题精解

  点题：工伤保险基金的管理是非常重要的考点，曾连续多年进行考查，2019 年和 2022 年真题侧重于考查工伤保险费用的缴纳，2020 年和 2021 年真题侧重于考查保险基金的支付范围，均是应当掌握的内容。

  分析：工伤保险基金是一个保险账户，用于和工伤有关的费用支出等，它包含了费用的缴纳和使用范围的规定。关于保险基金，《工伤保险条例》的具体规定如下。

  （1）工伤保险基金由用人单位缴纳的工伤保险费、工伤保险基金的利息和依法纳入工伤保险基金的其他资金构成。

  （2）工伤保险费根据以支定收、收支平衡的原则，确定费率。

  国家根据不同行业的工伤风险程度确定行业的差别费率，并根据工伤保险费使用、工伤发生率等情况在每个行业内确定若干费率档次。行业差别费率及行业内费率档次由国务院社会保险行政部门制定，报国务院批准后公布施行。

  （3）用人单位应当按时缴纳工伤保险费。职工个人不缴纳工伤保险费。

  用人单位缴纳工伤保险费的数额为本单位职工工资总额乘以单位缴费费率之积。

  （4）工伤保险基金存入社会保障基金财政专户，用于《工伤保险条例》规定的工伤保险待遇，劳动能力鉴定，工伤预防的宣传、培训等费用，以及法律、法规规定的用于工伤保险的其他费用的支付。

  任何单位或者个人不得将工伤保险基金用于投资运营、兴建或者改建办公场所、发放奖金，或者挪作其他用途。

  （5）工伤保险基金应当留有一定比例的储备金，用于统筹地区重大事故的工伤保险待遇支付；储备金不足支付的，由统筹地区的人民政府垫付。储备金占基金总额的具体比例和储备金的使用办法，由省、自治区、直辖市人民政府规定。

  拓展：工伤保险储备金是指为了应对重大工伤事故的发生导致基金的大规模支出而建立的一项应急资金。工伤保险统筹地区每年从工伤保险基金中按比例提取工伤保险储备金。工伤事故的发生有其不确定性。为了避免当突发事件发生时工伤保险基金难以支付的情况出现，更好地保障工伤职工的合法权益、分散用人单位的风险，《工伤保险条例》规定，工伤保险基金应当留有一定比例的储备金，用于统筹地区重大事故的工伤保险待遇支付。

举一反三

[典型例题1·多选] 根据《工伤保险条例》，确定工伤保险缴费档次和费率的依据有（　　）。

A. 企业所有制性质
B. 工伤发生率
C. 工伤保险费的使用情况
D. 不同行业不同工种的危险等级
E. 不同行业的工伤风险程度

[解析] 根据《工伤保险条例》，国家根据不同行业的工伤风险程度确定行业的差别费率，并根据工伤保险费使用、工伤发生率等情况在每个行业内确定若干费率档次。

[答案] BCE

[典型例题2·单选] 根据《工伤保险条例》，下列关于工伤保险基金的说法，正确的是（　　）。

A. 工伤保险费根据以收定支、收支平衡的原则确定费率
B. 工伤保险基金逐步实行全国统筹
C. 工伤保险基金可用于支付职工劳动能力鉴定的费用
D. 工伤保险基金由用人单位和职工缴纳的工伤保险费、利息和其他资金构成

[解析] 选项A错误，工伤保险费根据以支定收、收支平衡的原则确定费率。选项B错误，工伤保险基金逐步实行省级统筹。选项D错误，工伤保险基金由用人单位缴纳的工伤保险费、工伤保险基金的利息和依法纳入工伤保险基金的其他资金构成。

[答案] C

[典型例题3·单选] 根据《工伤保险条例》，关于工伤保险基金使用的说法，错误的是（　　）。

A. 用于职工职业病待遇的支付
B. 用于工伤预防的宣传、培训等费用
C. 提取储备金，用于统筹地区重大事故的工伤保险待遇支付
D. 储备金不足支付的，由统筹地区的保险公司垫付

[解析] 储备金不足支付的，由统筹地区的人民政府垫付。

[答案] D

环球君点拨

关于工伤保险基金费用的缴纳，要注意职工本人是不用交费的，而其支出也一定是与工伤相关的，如宣传、培训费用等。在考试中注意一定要有前缀，是用于"工伤"的宣传、培训等费用，否则不能使用。

考点2　工伤认定 [2023、2021、2020、2019]

真题链接

[2023·单选] 某机床生产企业电焊工李某在焊接作业时，未佩戴护目镜，导致眼睛受伤，被

认定为六级伤残。根据《工伤保险条例》，关于工伤认定的说法，正确的是（　　）。

　　A. 李某受伤系个人违规操作所致，不能认定为工伤
　　B. 在企业未对李某提出工伤认定的情况下，李某应当自事故伤害之日起 180 天内提出工伤认定申请
　　C. 在企业未对李某提出工伤认定的情况下，李某的哥哥可以提出工伤认定申请
　　D. 企业不认为是工伤，李某申请工伤认定时，应当由李某承担举证责任

[解析] 选项 A 错误，职工在工作时间和工作场所内，因工作原因受到事故伤害的，应当认定为工伤。选项 B 错误，选项 C 正确，用人单位未按规定提出工伤认定申请的，工伤职工或者其近亲属、工会组织在事故伤害发生之日或者被诊断、鉴定为职业病之日起 1 年内，可以直接向用人单位所在地统筹地区社会保险行政部门提出工伤认定申请。选项 D 错误，职工或者其近亲属认为是工伤，用人单位不认为是工伤的，由用人单位承担举证责任。

[答案] C

[2023·多选] 根据《工伤保险条例》，下列情形中，应当认定为工伤的有（　　）。
　　A. 国家机关工作人员罹患职业病的
　　B. 个人聘请的保姆从事家务劳动时被烫伤的
　　C. 企业中的实习学生因工作原因受到伤害的
　　D. 职工在下班途中受到非本人主要责任的交通事故伤害的
　　E. 职工因工作外出期间，由于工作原因发生事故下落不明的

[解析] 选项 A 错误，公务员和参照公务员法管理的事业单位、社会团体的工作人员因工作遭受事故伤害或者患职业病的，由所在单位支付费用。选项 B、C 错误，个人聘请的保姆以及企业中的实习学生不是单位的职工或雇员，没有工伤保险待遇，发生伤害的，由责任方承担。

[答案] DE

[2020·单选] 根据《工伤保险条例》，下列情形中，应当认定为工伤或者视同工伤的是（　　）。
　　A. 李某在公司上班期间突发脑溢血，经抢救无效 3 天后死亡
　　B. 王某下班乘公交车回家途中，因公交车发生交通事故死亡
　　C. 张某调任新的工作岗位后，因工作压力大患抑郁症自杀死亡
　　D. 贾某在公司上班期间因过量饮酒，经抢救无效 3 天后死亡

[解析] 选项 A 错误，根据《工伤保险条例》，在 48 小时内抢救无效死亡的才能视同为工伤。选项 C、D 错误，自杀死亡的、酗酒死亡的不能认定为工伤。

[答案] B

[2019·多选] 根据《工伤保险条例》，下列关于工伤认定的说法，正确的有（　　）。
　　A. 社会保险行政部门应当自受理工伤认定申请之日起 60 日内作出工伤认定的决定
　　B. 社会保险行政部门对受理的事实清楚、权利义务明确的工伤认定申请，应当在 15 日内作出工伤认定的决定
　　C. 职工或者其近亲属认为是工伤，用人单位不认为是工伤的，由用人单位承担举证责任
　　D. 所在单位应当自事故伤害发生之日或者被诊断、鉴定为职业病之日起 60 日内，向统筹地区社会保险行政部门提出工伤认定申请

E. 用人单位未在规定时限内提交工伤认定申请，在此期间发生符合规定的工伤待遇等有关费用由本人负担

[解析] 选项 D 错误，所在单位应当自事故伤害发生之日或者被诊断、鉴定为职业病之日起 30 日内向统筹地区社会保险行政部门提出工伤认定申请。选项 E 错误，用人单位未在规定时限内提交工伤认定申请，在此期间发生符合规定的工伤待遇等有关费用由该用人单位负担。

[答案] ABC

真题精解

点题：此系列真题考查工伤认定的情形。2023 年真题侧重于考查工伤认定的情形；2020 年真题侧重于考查应予工伤认定的情形及不予认定的情形；2019 年真题侧重于考查工伤认定的申请规定，均属于较为高频的考点。

分析：工伤认定在实际操作中比较复杂，有许多具体的情况需要考虑。本科目考试只针对《工伤保险条例》中最基本的情况进行考查。

1. 应当认定为工伤的情形

职工有下列情形之一的，应当认定为工伤：

(1) 在工作时间和工作场所内，因工作原因受到事故伤害的。

(2) 工作时间前后在工作场所内，从事与工作有关的预备性或者收尾性工作受到事故伤害的。

(3) 在工作时间和工作场所内，因履行工作职责受到暴力等意外伤害的。

(4) 患职业病的。

(5) 因工外出期间，由于工作原因受到伤害或者发生事故下落不明的。

(6) 在上下班途中，受到非本人主要责任的交通事故或者城市轨道交通、客运轮渡、火车事故伤害的。

(7) 法律、行政法规规定应当认定为工伤的其他情形。

2. 视同工伤的情形

职工有下列情形之一的，视同工伤：

(1) 在工作时间和工作岗位，突发疾病死亡或者在 48 小时之内经抢救无效死亡的。

(2) 在抢险救灾等维护国家利益、公共利益活动中受到伤害的。

(3) 职工原在军队服役，因战、因公负伤致残，已取得革命伤残军人证，到用人单位后旧伤复发的。

3. 工伤认定申请

(1) 职工发生事故伤害或者按照《职业病防治法》规定被诊断、鉴定为职业病，所在单位应当自事故伤害发生之日或者被诊断、鉴定为职业病之日起 30 日内，向统筹地区社会保险行政部门提出工伤认定申请。遇有特殊情况，经报社会保险行政部门同意，申请时限可以适当延长。

用人单位未按上述规定提出工伤认定申请的，工伤职工或者其近亲属、工会组织在事故伤害发生之日或者被诊断、鉴定为职业病之日起 1 年内，可以直接向用人单位所在地统筹地区社会保险行政部门提出工伤认定申请。

用人单位未在规定的时限内提交工伤认定申请，在此期间发生符合规定的工伤待遇等有关费用由该用人单位负担。

(2) 社会保险行政部门受理工伤认定申请后，根据审核需要可以对事故伤害进行调查核实，用

人单位、职工、工会组织、医疗机构以及有关部门应当予以协助。职业病诊断和诊断争议的鉴定，依照《职业病防治法》的有关规定执行。对依法取得职业病诊断证明书或者职业病诊断鉴定书的，社会保险行政部门不再进行调查核实。

职工或者其近亲属认为是工伤，用人单位不认为是工伤的，由用人单位承担举证责任。

（3）社会保险行政部门应当自受理工伤认定申请之日起60日内作出工伤认定的决定，并书面通知申请工伤认定的职工或者其近亲属和该职工所在单位。

社会保险行政部门对受理的事实清楚、权利义务明确的工伤认定申请，应当在15日内作出工伤认定的决定。

作出工伤认定决定需要以司法机关或者有关行政主管部门的结论为依据的，在司法机关或者有关行政主管部门尚未作出结论期间，作出工伤认定决定的时限中止。

（4）申请工伤认定的职工或者其近亲属、该职工所在单位对工伤认定结论不服的，可以依法申请行政复议，也可以依法向人民法院提起行政诉讼。

举一反三

[典型例题1·多选] 根据《工伤保险条例》，关于工伤认定的说法，不正确的是（　　）。

A. 工伤分为十个伤残等级，最重的为一级，最轻的为十级。

B. 职工受伤后30日内由用人单位、工伤职工或者其近亲属向劳动能力鉴定委员会提出工伤认定申请

C. 受伤职工对工伤认定结论不服的，在收到认定结论之日起15日内向省、自治区、直辖市社会保险行政部门提出再次认定申请

D. 自工伤认定结论作出之日起1年后，工伤职工或者其近亲属、所在单位或者经办机构认为工伤情况发生变化的，可以申请工伤复查认定

E. 受伤职工或其近亲属对工伤认定结论不服的，可以申请行政提议，也可以向人民法院提起诉讼

[解析] 选项A错误，劳动功能障碍分为十个伤残等级，不是工伤分为十级。选项B错误，应该向统筹地区社会保险行政部门提出工伤认定申请。选项C错误，工伤认定没有再次认定的说法，对工伤认定结论不服的可以申请复议或提起诉讼。选项D错误，自劳动能力鉴定结论作出之日起1年后，工伤职工或者其近亲属、所在单位或者经办机构认为伤残情况发生变化的，可以申请劳动能力复查鉴定。

[答案] ABCD

[典型例题2·单选] 申请工伤认定的职工或者其近亲属对工伤认定结论不服的，可以采取的措施是（　　）。

A. 向劳动仲裁机构申请仲裁

B. 向作出工伤认定的社会保险行政部门提出申诉

C. 向劳动监管部门提出复议申请

D. 向人民法院提起诉讼

[解析] 申请工伤认定的职工或者其近亲属、该职工所在单位对工伤认定结论不服的，可以依法申请行政复议，也可以依法向人民法院提起行政诉讼。

[答案] D

[典型例题3·多选] 用人单位职工发生下列情况，应按《工伤保险条例》的规定认定为工伤的

有（　　）。
   A. 职工下班后搭乘同事的车回家，发生车祸受伤
   B. 职工去拜访客户的途中发生车祸受伤，交警认定其承担70%责任
   C. 职工出差期间，在酒店内洗澡时摔伤
   D. 职工在上班路上被狗咬伤
   E. 职工下班后和朋友吃烧烤时被车撞伤

[解析] 根据《工伤保险条例》的相关规定，选项A符合题意，职工在下班后搭车回家发生车祸，且其不是事故的主要责任，可以认定为工伤；选项B、C符合题意，职工是因工作外出，可以认定为工伤；选项D、E不符合题意，职工是在工作地点以外，非工伤原因受伤，不能认定为工伤。

[答案] ABC

环球君点拨

工伤认定是指社会保险行政部门依法根据情况对受伤职工是否属于工伤做出结论，而不对其伤残等级做出判定。重点考查内容是哪些情况应认定或视同工伤，哪些情况不予认定或视同工伤，此部分内容和职工切身利益关系密切，也是历年高频考点，应当牢固掌握。

考点3 劳动能力鉴定 [2021、2020、2019]

真题链接

[2021·单选] 甲市乙县某石料公司风钻工刘某感觉身体不适，去某医院检查显示肺部有阴影，被诊断为职业病矽肺Ⅰ期。因石料公司不愿支付刘某的医疗费，双方发生纠纷，刘某申请劳动能力鉴定。根据《工伤保险条例》，下列关于劳动能力鉴定的说法，正确的是（　　）。
   A. 刘某罹患职业病，无须对其进行劳动能力鉴定
   B. 甲市劳动能力鉴定委员会应对刘某劳动功能障碍程度进行等级鉴定
   C. 对刘某进行劳动能力鉴定的专家组由3~5名医疗卫生专家组成
   D. 劳动能力鉴定专家组成员由乙县劳动能力鉴定委员会随机抽取

[解析] 选项A错误，职工患职业病，按工伤待遇，应当进行劳动能力鉴定。选项B正确，劳动能力鉴定由用人单位、工伤职工或者其近亲属向设区的市级劳动能力鉴定委员会提出申请。选项C、D错误，市级劳动能力鉴定委员专家组由3名或者5名相关专家组成。

[答案] B

[2020·多选] 职工发生工伤，经治疗伤情相对稳定后仍然存在残疾、影响劳动能力的，应当进行劳动能力鉴定。根据《工伤保险条例》，关于劳动能力鉴定的说法，正确的有（　　）。
   A. 劳动能力鉴定是指劳动功能障碍程度和生活自理障碍程度的等级鉴定，劳动能力鉴定标准由国务院卫生行政部门会同国务院应急管理部门等部门制定
   B. 劳动能力鉴定委员会由社会保险行政部门、卫生行政部门、应急管理部门、工会组织、经办机构代表以及用人单位代表组成
   C. 劳动能力鉴定由用人单位、工伤职工或者其近亲属向设区的市级劳动能力鉴定委员会提出申请，并提供工伤认定决定和职工工伤医疗的有关资料

D. 劳动能力鉴定委员会建立医疗卫生专家库，设区的市级劳动能力鉴定委员会根据专家组的鉴定意见作出工伤职工劳动能力鉴定结论

E. 自劳动能力鉴定结论作出之日起半年内，工伤职工或者其近亲属、所在单位或者经办机构认为伤残情况发生变化的，可以申请劳动能力复查鉴定

[解析] 选项 A 错误，劳动能力鉴定标准由国务院社会保险行政部门会同国务院卫生行政部门等部门制定。选项 B 错误，劳动能力鉴定委员会由社会保险行政部门、卫生行政部门、工会组织、经办机构代表以及用人单位代表组成。选项 E 错误，自劳动能力鉴定结论作出之日起 1 年后，可以申请劳动能力复查鉴定。

[答案] CD

[2019·单选] 某企业职工孙某发生事故，认定为工伤，经治疗伤情相对稳定后留下残疾，影响劳动能力。根据《工伤保险条例》，关于劳动能力鉴定的说法，正确的是（　　）。

A. 生活自理障碍分为两个等级：生活完全不能自理、生活部分不能自理

B. 对孙某劳动能力鉴定的专家组，应当从专家库中随机抽取 7 名专家组成

C. 劳动功能障碍分为十个伤残等级，最重的为一级，最轻的为十级

D. 自劳动能力鉴定结论作出之日起半年后，孙某认为伤残情况发生变化，可以申请劳动能力复查

[解析] 选项 A 错误，生活自理障碍分为三个等级：生活完全不能自理、生活大部分不能自理和生活部分不能自理。选项 B 错误，进行劳动能力鉴定的专家组应当从专家库中随机抽取 3 名或 5 名专家组成。选项 D 错误，自劳动能力鉴定结论作出之日起 1 年后，可以申请劳动能力复查鉴定。

[答案] C

真题精解

点题：此系列真题考查劳动能力鉴定的相关规定，是历年高频考点，平均每年考查 1 分。

分析：劳动能力鉴定包含两方面，一是劳动功能障碍（伤残等级）的鉴定，二是生活自理能力的鉴定。劳动能力鉴定关系到工伤职工的切身利益，《工伤保险条例》对此进行了具体规定。

（1）劳动能力鉴定是指劳动功能障碍程度和生活自理障碍程度的等级鉴定。劳动功能障碍分为十个伤残等级，最重的为一级，最轻的为十级。生活自理障碍分为三个等级：生活完全不能自理、生活大部分不能自理和生活部分不能自理。

劳动能力鉴定标准由国务院社会保险行政部门会同国务院卫生行政部门等部门制定。

（2）劳动能力鉴定由用人单位、工伤职工或者其近亲属向设区的市级劳动能力鉴定委员会提出申请，并提供工伤认定决定和职工工伤医疗的有关资料。

（3）省、自治区、直辖市劳动能力鉴定委员会和设区的市级劳动能力鉴定委员会分别由省、自治区、直辖市和设区的市级社会保险行政部门、卫生行政部门、工会组织、经办机构代表以及用人单位代表组成。

（4）设区的市级劳动能力鉴定委员会收到劳动能力鉴定申请后，应当从其建立的医疗卫生专家库中随机抽取 3 名或者 5 名相关专家组成专家组，由专家组提出鉴定意见。设区的市级劳动能力鉴定委员会根据专家组的鉴定意见作出工伤职工劳动能力鉴定结论；必要时，可以委托具备资格的医疗机构协助进行有关的诊断。

设区的市级劳动能力鉴定委员会应当自收到劳动能力鉴定申请之日起 60 日内作出劳动能力鉴

定结论，必要时，作出劳动能力鉴定结论的期限可以延长 30 日。劳动能力鉴定结论应当及时送达申请鉴定的单位和个人。

（5）申请鉴定的单位或者个人对设区的市级劳动能力鉴定委员会作出的鉴定结论不服的，可以在收到该鉴定结论之日起 15 日内向省、自治区、直辖市劳动能力鉴定委员会提出再次鉴定申请。省、自治区、直辖市劳动能力鉴定委员会作出的劳动能力鉴定结论为最终结论。

（6）自劳动能力鉴定结论作出之日起 1 年后，工伤职工或者其近亲属、所在单位或者经办机构认为伤残情况发生变化的，可以申请劳动能力复查鉴定。

举一反三

[典型例题 1·单选] 根据《工伤保险条例》，关于劳动能力鉴定的说法，正确的是（　　）。

A. 劳动功能障碍分为十个伤残等级，最轻的为一级，最重的为十级
B. 劳动能力鉴定只能由用人单位和工伤职工本人向省级劳动能力鉴定委员会提出申请
C. 自劳动能力鉴定结论作出之日起 3 个月后，工伤职工本人认为伤残情况发生变化的，可以申请劳动能力复查鉴定
D. 生活自理障碍分为生活完全不能自理、生活大部分不能自理和生活部分不能自理三个等级

[解析] 选项 A 错误，伤残等级中最重的为一级，最轻的为十级。选项 B 错误，劳动能力鉴定申请可以由用人单位、工伤职工或者其近亲属提出。选项 C 错误，自劳动能力鉴定结论作出之日起 1 年后，伤残情况发生变化的，可以申请劳动能力复查鉴定。

[答案] D

[典型例题 2·单选] 某设区的市的一家机械设备制造企业发生一起生产安全事故，导致职工赵某受伤。2021 年 5 月 10 日，赵某向该市劳动能力鉴定委员会提出劳动能力鉴定申请。根据《工伤保险条例》，下列关于赵某劳动能力鉴定的说法，正确的是（　　）。

A. 该市劳动能力鉴定委员会从医疗卫生专家库中随机抽取 2 名相关专家组成专家组，实施鉴定
B. 该市劳动能力鉴定委员会于 2021 年 6 月 20 日作出劳动能力鉴定结论
C. 赵某对鉴定结论不服，应在收到鉴定结论 30 日内再次提出鉴定申请
D. 赵某对鉴定结论不服，应于 30 日内向该市人民法院提起诉讼

[解析] 选项 A 错误，应该抽取 3 名或 5 名专家组成专家组进行鉴定。选项 B 正确，劳动能力鉴定委员会应当在 60 日内作出鉴定结论，5 月 10 日至 6 月 20 日时长在 60 日之内，符合规定。选项 C 错误，对鉴定结论不服的，可以在收到鉴定结论之日起 15 日内向省、自治区、直辖市劳动能力鉴定委员会提出再次鉴定申请。选项 D 错误，劳动能力鉴定委员会的结论不是行政决定，不能提起诉讼。

[答案] B

[典型例题 3·单选] 根据《工伤保险条例》，职工发生工伤，经治疗伤情相对稳定后，应进行劳动能力鉴定。下列关于劳动能力鉴定的说法，正确的是（　　）。

A. 劳动能力鉴定是指劳动功能障碍程度和生活自理障碍程度的等级鉴定
B. 劳动功能障碍分为三个等级：完全不能劳动、大部分不能劳动和部分不能劳动
C. 劳动能力鉴定标准由国务院社会保险行政部门制定
D. 劳动能力鉴定可由其近亲属向本单位劳动能力鉴定委员会提出申请

[解析] 选项 B 错误，生活自理障碍分为三个等级：生活完全不能自理、生活大部分不能自理

和生活部分不能自理。选项 C 错误，劳动能力鉴定标准由国务院社会保险行政部门会同国务院卫生行政部门等部门制定。选项 D 错误，劳动能力鉴定由用人单位、工伤职工或者其近亲属向设区的市级劳动能力鉴定委员会提出申请。

[答案] A

环球君点拨

在学习过程中应注意，劳动能力鉴定中的劳动功能障碍，一般用伤残等级来划分，即一到十级伤残，而常见的"几级工伤"的表述是不准确的。工伤等级指的是对劳动能力的影响程度，而工伤认定是受伤职工是否认定为工伤，是否可以享受工伤保险的待遇，本身是没有级别之分的。

考点 4 工伤保险待遇 [2023、2022、2021、2020、2019]

真题链接

[2023·单选] 张某和刘某系某企业职工，被单位派往外省同客户洽谈设备销售事宜时，乘坐的交通工具发生意外坠入峡谷，导致张某受伤，而刘某下落不明，后张某被认定为四级伤残。根据《工伤保险条例》，关于工伤保险待遇的说法，正确的是（　　）。

A. 张某和该企业以伤残津贴为基数，缴纳基本医疗保险费
B. 张某可以领取的一次性伤残补助金为 24 个月的本人工资
C. 该企业可以自该起事故发生第 3 个月起对刘某停发工资
D. 刘某被宣告死亡后，其妻子享受每月 30% 的供养亲属抚恤金

[解析] 选项 B 错误，四级伤残可以领取的一次性伤残补助金为 21 个月的本人工资。选项 C 错误，职工因工外出期间发生事故或者在抢险救灾中下落不明的，从事故发生当月起 3 个月内照发工资，从第 4 个月起停发工资，由工伤保险基金向其供养亲属按月支付供养亲属抚恤金。选项 D 错误，供养亲属抚恤金按照职工本人工资的一定比例发给由因工死亡职工生前提供主要生活来源、无劳动能力的亲属，其中配偶的标准为每月 40%。

[答案] A

[2022·单选] 职工因工作遭受事故伤害或者患职业病进行治疗的，依法享有工伤医疗待遇，依据《工伤保险条例》，关于工伤保险待遇的说法，正确的是（　　）。

A. 工伤职工治疗工伤必须在签订服务协议的医疗机构就医，不得到其他医疗机构救治
B. 工伤职工治疗非工伤引起的疾病，不享受工伤医疗待遇，按照基本医疗保险办法处理
C. 职工因患职业病需要暂停工作接受治疗的，在停工留薪期内，原工资福利待遇不变，由所在单位按月支付，停工留薪期一般不超过 6 个月
D. 职工因工致残被鉴定为一级伤残的，保留劳动关系，退出工作岗位，从工伤保险基金支付一次性伤残补助金，标准为 7 个月的本人工资

[解析] 选项 A 错误，职工治疗工伤应当在签订服务协议的医疗机构就医，情况紧急时可以先到就近的医疗机构急救。选项 C 错误，停工留薪期一般不超过 12 个月。选项 D 错误，职工一级伤残的，工伤保险基金支付一次性伤残补助金，标准为 27 个月的本人工资。

[答案] B

[2021·多选] 2019 年 7 月，张某到外地出差，在开会期间突发疾病送往医院紧急抢救 20 小时

后死亡，张某所在单位认为张某不构成工伤，没有在规定期限内提交工伤认定申请，而张某的近亲属认为张某构成工伤。根据《工伤保险条例》，下列关于张某工伤认定和赔偿的说法，正确的有（　　）。

A. 张某在出差期间突发疾病死亡，不应认定为工伤
B. 张某近亲属应承担张某构成工伤的举证责任
C. 张某近亲属可从工伤保险基金领取丧葬补助金、供养亲属抚恤金和一次性工亡补助金
D. 张某近亲属可在张某死亡之日起 2 年内向社会保险行政部门提出工伤认定申请
E. 张某的丧葬补助金为 6 个月的统筹地区上年度职工月平均工资

[解析] 选项 A 错误，张某出差是工作行为，突发疾病死亡 20 小时之后经抢救无效死亡应认定为工伤。选项 B 错误，职工或者其近亲属认为是工伤，用人单位不认为是工伤的，由用人单位承担举证责任。选项 D 错误，用人单位未按规定提出工伤认定申请的，其近亲属可以在 1 年内，向社会保险行政部门提出工伤认定申请。

[答案] CE

真题精解

点题：这几年真题考查工伤保险待遇，是比较高频的考点。2021 年真题涉及工伤认定的判定，难度较大；2022 年真题虽然只考查工伤待遇，但 4 个选项涉及 4 条规定，2023 年真题将工伤和工亡结合起来考查，也比较难。此知识点基本上每年考查 1 分。

分析：工伤保险待遇是受伤职工非常关注的问题，有关规定条款多，不容易记，且涉及大量数字内容，建议考生根据以下内容自行列表记忆。《工伤保险条例》中关于工伤保险待遇的具体规定如下。

1. 一般规定

（1）职工因工作遭受事故伤害或者患职业病进行治疗，享受工伤医疗待遇。职工治疗工伤应当在签订服务协议的医疗机构就医，情况紧急时可以先到就近的医疗机构急救。

职工住院治疗工伤的伙食补助费，以及经医疗机构出具证明，报经办机构同意，工伤职工到统筹地区以外就医所需的交通、食宿费用从工伤保险基金支付，基金支付的具体标准由统筹地区人民政府规定。

工伤职工治疗非工伤引发的疾病，不享受工伤医疗待遇，按照基本医疗保险办法处理。

工伤职工到签订服务协议的医疗机构进行工伤康复的费用，符合规定的，从工伤保险基金支付。

（2）社会保险行政部门作出认定为工伤的决定后发生行政复议、行政诉讼的，行政复议和行政诉讼期间不停止支付工伤职工治疗工伤的医疗费用。

（3）工伤职工因日常生活或者就业需要，经劳动能力鉴定委员会确认，可以安装假肢、矫形器、假眼、假牙和配置轮椅等辅助器具，所需费用按照国家规定的标准从工伤保险基金支付。

（4）职工因工作遭受事故伤害或者患职业病需要暂停工作接受工伤医疗的，在停工留薪期内，原工资福利待遇不变，由所在单位按月支付。

停工留薪期一般不超过 12 个月。伤情严重或者情况特殊，经设区的市级劳动能力鉴定委员会确认，可以适当延长，但延长不得超过 12 个月。工伤职工评定伤残等级后，停发原待遇，按照有关规定享受伤残待遇。工伤职工在停工留薪期满后仍需治疗的，继续享受工伤医疗待遇。生活不能

自理的工伤职工在停工留薪期需要护理的，由所在单位负责。

（5）工伤职工已经评定伤残等级并经劳动能力鉴定委员会确认需要生活护理的，从工伤保险基金按月支付生活护理费。

生活护理费按照生活完全不能自理、生活大部分不能自理或者生活部分不能自理3个不同等级支付，其标准分别为统筹地区上年度职工月平均工资的50%、40%或者30%。

2. 一级至四级伤残享受的待遇

职工因工致残被鉴定为一级至四级伤残的，保留劳动关系，退出工作岗位，享受以下待遇：

（1）从工伤保险基金按伤残等级支付一次性伤残补助金，标准为：一级伤残为27个月的本人工资，二级伤残为25个月的本人工资，三级伤残为23个月的本人工资，四级伤残为21个月的本人工资。

（2）从工伤保险基金按月支付伤残津贴，标准为：一级伤残为本人工资的90%，二级伤残为本人工资的85%，三级伤残为本人工资的80%，四级伤残为本人工资的75%。伤残津贴实际金额低于当地最低工资标准的，由工伤保险基金补足差额。

（3）工伤职工达到退休年龄并办理退休手续后，停发伤残津贴，按照国家有关规定享受基本养老保险待遇。基本养老保险待遇低于伤残津贴的，由工伤保险基金补足差额。

职工因工致残被鉴定为一级至四级伤残的，由用人单位和职工个人以伤残津贴为基数，缴纳基本医疗保险费。

3. 五级至六级伤残享受的待遇

职工因工致残被鉴定为五级、六级伤残的，享受以下待遇：

（1）从工伤保险基金按伤残等级支付一次性伤残补助金，标准为：五级伤残为18个月的本人工资，六级伤残为16个月的本人工资。

（2）保留与用人单位的劳动关系，由用人单位安排适当工作。难以安排工作的，由用人单位按月发给伤残津贴，标准为：五级伤残为本人工资的70%，六级伤残为本人工资的60%，并由用人单位按照规定为其缴纳应缴纳的各项社会保险费。伤残津贴实际金额低于当地最低工资标准的，由用人单位补足差额。

经工伤职工本人提出，该职工可以与用人单位解除或者终止劳动关系，由工伤保险基金支付一次性工伤医疗补助金，由用人单位支付一次性伤残就业补助金。一次性工伤医疗补助金和一次性伤残就业补助金的具体标准由省、自治区、直辖市人民政府规定。

4. 七级至十级伤残享受的待遇

职工因工致残被鉴定为七级至十级伤残的，享受以下待遇：

（1）从工伤保险基金按伤残等级支付一次性伤残补助金，标准为：七级伤残为13个月的本人工资，八级伤残为11个月的本人工资，九级伤残为9个月的本人工资，十级伤残为7个月的本人工资。

（2）劳动、聘用合同期满终止，或者职工本人提出解除劳动、聘用合同的，由工伤保险基金支付一次性工伤医疗补助金，由用人单位支付一次性伤残就业补助金。一次性工伤医疗补助金和一次性伤残就业补助金的具体标准由省、自治区、直辖市人民政府规定。

5. 职工因工死亡，其家属享受的待遇

职工因工死亡，其近亲属按照下列规定从工伤保险基金领取丧葬补助金、供养亲属抚恤金和一

次性工亡补助金:

(1) 丧葬补助金为6个月的统筹地区上年度职工月平均工资。

(2) 供养亲属抚恤金按照职工本人工资的一定比例发给由因工死亡职工生前提供主要生活来源、无劳动能力的亲属。标准为:配偶每月40%,其他亲属每人每月30%,孤寡老人或者孤儿每人每月在上述标准的基础上增加10%。核定的各供养亲属的抚恤金之和不应高于因工死亡职工生前的工资。供养亲属的具体范围由国务院社会保险行政部门规定。

(3) 一次性工亡补助金标准为上一年度全国城镇居民人均可支配收入的20倍。

拓展:此考点涉及伤残补助金的计算,因此有必要对以上所说的工资进行明确。

《工伤保险条例》规定,本条例所称"本人工资",是指工伤职工因工作遭受事故伤害或者患职业病前12个月平均月缴费工资。本人工资高于统筹地区职工平均工资300%的,按照统筹地区职工平均工资的300%计算;本人工资低于统筹地区职工平均工资60%的,按照统筹地区职工平均工资的60%计算。

举一反三

[典型例题1·单选] 根据《工伤保险条例》,关于工伤保险待遇的说法,正确的是( )。

A. 职工治疗工伤必须在签订服务协议的医疗机构就医
B. 工伤职工治疗非工伤引发的疾病,必要时可以享受工伤医疗待遇
C. 职工被借调期间受到工伤事故伤害,由借调单位承担工伤保险责任
D. 工伤职工拒绝治疗,停止享受工伤保险待遇

[解析] 选项A错误,情况紧急时可以先到就近的医疗机构急救。选项B错误,工伤职工治疗非工伤引发的疾病,不享受工伤医疗待遇,按照基本医疗保险办法处理;工伤职工到签订服务协议的医疗机构进行工伤康复的费用,符合规定的,从工伤保险基金支付。选项C错误,职工被借调期间受到工伤事故伤害的,由原用人单位承担工伤保险责任。

[答案] D

[典型例题2·单选] 刘某因公致残,经劳动能力鉴定委员会鉴定为四级伤残。根据《工伤保险条例》,关于刘某伤残待遇的说法,正确的是( )。

A. 从工伤保险基金中,按伤残等级支付一次性补助金,标准为刘某21个月工资
B. 从工伤保险基金中,按伤残等级支付一次性补助金,标准为刘某23个月工资
C. 从工伤保险基金中,按月支付伤残津贴,标准为刘某工资的85%
D. 从工伤保险基金中,按月支付伤残津贴,标准为刘某工资的80%

[解析] 刘某为四级伤残,按规定,应从工伤保险基金中支付一次性补助金,标准为刘某21个月工资;从工伤保险基金中,按月支付伤残津贴,标准为刘某工资的75%。

[答案] A

[典型例题3·多选] 建筑工王某不慎从脚手架坠落受伤,经鉴定为六级伤残。根据《工伤保险条例》,王某可以享受的工伤待遇正确的有( )。

A. 应由单位为王某安排适当的工作岗位
B. 王某认为单位安排的岗位不适合自己,应与单位协商更换
C. 由用人单位给予王某16个月工资的一次性伤残补助金
D. 王某可以向单位提出解除劳动合同

E. 劳动合同到期后，单位可以解除合同，并支付就业补助金

[解析] 选项C错误，应从保险基金支付给王某16个月工资的一次性伤残补助金。选项E错误，单位不能主动解除合同，职工本人提出才可以解除合同。

[答案] ABD

[典型例题4·单选] 某矿井发生支护垮塌事故，造成1名工人死亡，则其近亲属可领取的费用有（　　）。

A. 职工上一年年收入20倍的一次性工亡补助金
B. 配偶可以获得其工资60%供养亲属抚恤金
C. 丧葬补助金，标准为6个月的统筹地区上年度职工月平均工资
D. 职工需要供养的孤寡老人可获得其工资30%的供养亲属抚恤金

[解析] 选项A错误，一次性工亡补助金标准为上一年度全国城镇居民人均可支配收入的20倍。选项B、D错误，供养亲属抚恤金按照职工本人工资的一定比例发给由因工死亡职工生前提供主要生活来源、无劳动能力的亲属，标准为：配偶每月40%，其他亲属每人每月30%，孤寡老人或者孤儿每人每月在上述标准的基础上增加10%。

[答案] C

环球君点拨

此部分内容较多，涉及大量数字，历年真题中会穿插考查。考生在复习过程中，应注意总结，这些数字有很大的规律性，比如一次性工伤补助金分为三个档次，档次内按2个月递减，档次间按3个月递减；工伤津贴按5%递减。除数字外，关于劳动合同的规定也是常考点，也应掌握。

第十一节　大型群众性活动安全管理条例

考点 大型群众性活动安全管理 [2023、2022、2021、2020]

真题链接

[2023·单选] 甲企业委托乙传媒公司策划并承办一场面向社会公众的大型文艺演出，乙传媒公司遂租用丙剧院作为演出场所。根据《大型群众性活动安全管理条例》，关于本次演出安全责任的说法，正确的是（　　）。

A. 丙剧院必须保障活动场所、设施符合国家法律、法规、技术标准的规定
B. 丙剧院应当负责对参加活动的人员进行安全检查
C. 乙传媒公司应当制定本次活动安全监督方案和突发事件处置预案
D. 甲企业应当配备与本次演出安全工作需要相适应的专业保安人员

[解析] 选项B错误，甲企业为本次活动的主办方，乙传媒公司为本次活动的承办方。乙传媒公司应当配备必要的安全检查设备，对参加大型群众性活动的人员进行安全检查。选项C错误，公安机关应当制订大型群众性活动安全监督方案和突发事件处置预案。选项D错误，乙传媒公司应当配备与大型群众性活动安全工作需要相适应的专业保安人员以及其他安全工作人员。

[答案] A

[2022·单选] 大型群众性活动应当加强安全管理，落实安全责任，根据《大型群众性活动安

全管理条例》，关于大型群众性活动安全责任的说法，正确的是（　　）。

A. 公安机关负责在大型群众性活动举办前对活动场所组织安全检查，发现安全隐患应当及时责令改正

B. 大型群众性活动的承办者应当具体负责保障监控设备和消防设施、器材配置齐全完好有效

C. 大型群众性活动的场所管理者应当保障临时搭建的设施、建筑物的安全，消除安全隐患

D. 应急管理部门负责大型群众性活动安全许可，并制定安全监督方案和突发事件处置预案

[解析] 选项 B 错误，大型群众性活动的场所管理者负责保障监控设备和消防设施、器材配置齐全完好有效。选项 C 错误，大型群众性活动的承办者负责保障临时搭建的设施、建筑物的安全，消除安全隐患。选项 D 错误，公安机关负责实施安全许可、制订监督方案和突发事件处置预案。

[答案] A

[2021·单选] 大型群众性活动的安全管理应当遵循安全第一、预防为主的方针。根据《大型群众性活动安全管理条例》，大型群众性应当坚持的安全管理原则是（　　）。

A. 承办者负责、社会监督
B. 承办者负责、政府监管
C. 主办者负责、政府监管
D. 主办者负责、社会监督

[解析] 大型群众性活动的安全管理应当坚持承办者负责、政府监管的原则。

[答案] B

[2020·单选] 根据《大型群众性活动安全管理条例》，举办大型群众性活动预计参加人数达到（　　）人以上的，由活动所在地设区的市级人民政府公安机关实施安全许可。

A. 3 000　　　　　　　　B. 5 000
C. 8 000　　　　　　　　D. 10 000

[解析] 大型群众性活动的预计参加人数在 5 000 人以上的，由活动所在地设区的市级人民政府公安机关或者直辖市人民政府公安机关实施安全许可。

[答案] B

真题精解

点题：此系列真题考查大型群众性活动的安全管理，每年从不同角度进行考查，规律性不强，非高频考点。

分析：《大型群众性活动安全管理条例》规定，大型群众性活动是指法人或者其他组织面向社会公众举办的每场次预计参加人数达到 1 000 人以上的活动。影剧院、音乐厅、公园、娱乐场所等在其日常业务范围内举办的活动，不适用本条例的规定。

大型群众性活动的安全管理应当遵循安全第一、预防为主的方针，坚持承办者负责、政府监管的原则。

1. 承办者的安全责任

大型群众性活动的承办者（以下简称"承办者"）对其承办活动的安全负责，承办者的主要负责人为大型群众性活动的安全责任人。

根据《大型群众性活动安全管理条例》，承办者具体负责下列安全事项：

（1）落实大型群众性活动安全工作方案和安全责任制度，明确安全措施、安全工作人员岗位职

责，开展大型群众性活动安全宣传教育。

(2) 保障临时搭建的设施、建筑物的安全，消除安全隐患。

(3) 按照负责许可的公安机关的要求，配备必要的安全检查设备，对参加大型群众性活动的人员进行安全检查，对拒不接受安全检查的，承办者有权拒绝其进入。

(4) 按照核准的活动场所容纳人员数量、划定的区域发放或者出售门票。

(5) 落实医疗救护、灭火、应急疏散等应急救援措施并组织演练。

(6) 对妨碍大型群众性活动安全的行为及时予以制止，发现违法犯罪行为及时向公安机关报告。

(7) 配备与大型群众性活动安全工作需要相适应的专业保安人员以及其他安全工作人员。

(8) 为大型群众性活动的安全工作提供必要的保障。

2. 场所管理者的安全责任

根据《大型群众性活动安全管理条例》，大型群众性活动的场所管理者具体负责下列安全事项：

(1) 保障活动场所、设施符合国家安全标准和安全规定。

(2) 保障疏散通道、安全出口、消防车通道、应急广播、应急照明、疏散指示标志符合法律、法规、技术标准的规定。

(3) 保障监控设备和消防设施、器材配置齐全、完好有效。

(4) 提供必要的停车场地，并维护安全秩序。

3. 公安机关的安全责任

根据《大型群众性活动安全管理条例》，公安机关应当履行下列职责：

(1) 审核承办者提交的大型群众性活动申请材料，实施安全许可。

(2) 制订大型群众性活动安全监督方案和突发事件处置预案。

(3) 指导对安全工作人员的教育培训。

(4) 在大型群众性活动举办前，对活动场所组织安全检查，发现安全隐患及时责令改正。

(5) 在大型群众性活动举办过程中，对安全工作的落实情况实施监督检查，发现安全隐患及时责令改正。

(6) 依法查处大型群众性活动中的违法犯罪行为，处置危害公共安全的突发事件。

4. 安全许可的规定

(1) 大型群众性活动的预计参加人数在 1 000 人以上 5 000 人以下的，由活动所在地县级人民政府公安机关实施安全许可；预计参加人数在 5 000 人以上的，由活动所在地设区的市级人民政府公安机关或者直辖市人民政府公安机关实施安全许可；跨省、自治区、直辖市举办大型群众性活动的，由国务院公安部门实施安全许可。

(2) 对经安全许可的大型群众性活动，承办者不得擅自变更活动的时间、地点、内容或者扩大大型群众性活动的举办规模。

承办者变更大型群众性活动时间的，应当在原定举办活动时间之前向做出许可决定的公安机关申请变更，经公安机关同意方可变更。承办者变更大型群众性活动地点、内容以及扩大大型群众性活动举办规模的，应当依照规定重新申请安全许可。承办者取消举办大型群众性活动的，应当在原定举办活动时间之前书面告知做出安全许可决定的公安机关，并交回公安机关颁发的准予举办大型群众性活动的安全许可证件。

举一反三

[典型例题1·单选] 根据《大型群众性活动安全管理条例》，下列活动中属于大型群众性活动的是（　　）。

A. 预计参加人数为 800 人的体育比赛活动

B. 售票超过 3 000 张的演唱会活动

C. 音乐厅的观众人数达 2 000 人的演出活动

D. 村民自发形成的人流量超 5 000 人的赶集活动

[解析] 选项 A 错误，大型群众性活动每场次预计参加人数应达到 1 000 人以上。选项 C 错误，根据《大型群众性活动安全管理条例》，音乐厅在其日常业务范围内举办的活动，不属于大型群众性活动。选项 D 错误，自发形成的大集没有组织者，不属于大型群众性活动。

[答案] B

[典型例题2·单选] 举办大型群众性活动，各有关部门及单位要按照职责，对活动的安全负责。根据《大型群众性活动安全管理条例》，下列有关各方职责的说法，正确的是（　　）。

A. 承办者的安全管理人为大型群众性活动的安全责任人

B. 承办者制订大型群众性活动安全监督方案和突发事件处置预案

C. 场所管理者保障疏散通道、安全出口、消防车通道、应急广播、应急照明、疏散指示标志符合规定

D. 公安机关落实医疗救护、灭火、应急疏散等应急救援措施并组织演练

[解析] 选项 A 错误，承办者的主要负责人为大型群众性活动的安全责任人。选项 B 错误，应该由公安机关制订安全监督方案。选项 D 错误，应该由承办者落实应急救援措施并组织演练。

[答案] C

[典型例题3·单选] 对经安全许可的大型群众性活动，承办者不得擅自变更活动的时间、地点、内容或者扩大大型群众性活动的举办规模。确需发生变更的，根据《大型群众性活动安全管理条例》，下列说法正确的是（　　）。

A. 变更活动时间的，应当在原定举办活动时间之前向公安机关重新申请安全许可

B. 变更活动地点的，应当在原定举办活动时间之前向公安机关提出变更申请

C. 扩大活动规模的，应当在原定举办活动时间之前向公安机关提出变更申请

D. 取消举办活动的，应当在原定举办活动时间之前书面告知公安机关，并交回许可

[解析] 选项 A 错误，变更活动时间的，应向原公安机关申请变更。选项 B、C 错误，变更活动地点或扩大活动规模的，应向原公安机关重新申请安全许可。

[答案] D

环球君点拨

《大型群众性活动安全管理条例》相关内容在考试中所占分值较低，在学习中重点掌握申请取得许可的机关、举办活动各方的安全职责，以及承办者变更活动时的规定。

第十二节 女职工劳动保护特别规定

考点 女职工劳动保护与禁忌从事的劳动范围 [2023、2021、2020]

真题链接

[2023·多选] 根据《女职工劳动保护特别规定》，下列劳动作业中，属于女职工禁忌从事的劳动作业有（   ）。

A. 体力劳动强度分级标准中规定的第三级体力劳动强度的作业

B. 体力劳动强度分级标准中规定的第四级体力劳动强度的作业

C. 每次负重超过 25 公斤的作业

D. 高处作业分级标准中规定的第三级高处作业

E. 高处作业分级标准中规定的第四级高处作业

[解析] 选项 B、C 属于女职工禁忌从事的劳动范围。女职工正常情况下，可以从事第三级体力劳动强度的作业以及高处作业，故选项 A、D、E 错误。

[答案] BC

[2021·单选] 国家对女职工实施特殊劳动保护。根据《女职工劳动保护特别规定》，下列关于女职工在经期和孕期禁忌从事劳动范围的说法，正确的是（   ）。

A. 在经期可以从事第二级低温作业　　　　B. 在孕期可以从事低温作业

C. 在经期可以从事第二级高处作业　　　　D. 在孕期可以从事第三级高温作业

[解析] 选项 A 错误，女职工在经期禁忌从事的作业包括低温第二级、第三级、第四级作业，高处第三级、第四级作业。选项 B、D 错误，女职工在孕期禁忌从事的作业包括低温作业，高温第三级、第四级作业。

[答案] C

[2020·单选] 根据《女职工劳动保护特别规定》，下列劳动作业中，属于女职工禁忌从事的劳动作业是（   ）。

A. 体力劳动强度分级标准中规定的第三级体力劳动强度的作业

B. 体力劳动强度分级标准中规定的第四级体力劳动强度的作业

C. 高处作业分级标准中规定的第三级高处作业

D. 高处作业分级标准中规定的第四级高处作业

[解析] 根据《女职工劳动保护特别规定》，女职工禁忌从事的劳动范围之一是体力劳动强度分级标准中规定的第四级体力劳动强度的作业。女职工非处于"三期"（经期、孕期、哺乳期）时，对于其高处作业没有禁忌的规定。故选项 B 正确。

[答案] B

真题精解

点题：此系列真题考查女职工的特殊劳动保护，主要考查女职工处于"三期"时的保护规定，均是对细节的考查，因部分内容与《劳动法》重复，因此考查频率不高。

分析：关于女职工的劳动保护，《女职工劳动保护特别规定》中的具体规定如下。

1. 孕期的劳动保护

女职工在孕期不能适应原劳动的,用人单位应根据医疗机构的证明,予以减轻劳动量或者安排其他能够适应的劳动。

对怀孕 7 个月以上的女职工,用人单位不得延长劳动时间或者安排夜班劳动,并应当在劳动时间内安排一定的休息时间。

怀孕女职工在劳动时间内进行产前检查,所需时间计入劳动时间。

2. 产假的相关规定

女职工生育享受 98 天产假,其中产前可以休假 15 天;难产的,应增加产假 15 天;生育多胞胎的,每多生育 1 个婴儿,可增加产假 15 天。

女职工怀孕未满 4 个月流产的,享受 15 天产假;怀孕满 4 个月流产的,享受 42 天产假。

女职工产假期间的生育津贴,对已经参加生育保险的,按照用人单位上年度职工月平均工资的标准由生育保险基金支付;对未参加生育保险的,按照女职工产假前工资的标准由用人单位支付。

3. 哺乳期的劳动保护

对哺乳未满 1 周岁婴儿的女职工,用人单位不得延长劳动时间或者安排夜班劳动。

用人单位应当在每天的劳动时间内为哺乳期女职工安排 1 小时哺乳时间;女职工生育多胞胎的,每多哺乳 1 个婴儿每天增加 1 小时哺乳时间。

4. 女职工禁忌从事的劳动范围

根据《女职工劳动保护特别规定》,女职工禁忌从事的劳动范围如下:

(1)矿山井下作业。

(2)体力劳动强度分级标准中规定的第四级体力劳动强度的作业。

(3)每小时负重 6 次以上、每次负重超过 20 公斤的作业,或者间断负重、每次负重超过 25 公斤的作业。

女职工在经期禁忌从事的劳动范围如下:

(1)冷水作业分级标准中规定的第二级、第三级、第四级冷水作业。

(2)低温作业分级标准中规定的第二级、第三级、第四级低温作业。

(3)体力劳动强度分级标准中规定的第三级、第四级体力劳动强度的作业。

(4)高处作业分级标准中规定的第三级、第四级高处作业。

女职工在孕期禁忌从事的劳动范围如下:

(1)作业场所空气中有毒物质浓度超过国家职业卫生标准的作业。

(2)从事抗癌药物、己烯雌酚生产,接触麻醉剂气体等的作业。

(3)非密封源放射性物质的操作,核事故与放射事故的应急处置。

(4)高处作业分级标准中规定的高处作业。

(4)冷水作业分级标准中规定的冷水作业。

(5)低温作业分级标准中规定的低温作业。

(6)高温作业分级标准中规定的第三级、第四级的作业。

(7)噪声作业分级标准中规定的第三级、第四级的作业。

(9)体力劳动强度分级标准中规定的第三级、第四级体力劳动强度的作业。

(10) 在密闭空间、高压室作业或者潜水作业，伴有强烈振动的作业，或者需要频繁弯腰、攀高、下蹲的作业。

举一反三

[**典型例题 1·单选**]某服装加工企业有大量女职工，根据《女职工劳动保护特别规定》，该企业对女职工的劳动保护的做法，不正确的是（　　）。

A. 女职工怀孕的，企业不安排女职工夜班劳动

B. 给予女职工 100 天生育假

C. 生育双胞胎的，给予 115 天生育假

D. 怀孕女职工在劳动时间内进行产前检查，所需时间没有计入劳动时间

[解析]女职工产前检查所需时间应当计入劳动时间。

[答案] D

[**典型例题 2·单选**]国家对女职工实行特殊劳动保护。根据《女职工劳动保护特别规定》，下列说法正确的是（　　）。

A. 女职工禁忌从事体力劳动强度分级标准中规定的第三级、第四级体力劳动强度的作业

B. 女职工在经期禁忌从事低温作业分级标准中规定的第三级、第四级低温作业

C. 女职工在经期禁忌从事高处作业分级标准中规定的第三级、第四级高处作业

D. 女职工在孕期禁忌从事冷水作业分级标准中规定的第三级、第四级冷水作业

[解析]选项 A 错误，女职工禁忌从事第四级体力劳动强度的作业，可以参加第三级体力劳动强度的作业。选项 B 错误，女职工在经期禁忌从事第二级、第三级、第四级低温作业。选项 D 错误，女职工在孕期禁忌从事冷水作业。

[答案] C

环球君点拨

在学习过程中应注意，《女职工劳动保护特别规定》中规定的产假天数是高于劳动法的，这并不违背劳动法，并且对产假作了详细的规定。关于女职工在经期、孕期禁忌从事的劳动范围，其中重要的细节规定要掌握。

第七章 安全生产部门规章

第一节 生产经营单位安全培训规定

考点1 安全培训内容和培训学时 [2023、2022、2021、2020、2019]

真题链接

[2023·单选] 王某于2022年被聘为某危险化学品生产企业总经理，上岗前进行了安全培训，取得了安全知识和管理能力考核合格证。根据《生产经营单位安全培训规定》，2023年王某参加安全培训的最少时间是（　　）学时。

A. 16　　　　　　　　　　　　　　B. 8
C. 12　　　　　　　　　　　　　　D. 32

[解析] 根据《生产经营单位安全培训规定》，生产经营单位主要负责人和安全生产管理人员初次安全培训时间不得少于32学时。每年再培训时间不得少于12学时。煤矿、非煤矿山、危险化学品、烟花爆竹、金属冶炼等生产经营单位主要负责人和安全生产管理人员初次安全培训时间不得少于48学时，每年再培训时间不得少于16学时。

[答案] A

[2022·单选] 生产经营单位主要负责人和安全生产管理人员应当接受安全培训。根据《生产经营单位安全培训规定》，关于生产经营单位主要负责人和安全生产管理人员安全培训的做法，正确的是（　　）。

A. 某服装公司主要负责人初次安全培训时间40学时，每年再培训时间12学时
B. 某危险化学品公司主要负责人初次安全培训时间48学时，每年再培训时间12学时
C. 某机械仪表公司主要负责人初次安全培训时间30学时，每年再培训时间16学时
D. 某炼钢公司安全生产管理人员初次安全培训时间46学时，每年再培训时间18学时

[解析] 选项B、D错误，煤矿、非煤矿山、危险化学品、烟花爆竹、金属冶炼等生产经营单位主要负责人和安全生产管理人员初次安全培训时间不得少于48学时，每年再培训时间不得少于16学时。选项C错误，生产经营单位主要负责人和安全生产管理人员初次安全培训时间应不少于32学时，每年再培训时间不得少于12学时。

[答案] A

[2021·单选] 某企业是机械加工企业。根据《生产经营单位安全培训规定》，关于该企业开展从业人员安全培训的说法，正确的是（　　）。

A. 新上岗从业人员的岗前安全培训时间不得少于24学时，每年再培训时间不得少于20学时
B. 新上岗电工的岗前安全培训时间不得少于72学时，每年再培训时间不得少于20学时
C. 企业的厂级、车间级和班组级岗前安全培训的内容都应当包括有关事故案例

D. 在企业内调整工作岗位或离岗一年以上重新上岗时，应当重新接受厂级、车间级和班组级安全培训

[解析] 选项A错误，机械加工企业是非高危企业，对其从业人员每年再培训没有要求。选项B错误，电工是作业人员，对其应进行专门安全培训，并且考核合格后，取得相应资格才能上岗。选项D错误，重新上岗时，应当重新接受车间（工段、区、队）和班组级的安全培训，不包括厂级培训。

[答案] C

[2020·单选] 王某是一家金属矿山公司的董事长，其聘请了李某担任该公司的高级安全主管。根据《生产经营单位安全培训规定》，关于从业人员安全培训时间要求的说法，正确的是（　　）。

A. 王某的初次安全培训时间不得少于32学时

B. 王某每年再培训时间不得少于16学时

C. 李某的初次安全培训时间不得少于24学时

D. 李某每年再培训时间不得少于12学时

[解析] 煤矿、非煤矿山、危险化学品、烟花爆竹、金属冶炼等生产经营单位主要负责人和安全生产管理人员初次安全培训时间不得少于48学时，每年再培训时间不得少于16学时。王某是金属矿山公司的主要负责人，李某是安全管理人，其初次培训时间不得少于48学时，每年再培训时间不得少于16学时，故选项A、C、D错误。

[答案] B

[2019·单选] 根据《生产经营单位安全培训规定》，下列从业人员安全培训时间符合规定的是（　　）。

A. 食品加工企业新上岗的从业人员，岗前安全培训时间达到20学时

B. 危险化学品生产企业的从业人员，每年再培训时间达到20学时

C. 烟花爆竹企业新上岗的从业人员，岗前安全培训时间达到48学时

D. 金属冶炼企业的从业人员，每年安全再培训时间达到16学时

[解析] 选项A错误，食品加工企业为非高危企业，新上岗人员岗前安全培训时间不得少于24学时。选项C、D错误，烟花爆竹、金属冶炼新上岗的从业人员安全培训时间不得少于72学时，每年再培训的时间不得少于20学时。

[答案] B

真题精解

点题：此系列真题主要考查生产经营单位安全培训学时的规定，是非常重要且高频的考点，每年至少考查一题，基本是"数字"考点，要求考生对相关数字牢固掌握。

分析：关于安全培训，《生产经营单位安全培训规定》主要是对高危行业的主要负责人和安全管理人员的培训内容和学时作了规定。该规定中的高危行业和《安全生产法》中的不同，只有矿山、危险化学品、烟花爆竹、金属冶炼企业，不包括建筑施工和运输企业。

1. 培训内容的规定

根据《生产经营单位安全培训规定》，生产经营单位主要负责人安全培训应当包括下列内容：

（1）国家安全生产方针、政策和有关安全生产的法律、法规、规章及标准。

（2）安全生产管理基本知识、安全生产技术、安全生产专业知识。

(3) 重大危险源管理、重大事故防范、应急管理和救援组织以及事故调查处理的有关规定。

(4) 职业危害及其预防措施。

(5) 国内外先进的安全生产管理经验。

(6) 典型事故和应急救援案例分析。

(7) 其他需要培训的内容。

生产经营单位安全生产管理人员安全培训应当包括下列内容：

(1) 国家安全生产方针、政策和有关安全生产的法律、法规、规章及标准。

(2) 安全生产管理、安全生产技术、职业卫生等知识。

(3) 伤亡事故统计、报告及职业危害的调查处理方法。

(4) 应急管理、应急预案编制以及应急处置的内容和要求。

(5) 国内外先进的安全生产管理经验。

(6) 典型事故和应急救援案例分析。

(7) 其他需要培训的内容。

2. 培训学时的规定

(1) 生产经营单位主要负责人和安全生产管理人员初次安全培训时间不得少于32学时。每年再培训时间不得少于12学时。

煤矿、非煤矿山、危险化学品、烟花爆竹、金属冶炼等生产经营单位主要负责人和安全生产管理人员初次安全培训时间不得少于48学时，每年再培训时间不得少于16学时。

(2) 生产经营单位新上岗的从业人员，岗前安全培训时间不得少于24学时。

煤矿、非煤矿山、危险化学品、烟花爆竹、金属冶炼等生产经营单位新上岗的从业人员安全培训时间不得少于72学时，每年再培训的时间不得少于20学时。

(3) 从业人员在本生产经营单位内调整工作岗位或离岗一年以上重新上岗时，应当重新接受车间（工段、区、队）和班组级的安全培训。

生产经营单位实施新工艺、新技术或者使用新设备、新材料时，应当对有关从业人员重新进行有针对性的安全培训。

(4) 生产经营单位的特种作业人员，必须按照国家有关法律、法规的规定接受专门的安全培训，经考核合格，取得特种作业操作资格证书后，方可上岗作业。

举一反三

[典型例题1·单选] 根据《生产经营单位安全培训规定》，下列关于安全培训的做法，正确的是（　　）。

A. 某制衣厂主要负责人进行16学时的初次安全培训

B. 某煤矿安全生产管理人员每年进行16学时的再培训

C. 某烟花爆竹企业主要负责人进行32学时的初次安全培训

D. 某机械厂安全生产管理人员每年进行10学时的再培训

[解析] 选项A错误，制衣厂为非高危行业，其主要负责人初次安全培训时间不得少于32学时。选项C错误，烟花爆竹企业为高危行业，其主要负责人初次安全培训时间不得少于48学时。选项D错误，机械厂为非高危行业，其安全生产管理人员每年进行不少于12学时的再培训。

[答案] B

[典型例题 2·单选] 根据《生产经营单位安全培训规定》，下列关于非煤矿山企业主要负责人和生产管理人员安全培训的说法，正确的是（　　）。

A. 主要负责人初次安全培训时间不得少于 32 学时

B. 主要负责人每年再培训时间不得少于 8 学时

C. 安全生产管理人员初次安全培训时间不得少于 48 学时

D. 安全生产管理人员每年再培训时间不得少于 12 学时

[解析] 选项 A、B、D 错误，非煤矿山企业为高危行业，其主要负责人和安全生产管理人员初次安全培训时间不得少于 48 学时，每年再培训时间不得少于 16 学时。

[答案] C

[典型例题 3·单选] 生产经营单位主要负责人和安全生产管理人员应当接受安全培训，具备与所从事的生产经营活动相适应的安全生产知识和管理能力。根据《生产经营单位安全培训规定》，下列关于生产经营单位主要负责人安全培训的说法，正确的是（　　）。

A. 主要负责人培训内容应包括安全生产技术、安全生产专业知识

B. 主要负责人无须培训重大危险源管理、重大事故防范的有关规定

C. 安全生产管理人员培训内容包括职业危害及其预防措施

D. 安全生产管理人无须培训安全生产管理、安全生产技术知识

[解析] 选项 B 错误，主要负责人的培训内容包括重大危险源管理、重大事故防范的有关规定。选项 C 错误，职业危害及其预防措施有关规定是主要负责人的培训内容。选项 D 错误，安全生产管理人的培训内容应包括安全生产管理、安全生产技术知识。

[答案] A

环球君点拨

对于此考点，主要记忆不同类型企业的不同人员的培训学时，同时要知道，上述规定的是最低学时，企业培训学时可以高于规定。对培训学时的记忆，可以采用对比法，具体见表 7-1。

表 7-1　不同企业的不同人员安全培训学时　　　　　　　　（单位：学时）

企业类型	主要负责人和安全生产管理人员		其他从业人员	
	初次培训	再培训	初次培训	再培训
煤矿、非煤矿山、危险化学品、烟花爆竹、金属冶炼	48	16	72	20
其他生产经营单位	32	12	24	—

考点 2　安全培训组织实施 [2023、2022、2019]

真题链接

[2022·单选] 生产经营单位应当不断加强安全培训工作。根据《生产经营单位安全培训规定》，关于安全培训组织实施的说法，正确的是（　　）。

A. 煤矿企业从业人员的安全培训工作，应当由企业所在地县级人民政府应急管理部组织实施

B. 危险化学品生产企业、食品加工企业应当完善和落实师傅带徒弟制度

C. 烟花爆竹生产企业必须委托具备安全培训条件的机构对从业人员进行安全培训

D. 金属冶炼企业应当坚持以考促学、以讲促学，确保全体职工熟练掌握岗位安全生产知识和技能

[解析] 选项 A 错误，生产经营单位从业人员的安全培训工作，由生产经营单位组织实施。选项 B 错误，食品加工企业无须实施师傅带徒弟制度。选项 C 错误，烟花爆竹生产企业如果具备培训条件，应当以自主培训为主；不具备安全培训条件的，应当委托具备安全培训条件的机构，对从业人员进行安全培训。

[答案] D

[2019·单选] 根据《生产经营单位安全培训规定》，关于安全培训组织实施的说法，正确的是（　　）。

A. 生产经营单位从业人员的安全培训工作必须由有资质的机构进行

B. 生产经营单位委托其他机构进行安全培训，保证安全培训的责任由其他机构承担

C. 生产经营单位安排从业人员参加培训期间，可以不支付从业人员工资

D. 生产经营单位安排从业人员参加培训，应当承担从业人员的培训费用

[解析] 选项 A 错误，生产经营单位具备培训条件的，可以自主培训。选项 B 错误，生产经营单位委托其他机构进行安全培训的，保证安全培训的责任仍由本单位负责。选项 C 错误，从业人员进行安全培训期间，应当支付工资和必要的费用。

[答案] D

真题精解

点题：此系列真题考查安全生产培训的组织实施，非高频考点，隔一两年会考查一次，以单选题为主。

分析：此考点比较简单，主要内容是安全生产培训工作由谁来具体实施。对此，《生产经营单位安全培训规定》规定如下：

（1）生产经营单位从业人员的安全培训工作，由生产经营单位组织实施。生产经营单位应当坚持以考促学、以讲促学，确保全体从业人员熟练掌握岗位安全生产知识和技能；煤矿、非煤矿山、危险化学品、烟花爆竹、金属冶炼等生产经营单位还应当完善和落实师傅带徒弟制度。

（2）具备安全培训条件的生产经营单位，应当以自主培训为主；可以委托具备安全培训条件的机构，对从业人员进行安全培训。不具备安全培训条件的生产经营单位，应当委托具备安全培训条件的机构，对从业人员进行安全培训。生产经营单位委托其他机构进行安全培训的，保证安全培训的责任仍由本单位负责。

（4）生产经营单位应当建立健全从业人员安全生产教育和培训档案，由生产经营单位的安全生产管理机构以及安全生产管理人员详细、准确记录培训的时间、内容、参加人员以及考核结果等情况。

（5）生产经营单位安排从业人员进行安全培训期间，应当支付工资和必要的费用。

举一反三

[典型例题 1·单选] 根据《生产经营单位安全培训规定》，关于生产经营单位对从业人员的安全培训的说法，正确的是（　　）。

A. 生产经营单位对新上岗的临时工可以不进行安全生产培训

B. 从业人员在本生产经营单位内调整工作岗位的可以不进行安全生产培训

C. 生产经营单位从业人员的安全培训工作，由生产经营单位组织实施

D. 高危行业从业人员的安全培训工作，由其安全监督管理部门负责组织实施

[解析] 选项 A 错误，对新上岗的临时工也应当进行安全生产培训。选项 B 错误，单位内部调整岗位的应进行安全生产培训。选项 D 错误，生产经营单位从业人员的安全培训工作，由生产经营单位组织实施。

[答案] C

[典型例题 2·单选] 根据《生产经营单位安全培训规定》，生产经营单位对从业人员的安全培训的组织实施的做法，正确的是（　　）。

A. 生产经营单位从业人员的安全培训工作，应当由专业的安全培训机构组织实施
B. 具备安全培训条件的生产经营单位，可以委托培训机构，对从业人员进行安全培训
C. 不具备安全培训条件的生产经营单位，可以自主培训，也可以委托具备安全培训条件的机构，对从业人员进行安全培训
D. 生产经营单位委托其他机构进行安全培训的，本单位的安全生产责任由培训机构负责

[解析] 选项 A 错误，生产经营单位从业人员的安全培训工作，由生产经营单位组织实施。选项 C 错误，不具备安全培训条件的生产经营单位，应当委托具备安全培训条件的机构，对从业人员进行安全培训。选项 D 错误，生产经营单位委托其他机构进行安全培训的，本单位的安全生产责任应由本单位负责。

[答案] B

环球君点拨

安全培训工作实施的总体原则是生产经营单位组织，有条件的可以自己实施，也可以委托给培训机构实施；没有条件的，只能委托给培训机构实施。实行"师傅带徒弟制度"的行业，可总结为口诀"危烟金矿"，其中"矿"是指煤矿和非煤矿山企业。《生产经营单位安全培训规定》只列举了这四类高危行业，对非高危行业则没有做出具体要求。

第二节　特种作业人员安全技术培训考核管理规定

▶ 考点 1　特种作业人员具备的条件 [2023、2022、2020]

真题链接

[2022·单选] 特种作业人员应当具备相应的学历教育背景和身体健康条件，根据《特种作业人员安全技术培训考核管理规定》，下列人员中，符合特种作业人员有关条件的是（　　）。

A. 李某 20 周岁，职高毕业，拟从事煤矿瓦斯检查作业，除高血压外无其他病症和生理缺陷
B. 王某 16 周岁，初中毕业，拟从事高处作业，除糖尿病外无其他病症和生理缺陷
C. 张某 19 周岁，高中毕业，拟从事高压电工作业，除眩晕症外无其他病症和生理缺陷
D. 马某 21 周岁，初中毕业，拟从事危险化学品特种作业，除眼睛近视外无其他病症和生理缺陷

[解析] 特种作业人员应当年满 18 周岁，无影响上岗的疾病（器质性心脏病、癫痫病、美尼尔氏症、眩晕症、癔病、震颤麻痹症、精神病、痴呆症），具有初中及以上文化程度（危险化学品特种作业要求高中以上）。依题意，选项 B、C、D 错误。

[答案] A

[2020·多选] 陈某应聘到一家危险化学品生产企业从事过氧化工艺作业。根据《特种作业人员安全技术培训考核管理规定》，陈某应当具备的条件有（　　）。

A. 身体健康，并无妨碍从事相应特种作业的疾病和生理缺陷
B. 年满 16 周岁
C. 具有初中及以上文化程度
D. 具有 3 年以上相应工作岗位经历
E. 具备必要的安全技术知识与技能

[解析] 陈某从事的过氧化工艺作业属于危险化学品行业特种作业，因此陈某应当年满 18 周岁，具有高中以上文化程度，具备必要的安全技术知识与技能，没有同岗位工作经历的要求，故选项 B、C、D 错误。

[答案] AE

真题精解

点题：此系列真题考查特种作业人员的从业要求，为基础低频考点，题目设置也不难，属于送分题。

分析：特种作业人员的从业要求主要有四方面：知识能力、年龄、学历、身体状况。根据《特种作业人员安全技术培训考核管理规定》，特种作业人员应当符合下列条件：

（1）年满 18 周岁，且不超过国家法定退休年龄。
（2）经社区或者县级以上医疗机构体检健康合格，并无妨碍从事相应特种作业的器质性心脏病、癫痫病、美尼尔氏症、眩晕症、癔病、震颤麻痹症、精神病、痴呆症以及其他疾病和生理缺陷。
（3）具有初中及以上文化程度。
（4）具备必要的安全技术知识与技能。
（5）相应特种作业规定的其他条件。

危险化学品特种作业人员除符合上述第（1）项、第（2）项、第（4）项和第（5）项规定的条件外，应当具备高中或者相当于高中及以上文化程度。

特种作业人员必须经专门的安全技术培训并考核合格，取得《中华人民共和国特种作业操作证》（以下简称"特种作业操作证"）后，方可上岗作业。

举一反三

[典型例题 1·单选] 根据《特种作业人员安全技术培训考核管理规定》，从事特种作业的人员应当符合的条件是（　　）。

A. 具备必要的安全技术知识与技能
B. 年满 16 周岁，且不超过国家法定退休年龄
C. 具有高中及以上文化程度
D. 经设区的市级以上医疗机构体检健康合格

[解析] 特种作业人员应年满 18 周岁，具有初中及以上文化程度，经社区或者县级以上医疗机构体检健康合格，故选项 B、C、D 错误。

[答案] A

[典型例题 2·单选] A 省某化工厂每班有甲、乙、丙三人负责粗苯加氢装置的运行，甲是班

长、户籍在B省；乙、丙是操作工，当地人。根据《特种作业人员安全技术培训考核管理规定》，下列关于甲、乙、丙三人从业条件的说法，正确的是（　　）。

　　A. 甲、乙、丙应当具有高中或相当于高中及以上文化程度
　　B. 甲、乙、丙应当具有初中及以上文化程度
　　C. 甲应当在B省申请特种作业操作证，不得在A省申请
　　D. 甲、乙、丙的特种作业操作证应当每年复审一次

[解析] 选项A正确、选项B错误，根据题意，甲、乙、丙三人为危险化学品特种作业人员，应当具备高中及以上文化程度。选项C错误，甲可以在A省申请特种作业操作证，也可以在B省申请。选项D错误，特种作业操作证应当每3年复审一次。

[答案] A

环球君点拨

考生在学习过程中应注意，从事危险化学品特种作业的人员学历要求是高中及以上，职业有时在题目中不直接给出，而是描述某种具体的化学品；对于从业人员的禁忌疾病，不需要背下来，可根据常识进行判断。

考点2　特种作业人员证书管理 [2023、2022、2021、2020]

真题链接

[2023·单选] 李某依法取得了低压电工作业操作证书，证书初发日期为2007年10月3日，最近一次复审日期为2020年9月20日，持证上岗期间严格遵守有关安全生产法律法规。根据《特种作业人员安全技术培训考核管理规定》，关于李某特种作业操作证复审的说法，错误的是（　　）。

　　A. 考核发证机关可以在2026年9月20日前复审
　　B. 复审应当提交社区或者县级以上医疗机构出具的健康证明
　　C. 复审应当在期满前30日内向原考核发证机关或者从业地考核发证机关提出申请
　　D. 复审应当提交从事特种作业的情况、安全培训考核合格记录

[解析] 特种作业操作证需要复审的，应当在期满前60日内，由申请人或者申请人的用人单位向原考核发证机关或者从业所在地考核发证机关提出申请，并提交规定的材料，选项C错误。

[答案] C

[2022·单选] 特种作业人员应当经培训考核合格，取得特种作业操作证后持证上岗。根据《特种作业人员安全技术培训考核管理规定》，关于特种作业人员考核发证的说法，正确的是（　　）。

　　A. 考核发证机关受理特种作业操作证申请后，应当在20个工作日内完成审核
　　B. 特种作业实际操作考试不及格的允许补考，补考前应当重新参加培训
　　C. 经考试合格的特种作业人员，只能在从业单位所在地申办特种作业操作证
　　D. 特种作业操作证遗失需要补办的，应当向从业单位所在地考核发证机构申报

[解析] 选项B错误，考试不及格的，允许补考1次，没有重新参加培训的规定。选项C错误，考试合格的人员可以向其户籍所在地或者从业所在地的考核发证机关申请办理特种作业操作证。选

项 D 错误，特种作业操作证遗失的，应当向原考核发证机关提出书面申请补办。

[答案] A

[2022·多选] 特种作业操作证应当定期复审。根据《特种作业人员安全技术培训考核管理规定》，关于特种作业操作证复审的说法，正确的有（　　）。

A. 李某申请特种作业操作证复审前，应当参加不少于 8 个学时必要的安全培训并考试合格

B. 赵某申请特种作业操作证复审的，考核发证机关应当在收到其申请之日 20 个工作日内完成复审

C. 张某连续从事特种作业 10 年，经原考核发证机关同意，其特种作业操作证复审时间可以延长至每 5 年 1 次

D. 王某特种作业操作证需要复审的，应当在有效期满前 30 日内向考核发证机关提出申请

E. 孙某有违章操作或者有违章行为并经查证确实的，则其特种作业操作证复审不予通过

[解析] 选项 C 错误，经考核发证机关同意，复审时间可以延长至每 6 年 1 次。选项 D 错误，应当在期满前 60 日内向考核发证机关提出申请。选项 E 错误，有 2 次以上违章行为并经查证确实的，其复审不予通过。

[答案] AB

[2020·单选] 张某从技工学校电焊专业毕业后，被招录到某建筑公司从事电焊工作，按要求申办特种作业操作证。根据《特种作业人员安全技术培训考核管理规定》，关于张某安全培训要求的说法，正确的是（　　）。

A. 免于安全培训，可以直接取得操作证

B. 免于实际操作培训，仍需理论培训

C. 免于理论培训，仍需实际操作培训

D. 持学历证明经考核发证机关同意，可免于专业培训

[解析] 张某是电焊专业毕业，从事焊工工作，应持学历证明经考核发证机关同意，可以免于相关专业的培训（原则上主要是免除相关专业的安全技术理论培训），而其他的培训不予直接免除。

[答案] D

[2020·单选] 特种作业操作证应当定期复审。根据《特种作业人员安全技术培训考核管理规定》，关于特种作业人员特种作业操作证复审的说法，正确的是（　　）。

A. 申请复审的，应当参加必要的安全培训并考核合格

B. 连续从事本工种 10 年以上的，复审时间自动延长至每 6 年 1 次

C. 申请复审的，安全培训时间不少于 4 学时

D. 有 1 次违章行为并查证属实的，复审不予通过

[解析] 选项 B 错误，经考核发证机关同意，复审可以延长至每 6 年 1 次。选项 C 错误，申请复审的，安全培训时间不少于 8 个学时。选项 E 错误，有 2 次以上违章行为并经查证确实的，其复审不予通过。

[答案] A

📖 **真题精解**

点题：此系列真题考查特种作业人员操作证的安全管理，其中，2023 年真题和 2022 年的两道真题考查特种作业人员考核发证和特种作业操作证复审；2020 年两道真题分别对安全培训和特种作业操作证复审进行考查。此知识点为高频考点，应重点掌握。

分析： 此考点包括多个方面的内容。《特种作业人员安全技术培训考核管理规定》对特种作业培训、考核发证、操作证复审作出了详细的规定。

1. 培训

特种作业人员应当接受与其所从事的特种作业相应的安全技术理论培训和实际操作培训。已经取得职业高中、技工学校及中专以上学历的毕业生从事与其所学专业相应的特种作业，持学历证明经考核发证机关同意，可以免予相关专业的培训。

跨省、自治区、直辖市从业的特种作业人员，可以在户籍所在地或者从业所在地参加培训。

2. 考核发证

（1）参加特种作业操作资格考试的人员，应当填写考试申请表，由申请人或者申请人的用人单位持学历证明或者培训机构出具的培训证明向申请人户籍所在地或者从业所在地的考核发证机关或其委托的单位提出申请。

考核发证机关或其委托的单位收到申请后，应当在60日内组织考试。

特种作业操作资格考试包括安全技术理论考试和实际操作考试两部分。考试不及格的，允许补考1次。经补考仍不及格的，重新参加相应的安全技术培训。

（2）符合规定并经考试合格的特种作业人员，应当向其户籍所在地或者从业所在地的考核发证机关申请办理特种作业操作证，并提交身份证复印件、学历证书复印件、体检证明、考试合格证明等材料。

（3）对已经受理的申请，考核发证机关应当在20个工作日内完成审核工作。符合条件的，颁发特种作业操作证；不符合条件的，应当说明理由。

（4）特种作业操作证有效期为6年，在全国范围内有效。特种作业操作证由安全监管总局统一式样、标准及编号。

（5）特种作业操作证遗失的，应当向原考核发证机关提出书面申请，经原考核发证机关审查同意后，予以补发。

特种作业操作证所记载的信息发生变化或者损毁的，应当向原考核发证机关提出书面申请，经原考核发证机关审查确认后，予以更换或者更新。

3. 复审

（1）特种作业操作证每3年复审1次。特种作业人员在特种作业操作证有效期内，连续从事本工种10年以上，严格遵守有关安全生产法律法规的，经原考核发证机关或者从业所在地考核发证机关同意，特种作业操作证的复审时间可以延长至每6年1次。

（2）特种作业操作证需要复审的，应当在期满前60日内，由申请人或者申请人的用人单位向原考核发证机关或者从业所在地考核发证机关提出申请。

（3）特种作业操作证申请复审或者延期复审前，特种作业人员应当参加必要的安全培训并考试合格。安全培训时间不少于8个学时，主要培训法律、法规、标准、事故案例和有关新工艺、新技术、新装备等知识。

（4）申请复审的，考核发证机关应当在收到申请之日起20个工作日内完成复审工作。复审合格的，由考核发证机关签章、登记，予以确认；不合格的，说明理由。申请延期复审的，经复审合格后，由考核发证机关重新颁发特种作业操作证。

（5）特种作业人员有下列情形之一的，复审或者延期复审不予通过：

①健康体检不合格的。
②违章操作造成严重后果或者有2次以上违章行为，并经查证确实的。
③有安全生产违法行为，并给予行政处罚的。
④拒绝、阻碍安全生产监管监察部门监督检查的。
⑤未按规定参加安全培训，或者考试不合格的。
⑥具有《特种作业人员安全技术培训考核管理规定》第三十条、第三十一条规定情形的。
(6) 申请人对复审或者延期复审有异议的，可以依法申请行政复议或者提起行政诉讼。

举一反三

[典型例题1·单选]根据《特种作业人员安全技术培训考核管理规定》，关于特种作业操作证复审的说法，正确的是（　　）。

A. 特种作业人员在特种作业操作证有效期内连续操作本工种10年以上，特种作业操作证的复审时间可以延长至每10年1次

B. 特种作业操作证申请复审前，特种作业人员应当参加必要的安全培训并考试及格，安全培训时间不少于4个学时

C. 特种作业人员违章操作造成严重后果或者有1次违章行为，特种作业操作证复审不予通过

D. 特种作业人员因安全生产违法行为受到行政处罚，特种作业操作证复审不予通过

[解析] 选项A错误，经考核发证机关同意，复审时间可以延长至每6年1次。选项B错误，特种作业操作证申请复审前，应当参加不少于8个学时的安全培训。选项C错误，违章操作造成严重后果或者有2次以上违章行为，特种作业操作证复审不予通过。

[答案] D

[典型例题2·单选]根据《特种作业人员安全技术培训考核管理规定》，下列关于特种作业操作证的考核和复审的说法，正确的是（　　）。

A. 特种作业操作资格考试包括安全技术理论考试和实际操作考试两部分，考试不及格的，不允许补考

B. 特种作业人员在特种作业操作证有效期内，连续从事本工种6年以上，严格遵守有关安全生产法律法规的，经原发证机关同意，复审时间可以延长至每3年1次

C. 特种作业操作证申请复审或者延期复审前，特种作业人员应当参加必要的安全培训并考试合格

D. 离开特种作业岗位1年以上的特种作业人员，应当重新进行实际操作考试，经确认合格后方可上岗作业

[解析] 选项A错误，考试不及格的，允许补考1次。选项B错误，经原发证机关同意，可以延长至每6年复审1次。选项D错误，离开本岗位6个月以上的特种作业人员，应当重新进行实际操作考试。

[答案] C

[典型例题3·单选]根据《特种作业人员安全技术培训考核管理规定》，特种作业人员操作证一般每3年复审1次。下列关于特种作业操作证复审的说法，正确的是（　　）。

A. 特种作业操作证需要复审的，应当在期满前90日内，按规定申请复审

B. 特种作业操作证申请复审前，特种作业人员应参加不少于8个学时的安全培训

C. 按规定参加安全培训，考试不合格的允许补考1次

D. 有安全生产违法行为的，复审一律不予通过

[解析] 选项A错误，应该在期满前60日内按规定申请复审。选项C错误，复审时考试不合格的，不允许补考，复审不予通过。选项D错误，有安全生产违法行为并给予行政处罚的，复审不予通过。

[答案] B

[典型例题 4·单选] 某建筑施工企业承包某项目的幕墙改造工程，其中高处作业、焊接切割作业、电工作业必须由取得特种作业操作证的人员完成。关于特种作业人员考核取证、特种作业操作证复审的说法，正确的是（　　）。

A. 特种作业人员必须在户籍所在地参加培训，并考核合格

B. 特种作业人员必须在从业所在地参加培训，并考核合格

C. 特种作业操作证申请复审或延期复审前，特种作业人员须参加不少于16学时的安全培训并考试合格

D. 特种作业操作证有效期为6年，每3年复审1次，满足相关规定条件可延长至每6年1次

[解析] 选项A、B错误，特种作业人员可以在户籍所在地或从业所在地参加培训，并考核合格。选项C错误，在复审或延期复审前，特种作业人员参加的安全培训时间不少于8个学时。

[答案] D

环球君点拨

此考点比较容易出题的是特种作业操作证的复审，因其涉及的规定较多，且有大量数字需要记忆，应着重学习。还有一点要注意，在考核发证时，考试不及格的有1次补考机会；在复审时，考试不及格的，没有补考机会，在考试时要看清题目的问法。

▶ **考点3 监督管理** [2021、2020]

真题链接

[2021·单选] 小王和小李是某机械厂机修车间的两名焊工，从事压力焊作业。因工作需要，两人被调至该厂的其他岗位，小王做了4个月的质量管理工作，小李做了9个月的安全管理工作。小王和小李重回机修车间从事压力焊工作，两人的特种作业操作证书都在有效期内。根据《特种作业人员安全技术培训考核管理规定》，下列关于小王和小李重新从事压力焊作业的说法，正确的是（　　）。

A. 小王和小李的特种作业操作证书都在有效期内，两人都可以直接上岗

B. 小王和小李都应当参加特种作业实际操作考试，经确认合格后方可上岗

C. 小王可以直接上岗，小李应当参加特种作业实际操作考试，经确认合格后方可上岗

D. 小王和小李应当参加特种作业安全技术理论和实际操作考试，经确认合格后方可上岗

[解析] 根据规定，离开特种作业岗位6个月以上的特种作业人员，应当重新进行实际操作考试，经确认合格后方可上岗作业。小王离岗4个月，小李离岗9个月，因此小王无须培训考核，小李应参加特种作业实际操作考试，经确认合格后上岗。

[答案] C

[2020·单选] 王某是某化工企业氯化岗位特种作业人员，于2019年5月因病住院，2020年6

月病愈上班。根据《特种作业人员安全技术考核管理规定》，关于王某重新上岗的说法，正确的是（　　）。

A. 无需参加理论和实际操作考试
B. 必须再申请特种作业操作证
C. 应当重新进行实际操作考试并经确认合格
D. 应当再经过实际操作培训但无需进行考试

[解析] 2019年5月到2020年6月，王某离开特种作业岗位超过6个月，应当重新进行特种作业实际操作考试，经确认合格后方可上岗作业。

[答案] C

真题精解

点题：这两年真题考查特种作业证书的监督管理，只考查其中的一点，即特种作业人员离岗后又复岗的，对其培训的规定，其中涉及一个"数字"，比较简单。

分析：关于特种作业操作证的监督管理，《特种作业人员安全技术考核管理规定》进行了如下规定。

（1）离开特种作业岗位6个月以上的特种作业人员，应当重新进行实际操作考试，经确认合格后方可上岗作业。

（2）培训机构应当按照有关规定组织实施特种作业人员的安全技术培训，不得向任何机构或者个人转借、出租安全生产培训资质证书。

（3）生产经营单位应当加强对本单位特种作业人员的管理，建立健全特种作业人员培训、复审档案，做好申报、培训、考核、复审的组织工作和日常的检查工作。

（4）特种作业人员在劳动合同期满后变动工作单位的，原工作单位不得以任何理由扣押其特种作业操作证。跨省、自治区、直辖市从业的特种作业人员应当接受从业所在地考核发证机关的监督管理。

（5）生产经营单位不得印制、伪造、倒卖特种作业操作证，或者使用非法印制、伪造、倒卖的特种作业操作证。

特种作业人员不得伪造、涂改、转借、转让、冒用特种作业操作证或者使用伪造的特种作业操作证。

举一反三

[典型例题·单选] 某工人为特种作业人员，因岗位调整转岗到仓库工作，在此期间未进行相关的特种作业，3个月后，公司将该工人调整回原岗位继续从事特种作业，该工人特种作业操作证尚在有效期内。根据《特种作业人员安全技术培训考核管理规定》，该工人（　　）。

A. 应当重新进行实际操作考试，经确认合格后上岗作业
B. 应当进行特种作业理论知识考试，经确认合格后上岗作业
C. 无须进行理论知识和实际操作考试，可以直接上岗作业
D. 应当重新参加特种作业培训考试，取得特种作业操作证后上岗作业

[解析] 离开特种作业岗位6个月以上的特种作业人员，应当重新进行实际操作考试，经确认合格后方可上岗作业。该工人离开特种作业岗位3个月，因此无须进行培训考核，可直接上岗。

[答案] C

环球君点拨

在考试中，答题依据是《特种作业人员安全技术考核管理规定》，应注意该规定中不论特种作业的种类，离岗时间均为6个月，不要与《安全生产管理》等相关科目的知识点混淆。

第三节　安全生产培训管理办法

考点　安全培训和考核发证 [2023、2022、2021、2020、2019]

真题链接

[2023·单选] 甲为中央企业子公司，乙为民营企业集团公司，丙为省属企业子公司，丁为省属企业总公司。根据《安全生产培训管理办法》，关于上述公司主要负责人安全培训考核的说法，正确的是（　　）。

A. 甲公司主要负责人的考核由国务院应急管理部门负责
B. 乙公司主要负责人的考核由省应急管理部门负责
C. 丁公司主要负责人的考核由县应急管理部门负责
D. 丙公司主要负责人的考核由市应急管理部门负责

[解析] 选项A错误，甲公司主要负责人的考核由省级应急管理部门负责。选项B错误，乙公司主要负责人的考核由国务院应急管理部门负责。选项C错误，丁公司主要负责人的考核由省级应急管理部门负责。

[答案] D

[2022·单选] 根据《安全生产培训管理办法》，关于安全培训和考核发证的说法，正确的是（　　）。

A. 某矿业公司从业人员接受安全培训经考核合格的，考核部门应当在考核结束后20个工作日内向其颁发相应的证书
B. 某炼钢企业主要负责人、安全生产管理人员经考核合格后，考核部门应当向其颁发培训合格证
C. 某危险化学品登记机构的登记人员经考核合格后，考核部门应当向其颁发安全合格证
D. 某省应急管理部门核发的主要负责人、安全生产管理人员的安全合格证，在全国范围内有效

[解析] 选项A错误，考核结束后10个工作日内颁发相应的证书。选项B错误，金属冶炼单位主要负责人、安全生产管理人员经考核合格后，颁发的是安全合格证。选项C错误，危险化学品登记机构的登记人员经考核合格后，颁发的是上岗证。

[答案] D

[2021·单选] 安全生产培训应当按照标准进行考核。根据《安全生产培训管理办法》，关于安全生产培训考核标准制定权限的说法，正确的是（　　）。

A. 国务院应急管理部门制定中央企业主要负责人的考核标准
B. 省级应急管理部门制定省属企业安全生产管理人员的考核标准
C. 省级应急管理部门制定安全生产应急救援人员的考核标准
D. 国家煤矿安全监察机构制定煤矿企业特种作业人员的考核标准

[解析] 选项A错误，非高危企业主要负责人的考核标准由省级应急管理部门制定。选项B错误，高危企业安全生产管理人员的考核标准由国务院应急管理部门制定。选项C错误，应急救援人员的考核标准由国务院应急管理部门制定。

[答案] D

[2020·单选] 某中央企业总部位于北京市朝阳区，王某是该企业设在石家庄市的河北分公司主要负责人，按规定参加安全生产培训。根据《安全生产培训管理办法》，安全生产培训结束后，负责对王某进行考核的部门是（　　）。

A. 河北省应急管理部门
B. 北京市应急管理部门
C. 北京市朝阳区应急管理部门
D. 河北省石家庄市应急管理部门

[解析] 根据题意可知，王某是该企业设在石家庄市的河北分公司主要负责人，负责其考核的应是省级应急管理部门。

[答案] A

[2020·单选] 根据《安全生产培训管理办法》，关于负有安全监督管理职责的部门颁发的证书效力的说法，正确的是（　　）。

A. 赵某在北京市取得的企业安全管理人员安全合格证，在广东省也有效
B. 李某在上海市取得的企业主要负责人安全合格证，仅在上海市范围内有效
C. 王某在山东省取得的煤矿安全管理人员安全合格证，仅在山东省范围内有效
D. 张某在安徽省取得的特种作业操作证，仅在安徽省范围内有效

[解析] 根据规定，特种作业操作证和省级安全生产监督管理部门、省级煤矿安全培训监管机构颁发的主要负责人、安全生产管理人员的安全合格证，在全国范围内有效。选项A正确，北京市是省级行政区，故其颁发的证书在全国范围内有效。选项B、C、D错误，在上海市、山东省、安徽省取得的安全合格证或特种作业操作证，在全国范围内均有效。

[答案] A

[2019·单选] 根据《安全生产培训管理办法》，关于生产经营单位安全生产培训的说法，正确的是（　　）。

A. 煤矿企业的主要负责人和安全生产管理人员、特种作业人员的培训大纲由省级安全监管部门组织制定
B. 对从业人员的安全培训，具备安全培训条件的生产经营单位应当以自主培训为主，也可以委托具备安全培训条件的机构进行安全培训
C. 生产经营单位的从业人员的安全培训，由所在地县级安全监管部门负责
D. 生产经营单位委托其他机构进行安全培训的，安全培训责任由被委托的机构承担

[解析] 选项A错误，应该由国家煤矿安监局组织制定培训大纲。选项C错误，生产经营单位的从业人员的安全培训，由生产经营单位负责。选项D错误，生产经营单位委托其他机构进行安全培训的，安全培训责任由生产经营单位负责。

[答案] B

> **真题精解**
>
> **点题：** 此系列真题考查安全生产培训的有关规定，是高频考点。2019年真题考查生产经营单位的安全培训；2020年两道真题考查的是培训考核及证书的效力；2021年真题考查培训考核标准

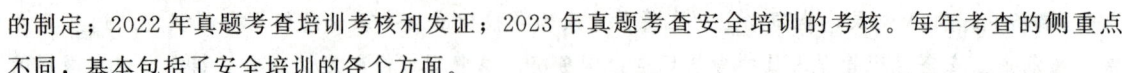

的制定；2022年真题考查培训考核和发证；2023年真题考查安全培训的考核。每年考查的侧重点不同，基本包括了安全培训的各个方面。

分析：《安全生产培训管理办法》对安全培训和考核发证的各个环节进行了详细规定。

1. 安全培训大纲

安全培训应当按照规定的安全培训大纲进行。安全监管监察人员，危险物品的生产、经营、储存单位与非煤矿山、金属冶炼单位的主要负责人和安全生产管理人员、特种作业人员以及从事安全生产工作的相关人员的安全培训大纲，由国家安全监管总局组织制定。

煤矿企业的主要负责人和安全生产管理人员、特种作业人员的培训大纲由国家煤矿安监局组织制定。

除危险物品的生产、经营、储存单位和矿山、金属冶炼单位以外其他生产经营单位的主要负责人、安全生产管理人员及其他从业人员的安全培训大纲，由省级安全生产监督管理部门、省级煤矿安全培训监管机构组织制定。

2. 安全培训

（1）国家安全监管总局负责省级以上安全生产监督管理部门的安全生产监管人员、各级煤矿安全监察机构的煤矿安全监察人员的培训工作。省级安全生产监督管理部门负责市级、县级安全生产监督管理部门的安全生产监管人员的培训工作。

生产经营单位的从业人员的安全培训，由生产经营单位负责。

（2）中央企业的分公司、子公司及其所属单位和其他生产经营单位，发生造成人员死亡的生产安全事故的，其主要负责人和安全生产管理人员应当重新参加安全培训。

特种作业人员对造成人员死亡的生产安全事故负有直接责任的，应当按照《特种作业人员安全技术培训考核管理规定》重新参加安全培训。

（3）国家鼓励生产经营单位实行师傅带徒弟制度。矿山新招的井下作业人员和危险物品生产经营单位新招的危险工艺操作岗位人员，除按照规定进行安全培训外，还应当在有经验的职工带领下实习满2个月后，方可独立上岗作业。

3. 安全培训的考核

（1）安全监管监察人员，危险物品的生产、经营、储存单位及非煤矿山、金属冶炼单位主要负责人、安全生产管理人员和特种作业人员，以及从事安全生产工作的相关人员的考核标准，由国家安全监管总局统一制定。

煤矿企业的主要负责人、安全生产管理人员和特种作业人员的考核标准，由国家煤矿安监局制定。

除危险物品的生产、经营、储存单位和矿山、金属冶炼单位以外，其他生产经营单位主要负责人、安全生产管理人员及其他从业人员的考核标准，由省级安全生产监督管理部门制定。

（2）国家安全监管总局负责省级以上安全生产监督管理部门的安全生产监管人员、各级煤矿安全监察机构的煤矿安全监察人员的考核；负责中央企业的总公司、总厂或者集团公司的主要负责人和安全生产管理人员的考核。

省级安全生产监督管理部门负责市级、县级安全生产监督管理部门的安全生产监管人员的考核；负责省属生产经营单位和中央企业分公司、子公司及其所属单位的主要负责人和安全生产管理人员的考核；负责特种作业人员的考核。

市级安全生产监督管理部门负责本行政区域内除中央企业、省属生产经营单位以外的其他生产经营单位的主要负责人和安全生产管理人员的考核。

省级煤矿安全培训监管机构负责所辖区域内煤矿企业的主要负责人、安全生产管理人员和特种作业人员的考核。

除主要负责人、安全生产管理人员、特种作业人员以外的生产经营单位的其他从业人员的考核，由生产经营单位按照省级安全生产监督管理部门公布的考核标准，自行组织考核。

4. 考核发证

（1）接受安全培训人员经考核合格的，由考核部门在考核结束后 10 个工作日内颁发相应的证书。

（2）安全生产监管人员经考核合格后，颁发安全生产监管执法证；煤矿安全监察人员经考核合格后，颁发煤矿安全监察执法证；危险物品的生产、经营、储存单位和矿山、金属冶炼单位主要负责人、安全生产管理人员经考核合格后，颁发安全合格证；特种作业人员经考核合格后，颁发特种作业操作证；危险化学品登记机构的登记人员经考核合格后，颁发上岗证；其他人员经培训合格后，颁发培训合格证。

（3）安全生产监管执法证、煤矿安全监察执法证、安全合格证、特种作业操作证和上岗证的式样，由国家安全监管总局统一规定。培训合格证的式样，由负责培训考核的部门规定。

（4）安全生产监管执法证、煤矿安全监察执法证、安全合格证的有效期为 3 年。有效期届满需要延期的，应当于有效期届满 30 日前向原发证部门申请办理延期手续。

（5）特种作业操作证和省级安全生产监督管理部门、省级煤矿安全培训监管机构颁发的主要负责人、安全生产管理人员的安全合格证，在全国范围内有效。

举一反三

[典型例题 1·单选] 根据《安全生产培训管理办法》，矿山新招井下作业人员，除按照规定进行安全培训外，还应当在有经验的职工带领下至少实习（　　）个月后，方可独立上岗作业。

A. 1　　　　　　　　　　　　　　B. 3
C. 2　　　　　　　　　　　　　　D. 6

[解析] 矿山新招的井下作业人员应当在有经验的职工带领下实习满 2 个月后，方可独立上岗作业。

[答案] C

[典型例题 2·单选] 依据《安全生产培训管理办法》，下列关于安全生产培训工作的说法，正确的是（　　）。

A. 生产经营单位接收学生实习，学生的安全生产培训工作由学校负责，生产经营单位不必进行安全教育培训
B. 生产经营单位使用被派遣劳动者，由劳务派遣单位对其进行岗位安全操作规程和安全操作技能教育和培训
C. 特种作业人员对造成人员死亡的生产安全事故负有直接责任的，应当重新参加安全培训
D. 职业院校毕业生从事与所学专业相关的作业，可以免予参加初次培训和实际操作培训

[解析] 选项 A 错误，对实习生的培训由生产经营单位负责。选项 B 错误，使用被派遣劳动者的，由用人单位进行岗位安全操作规程和安全操作技能教育和培训。选项 D 错误，可以免予参加初

次培训，但必须参加实际操作培训。

[答案] C

[**典型例题 3·单选**] 根据《安全生产培训管理办法》，下列关于安全培训及考核的说法，正确的是（   ）。

A. 生产经营单位的主要负责人、特种作业人员的安全培训，由所在地安全监管部门负责

B. 对从业人员的安全培训，生产经营单位应当自主进行，不得委托培训

C. 省级危险物品的生产单位主要负责人和安全生产管理人员的考核由国家应急管理部门负责

D. 省级应急管理部门的安全生产监管人员的考核由国家应急管理部门负责

[解析] 选项 A 错误，生产经营单位的从业人员的安全培训，由生产经营单位负责。选项 B 错误，对从业人员的安全培训，生产经营单位以自主培训为主，也可以委托机构进行安全培训。选项 C 错误，省级危险物品的生产单位主要负责人和安全生产管理人员的考核应该由省级应急管理部门负责。

[答案] D

环球君点拨

不同类型人员的培训及考核的组织实施者不同。在学习过程中，重点把握上述几类人员的培训及考核的对应关系，建议自行做成表格，以方便对应记忆。在考试中经常会交叉考查，要注意区分。

第四节　安全生产事故隐患排查治理暂行规定

考点　事故隐患排查治理 [2023、2022、2021、2020、2019]

真题链接

[**2023·单选**] 某新建汽车零部件生产企业编制事故隐患排查治理制度，根据《安全生产事故隐患排查治理暂行规定》，关于该企业履行事故隐患排查治理职责的做法，正确的是（   ）。

A. 分管安全的副总经理全面负责监管事故隐患排查治理工作

B. 每季度、每年统计分析事故隐患排查情况并将统计表报有关部门

C. 车间主任负责本车间重大事故隐患排查治理工作

D. 事故隐患排查治理所需的资金从各部门生产成本中扣除

[解析] 选项 A 错误，生产经营单位主要负责人对本单位事故隐患排查治理工作全面负责。选项 C 错误，对于重大事故隐患，由生产经营单位主要负责人组织制定并实施事故隐患治理方案。选项 D 错误，生产经营单位应当保证事故隐患排查治理所需的资金、建立资金使用专项制度。

[答案] B

[**2022·单选**] 生产经营单位在生产经营活动中，发现事故隐患应当按规定及时处理。根据《安全生产事故隐患排查治理暂行规定》，关于生产经营单位事故隐患排查治理中紧急处置和自然灾害预警的说法，错误的是（   ）。

A. 在事故隐患排除前，应当设置警戒线和警示标志

B. 在事故隐患排除过程中无法保证安全的，应当从危险区域内撤出作业人员

C. 在接到可能导致事故灾难的自然灾害预报时，应当及时向下属单位发出预警通知

D. 对于因自然灾害可能导致事故灾难的隐患，应当制定应急预案

[解析] 选项A描述不准确，生产经营单位在事故隐患治理过程中，事故隐患排除前或者排除过程中无法保证安全的，应当设置警戒标志。

[答案] A

[2021·单选] 小王是某企业的安全生产管理人员，其主要工作任务是开展安全生产检查、发现事故隐患并督促进行整改。根据《安全生产事故隐患排查治理暂行规定》，小王检查发现的事故隐患，应当认定为一般事故隐患的是（　　）。

A. 职工李某在离地面2米高的外墙进行设备安装作业，未系好安全带具有坠落危险

B. 职工张某等3人在新开挖的深槽内进行维修作业，深槽边坡未支护具有坍塌危险

C. 其他企业的易燃物品库房毗邻本企业，可能发生火灾事故危及本企业安全

D. 生产车间的大型生产设备的接地装置接地阻值偏大，接地保护系统失效

[解析] 选项A正确，李某未系好安全带，发现后可以马上改正，属于一般事故隐患。选项B错误，深槽边坡未支护有坍塌危险，需要停工制定治理方案，属于重大事故隐患。选项C错误，可能发生火灾事故危及本企业安全，属于重大事故隐患。选项D错误，接地保护系统失效，需要停工进行更改，属于重大事故隐患。

[答案] A

[2021·多选] 某精密仪器生产企业位于河流的主河道旁边，为有效应对洪水灾害，该企业制定洪水灾害应急预案并采取相应的安全措施。近期连日大雨，河水暴涨，当地政府部门发布了洪水灾害预警。根据《安全生产事故隐患排查治理暂行规定》，该企业应当采取的安全措施有（　　）。

A. 停止作业 B. 留下专人保护仪器

C. 撤离人员 D. 加强河流水位监测

E. 启动预案并通过媒体发布预警信息

[解析] 选项B、E错误，发生自然灾害可能危及生产经营单位和人员安全的情况时，企业应当采取撤离人员、停止作业、加强监测等安全措施，并及时向当地人民政府及其有关部门报告，企业不能自行发布信息。

[答案] ACD

[2020·单选] 根据《安全生产事故隐患排查治理暂行规定》，由生产经营单位（　　）组织制定和实施重大事故隐患治理方案。

A. 安全生产管理机构 B. 安全生产管理机构负责人

C. 主要负责人 D. 车间、分厂、区队等负责人

[解析] 对于重大事故隐患，由生产经营单位主要负责人组织制定并实施事故隐患治理方案。

[答案] C

[2019·单选] 某市安全监管部门在安全检查中发现一公司存在重大事故隐患，责令其停产停业。根据《安全生产事故隐患排查治理暂行规定》，关于公司开展隐患治理的说法，错误的是（　　）。

A. 应当及时开展安全生产事故隐患治理工作

B. 必须委托安全评价机构进行安全评估

C. 应当适时对治理情况进行安全评估
D. 安全评估合格后，再提交恢复生产的申请

[解析] 根据《安全生产事故隐患排查治理暂行规定》，有条件的生产经营单位可以自己组织对重大事故隐患的治理情况进行评估，不是必须委托安全评价机构，故选项 B 错误。

[答案] B

真题精解

点题：此系列真题考查重大事故隐患的排查治理规定，考查内容比较集中。生产经营单位对事故隐患的治理措施在近几年连续进行考查，是非常高频的考点，需要重点关注。

分析：安全生产事故隐患（以下简称"事故隐患"），是指生产经营单位违反安全生产法律、法规、规章、标准、规程和安全生产管理制度的规定，或者因其他因素在生产经营活动中存在可能导致事故发生的物的危险状态、人的不安全行为和管理上的缺陷。

1. 事故隐患分类

根据《安全生产事故隐患排查治理暂行规定》，事故隐患分为一般事故隐患和重大事故隐患。

一般事故隐患，是指危害和整改难度较小，发现后能够立即整改排除的隐患。重大事故隐患，是指危害和整改难度较大，应当全部或者局部停产停业，并经过一定时间整改治理方能排除的隐患，或者因外部因素影响致使生产经营单位自身难以排除的隐患。

2. 事故隐患排查治理

《安全生产事故隐患排查治理暂行规定》规定，生产经营单位应当每季、每年对本单位事故隐患排查治理情况进行统计分析，并分别于下一季度 15 日前和下一年 1 月 31 日前向安全监管监察部门和有关部门报送书面统计分析表。统计分析表应当由生产经营单位主要负责人签字。

对于重大事故隐患，生产经营单位除依照上述规定报送外，应当及时向安全监管监察部门和有关部门报告。重大事故隐患报告内容应当包括：

(1) 隐患的现状及其产生原因。
(2) 隐患的危害程度和整改难易程度分析。
(3) 隐患的治理方案。

对于一般事故隐患，由生产经营单位（车间、分厂、区队等）负责人或者有关人员立即组织整改。

对于重大事故隐患，由生产经营单位主要负责人组织制定并实施事故隐患治理方案。重大事故隐患治理方案应当包括以下内容：

(1) 治理的目标和任务。
(2) 采取的方法和措施。
(3) 经费和物资的落实。
(4) 负责治理的机构和人员。
(5) 治理的时限和要求。
(6) 安全措施和应急预案。

3. 事故隐患防范和预警

《安全生产事故隐患排查治理暂行规定》规定，生产经营单位在事故隐患治理过程中，应当采取相应的安全防范措施，防止事故发生。事故隐患排除前或者排除过程中无法保证安全的，应当从

危险区域内撤出作业人员，并疏散可能危及的其他人员，设置警戒标志，暂时停产停业或者停止使用；对暂时难以停产或者停止使用的相关生产储存装置、设施、设备，应当加强维护和保养，防止事故发生。

生产经营单位应当加强对自然灾害的预防。对于因自然灾害可能导致事故灾难的隐患，应当按照有关法律、法规、标准和《安全生产事故隐患排查治理暂行规定》的要求排查治理，采取可靠的预防措施，制定应急预案。在接到有关自然灾害预报时，应当及时向下属单位发出预警通知；发生自然灾害可能危及生产经营单位和人员安全的情况时，应当采取撤离人员、停止作业、加强监测等安全措施，并及时向当地人民政府及其有关部门报告。

■ 举一反三

[典型例题1·单选]根据《安全生产事故隐患排查治理暂行规定》，下列关于生产经营单位对事故隐患治理的说法，正确的是（   ）。

A. 对于一般事故隐患，由安全监管执法人员组织整改
B. 对于一般事故隐患，由生产经营单位分管负责人会同安全监管执法人员组织整改
C. 对于重大事故隐患，由生产经营单位主要负责人组织制定并实施事故隐患治理方案
D. 对于重大事故隐患，由生产经营单位的主要负责人会同安全监管执法人员组织制定并实施事故隐患治理方案

[解析]选项A、B错误，对于一般事故隐患，由生产经营单位（车间、分厂、区队等）负责人或者有关人员立即组织整改。选项C正确、选项D错误，对于重大事故隐患，由生产经营单位主要负责人组织制定并实施事故隐患治理方案。

[答案]C

[典型例题2·单选]根据《安全生产事故隐患排查治理暂行规定》，关于生产经营单位事故隐患排查治理职责的说法，正确的是（   ）。

A. 一般事故隐患由生产经营单位安全生产管理人员立即组织整改，重大事故隐患由生产经营单位主要负责人或生产经营单位车间、分厂、区队等负责人组织制定并实施事故隐患治理方案
B. 在接到有关自然灾害预报时，生产经营单位应当立即采取撤离人员、停止作业、加强监测等安全措施，并及时向当地人民政府及其有关部门报告
C. 事故隐患排除前或者排除过程中无法保证安全的，生产经营单位应当及时发出预警通知，提醒作业人员注意安全，必要时自行撤离
D. 生产经营单位应当每季、每年对本单位事故隐患排查治理情况进行统计分析，并分别于下一季度15日前和下一年1月31日前向安全监管监察部门和有关部门报送书面统计分析表

[解析]选项A错误，对于一般事故隐患，由生产经营单位（车间、分厂、区队等）负责人或者有关人员立即组织整改；对于重大事故隐患，由生产经营单位主要负责人组织制定并实施事故隐患治理方案。选项B错误，生产经营单位接到有关自然灾害预报时，不应立即撤离人员，而是应当采取可靠的预防措施，及时向下属单位发出预警通知。选项C错误，无法保证人员安全时，应当采取撤离人员、停止作业、加强监测等安全措施。

[答案]D

[典型例题3·单选]根据《安全生产事故隐患排查治理暂行规定》，关于事故隐患排查治理的

说法，正确的是（　　）。

　　A. 生产经营单位应当向安全监管监察部门和有关部门报送书面的事故隐患排查治理情况统计分析表，并由本单位安全生产工作分管负责人签字

　　B. 对于一般事故隐患，生产经营单位应当及时向安全监管监察部门和有关部门报告

　　C. 对于重大事故隐患，由安全监管监察部门和有关部门立即组织治理

　　D. 重大事故隐患报告内容应当包括隐患的现状及其产生原因、危害程度和整改难易程度分析、隐患的治理方案

[解析] 选项 A 错误，统计分析表应当由生产经营单位主要负责人签字。选项 B 错误，对于一般事故隐患，由生产经营单位（车间、分厂、区队等）负责人或者有关人员立即组织整改。选项 C 错误，对于重大事故隐患，由生产经营单位主要负责人组织制定并实施事故隐患治理方案。

[答案] D

环球君点拨

事故隐患分为两类，即一般事故隐患和重大事故隐患，这里要注意和事故的四种类别进行区分。判断事故隐患类别的依据是危害程度和整改难度，整改难度占比更多一些。在考试中，如果不好判断题目中隐患的危害后果，可以把难度小、发现后能马上整改的隐患判定为一般隐患。在隐患的排查治理中，重点掌握生产经营单位的排查治理职责。

第五节　生产安全事故应急预案管理办法

考点　生产安全事故应急预案管理 [2023、2022、2021、2020、2019]

真题链接

[2023・单选] 甲公司是乙县丙镇的一家氯乙烯生产企业。根据《生产安全事故应急预案管理办法》，关于生产安全事故应急救援预案演练的说法，正确的是（　　）。

　　A. 甲公司应当至少每季度组织一次生产安全事故应急救援预案演练

　　B. 甲公司应当将应急救援预案演练情况报送乙县人民政府

　　C. 乙县人民政府生产安全事故应急救援预案演练应当至少每 3 年组织一次

　　D. 丙镇人民政府生产安全事故应急救援预案演练应当至少每 2 年组织一次

[解析] 根据《生产安全事故应急预案管理办法》，易燃易爆物品、危险化学品等危险物品的生产、经营、储存、运输单位，矿山、金属冶炼、城市轨道交通运营、建筑施工单位，以及宾馆、商场、娱乐场所、旅游景区等人员密集场所经营单位，应当至少每半年组织一次生产安全事故应急预案演练，并将演练情况报送所在地县级以上地方人民政府负有安全生产监督管理职责的部门，选项 A、B 错误。第三十二条规定，各级人民政府应急管理部门应当至少每 2 年组织一次应急预案演练，提高本部门、本地区生产安全事故应急处置能力，选项 C 错误，选项 D 正确。

[答案] D

[2022・单选] 甲企业是大型的钢铁冶炼经营企业，乙企业是大型的从事建筑施工的中型企业二级单位，丙企业是中型的从事船舶制造的中央企业二级单位，丁企业是中型的石膏矿开采民营企

业。根据《生产安全事故应急预案管理办法》，关于企业应急预案备案的说法，正确的是（　　）。

A. 甲、乙企业应当在应急预案公布之日起 20 个工作日内，向所在地的省、自治区、直辖市或者设区的市级人民政府负有安全生产监督管理职责的部门备案

B. 甲、丁企业应当在应急预案公布之日起 20 个工作日内，向所在地县级以上人民政府负有安全生产监督管理职责的部门进行备案

C. 乙、丙企业应当在应急预案公布之日起 15 个工作日内，向所在地的省、自治区、直辖市或者设区的市级人民政府负有安全生产监督管理职责的部门备案

D. 丙、丁企业应当在应急预案公布之日起 15 个工作日内，向所在地县级以上人民政府负有安全生产监督管理职责的部门进行备案

[解析] 根据题意可知，甲、乙、丁企业均为高危企业，应当在应急预案公布之日起 20 个工作日内，按照分级属地原则，向县级以上人民政府负有安全生产监督管理职责的部门进行备案。丙企业属于中央企业，其所属单位的应急预案报所在地省、自治区、直辖市或设区的市级人民政府主管的负有安全生产监督管理职责的部门进行备案。

[答案] B

[2021·单选] 生产安全事故应急预案的及时修订是保证生产安全事故应急预案针对性、时效性的重要措施。根据《生产安全事故应急预案管理办法》，下列不属于应当及时修订生产安全事故应急预案的情形是（　　）。

A. 安全生产风险发生重大变化的
B. 重要应急资源发生重大变化的
C. 企业主要负责人发生重大变化的
D. 在应急演练中发现重大问题的

[解析] 有下列情形之一的，应急预案应当及时修订并归档：①依据的法律、法规、规章、标准及上位预案中的有关规定发生重大变化的。②应急指挥机构及其职责发生调整的。③安全生产面临的风险发生重大变化的。④重要应急资源发生重大变化的。⑤在应急演练和事故应急救援中发现需要修订预案的重大问题的。⑥编制单位认为应当修订的其他情况。

[答案] C

[2021·单选] 为保障生产安全事故应急预案的质量，生产经营单位应当组织对本单位编制的生产安全事故应急预案进行评审或者论证。根据《生产安全事故应急预案管理办法》，下列生产经营单位中应当对其编制的应急预案进行论证的是（　　）。

A. 某市政工程施工队
B. 某特种钢铁冶炼公司
C. 某烟花爆竹批发企业
D. 某中型规模烟草企业

[解析] 根据《生产安全事故应急预案管理办法》，选项 B、C、D 企业需要对其编制的应急预案进行评审。选项 A，某市政工程施工队对其编制的应急预案无须进行评审，只需单位进行论证即可。

[答案] A

[2020·单选] 规范生产安全事故应急预案管理工作，是提高预案质量、科学开展应急救援工作的重要举措。根据《生产安全事故应急预案管理办法》，关于企业应急预案论证或评审的说法，正确的是（　　）。

A. 危险化学品存储企业应当对本单位编制的应急预案进行评审
B. 金属冶炼企业应当对本单位编制的应急预案进行论证

C. 大型食品加工企业应当对本单位编制的应急预案进行论证

D. 小型家具制造企业应当对本单位编制的应急预案进行评审

[解析] 选项 A 正确，选项 B、C 错误，危险化学品储存企业、金属冶炼企业、大型食品加工企业应当对本单位编制的应急预案进行评审。选项 D 错误，小型家具制造企业无须对其编制的应急预案进行评审，只需进行论证即可。

[答案] A

[2020·单选] 应急预案演练是应急管理的基础工作，是检验和提升应急救援预案科学性和有效性的重要措施。根据《生产安全事故应急预案管理办法》，关于应急预案演练的说法，正确的是（　　）。

A. 旅游景区应当每半年至少组织一次应急预案演练

B. 矿山企业应当每年至少组织一次现场处置方案演练

C. 建筑施工企业应当每年至少组织一次应急预案演练

D. 高尔夫球场应当每半年至少组织一次专项应急预案演练

[解析] 选项 B 错误，矿山企业应每半年至少组织一次现场处置方案演练。选项 C 错误，建筑施工企业为高危企业，应每半年至少组织一次应急预案演练。选项 D 错误，高尔夫球场为非高危企业、非人员密集场所，应当至少每年组织一次专项应急预案演练。

[答案] A

[2019·单选] 根据《生产安全事故应急预案管理办法》，关于应急预案备案的说法，正确的是（　　）。

A. 中央企业总部的应急预案，报所在地省级或设区的市级应急管理部门备案

B. 油气输送管线运营企业的应急预案，报所跨行政区域的县级应急管理部门备案

C. 煤矿企业的应急预案，报所在地的煤矿安全监察机关备案

D. 省属金属冶炼企业的应急预案，报省级应急管理部门备案

[解析] 选项 A 错误，中央企业总部（上市公司）的应急预案，报国务院主管的负有安全生产监督管理职责的部门备案。选项 B 错误，油气输送管道运营单位的应急预案，报地方人民政府负有安全监督管理职责的部门备案，并应当抄送所经行政区域的县级人民政府应急管理部门。选项 C 错误，煤矿企业的应急预案，报地方人民政府负有安全监督管理职责的部门备案，并抄送所在地的煤矿安全监察机构。

[答案] D

真题精解

点题：此系列真题考查生产经营单位应急预案的管理，为历年高频考点。2023 年真题考查应急预案的评审及演练频次；2022 年和 2019 年真题考查应急预案的备案；2020 年真题考查应急预案的评审、论证和演练；2021 年真题考查应急预案的论证和修订，均是重要考试内容。

分析：应急预案的管理是生产经营单位安全管理的重要内容，其内涵十分丰富，也是比较容易考查的内容。《生产安全事故应急预案管理办法》对应急预案的编制、评审、论证、备案、演练等内容作了如下详细规定。

1. 应急预案的编制

生产经营单位风险种类多、可能发生多种类型事故的，应当组织编制综合应急预案。综合应急

预案应当规定应急组织机构及其职责、应急预案体系、事故风险描述、预警及信息报告、应急响应、保障措施、应急预案管理等内容。

对于某一种或者多种类型的事故风险，生产经营单位可以编制相应的专项应急预案，或将专项应急预案并入综合应急预案。专项应急预案应当规定应急指挥机构与职责、处置程序和措施等内容。

对于危险性较大的场所、装置或者设施，生产经营单位应当编制现场处置方案。

现场处置方案应当规定应急工作职责、应急处置措施和注意事项等内容。事故风险单一、危险性小的生产经营单位，可以只编制现场处置方案。

2. 应急预案的评审、论证和备案

（1）评审。矿山、金属冶炼企业和易燃易爆物品、危险化学品的生产、经营（带储存设施的，下同）、储存、运输企业，以及使用危险化学品达到国家规定数量的化工企业、烟花爆竹生产、批发经营企业和中型规模以上的其他生产经营单位，应当对本单位编制的应急预案进行评审，并形成书面评审纪要。

上述规定以外的其他生产经营单位可以根据自身需要，对本单位编制的应急预案进行论证。

（2）论证。地方各级人民政府应急管理部门的应急预案，应当报同级人民政府备案，同时抄送上一级人民政府应急管理部门，并依法向社会公布。

地方各级人民政府其他负有安全生产监督管理职责的部门的应急预案，应当抄送同级人民政府应急管理部门。

（3）备案。易燃易爆物品、危险化学品等危险物品的生产、经营、储存、运输单位，矿山、金属冶炼、城市轨道交通运营、建筑施工单位，以及宾馆、商场、娱乐场所、旅游景区等人员密集场所经营单位，应当在应急预案公布之日起 20 个工作日内，按照分级属地原则，向县级以上人民政府应急管理部门和其他负有安全生产监督管理职责的部门进行备案，并依法向社会公布。

上述所列单位属于中央企业的，其总部（上市公司）的应急预案，报国务院主管的负有安全生产监督管理职责的部门备案，并抄送应急管理部；其所属单位的应急预案报所在地的省、自治区、直辖市或者设区的市级人民政府主管的负有安全生产监督管理职责的部门备案，并抄送同级人民政府应急管理部门。

上述所列单位不属于中央企业的，其中非煤矿山、金属冶炼和危险化学品生产、经营、储存、运输企业，以及使用危险化学品达到国家规定数量的化工企业、烟花爆竹生产、批发经营企业的应急预案，按照隶属关系报所在地县级以上地方人民政府应急管理部门备案；前述单位以外的其他生产经营单位应急预案的备案，由省、自治区、直辖市人民政府负有安全生产监督管理职责的部门确定。

油气输送管道运营单位的应急预案，除按照上述规定备案外，还应当抄送所经行政区域的县级人民政府应急管理部门。

海洋石油开采企业的应急预案，除按照上述规定备案外，还应当抄送所经行政区域的县级人民政府应急管理部门和海洋石油安全监管机构。

煤矿企业的应急预案除按照上述规定备案外，还应当抄送所在地的煤矿安全监察机构。

3. 应急预案的演练

各级人民政府应急管理部门应当至少每两年组织一次应急预案演练，提高本部门、本地区生产安全事故应急处置能力。

生产经营单位应当制定本单位的应急预案演练计划，根据本单位的事故风险特点，每年至少组织一次综合应急预案演练或者专项应急预案演练，每半年至少组织一次现场处置方案演练。

易燃易爆物品、危险化学品等危险物品的生产、经营、储存、运输单位，矿山、金属冶炼、城市轨道交通运营、建筑施工单位，以及宾馆、商场、娱乐场所、旅游景区等人员密集场所经营单位，应当至少每半年组织一次生产安全事故应急预案演练，并将演练情况报送所在地县级以上地方人民政府负有安全生产监督管理职责的部门。

应急预案演练结束后，应急预案演练组织单位应当对应急预案演练效果进行评估，撰写应急预案演练评估报告，分析存在的问题，并对应急预案提出修订意见。

4. 应急预案的修订

矿山、金属冶炼、建筑施工企业和易燃易爆物品、危险化学品等危险物品的生产、经营、储存、运输企业、使用危险化学品达到国家规定数量的化工企业、烟花爆竹生产、批发经营企业和中型规模以上的其他生产经营单位，应当每3年进行一次应急预案评估。

有下列情形之一的，应急预案应当及时修订并归档：
(1) 依据的法律、法规、规章、标准及上位预案中的有关规定发生重大变化的。
(2) 应急指挥机构及其职责发生调整的。
(3) 安全生产面临的风险发生重大变化的。
(4) 重要应急资源发生重大变化的。
(5) 在应急演练和事故应急救援中发现需要修订预案的重大问题的。
(6) 编制单位认为应当修订的其他情况。

■ 举一反三

[典型例题1·单选] 根据《生产安全事故应急预案管理办法》，关于应急预案备案的说法，正确的是（　　）。

A. 地方各级安全监管部门的应急预案，应当报上一级安全监管部门备案
B. 生产经营单位应当在应急预案公布之日起1个月内，按照分级属地原则向安全监管部门和有关部门进行告知性备案
C. 中央企业总部（上市公司）的应急预案报所在地的省级或者设区的市级人民政府负有安全监管职责的部门备案
D. 对于实行安全生产许可的生产经营单位，已经进行应急预案备案的，在申请安全生产许可证时，可以不提供相应的应急预案，仅提供应急预案备案登记表

[解析] 选项A错误，地方各级安全监管部门的应急预案，应当报同级人民政府备案。选项B错误，生产经营单位应当在20个工作日内，按照规定进行备案。选项C错误，中央企业总部（上市公司）的应急预案应当报国务院主管的负有安全生产监督管理职责的部门备案。

[答案] D

[典型例题2·单选] 根据《生产安全事故应急预案管理办法》，下列对于使用危险化学品达到国家规定数量的化工企业的应急预案备案的说法，正确的是（　　）。

A. 使用单位不需要向安全监管部门备案
B. 报所在地县级以上地方人民政府应急管理部门备案
C. 报所在地设区的市级以上人民政府安全监管部门备案

D. 报所在地省级人民政府安全监管部门或国务院安全监管部门备案

[解析] 使用危险化学品达到国家规定数量的化工企业的应急预案，应当报所在地县级以上地方人民政府应急管理部门备案。

[答案] B

[典型例题 3·单选] 根据《生产安全事故应急预案管理办法》，关于应急预案演练的说法，正确的是（   ）。

A. 应急管理部门应当至少每年组织一次应急预案演练
B. 商场应当每年至少组织一次应急预案演练
C. 旅游景区应当每半年至少组织一次应急预案演练
D. 易燃易爆物品企业应当每月至少组织一次专项应急预案演练

[解析] 选项 A 错误，应急管理部门应当至少每 2 年组织一次应急预案演练。选项 B 错误，商场应当每半年至少组织一次应急预案演练。选项 D 错误，易燃易爆物品企业应当每半年至少组织一次应急预案演练。

[答案] C

[典型例题 4·单选] 根据《生产安全事故应急预案管理办法》，生产经营单位应结合本单位的危险源危险性分析情况和可能发生的事故的特点，编制相应的应急预案。下列关于应急预案编制的说法，正确的是（   ）。

A. 对于危险性较大的重点装置，应当编制专项应急预案
B. 对于危险性较大的某一类风险，应当编制现场处置方案
C. 编制的应急预案应当与所涉及的其他单位的应急预案相互衔接
D. 应急预案编制完成后不需要组织专家评审

[解析] 选项 A 错误，对于危险性较大的场所、装置或者设施，应当编制现场处置方案。选项 B 错误，生产经营单位可以编制相应的专项应急预案，或将专项应急预案并入综合应急预案。选项 D 错误，高危企业及中型规模以上的其他生产经营单位，应当对应急预案进行评审。

[答案] C

📖 环球君点拨

应急预案的演练频次和应急预案的修订是历年高频考查内容。对于应急预案的演练频次有两种分类方式，一是根据预案类型，综合和专项应急预案演练每年一次，现场处置方案演练每半年一次；二是根据单位类型，政府机关应急预案演练每两年一次，一般企业单位每年一次，"高危十人密"企业每半年一次，不分预案类型。预案的备案也是常考的知识点，其对应关系比较多，建议自行做成表格进行记忆。

第六节　建设工程消防设计审查验收管理暂行规定

▶ 考点 **建设工程消防设计审查验收管理** [2023、2022、2021]

📄 真题链接

[2022·单选] 有关单位应当依法承担消防设计、施工质量的义务与责任。根据《建设工程消

防设计审查验收管理暂行规定》，关于消防设计、施工质量的义务与责任的说法，正确的是（　　）。

A. 消防施工委托监理的，监理单位对消防施工质量承担首要责任
B. 施工单位应当对建设工程消防设计、施工质量承担首要责任
C. 监理单位负责申请建设工程消防验收，办理备案并组织接受检查
D. 设计单位从业人员对建设工程消防设计质量承担相应的个人责任

[解析] 选项A错误，建设单位依法对建设工程消防设计、施工质量负首要责任。选项B错误，施工单位对工程施工质量负主体责任。选项C错误，建设单位申请建设工程消防验收，办理备案。

[答案] D

[2021·单选] 根据《建设工程消防设计审查验收管理暂行规定》，下列关于建设工程消防设计审查验收管理的说法，正确的是（　　）。

A. 建设单位依法对建设工程消防设计、施工质量负主体责任
B. 国家实行建设工程消防设计审查制度
C. 建设工程消防设计审查抽查比例由设区的市级人民政府住房和城乡建设主管部门确定
D. 实行施工图设计文件联合审查的，建设工程消防设计的技术审查应并入联合审查

[解析] 选项A错误，建设单位依法对建设工程消防设计、施工质量负首要责任。选项B错误，国家对特殊建设工程实行消防设计审查制度。选项C错误，抽查比例由省级人民政府住房和城乡建设主管部门，结合辖区内消防设计、施工质量情况确定，并向社会公示。

[答案] D

真题精解

点题：这几年真题考查建设工程消防设计审查验收管理。2022年真题侧重于考查建设工程各方应承担的安全责任；2021年真题侧重于考查建设工程消防设计审查验收管理的规定，属于中等频率的考点。

分析：国家对特殊建设工程实行消防设计审查、消防验收制度。《建设工程消防设计审查验收管理暂行规定》对建设工程消防设计审查验收管理进行了如下规定。

1. 建设工程各方的安全责任

建设单位依法对建设工程消防设计、施工质量负首要责任。设计、施工、工程监理、技术服务等单位依法对建设工程消防设计、施工质量负主体责任。建设、设计、施工、工程监理、技术服务等单位的从业人员依法对建设工程消防设计、施工质量承担相应的个人责任。

2. 消防设计审查

对特殊建设工程实行消防设计审查制度。特殊建设工程的建设单位应当向消防设计审查验收主管部门申请消防设计审查，消防设计审查验收主管部门依法对审查的结果负责。

特殊建设工程未经消防设计审查或者审查不合格的，建设单位、施工单位不得施工。

实行施工图设计文件联合审查的，应当将建设工程消防设计的技术审查并入联合审查。

建设、设计、施工单位不得擅自修改经审查合格的消防设计文件。确需修改的，建设单位应当依照规定重新申请消防设计审查。

3. 消防验收

对特殊建设工程实行消防验收制度。特殊建设工程竣工验收后，建设单位应当向消防设计审查

验收主管部门申请消防验收；未经消防验收或者消防验收不合格的，禁止投入使用。

消防设计审查验收主管部门受理消防验收申请后，应当按照国家有关规定，对特殊建设工程进行现场评定。

消防设计审查验收主管部门应当自受理消防验收申请之日起 15 日内出具消防验收意见。

4. 其他建设工程的消防设计、备案与抽查

其他建设工程，建设单位申请施工许可或者申请批准开工报告时，应当提供满足施工需要的消防设计图纸及技术资料。未提供满足施工需要的消防设计图纸及技术资料的，有关部门不得发放施工许可证或者批准开工报告。

对其他建设工程实行备案抽查制度，分类管理。其他建设工程经依法抽查不合格的，应当停止使用。

其他建设工程竣工验收合格之日起 5 个工作日内，建设单位应当报消防设计审查验收主管部门备案。

消防设计审查验收主管部门应当对备案的其他建设工程进行抽查，加强对重点项目的抽查。抽查工作推行"双随机、一公开"制度，随机抽取检查对象，随机选派检查人员。抽取比例由省、自治区、直辖市人民政府住房和城乡建设主管部门，结合辖区内消防设计、施工质量情况确定，并向社会公示。

消防设计审查验收主管部门应当自其他建设工程被确定为检查对象之日起 15 个工作日内，按照建设工程消防验收有关规定完成检查，制作检查记录。检查结果应当通知建设单位，并向社会公示。

拓展：根据《建设工程消防设计审查验收管理暂行规定》，具有下列情形之一的建设工程是特殊建设工程：

（1）总建筑面积大于 2 万平方米的体育场馆、会堂，公共展览馆、博物馆的展示厅。

（2）总建筑面积大于 1.5 万平方米的民用机场航站楼、客运车站候车室、客运码头候船厅。

（3）总建筑面积大于 1 万平方米的宾馆、饭店、商场、市场。

（4）总建筑面积大于 2 500 平方米的影剧院，公共图书馆的阅览室，营业性室内健身、休闲场馆，医院的门诊楼，大学的教学楼、图书馆、食堂，劳动密集型企业的生产加工车间，寺庙、教堂。

（5）总建筑面积大于 1 000 平方米的托儿所、幼儿园的儿童用房，儿童游乐厅等室内儿童活动场所，养老院、福利院，医院、疗养院的病房楼，中小学校的教学楼、图书馆、食堂，学校的集体宿舍，劳动密集型企业的员工集体宿舍。

（6）总建筑面积大于 500 平方米的歌舞厅、录像厅、放映厅、卡拉 OK 厅、夜总会、游艺厅、桑拿浴室、网吧、酒吧，具有娱乐功能的餐馆、茶馆、咖啡厅。

（7）国家工程建设消防技术标准规定的一类高层住宅建筑。

（8）城市轨道交通、隧道工程，大型发电、变配电工程。

（9）生产、储存、装卸易燃易爆危险物品的工厂、仓库和专用车站、码头，易燃易爆气体和液体的充装站、供应站、调压站。

（10）国家机关办公楼、电力调度楼、电信楼、邮政楼、防灾指挥调度楼、广播电视楼、档案楼。

（11）设有上述第（1）项至第（6）项所列情形的建设工程。

（12）上述第（10）项、第（11）项规定以外的单体建筑面积大于 4 万平方米或者建筑高度超过 50 米的公共建筑。

举一反三

[典型例题 1·单选] 根据《建设工程消防设计审查验收管理暂行规定》，下列人员密集场所建设项目中，建设单位应当向消防机构申请消防设计审核和竣工验收的是（　　）。

A. 建筑总面积大于 1 000 平方米的托儿所、幼儿园的儿童用房，养老院、福利院，医院、疗养院的病房楼，学校的集体宿舍建设项目

B. 建筑总面积大于 5 000 平方米的宾馆、饭店、商场建设项目

C. 建筑总面积大于 2 000 平方米的影剧院，医院的门诊楼，劳动密集型企业的生产加工车间建设项目

D. 建筑总面积大于 200 平方米的歌舞厅、卡拉 OK 厅、网吧、咖啡厅建设项目

[解析] 选项 B 错误，应该是"大于 1 万平方米"；选项 C 错误，应该是"大于 2 500 平方米"；选项 D 错误，应该是"大于 500 平方米"。

[答案] A

[典型例题 2·单选] 根据《建设工程消防设计审查验收管理暂行规定》，下列关于建设工程消防设计审查验收的说法，正确的是（　　）。

A. 特殊建设工程开工前，施工单位向消防设计审查验收主管部门申请消防设计审查

B. 特殊建设工程竣工后，监理单位向消防设计审查验收主管部门申请消防设施验收

C. 其他建设工程竣工验收合格之日起 10 个工作日内，建设单位应当报消防设计审查验收主管部门备案

D. 建设单位依法对建设工程消防设计、施工质量负首要责任

[解析] 选项 A、B 错误，特殊建设工程由建设单位申请消防设计审查和消防设施验收。选项 C 错误，建设单位在 5 个工作日内报消防设计审查验收主管部门备案。

[答案] D

环球君点拨

国家对特殊建设工程实行消防设计审查验收制度，无论是设计审查还是验收，都是由建设单位向消防设计审查验收主管部门提出申请，这里的"主管部门"指的是住房和城乡建设主管部门。对于特殊建设工程的判定，涉及的标准有十几条，数字较多，不容易记，不必全部背诵，仅记前几条即可。

第七节　建设项目安全设施"三同时"监督管理办法

▶ 考点 "三同时"监督管理 [2023、2022、2021、2020、2019]

真题链接

[2023·多选] 甲公司拟进行危险化学品生产项目建设，乙公司拟进行烟花爆竹生产项目建设，丙公司拟进行危险化学品经营项目建设，丁公司拟进行建材加工项目建设。根据《建设项目安全设施"三同时"监督管理办法》，关于该四家公司建设项目安全设施设计审查的说法，正确的

有（　　）。

　　A. 甲、丙两家公司可以自行组织审查建设项目安全设施设计，并形成书面报告

　　B. 四家公司应当委托有相应资质的设计单位对建设项目安全设施进行设计

　　C. 乙、丁两家公司完成建设项目安全设施设计后，应当向应急管理部门提出审查

　　D. 甲、丁两家公司未完全采纳安全预评价报告中的安全对策和建议，也可开工建设

　　E. 甲、乙两家公司建设项目安全设施设计应当充分考虑安全预评价报告提出的建设安全对策措施

[解析] 选项A错误，甲公司拟进行危险化学品生产项目建设；应当向安全生产监督管理部门提出审查申请。选项C错误丁公司拟进行建材加工项目建设，无须进行设计审查。

选项D错误，甲公司拟进行危险化学品生产项目建设，未采纳安全预评价报告中的安全对策和建议，且未作充分论证说明的，不予批准，并不得开工建设。

[答案] BE

[2022·单选] 甲企业拟新建大型铁矿开采项目，乙企业拟扩建年产30万吨的煤矿项目，丙企业拟新建年产30万辆新能源汽车制造项目，丁企业拟扩建铜冶炼生产线。根据《建设项目安全设施"三同时"监督管理办法》，关于建设项目安全设计核查的做法，正确的是（　　）。

　　A. 甲企业委托有相应资质的设计单位完成项目安全设施设计，并组织相关专家进行论证后，开工建设

　　B. 乙企业委托某设计院完成项目安全设施设计，并由该设计院向有关部门提出设计审查申请

　　C. 应急管理部门在受理丁企业安全设施设计审查的申请后，在15日内作出予以批准的决定

　　D. 应急管理部门在收到丙企业的安全设施设计审查申请后，在5个工作日内作出予以受理的决定

[解析] 选项A错误，甲企业应当委托有相应资质的设计单位对建设项目安全设施同时进行设计，编制安全设施设计，没有专家论证的要求。选项B错误，应由乙企业向安全生产监督管理部门提出审查申请。选项C正确，应急管理部门应在20个工作日内作出是否批准的决定，因此15日内作出予以批准的决定是符合要求的。选项D错误，丙企业拟新建的新能源汽车制造项目，不需要申请安全设施设计审查。

[答案] C

[2022·多选] 甲企业拟建设年产100万吨的煤矿项目，乙企业拟建设年产10万吨苯乙烯的化工项目，丙企业拟扩建金属冶炼生产线，丁企业拟建造芯片生产线，四家企业建设项目均于2022年3月1日竣工。根据《建设项目安全设施"三同时"监督管理办法》，关于建设项目安全设施施工和竣工验收的说法，正确的有（　　）。

　　A. 建设项目在施工过程中，存在危险性较大的分部分项工程的，应当编制专项施工方案，并经项目部技术负责人、总监理工程师签字后实施

　　B. 对甲企业和乙企业的建设项目实施有关安全许可时，有关部门应当对项目安全设施竣工验收报告进行审查

　　C. 企业存在未依法设置安全生产管理机构或者配备安全生产管理人员的，不得通过竣工验收

　　D. 根据规定需要试运行的建设项目，项目竣工立即投入试运行，试运行可以在3月21日之前结束

E. 乙企业和丙企业的建设项目，应当在建设项目试运行前将试运行方案报负责安全许可的有关部门备案

[解析] 选项 A 错误，专项施工方案应经单位技术负责人、总监理工程师签字后实施。选项 D 错误，试运行时间应当不少于 30 日，最长不得超过 180 日，3月1日到3月21日只有20日，时长少于规定。选项 E 错误，丙企业拟扩建的金属冶炼生产线，非生产、储存危险化学品的建设项目，无须将试运行方案报管理部门备案。

[答案] BC

[2021·单选] 甲公司从事危险化学品生产，乙公司从事燃煤发电，丙公司从事煤矿开采，丁公司从事机械设备制造。根据《建设项目安全设施"三同时"监督管理办法》，下列关于该四家公司扩建项目安全设施"三同时"的说法，正确的是（　　）。

A. 甲、乙、丙公司可以自行组织建设项目安全设施的竣工验收，形成书面报告备查
B. 甲、乙、丙、丁公司均应委托安全评价机构对其扩建项目进行安全预评价，并编制安全预评价报告
C. 甲、乙、丙公司的扩建项目安全设施设计完成后，应向应急管理部提出审查申请
D. 甲、乙、丙、丁公司均应委托安全评价机构对扩建项目安全设施进行验收评价，并编制建设项目安全验收评价报告

[解析] 选项 B 错误，乙、丁公司建设项目不需要进行安全预评价。选项 C 错误，乙公司建设项目安全设施设计不用申请审查。选项 D 错误，乙、丁公司建设项目不需要进行验收评价。

[答案] A

[2021·多选] 安全预评价通常在建设项目可行性研究阶段、工业区规划阶段或者生产经营活动实施之前进行。根据《建设项目安全设施"三同时"监督管理办法》，下列建设项目按规定应当开展安全预评价的有（　　）。

A. 铁矿开采建设项目
B. 钢铁冶炼建设项目
C. 铝制品加工建设项目
D. 烟花爆竹储存建设项目
E. 食品加工建设项目

[解析] 根据《建设项目安全设施"三同时"监督管理办法》，高危企业的建设项目应进行安全预评价，故选项 A、B、D 正确。选项 C、E 为非高危企业建设项目，无须进行安全预评价。

[答案] ABD

[2020·单选] 安全预评价是分析与预测性质的评价，其主要目的是预测发生事故的可能性及其严重程度，提出安全对策措施建议，作出安全评价结论。根据《建设项目安全设施"三同时"监督管理办法》，安全预评价应当在建设项目的（　　）阶段进行。

A. 建议书编制　　　　　　　B. 可行性研究
C. 初步设计　　　　　　　　D. 开工建设

[解析] 根据《建设项目安全设施"三同时"监督管理办法》，高危建设项目在进行可行性研究时，应进行安全预评价。

[答案] B

第二篇 10年真题精解

[2019·单选] 某企业建设100万吨/年乙烯项目，根据《建设项目安全设施"三同时"监督管理办法》，关于该项目试运行和安全设施竣工验收的说法，正确的是（ ）。

A. 该建设项目试运行时间应当不少于60天

B. 该建设项目试运行时间最长可为2年

C. 该建设项目试运行方案应当报负责安全许可的安全监管部门备案

D. 该建设项目安全设施竣工验收报告应当报安全监管部门备案

[解析] 选项A、B错误，该建设项目试运行时间应当不少于30日，最长不得超过180日。选项D错误，生产经营单位组织对安全设施进行竣工验收，形成书面报告备查，没有备案的要求。

[答案] C

真题精解

点题：此系列真题考查建设项目"三同时"的规定，该考点历年以单选题或多选题的方式，从不同角度进行考查，属于高频考点。

分析：所谓"三同时"，是指建设项目安全设施必须与主体工程同时设计、同时施工、同时投入生产和使用。此考点涉及建设项目设计、施工、使用各个阶段的安全管理措施。

1. 建设项目安全预评价

《建设项目安全设施"三同时"监督管理办法》第七条规定，下列建设项目在进行可行性研究时，生产经营单位应当按照国家规定，进行安全预评价：

(1) 非煤矿矿山建设项目。

(2) 生产、储存危险化学品（包括使用长输管道输送危险化学品，下同）的建设项目。

(3) 生产、储存烟花爆竹的建设项目。

(4) 金属冶炼建设项目。

(5) 使用危险化学品从事生产并且使用量达到规定数量的化工建设项目（属于危险化学品生产的除外，下同）。

(6) 法律、行政法规和国务院规定的其他建设项目。

生产经营单位应当委托具有相应资质的安全评价机构，对其建设项目进行安全预评价，并编制安全预评价报告。

2. 建设项目安全设施设计审查

根据《建设项目安全设施"三同时"监督管理办法》，生产经营单位在建设项目初步设计时，应当委托有相应资质的设计单位对建设项目安全设施同时进行设计，编制安全设施设计。安全设施设计单位、设计人应当对其编制的设计文件负责。

上述第（1）项、第（2）项、第（3）项、第（4）项规定的建设项目安全设施设计完成后，生产经营单位应当按照规定向安全生产监督管理部门提出审查申请。

对已经受理的建设项目安全设施设计审查申请，安全生产监督管理部门应当自受理之日起20个工作日内作出是否批准的决定，并书面告知申请人。20个工作日内不能作出决定的，经本部门负责人批准，可以延长10个工作日，并应当将延长期限的理由书面告知申请人。

上述第（1）项、第（2）项、第（3）项和第（4）项规定以外的建设项目安全设施设计，由生产经营单位组织审查，形成书面报告备查。

3. 建设项目安全设施施工和竣工验收

根据《建设项目安全设施"三同时"监督管理办法》，建设项目安全设施施工和竣工验收相关规定如下：

（1）建设项目安全设施的施工应当由取得相应资质的施工单位进行，并与建设项目主体工程同时施工。施工单位应当在施工组织设计中编制安全技术措施和施工现场临时用电方案，同时对危险性较大的分部分项工程依法编制专项施工方案，并附具安全验算结果，经施工单位技术负责人、总监理工程师签字后实施。

施工单位应当严格按照安全设施设计和相关施工技术标准、规范施工，并对安全设施的工程质量负责。

（2）施工单位发现安全设施设计文件有错漏的，应当及时向生产经营单位、设计单位提出。生产经营单位、设计单位应当及时处理。

施工单位发现安全设施存在重大事故隐患时，应当立即停止施工并报告生产经营单位进行整改。整改合格后，方可恢复施工。

（3）工程监理单位应当审查施工组织设计中的安全技术措施或者专项施工方案是否符合工程建设强制性标准。

工程监理单位在实施监理过程中，发现存在事故隐患的，应当要求施工单位整改；情况严重的，应当要求施工单位暂时停止施工，并及时报告生产经营单位。施工单位拒不整改或者不停止施工的，工程监理单位应当及时向有关主管部门报告。

工程监理单位、监理人员应当按照法律、法规和工程建设强制性标准实施监理，并对安全设施工程的工程质量承担监理责任。

（4）建设项目安全设施建成后，生产经营单位应当对安全设施进行检查，对发现的问题及时整改。

（5）建设项目竣工后，根据规定建设项目需要试运行（包括生产、使用，下同）的，应当在正式投入生产或者使用前进行试运行。试运行时间应当不少于30日，最长不得超过180日，国家有关部门有规定或者特殊要求的行业除外。

生产、储存危险化学品的建设项目和化工建设项目，应当在建设项目试运行前将试运行方案报负责建设项目安全许可的安全生产监督管理部门备案。

（6）建设项目竣工投入生产或者使用前，生产经营单位应当组织对安全设施进行竣工验收，并形成书面报告备查。安全设施竣工验收合格后，方可投入生产和使用。

举一反三

[典型例题1·单选] 根据《建设项目安全设施"三同时"监督管理办法》，在建设项目可行性研究阶段，下列建设项目中需要进行安全预评价的是（　　）。

A. 省级建材重点建设项目　　　　　B. 国家金属冶炼建设项目
C. 省级烟草重点建设项目　　　　　D. 国家体育场馆建设项目

[解析] 建材、烟草、体育场馆的建设项目均不是高危项目，不需要进行安全预评价。

[答案] B

[典型例题2·单选] 根据《建设项目安全设施"三同时"监督管理办法》，关于建设项目安全设施施工和竣工验收的说法，正确的是（　　）。

A. 施工单位发现安全设施设计文件有错漏的，应当及时修改并向生产经营单位报告

B. 施工单位发现安全设施存在重大事故隐患时，应当立即停工整改
C. 工程监理单位应当审查施工组织设计中的安全技术措施或者专项施工方案是否符合标准
D. 工程监理单位在实施监理过程中，发现存在事故隐患的，应当要求施工单位暂时停止施工

[解析] 选项A错误，施工单位安全设施设计文件有错漏的，应当及时向生产经营单位、设计单位提出，由生产经营单位、设计单位处理。选项B错误，施工单位应当立即停止施工并报告生产经营单位进行整改。选项D错误，工程监理单位发现存在事故隐患的，应当要求施工单位整改；情况严重的，应当要求施工单位暂时停止施工，并及时报告生产经营单位。

[答案] C

[典型例题3·单选] 根据《建设项目安全设施"三同时"监督管理暂行办法》的规定，下列关于建设项目安全设施施工管理的说法，正确的是（　　）。

A. 高危建设项目中的安全设施应当由具有甲级建筑施工资质的单位承建
B. 监理单位发现施工现场存在事故隐患，应当要求施工单位整改
C. 对危险性较大的分部分项工程，设计单位应当编制专项施工方案
D. 监理单位对建设项目中的安全设施施工进行监理，并对工程质量和安全负责

[解析] 选项A错误，施工资质符合规定即可，没有要求一定是甲级。选项C错误，应由施工单位编制专项施工方案。选项D错误，施工单位应当对安全设施的工程质量负责。

[答案] B

环球君点拨

《建设项目安全设施"三同时"监督管理暂行办法》第七条中规定的五类高危行业按规定应进行安全预评价，同时也要进行安全设计审查与安全设施验收，因此这几类高危企业是基础，一定要牢记。此外，第一类只提到了"非煤矿矿山建设项目"，事实上煤矿矿山项目也要进行预评价，只是没在该办法中体现；第五类提到了"化工建设项目"，而非化工建设项目的可不进行预评价，在答题过程中应引起注意。

第八节　危险化学品输送管道安全管理规定

考点　危险化学品管道安全管理 [2023、2022、2021、2020、2019]

真题链接

[2022·单选] 为了将甲公司生产的氯气通过管道输送至乙公司，甲公司需要修建一条氯气输送管道。根据《危险化学品输送管道安全管理规定》，关于该氯气输送管道安全管理的说法，正确的是（　　）。

A. 该氯气输送管道确须穿过地震活动断层的，应当采取可靠的工程处理措施
B. 经过充分论证，该氯气输送管道可以穿越某乡镇医院
C. 氯气属于剧毒化学品，不能通过架空管道输送
D. 乙公司对该氯气输送管道的安全负责

[解析] 选项B错误，该氯气管道是剧毒气体化学品管道，禁止穿（跨）越公共区域。选项C错误，该管道可以架空输送。选项D错误，甲公司对该氯气输送管道的安全负责。

[答案] A

[2021·单选] 危险化学品管道输送单位应当加强管道运行安全管理。根据《危险化学品输送管道安全管理规定》，下列关于管道单位安全管理的说法，正确的是（ ）。

    A. 管道单位发现危险化学品管道阀门被擅自开启的，应当立即向有关部门报告

    B. 管道单位发现危险化学品管道两侧 6 米处有种植乔木的，应当立即向有关部门报告

    C. 管道单位应当及时更新不符合安全标准危险化学品管道，并向应急管理部门报告

    D. 管道单位在巡查中发现存在事故隐患的，应当立即向应急管理部门报告

[解析] 选项 A 错误，管道单位发现危险化学品管道被擅自开启的，应当及时予以制止，无法处置时应当向当地安全生产监督管理部门报告。选项 B 错误，在危险化学品管道两侧各 5 米地域范围内，管道单位发现种植乔木的，应当及时予以制止，无法处置时向有关部门报告。选项 D 错误，管道单位对危险化学品管道存在的事故隐患应当及时排除；对自身排除确有困难的外部事故隐患，应当向当地安全生产监督管理部门报告。

[答案] C

[2020·单选] 根据《危险化学品输送管道安全管理规定》，管道单位发现的下列行为应当及时予以制止的是（ ）。

    A. 在距离危险化学品管道附属设施外缘一侧 10 米处进行挖掘施工

    B. 在距离危险化学品管道中心线一侧 15 米处修水渠

    C. 在距离危险化学品管道附属设施外缘一侧 20 米处修建水产养殖场

    D. 在距离危险化学品管道中心线一侧 4 米处种植芦苇

[解析] 选项 A 错误，在危险化学品管道及其附属设施外缘两侧各 5 米地域范围内，发现进行挖掘施工、修水渠、修建水产养殖场、种植芦苇等行为，应当及时制止，无法处置时应当向当地安全生产监督管理部门报告。

[答案] D

[2019·多选] 根据《危险化学品输送管道安全管理规定》，关于危险化学品管道运行安全的说法，正确的有（ ）。

    A. 在穿越河流的危险化学品管道线路中心线两侧 1 000 米地域范围内，管道单位发现有实施水下爆破作业的，应当及时予以制止

    B. 管道单位应当对危险化学品管道设置明显标志，发现标志毁损的，应当及时予以修复或者更新

    C. 管道单位应当建立、健全危险化学品管道巡护制度，配备专人进行日常巡护

    D. 管道单位对危险化学品管道存在的事故隐患应当及时排除；对自身排除确有困难的外部事故隐患，应当向当地安全监管部门报告

    E. 禁止在危险化学品管道附属设施的上方架设电力线路、通信线路

[解析] 选项 A 错误，在穿越河流的危险化学品管道线路中心线两侧 500 米地域范围内，进行水下爆破等作业的，应当及时予以制止。

[答案] BCDE

真题精解

点题： 此系列真题考查危险化学品管道安全管理，属于高频考点。2019 年、2020 年和 2021 年

真题均考查了危险化学品输送管道施工的安全管理，考查形式相似；2022 年真题考查危险化学品输送管道的建设管理，相对简单一些。

分析：危险化学品管道安全管理主要包括建设安全管理及运行安全，运行安全考查的更多一些，应重点学习。关于危险化学品管道的建设安全和运行安全，《危险化学品输送管道安全管理规定》规定如下。

1. 建设安全

禁止光气、氯气等剧毒气体化学品管道穿（跨）越公共区域。严格控制氨、硫化氢等其他有毒气体的危险化学品管道穿（跨）越公共区域。

危险化学品管道建设的选线应当避开地震活动断层和容易发生洪灾、地质灾害的区域；确实无法避开的，应当采取可靠的工程处理措施，确保不受地质灾害影响。

危险化学品管道与居民区、学校等公共场所以及建筑物、构筑物、铁路、公路、航道、港口、市政设施、通讯设施、军事设施、电力设施的距离，应当符合有关法律、行政法规和国家标准、行业标准的规定。

2. 运行安全

危险化学品管道应当设置明显标志。发现标志毁损的，管道单位应当及时予以修复或者更新。

管道单位应当建立、健全危险化学品管道巡护制度，配备专人进行日常巡护。巡护人员发现危害危险化学品管道安全生产情形的，应当立即报告单位负责人并及时处理。

管道单位发现下列危害危险化学品管道安全运行行为的，应当及时予以制止，无法处置时应当向当地安全生产监督管理部门报告：

（1）擅自开启、关闭危险化学品管道阀门。
（2）采用移动、切割、打孔、砸撬、拆卸等手段损坏管道及其附属设施。
（3）移动、毁损、涂改管道标志。
（4）在埋地管道上方和巡查便道上行驶重型车辆。
（5）对埋地、地面管道进行占压，在架空管道线路和管桥上行走或者放置重物。
（6）利用地面管道、架空管道、管架桥等固定其他设施缆绳悬挂广告牌、搭建构筑物。
（7）其他危害危险化学品管道安全运行的行为。

禁止在危险化学品管道附属设施的上方架设电力线路、通信线路。

在危险化学品管道及其附属设施外缘两侧各 5 米地域范围内，管道单位发现下列危害管道安全运行的行为的，应当及时予以制止，无法处置时应当向当地安全生产监督管理部门报告：

（1）种植乔木、灌木、藤类、芦苇、竹子或者其他根系深达管道埋设部位可能损坏管道防腐层的深根植物。
（2）取土、采石、用火、堆放重物、排放腐蚀性物质、使用机械工具进行挖掘施工、工程钻探。
（3）挖塘、修渠、修晒场、修建水产养殖场、建温室、建家畜棚圈、建房以及修建其他建（构）筑物。

在穿越河流的危险化学品管道线路中心线两侧 500 米地域范围内，管道单位发现有实施抛锚、拖锚、挖沙、采石、水下爆破等作业的，应当及时予以制止，无法处置时应当向当地安全生产监督管理部门报告。但在保障危险化学品管道安全的条件下，为防洪和航道通畅而实施的养护疏浚作业除外。

在危险化学品管道专用隧道中心线两侧 1 000 米地域范围内，管道单位发现有实施采石、采矿、爆破等作业的，应当及时予以制止，无法处置时应当向当地安全生产监督管理部门报告。

在上述规定的地域范围内，因修建铁路、公路、水利等公共工程确需实施采石、爆破等作业的，应当按照以下规定执行。

实施下列可能危及危险化学品管道安全运行的施工作业的，施工单位应当在开工的 7 日前书面通知管道单位，将施工作业方案报管道单位，并与管道单位共同制定应急预案，采取相应的安全防护措施，管道单位应当指派专人到现场进行管道安全保护指导：

（1）穿（跨）越管道的施工作业。

（2）在管道线路中心线两侧 5~50 米和管道附属设施周边 100 米地域范围内，新建、改建、扩建铁路、公路、河渠，架设电力线路，埋设地下电缆、光缆，设置安全接地体、避雷接地体。

（3）在管道线路中心线两侧 200 米和管道附属设施周边 500 米地域范围内，实施爆破、地震法勘探或者工程挖掘、工程钻探、采矿等作业。

拓展：光气又称碳酰氯，化学式为 $COCl_2$，是一种无色气体，有剧毒，遇水后有强烈腐蚀性。低浓度时有青草或干草的气味。

举一反三

［典型例题 1·单选］ 根据《危险化学品输送管道安全管理规定》，禁止（　　）穿（跨）越公共区域。

A. 硫化氢管道　　　　　　　　　　B. 氨气管道

C. 光气管道　　　　　　　　　　　D. 燃气管道

［解析］ 根据规定，禁止光气、氯气等剧毒气体化学品管道穿（跨）越公共区域。

［答案］C

［典型例题 2·多选］ 根据《危险化学品输送管道安全管理规定》，施工单位实施（　　）的作业，应当在开工前履行通知程序，与管道单位共同制定应急预案并采取相应的安全防护措施，管道单位应当指派专人到现场进行管道安全保护指导。

A. 穿越管道施工

B. 在管道附属设施上方架设通信线路

C. 在管道线路中心线一侧 30 米处扩建公路

D. 在管道线路中心线一侧 30 米处设置避雷接地体

E. 在管道附属设施周边 300 米处爆破

［解析］ 选项 B 错误，禁止在危险化学品管道附属设施的上方架设电力线路、通信线路。

［答案］ACDE

［典型例题 3·多选］ 某企业拥有一条东西走向长达 30 千米的危险化学品输运管道，按照有关要求安排人员进行日常巡护。根据《危险化学品输送管道安全管理规定》，下列关于管道巡护的做法，正确的有（　　）。

A. 在管道东侧 5 米地域范围内，发现有园林局种植乔木的行为，应当及时予以制止

B. 在穿越某河流的管道中心线两侧 400 米处，发现有村民进行挖沙作业，应当及时予以制止

C. 在管道专用隧道中心线两侧 1 500 米处，发现有新开采石场在进行爆破作业，应当及时予以

制止

D. 施工单位欲进行跨越管道的施工作业，应当在开工的 7 日前书面通知管道企业

E. 管道要停止使用时，管道企业应当采取有效措施及时妥善处置，并将处置方案报县级以上安全监管部门

[解析] 选项 A 错误，管道为东西走向，因此管道东侧 5 米范围的说法不正确。选项 C 错误，在管道专用隧道中心线两侧 1 000 米范围内进行爆破作业，应当及时予以制止，而在 1 500 米处进行爆破作业满足规定要求，可以不制止。

[答案] BDE

📖 环球君点拨

此考点的难点在于，不同的施工活动与危险化学品输送管道的安全距离要求。按施工活动影响从小到大分别有 5 米、500 米和 1 000 米的要求，对应的活动也越来越危险。另外，确实需要在距离管道一定范围内施工时应采取的方法也是重要考点。这里要注意，有一些禁止性活动，即使通知了管道所属单位也是不能进行的，如"禁止在危险化学品管道附属设施的上方架设电力线路、通信线路"等。

第九节　危险化学品重大危险源监督管理暂行规定

▶ 考点 **重大危险源监督管理**［2023、2022、2021、2020、2019］

📘 真题链接

[2023·多选] 某危险化学品储存企业储罐区储存大量易燃易爆气体、剧毒液体等危险化学品，经专家评定达到三级重大危险源。根据《危险化学品重大危险源监督管理暂行规定》，关于该企业危险化学品重大危险源安全管理的说法，正确的有（　　）。

A. 重大危险源应当配备温度、压力、液位、流量、组份等信息的不间断采集和监测系统
B. 重大危险源可燃气体泄漏检测报警装置记录的电子数据保存时间，应当不少于 20 天
C. 重大危险源中的毒性气体、剧毒液体和易燃气体等重点设施，应当设置紧急切断装置
D. 重大危险源中储存剧毒物质的场所或者设施，应当设置视频监控系统
E. 重大危险源中涉及剧毒液体的三级重大危险源，必须配备独立的安全仪表系统（SIS）

[解析] 选项 B 错误，一级或者二级重大危险源，具备紧急停车功能，记录的电子数据的保存时间不少于 30 天。选项 E 错误，毒性气体的设施，设置泄漏物紧急处置装置。涉及毒性气体、液化气体、剧毒液体的一级或者二级重大危险源，配备独立的安全仪表系统（SIS）。

[答案] ACD

[2022·单选] 危险化学品单位应当根据构成重大危险源的危险化学品种类、数量、生产、使用工艺（方式）或者相关设备、设施等实际情况，建立健全安全监测监控体系，改善控制措施。根据《危险化学品重大危险源监督管理暂行规定》，关于重大危险源安全监测监控体系的说法，正确的是（　　）。

A. 涉及毒性气体、液化气体的二级重大危险源，应当配备独立的安全仪表系统
B. 重大危险源监测报警装置记录的电子数据，应当保存不少于 20 天

C. 重大危险源配备的监测和报警系统，应当具备紧急停车功能

D. 重大危险源中储存剧毒物质或者易燃气体的场所，应当设置视频监控系统

[解析] 选项 B 错误，重大危险源监测报警装置记录的电子数据的保存时间不少于 30 天。选项 C 错误，一级或者二级重大危险源配备的监测和报警系统具备紧急停车功能。选项 D 错误，重大危险源中储存剧毒物质的场所或者设施，应设置视频监控系统；对于易燃气体场所，应设置紧急切断装置。

[答案] A

[2021·单选] 危险化学品重大危险源登记建档是一项重要的安全管理工作，根据《危险化学品重大危险源监督管理暂行规定》，不属于危险化学品重大危险源档案的文件资料是（　　）。

A. 涉及的所有化学品安全标签

B. 重大危险源的主要设备一览表

C. 重大危险源的基本特征表

D. 场所安全警示标志的设置情况

[解析] 根据《危险化学品重大危险源监督管理暂行规定》，涉及的所有化学品安全技术说明书属于危险化学品重大危险源档案的文件资料，而涉及的所有化学品安全标签则不属于。

[答案] A

[2020·单选] 某企业在库区存放大量危险化学品，2017 年 1 月经过评估后，构成三级重大危险源。根据《危险化学品重大危险源监督管理暂行规定》，关于该重大危险源辨别评估的说法，正确的是（　　）。

A. 该企业进行重大危险源评估时，必须委托具有资质的评价机构进行安全评估

B. 该企业应当最迟在 2020 年 2 月前，对重大危险源重新进行辨别、安全评估及分级

C. 该企业应当最迟在 2019 年 2 月前，对重大危险源重新进行辨别、安全评估及分级

D. 该库区危险化学品的储存量激增，重新评估后可能为四级重大危险源

[解析] 选项 A 错误，危险化学品单位可以组织本单位的注册安全工程师、技术人员或者聘请有关专家进行安全评估，也可以委托具有相应资质的安全评价机构进行安全评估。选项 B 正确、选项 C 错误，重大危险源安全评估已满 3 年的，危险化学品单位应当对重大危险源重新进行辨识、安全评估及分级。选项 D 错误，库区的危险化学品储存量激增，重新评估后可能升级为二级或一级重大危险源。

[答案] B

[2019·单选] 根据《危险化学品重大危险源监督管理暂行规定》，关于危险化学品单位重大危险源安全管理的说法，正确的是（　　）。

A. 一级重大危险源记录电子数据的保存时间应当不少于 20 天

B. 涉及剧毒气体的重大危险源，应当至少配备一套气密型化学防护服

C. 重大危险源专项应急预案的演练，应当每两年至少进行一次

D. 重大危险源中储存剧毒物质的场所或者设施应当设置视频监控系统

[解析] 选项 A 错误，一级重大危险源记录电子数据的保存时间不少于 30 天。选项 B 错误，涉及剧毒气体的重大危险源，应当至少配备两套气密型化学防护服。选项 C 错误，重大危险源专项应急预案的演练，应当每年至少进行一次。

[答案] D

真题精解

点题： 此系列真题考查的是重大危险源的安全管理，每年至少考查1分，侧重点比较分散，不太容易得分。

分析： 该考点针对的只是危险化学品重大危险源的安全管理，涉及的规定较多，且涉及大量的专有名词，学习难度较大。

1. 辨识与评估

根据《危险化学品重大危险源监督管理暂行规定》，危险化学品单位应当对重大危险源进行安全评估并确定重大危险源等级。危险化学品单位可以组织本单位的注册安全工程师、技术人员或者聘请有关专家进行安全评估，也可以委托具有相应资质的安全评价机构进行安全评估。

重大危险源根据其危险程度，分为一级、二级、三级和四级，一级为最高级别。

有下列情形之一的，危险化学品单位应当对重大危险源重新进行辨识、安全评估及分级：

（1）重大危险源安全评估已满3年的。
（2）构成重大危险源的装置、设施或者场所进行新建、改建、扩建的。
（3）危险化学品种类、数量、生产、使用工艺或者储存方式及重要设备、设施等发生变化，影响重大危险源级别或者风险程度的。
（4）外界生产安全环境因素发生变化，影响重大危险源级别和风险程度的。
（5）发生危险化学品事故造成人员死亡，或者10人以上受伤，或者影响到公共安全的。
（6）有关重大危险源辨识和安全评估的国家标准、行业标准发生变化的。

2. 安全措施

根据《危险化学品重大危险源监督管理暂行规定》，危险化学品单位应当根据构成重大危险源的危险化学品种类、数量、生产、使用工艺（方式）或者相关设备、设施等实际情况，按照下列要求建立健全安全监测监控体系，完善控制措施：

（1）重大危险源配备温度、压力、液位、流量、组份等信息的不间断采集和监测系统以及可燃气体和有毒有害气体泄漏检测报警装置，并具备信息远传、连续记录、事故预警、信息存储等功能；一级或者二级重大危险源，具备紧急停车功能。记录的电子数据的保存时间不少于30天。

（2）重大危险源的化工生产装置装备满足安全生产要求的自动化控制系统；一级或者二级重大危险源，装备紧急停车系统。

（3）对重大危险源中的毒性气体、剧毒液体和易燃气体等重点设施，设置紧急切断装置；毒性气体的设施，设置泄漏物紧急处置装置。涉及毒性气体、液化气体、剧毒液体的一级或者二级重大危险源，配备独立的安全仪表系统（SIS）。

（4）重大危险源中储存剧毒物质的场所或者设施，设置视频监控系统。

（5）安全监测监控系统符合国家标准或者行业标准的规定。

对存在吸入性有毒、有害气体的重大危险源，危险化学品单位应当配备便携式浓度检测设备、空气呼吸器、化学防护服、堵漏器材等应急器材和设备；涉及剧毒气体的重大危险源，还应当配备两套以上（含本数）气密型化学防护服；涉及易燃易爆气体或者易燃液体蒸汽的重大危险源，还应当配备一定数量的便携式可燃气体检测设备。

3. 应急预案

危险化学品单位应当制定重大危险源事故应急预案演练计划,并按照下列要求进行事故应急预案演练:

(1) 对重大危险源专项应急预案,每年至少进行一次。

(2) 对重大危险源现场处置方案,每半年至少进行一次。

应急预案演练结束后,危险化学品单位应当对应急预案演练效果进行评估,撰写应急预案演练评估报告,分析存在的问题,对应急预案提出修订意见,并及时修订完善。

4. 登记建档

危险化学品单位应当对辨识确认的重大危险源及时、逐项进行登记建档。重大危险源档案应当包括下列文件、资料:

(1) 辨识、分级记录。

(2) 重大危险源基本特征表。

(3) 涉及的所有化学品安全技术说明书。

(4) 区域位置图、平面布置图、工艺流程图和主要设备一览表。

(5) 重大危险源安全管理规章制度及安全操作规程。

(6) 安全监测监控系统、措施说明、检测、检验结果。

(7) 重大危险源事故应急预案、评审意见、演练计划和评估报告。

(8) 安全评估报告或者安全评价报告。

(9) 重大危险源关键装置、重点部位的责任人、责任机构名称。

(10) 重大危险源场所安全警示标志的设置情况。

(11) 其他文件、资料。

举一反三

[典型例题1·单选] 重大危险源具有较大危险性,一旦发生事故后果非常严重。根据《危险化学品重大危险源监督管理暂行规定》,关于生产经营单位重大危险源安全管理的说法,错误的是( )。

A. 应对一级或二级重大危险源装备紧急停车系统

B. 对辨识确认的重大危险源,应当及时、逐项进行登记建档

C. 对重大危险源现场处置方案,应当每年组织一次事故应急演练并记录在档

D. 应当告知有关人员在紧急情况下采取的应急措施

[解析] 选项C错误,重大危险源现场处置方案,应每半年至少进行一次演练。

[答案] C

[典型例题2·单选] 某危险化学品企业正在组织制定重大危险源事故应急预案演练计划。根据《危险化学品重大危险源监督管理暂行规定》,关于应急预案演练的说法,正确的是( )。

A. 重大危险源专项应急预案,每年至少进行一次演练

B. 重大危险源专项应急预案,每两年至少进行一次演练

C. 重大危险源现场处置方案,每两年至少进行一次演练

D. 重大危险源现场处置方案,每年至少进行一次演练

[解析] 选项A正确、选项B错误,重大危险源专项应急预案,每年至少进行一次演练。选项

C、D 错误，重大危险源现场处置方案，每半年至少进行一次演练。

[答案] A

[典型例题 3·单选] 根据《危险化学品重大危险源监督管理暂行规定》，危险化学品单位应当对重大危险源重新进行辨识、安全评估及分级的情形是（　　）。

　A. 重大危险源安全评估已满 2 年的
　B. 法定代表人发生变更的
　C. 外界生产安全环境因素发生变化，影响重大危险源级别和风险程度的
　D. 发生危险化学品事故造成 5 人以上受伤的

[解析] 选项 A 错误，应该是重大危险源安全评估已满 3 年。选项 B 错误，应当对重大危险源重新进行辨识、安全评估及分级的情形中不包括法定代表人发生变更。选项 D 错误，应该是发生危险化学品事故造成 10 人以上受伤。

[答案] C

[典型例题 4·多选] 根据《危险化学品重大危险源监督管理暂行规定》，关于危险化学品重大危险源安全管理的说法，正确的有（　　）。

　A. 重大危险源的化工生产装置，应当装备满足安全生产要求的自动化控制系统
　B. 重大危险源中储存剧毒物质的场所或者设施，应当设置视频监控系统
　C. 重大危险源安全评估报告完成后，应当在 30 日内向地方安全监管部门报告
　D. 重大危险源涉及剧毒气体，应当配备两套以上（含本数）气密型化学防护服
　E. 重大危险源出现重大变化，危险化学品单位应当及时更新档案

[解析] 选项 C 错误，重大危险源安全评估报告完成后 15 日内，报送所在地县级人民政府安全生产监督管理部门备案。选项 E 中，"重大变化"表意不明，还需要判断此变化是否影响重大危险源级别和风险程度，故此项不选。

[答案] ABD

[典型例题 5·单选] 根据《危险化学品重大危险源监督管理暂行规定》，下列关于危险化学品重大危险源辨识与评估的说法，正确的是（　　）。

　A. 危险化学品单位对重大危险源进行安全评估，应当委托具有相应资质的安全评价机构进行，不得组织本单位专业人员进行
　B. 危险化学品单位重大危险源安全评估可以与本单位的安全评价一起进行，以安全评价报告代替安全评估报告
　C. 重大危险源根据其危险程度，分为一级、二级、三级和四级，四级为最高级
　D. 发生危险化学品事故导致 3 人受伤的，危险化学品单位应当对重大危险源重新进行辨识、安全评估及分级

[解析] 选项 A 错误，危险化学品单位可以组织本单位的注册安全工程师、技术人员或者聘请有关专家进行安全评估，也可以委托具有相应资质的安全评价机构进行安全评估。选项 C 错误，重大危险源分为一级、二级、三级和四级，一级为最高级别。选项 D 错误，发生危险化学品事故导致 10 人以上受伤的，应当对重大危险源重新进行辨识、安全评估及分级。

[答案] B

安全生产法律法规

> **环球君点拨**
>
> 本考点较难,在学习过程中重点掌握危险化学品企业对重大危险源的安全管理措施。重大危险源分为四个等级,其中一、二级为一组,采取的安全措施相同,三、四级为一组,采取的安全措施也相同。对重大危险源重新进行辨识、安全评估及分级的条件也是常考的内容,应熟练掌握。

第十节 工贸企业有限空间作业安全规定

考点 工贸企业有限空间作业安全保障

经典例题

[例题·单选] 某印刷企业涉及有限空间作业。根据《工贸企业有限空间作业安全规定》,下列关于该企业有限空间作业安全保障的做法,错误的是(　　)。

A. 企业实行有限空间作业监护制,明确兼职的监护人员负责监督有限空间作业安全措施的落实

B. 对于易产生一氧化碳的有限空间作业,由主要负责人书面委托的人员进行审批

C. 对于主要负责人委托他人进行审批的,相关责任由被委托人承担

D. 该企业每年组织 2 次有限空间作业专题安全培训

[解析] 对于存在硫化氢、一氧化碳、二氧化碳等中毒和窒息等风险的有限空间作业,应当由工贸企业主要负责人或者其书面委托的人员进行审批,委托进行审批的,相关责任仍由工贸企业主要负责人承担,选项 C 错误。

[答案] C

例题精解

点题:此例题考查工贸企业有限空间作业安全保障。

分析:对于此考点,应当重点掌握工贸企业有限空间作业安全保障的相关规定,具体如下:

(1) 工贸企业应当实行有限空间作业监护制,明确专职或者兼职的监护人员,负责监督有限空间作业安全措施的落实。

(2) 工贸企业应当对有限空间进行辨识,建立有限空间管理台账,明确有限空间数量、位置以及危险因素等信息,并及时更新。

(3) 对于存在硫化氢、一氧化碳、二氧化碳等中毒和窒息等风险的有限空间作业,应当由工贸企业主要负责人或者其书面委托的人员进行审批,委托进行审批的,相关责任仍由工贸企业主要负责人承担。

(4) 工贸企业应当对可能产生有毒物质的有限空间采取上锁、隔离栏、防护网或者其他物理隔离措施,防止人员未经审批进入。监护人员负责在作业前解除物理隔离措施。

(5) 有限空间作业应当严格遵守"先通风、再检测、后作业"要求。存在爆炸风险的,应当采取消除或者控制措施,相关电气设施设备、照明灯具、应急救援装备等应当符合防爆安全要求。

(6) 监护人员应当全程进行监护,与作业人员保持实时联络,不得离开作业现场或者进入有限空间参与作业。

(7) 发现异常情况时,监护人员应当立即组织作业人员撤离现场。发生有限空间作业事故后,

应当立即按照现场处置方案进行应急处置，组织科学施救。未做好安全措施盲目施救的，监护人员应当予以制止。

（8）作业过程中，工贸企业应当安排专人对作业区域持续进行通风和气体浓度检测。作业中断的，作业人员再次进入有限空间作业前，应当重新通风、气体检测合格后方可进入。

举一反三

［典型例题·多选］某加工厂车间主任拟派职工刘某和王某进行地下水池清淤作业，本次作业属于有限空间作业。根据《工贸企业有限空间作业安全规定》，下列说法正确的有（　　）。

A. 有限空间作业应当严格遵守"先检测、再通风、后作业"要求
B. 监护人员应当全程进行监护，与作业人员保持实时联络
C. 当作业人员提出请求时，监护人员方可进入有限空间参与作业
D. 作业过程中，工贸企业应当安排专人对作业区域持续进行通风和气体浓度检测
E. 作业中断超过 30 分钟，作业人员再次进入有限空间作业前，应当重新通风、气体检测合格后方可进入

［解析］选项 A 错误，有限空间作业应当严格遵守"先通风、再检测、后作业"要求。选项 C 错误，监护人员不得离开作业现场或者进入有限空间参与作业。选项 E 错误，作业中断的，作业人员再次进入有限空间作业前，应当重新通风、气体检测合格后方可进入。

［答案］BD

环球君点拨

该考点没有具体的数字、日期等难记忆的内容，相对来说比较简单，所占分值不高，通过学习重要条款和做题掌握即可。

亲爱的读者：

如果您对本书有任何 感受、建议、纠错，都可以告诉我们。

我们会精益求精，为您提供更好的产品和服务。

祝您顺利通过考试！

扫码参与问卷调查

环球网校注册安全工程师考试研究院